JN233460

WIZARD

ロスフック トレーディング

最強の「押し／戻り」売買法

Joe Ross
ジョー・ロス［著］
長尾慎太郎［監修］ **杉本裕之**［訳］

WIZARD BOOK SERIES Vol.39

Pan Rolling

監修者まえがき

　本書は、トレーダーとしての長年の経験や知識を背景にした著作・教育活動で知られるジョー・ロスが、テクニカル分析に基づく「押し／戻り」を中心としたパターン認識や、画期的な建玉操作技術を駆使した彼独特の売買手法を明らかにした"Trading the Ross Hook"の邦訳である。

　さて、一般的に言ってテクニカル分析は「価格はマーケットにおけるすべての情報を織り込む」ことを前提にしている。そしておそらくその命題は正しい。ただし、事実をもう少し正確に表現すると、「価格はすべての情報を織り込むが、逆にそこから常にマーケットの真の姿を見極めるのはほとんどの人間にとって困難である」となる。そして、この障壁は何もテクニカル分析だけではなくあらゆるアプローチにとって永遠の課題であり、神ならぬ身としては正しいサイドにいかなるときも身を置くということは望むべくもない。

　しかし、だからと言ってマーケットで利益を上げることが不可能というわけではない。成功を収めた多くのトレーダーは、状況が比較的よく見通せる局面にトレード機会を限り、建玉、仕切りに関する技術を駆使して、リスク・リワード・レシオをコントロールすることによってそれを可能としている。そしてジョー・ロスは本書において「ロスフック」という形でその理論や実践体系を集大成させたのである。「ロスフック」は長い年月をかけて洗練され、現在もその有効性をロバストに保つ優れたトレード手法である。読者の方におかれては、本書を読み込むことでその長所を吸収していただければと思う。

　2002年7月

　　　　　　　　　　　　　　　　　　　　　　　　　　長尾慎太郎

Trading The Ross Hook by Joe Ross
Copyright © 1992, 2001 by Joe Ross
Japanese translation published by arrangement with Joe Ross
through The English Agency (Japan) Ltd.

CONTENTS

目次

監修者まえがき……………………………1
序言……………………………9
謝辞……………………………11
まえがき……………………………13
イントロダクション……………………………15
　注意書き……………………………16

第1章　相場への道 ── 17
信じられないだろうが……………………………18
トレーディングの神髄……………………………20
トレーディングの理由……………………………21
富の原理……………………………25
さあ、始めよう……………………………27
マネーマネジメント……………………………27
資金調達……………………………31
売買の規模……………………………32
価格……………………………32
注文……………………………33
哲学……………………………34
結論……………………………38

第2章　始まり ── 43
天井や底の1－2－3……………………………43
底の1－2－3……………………………46
底の1－2－3の意味……………………………47
天井の1－2－3の意味……………………………49

CONTENTS

天井の1－2－3 ……………………………… 49
フックを見つける ………………………………… 51
進化 ……………………………… 53

第3章　ロスフックを特定する ─── 55
ロスフックのできる理由 ……………………… 61
ロスフックの定義 ……………………… 64

第4章　トレンドを特定する ─── 67
ルール ……………………… 67
重要なコンセプト ……………………… 69

第5章　保ち合いを特定する ─── 75

第6章　トレンド・リバーサル ─── 89

第7章　概念 ─── 101
フックの予想 ……………………… 101
修正の予想 ……………………… 105
修正期間の予想 ……………………… 105
トレンド再開の予想 ……………………… 106
トレーディングの予想 ……………………… 107

第8章　トレーダーズ・トリック ─── 113
トレーディング・サイクル ……………………… 127

第9章　分析の補説 ― 129
フックと１－２－３ ……………… 141

第10章　逆指値注文 ― 149
どこに逆指値を入れるか ……………………… 149
　一般的な考察 ………………………… 150
　特定の状況に関する考察 ……………………… 151
メカニカル・システム ………………… 155
自動化の必要 …………………… 157
損失限定のストップを置く ………………… 163
ナチュラル・サポートとナチュラル・レジスタンス ……………… 163
ナチュラル・ストップの長所と欠点 ………………… 165
ボラティリティ・ストップ ………………… 167
ボラティリティ・ストップ・スタディ …………………… 171

第11章　オブジェクティブ・ストップの設定 ― 181
取引コストをカバーするストップ ………………… 181
スモール・プロフィット・ストップ ………………… 182
フル・プロフィット・ストップ ………………… 184
トレイリング・ストップ ………………… 184
その他の考察 ………………… 189
　ポイントを利用した利食い目標 ………………… 189
　フィボナッチ拡張目標値の利用 ………………… 190
　利益確定のストップ ………………… 191

CONTENTS

第12章　ロスフックが使用できない場合 —— 195
確認のためのフィルター ……………………… 197
保ち合い場面でのＴＴＰ ………………………… 201
トレンド場面でのＴＴＰ ………………………… 202
　　上昇トレンドでのＴＴＰ ……………………… 202
　　下降トレンドでのＴＴＰ ……………………… 204
ルール ……………………………… 208
警告 ………………………… 212

第13章　ストキャスティクスによるフィルタリング —— 223

第14章　エンベロープによるフィルタリング —— 257
ケルトナー・チャネル・バリエーション ……………… 282
移動平均バンド ……………………… 283

第15章　ニートトリック —— 285

第16章　ボリンジャーバンドによるフィルタリング —— 293

第17章　バニラフック —— 315

第18章　バニラフックの細かいポイント —— 335

第19章　プレーンバニラ・マネー、トレード、リスク・マネジメント ─── 345
プレーンバニラ・トレード・マネジメント……………………………………345
プレーンバニラ・リスク・マネジメント…………………………………347
プレーンバニラ・マネー・マネジメント…………………………………349

第20章　トレードしてはいけないフック ─── 351
マーケットが急にボラタイルになったとき…………………………………352
フックが込み入っているとき……………………………………358
閑散商いのとき……………………………358
フックがまばらすぎるとき……………………………362
期間が長すぎるとき……………………………366

第21章　その他のフィルター ─── 371

第22章　賢者への言葉 ─── 377

第23章　フックの予想 ─── 381

第24章　まとめ ─── 389

付録A ─── 397
付録B　チャートの法則 ─── 401
天井と底の1-2-3／401　　レッジ／408　　トレーディングレンジ／409　ロスフック／410　　保ち合いでのトレーディング／413　　1-2-3フォーメーションを明確にするポイント／416　　天井または底の1-2-3のブレイクアウト／417　　ロスフックを明確にするポイント／419

序言

　ジョー・ロスと知り合ってまもなく、私は彼が驚くほど賢明な人間であることを知った。彼はトレードだけでなく、人間や人生そのものについても非常に賢明な人物なのだ。

　生き馬の目を抜くようなこの業界にあって、彼のような性格の人間に出会えたことは本当にうれしい。ジョーの言動には一貫して、正直さ、誠実さ、他者へのいたわり、そして仲間への愛情があふれている。

　本書にもそれは表れている。一読すれば、彼の言葉が率直ではっきりしているのがすぐに分かるはずだ。これからトレードをしようとしている読者諸兄は、本書で披露されている知識を応用し、実際に自分の力でトレードしてみれば、トレーダーとして彼が豊かな才能を持っていることに、心から感服するだろう。

　私見では、本書はトレーディングにおける新たなスタンダードとなるだけの十分なインパクトを持っている。著者であるジョーにとっては、愛情を込めた労作であったに違いない。本書には、同時代の古典になるという名誉が与えられるはずだ（著者自身は名誉など求めないだろうが）。

　最後に著者、ジョー・ロスの第一作『トレーディング・バイ・ザ・ブック（Trading by the Book）』から引用させてもらおう。「何かを学ぼうと思ったら、教えてもらおうとする意欲が必要だ」。もちろん読者諸兄に、トレーダーとして学ぶ意欲がなければ、本書を購入などしてはいないだろうが……。

　どうか、読者自身のために本書で学んでいただきたいと思う。著者の言葉を読み、それに従うかどうかは読者次第である。

　幸運を。そして、素晴らしいトレーディングをお祈りする。

　ありがとう、ジョー！　　　　　　　　　　　　　　ジョン・J・コズマ

謝辞

　書物を著す場合、そのことについて教えてくれた恩人たちが必ずいるものだ。
　私には多くの生徒や読者、そして手紙を通じて、あるいは直接会ってトレードについて教授した人々がいる。こうした人々によって（意識していることも、いないこともあるが）、むしろ私のほうが教えられる場合があった。実際には、これまで会ったあらゆる学生や生徒からは何かしら教わるところがあったのだが、そのなかでも特に私を勇気づけ、奮い立たせるような、そして私の人生に決定的な影響を与えた人々がいた。彼らの名を知り合った順番どおりに記しておきたい。
　サンディ・スティス大佐（米陸軍退役軍人）
　W・エドワード・ダルトン博士
　ブルース・ローマン博士
　リチャード・レッドモント氏
　スティーブン・スローターベック博士
　ケビン・D・アームストロング氏

　いずれも熱心なトレーダーである。彼らのひとりひとりに対し、伝えきれないほどの恩義を感じている。
　ジョージ・ダミュシス氏は、「トレード・パートナー」というソフトのプログラマーだが、このソフトのおかげでチャート・サービスがまったく不要になった。このソフトは今でも、1日の終わりの分析に愛用している。
　エイペックスの諸君にも感謝している。同社のアスペン・リサーチ・グループ、そしてアスペン・ソフトウエアも、本書のチャートの多くを作成してくれた。アスペンのグラフィックは最高で、データ管理

ソフトとしてまさに夢のような完成度である。
　また、ブルース・ローマン博士の友情と大きな激励に感謝したい。博士は「まえがき」を書いてくれたうえ、本書の原稿を丁寧に編集してくれた。
　さらに、ニール・アーサー・マックラーを忘れるわけにいかない。彼は私に、忍耐によって大きな報酬が得られるということを教えてくれた。
　最後に、友人であり本書の「序言」を書いてくれたジョン・コズマ氏に感謝しておきたい。彼が細部にわたり記述の正確さに目を光らせ、完璧を求めて作業してくれなければ本書は誕生しなかっただろう。

まえがき

　この画期的とも言える本書の素晴らしさは、トレードの経験が長ければ長いほどよく理解できるに違いない。なぜなら、そういう人は「輝ける未来」という金のなる木への道を探し回るなか、金銭面だけでなくフラストレーションや感情的な意味でも底をなめるような思いを味わい尽くしているからだ。

　著者、ジョー・ロスはもともと優れたチャート読解能力を持っていたが、それに加えて自ら発見した「ロスフック」をトレーディング・アプローチの中核にすえることで、ビジネスやマネー・マネジメントで成功するための重要な必須条件を手中に収めた。

　トレーディングの世界には、何回も繰り返し語られてきたが、実際には実践面での定義がきちんとされていない格言というのがある。例えば、「損は切って、利は伸ばせ」とか、「トレンドに乗って売買せよ」などといったものである。本書の著者はついに、こうした格言のいくつかに実体を与えることに成功したのだ。

　本書に書かれているのは完璧にまとめ上げられたトレーディングの方法論である。一部を扱った細かいテクニックではなく、全体を扱う方法論なのだ。読者の多くはこれによって初めて、絵を描かれるキャンバスでなく、アーチストの側に立って絵を眺めることができるだろう。

　本書は、私自身も長年慣れ親しんできた「ザ・バイブル（ロバート・D・エドワーズとジョン・マギーの共著『アメリカの株価分析──チャートによる理論と実際』東洋経済新報社刊）」など、これまでに書かれた儲かる相場関連書籍のなかで間違いなく最高の出来栄えである。

　相場において「単なる参加者」から「勝者」に変わりたいと熱望し

ている向きにとって、本書は最高の案内書となるだろう。

　財を成したいと思っている人々よ、宝の地図は目の前にある。だが、宝探しの旅を実行できるかどうかは読者次第である。本書を読み、そこに書かれている内容を理解し、そして実戦に応用するのだ。これまでは夢にすぎなかったトレーディングでの勝利を「現実」に変えるのである。あなたのトレーディングが、これまでとはまったく違ったものになりますように。

ブルース・W・ローマン

イントロダクション

　本書は、ロスフックのコンセプトについて明らかにしようとするものである。
　「ロスフックにまつわるストーリーを語ることこそ、そのコンセプトを明らかにすることになる」。それは、あたかも遺産を代々受け継いでいくようなものだ。まず、初めにこの手法を得た私が、受け継いだあとも時間をかけてロスフックを磨き上げ続けた。そして今、読者の皆さんに伝授しようとしている、というわけだ。
　本書は、市場に関するひとつのコンセプトに焦点を合わせて書かれている。それは、ロスフックというパターンに基づいたトレーディングである。
　こんな単純なパターンに関することだけで一冊の本を書くなど、妙なことだと思われるかもしれない。だが、本書でロスフックによるトレーディングについて知っているすべてを書こうとしたとき、私はあることに気がついた。つまり、すべてを書き表すことなどできないということである。ものの見方は常に変わるし、トレーディングによって毎回、微妙なニュアンスの違いが生じるものだ。
　こうしたことは、私がロスフックについて教えた生徒たちが実際にトレードをしている様子を見るにつけ、ますます切実なものになっていった。
　そもそも、このような現象を扱った経験について、どうすれば他人に伝えることができるというのだろうか。
　ロスフックについて話をしたり書いたりすることは、何日でも何週間でもできるだろうが、実際のトレーディングに関する細かいことは何ひとつ伝えられないのである。
　ロスフックとは、値動きのなかに示されていたり、そこから生じた

りするものではなく、値動きを成立させるのに必要な何かなのである。実際に売買する場面では、市場全体の動きと関連したロスフックによるトレーディングを長年やってきた経験に頼っている部分が大きい。

しかし、本書ではできるかぎりこうした事柄をしっかりとした形に書き記し、だれもが私と同じように利益を上げられるよう努力した。

私が目標としているのは、私に利益をもたらしたものを読者の皆さんと分かち合うことなのだ。

読者は本書を注意深く読み進んで内容をしっかり理解し、できるかぎりそこから利益を得られるようにしていただきたい。本書の内容を実際の売買に組み入れ、読者自身の投資スタイルや適正水準に応じたトレーディング手法として利用するにはまじめに研究する以外にない。

そうすれば、読者自身のスタイルとして使えるコンセプトが必ず見つかるだろう。

注意書き

本書には、一読しただけでは理解困難な部分があると思われる。本書は研究されるためのものである。市場のトレンドや保ち合いを特定するためのコンセプトは、何年もの期間を経て研究されてきたものだ。ざっと読んだだけでこうした内容を把握することができる読者は、ほとんどいないだろう。ここで紹介したような内容は、これまで、特定の個人向けに開催されたセミナーだけで明らかにしてきた。詳細に紹介するのは、これが初めてのことである。

熱心に研究するつもりがないなら、本書は読むだけ時間の無駄である。だが、逆にここで書かれたことを熱心に研究すれば、報酬としてリッチな生活が送れるようになるだろう。本書は、多くの類書よりもトレーディングに関する記述を多くしてある。

第1章

相場への道
The Path

　本書で紹介するシンプルな方法を実践するだけで、トレードで成功する方法が身につくだろう。努力は人一倍必要だが、ここで努力しておけば思いもしない成功を手にできるはずだ。

　私自身の場合はシステムの検証を繰り返したり、何週間も何カ月も続けてトレードするようなことはしなかった。ただ時間をかけて、取り組み方やアプローチを完璧に近づけようと努力したのだ（これは現在でも続けている）。そして、現実的で利益になるトレードをする技術や自己管理法を身につけるため、多くの時間を費やしたものだ。

　ほかの著書でも繰り返し述べたことだが、トレーディングとはひとつのビジネスである。ビジネスとして扱い、管理しなければならない。

　多くのトレーダーが取るアプローチ法の逆を行くことで、私は彼らとまったく逆の結果を得ることができた。つまり、たいていの場合、彼らのアプローチはまったくダメだったということだ。

　読者は、私の経験から何を学ぶことができるだろうか。

　それは、大きなリスクや不確実性、複雑さや混乱に煩わされずに、成功率が高いトレーディングを始められるということだろう。特別な理論などいらないばかりか、数学的・科学的な分析や、相場のサイクルに着目した分析方法、あるいはコンピューター・システムによるアプローチもまったく必要ない。トレーディングで利益を得るのに数学

や科学が必要なら、私がマーケットで勝てるはずがない。私はコンピューター以外、こうした分野のほとんどに不案内なのだが、トレーディングのアプローチやスタイルは、自分でコンピューターを扱えるようになるずっと前に確立したものなのである。

　読者の皆さんも、勝つことはできる。これから紹介するシンプルで分かりやすい方法を熱心に学びさえすれば、連戦連勝も夢ではない。

　本書のコンセプトは簡単だが、実行するのは難しいかもしれない。本書で紹介するテクニックを実行するための技術を読者が全員持っているとは限らない。しかし、もしそうした技術を持っているか身につけることができたとしたら、むしろ、失敗するほうが難しいに違いない。

　本当にうまくいけばあまりにも簡単すぎて、まるで自分の指を動かすようなものだと感じるだろう。スイッチを切り替えるようにリスクや不確実性を避けながら、シンプルなトレーディングで絶対に勝利へとたどり着けるはずだ。つまり、結果は読者次第というわけだ。

　面倒な数式が飛び交う世界でがんばるのもいいが、そこから解放されるのも読者次第である。相場を無理やり自分の先入観に合うようこじつけ、今後も負け続けるのか。それとも、相場のシンプルな読み方を身につけ、相場自体のなかに手掛かりを探しながら、儲かるようになるか。

信じられないだろうが

　本書で述べることはすべて混じり気なしの真実である。著者自身が体験ずみであり、現在でもこの方法を利用している。今本書を読んでいる読者同様、私から教えを受けたほかの人々もこの方法でトレードし、実際に成功している。

　本書で紹介するロスフックのテクニックと銘柄選択術は、先物市場

での実証性が確かめられた必勝法なのだ。もし読者がトレード方法を簡略化して、その分、取引や自分自身もコントロールしたいと考え、新たなスタートを切りたいと思っているなら、本書のコンセプトの数々を注意深く研究すればいい。

　自分が張っている相場を管理しきれず、自分を管理するだけで精いっぱいだ、ということを素直に認めたい気持ちになっているとしたら、ここから述べる方法論がきっと役に立つはずである。

　もし読者が、長期的に着実に利益を成長させつつ、トレーディングで成功する一方、相場に付き物の不確実さや値動きの大きさによるリスクを避けたいなら、本書こそがあなたのための一冊である。

　がっくりと肩を落とした姿を鏡で見たり、自分の大切な人に見られたうえ、しぶしぶ負けを認め、「また今日もダメだったよ」などと言うのが嫌なら、ロスフックによるトレード法こそ、今まで探していた答えかもしれない。

　また、市場で利益になる取引やレバレッジを効かせた売買をしたいと願っているのに、証拠金についてはどちらかと言えば安全性を重視したいというなら、本書のアプローチがあなたのトレーダー人生を変えるきっかけになるかもしれない。実際、このアプローチによって私の多くの生徒たちはより多くの成功を手に収めてきたのだ。これから読者に示すのは、従来より優れているうえ、安全で楽に利益の上がる方法なのだ。

　つまり、本書は私がロスフックを見つけるまでのストーリーになっていると同時に、正しい使い方さえ守れば、ほとんどだれでもが相場で成功できる方法をつづったものである。本書によってきょうからでも、ロスフックという素晴らしいコンセプトの実践法を学ぶことができる。ロスフックのテクニックとともに、数々のトレーディング洗練術も伝授しよう。読者の選択も大幅に改善されるに違いない。ロスフックによるトレーディングと細心の注意を払って選択された取引。こ

れによって読者は、トレーダーとしての成功へ大きく前進することだろう。

本書は、まったくの初心者を対象としたものではない。少なくとも読者が、注文方法に関する基本的な知識やバーチャートの読み方、取引制度の概要に加えて、売買を行う方法や理由について理解していることを前提としている。また、最低でもつもり売買（ペーパートレーディング）をやってみたことがあり、トレーダーならだれでも経験したことのあるような、避けようのない損失が出るのを見たり、経験したことがあることを想定している。

トレーディングの神髄

トレードするうえでの真髄とも言えるのは、「愛と憎しみ」である。

これは言ってしまうのは、危ういことでもある。賢く立ち回ろうとすれば、こんな言い方を私はしていない。トレードするうえで最も大切なのは損益だが、損益だけがトレーディングのすべてではない！損益について考えるのは大事だが、重要さは二番目だ。トレーダーとしての優劣を語るなら損益結果を見ればすむ。しかし、それはトレーディングの神髄とは違う。

私は数年前、価格を動かし、トレーディングの良し悪しを左右するのが「愛」と「憎しみ」であることに気づいた。説明が必要だと思われるので、しばらく我慢して読んでいただきたい。約束するが、あとで必ずそれだけのことはあったと思っていただけるはずだ。

トレーディングの理由

　まず、自分自身に問い掛けてみよう。「なぜトレードするのか？」
　トレードをする理由は、勝ったときに得られる大きな報酬を受けたいからだ。成功すれば、銀行預金、CD（譲渡性預金）や株式を単に買い持ちするといったその他の運用方法を使うより、何倍も資金を増やすことができる。現実に目を向ければ、インフレや税金によってあなたの資産は常に目減りしているのだ。もし先物取引ならレバレッジ効果が期待できるため、数ある資産運用方法のなかでも最高の利益を上げられるかもしれない。勝てばその結果は目を見張るようなものになる可能性があるが、それだけでなく、あなたはトレード自体のアイデアや面白さのとりこになるかもしれない。つまり、大勝ちする期待感に胸を膨らませることができるのである。
　あなたがトレードを続けるかぎり、投資資金がけっして止まらない機械のように働き続け、そのおかげでさらに裕福になって暮らしが楽になるとしたら、とても素晴らしいことだとは思わないだろうか。
　友人や親類が職を失い、数々の専門職やビジネスマンたちの未来が暗いものになったとしても、自分にトレードの手腕があれば、大船に乗った気分でいられる可能性があるのだ。
　こんなことを考えてみてほしい。ある日のこと、もう退屈としか思えなくなっているかもしれない仕事の年収よりも、トレーディングの利益のほうが多くなってしまったとしたら。そして、もうそれ以上働く必要がなくなり、最も好きなこと（つまりトレード）だけしていればいいようになったとしたら。また、トレードの腕前があるおかげでトレーダーとして活躍することができ、素晴らしく快適な人生を送れるだけの十分な大金を稼げるとしたら。
　あるいは、自分の楽しみとして、ゆっくりとリラックスできる面白い暇つぶしのようにトレードしながら老後の収入を増やすことができ

るとしたら……、なんと素晴らしいことではないか！

　自分が選んだポジションが何ポイントも上昇し、それだけで年間の収入を上回るのを見ることができたら、そのとき感じた興奮のとりこになってしまうだろう。全財産が急激に（しかもほとんど額に汗することなく）増えていくさまを見てしまったら、人生におけるたいていの経験は色あせたものとなってしまうに違いない。

　また、金がすべてではないとしても、稼いだ富が約束してくれる自由を満喫することはできるだろう。自由とは、あなた自身やあなたの家族が、立派な家、高級車、旅行やエンターテイメントなど、人生でより価値のあるものを楽しめるようにする力のことである。困っている人々に援助を与えることができるうえ、自分や自分の愛する人々がいつでも最高の医療保障を受けられるなど、お金の心配を一切しなくていい安心感に包まれることの喜びを考えてみてほしい。生活資金をだれかに頼る必要はまったくなくなり、お金の不安から完全に解放された穏やかな日々を送ることができる、そんな老後を迎えるのが楽しみになるだろう。

　このような報酬の数々を見てくれば、トレードでの成功が今後の人生をどれだけ変えることができるか、もうお分かりだろう。

　ただ、このようなご褒美のすぐ背後には、なんともげんなりするようなことが隠れていたりするのである。損失のリスク、損失を出したことによる最悪の気分、誤った判断を下してしまったときの怒り、そして自己嫌悪など、うんざりすることがいろいろとある。トレーダーにとって最も痛切な後悔の言葉は、「なんでこんなバカなことをしてしまったんだ？」であり、「まったく、いつになったら分かるんだ？」である。この問いに対する答えは存在しない。何度も繰り返しあなたを責め続け、せっかく貯めた虎の子を失ったという事実をけっして忘れさせてはくれないのだ。

　実際にトレーディングを始めると、どのポジションもみんな、これ

こそが選ぶべきポジションだ、これこそが運命のポジションなのだ、と訴えているように思えて困るかもしれない。多くの可能性に接するうちに何がなんだか分からなくなってしまい、本来取るべきポジションを選び損ねてしまうのである。これがさらに悪くなると、これと思ったポジションは何でも片っ端から取りにいくことになりかねない。

　また、心からの信頼を置けるような人からの客観的なアドバイスが欲しくなるに違いない。ブローカーに対して、「無理やり買わせたり、持っていれば利が乗るはずのポジションをわざわざ切らせて手数料を稼ごうとしているんじゃないか？」などと疑心暗鬼になる。投資顧問には、「本当にこれが利益になる取引なんだろうか？　負けてしまうんじゃないか？」と気になって仕方ない。あなたは、顧問が損切りをしようと勧めても断るかもしれない。逆に、損切りの逆指値注文がそのときの値動きに近すぎると思い、もっと離れた水準に逆指値注文を入れたいと思うかもしれない。

　どんなマーケットであれ、乱高下で予想できないほど不安定な相場は避けたい。はっと気がつけば、「どこで損切ったらいいだろう？」「買い増したほうがいいんだろうか？」「注文を別の水準に移し、すぐ執行されてしまわないようにもう少し余裕を持たせたほうがいいのではないか？　あるいは、もう今すぐに手仕舞うべきなのか？」などと、ずっと気をもんでいる自分に気がつくことになるだろう。こうした問いに答えを出すのは容易ではなく、気が気ではなくなるはずだ。それはあなたに挑戦し、あなたのトレードにおける根性を試すことになるだろう。

　まるで、マーケットが人格を持ち、あなたをもてあそんででもいるように、何でも自分の正反対に動いているような感じがするだろう。これは、あなたのように何かを達成してきた人間にとって耐えられないことに違いない。これまでならほとんどどこでも充実感や達成感を得ることができた。しかし、ことトレーディングとなると、「うまく

やれるのだろうか？　そもそも成功できる奴などいるのだろうか？」と思うようになる。

　このため、不安で決断力は低下し、愛すべきものと憎むべきものの区別もつかないほど錯乱したトレードをするのである。そして、こう言うだろう「どこかに出口はないのか？」。

　もしほとんどすべての場合について、愛すべきものを受け取り、憎むべきものを避けることができるとしたら？　トレードを素晴らしい気分で行うことができたとしたら？　今からやろうとしているトレードが正しい選択だと確信することができるとしたら？　毎回、どこに注文を置くべきなのか迷わないでいられるとしたら？　高い確率で勝つことができるとしたら？

　そして、儲け続ける一方で、損失を限定するという夢がかなえられるとしたら、あなたはどうするだろうか？

　まだ駆け出しのトレーダーだったころの著者は、だれでも目の色を変えてポジションを取りたくなるトレードこそ、危険が潜んでいるものなのだということを知った。私は、望んだことだけ経験でき、嫌なことから遠ざけていてくれるようなトレーディングを、自分なりのアプローチで達成できないものかどうか見極めてやろうと思ったのだ。

　そんなことができるのか？　どうやって？

　実を言うとそれは、ある非常に重要なことに思い至ってから、私にとってはとてもはっきりしたものとなった。

　トレードするたびに私の心をつかんで離さないあの２つの感情（つまり、「勝つことへの愛」と「負けることへの恨み」）のうち、最も注意しなければならないのは、恨みのほうである。

　その理由を理解するには、著者が「富の原理」と呼んでいるルールを知れば、事足りるだろう。

富の原理

　この原理が語っていることは実に簡単だ。損失を避けることができればより幸せに、より心地よく、そしてトレードをよりしっかりと管理できるようになるだけでなく、「自然と無理なく裕福になる」ことができるのである。どうすれば、そんなことが可能なのだろうか？

　お金を使ってトレードするとは、どこかで立ち止まることがほとんどできない行為である。売買が適切なら休む間もなくその結果が現れ、見る間に利益は何倍にもなって、あなたの資産は増えていく。

　実際、儲けが膨らんでどうしようもないくらいに金持ちになり、「もういいかげんにしたい」と思ったら、投資資金をなくしてしまうほかないのだ。

　相場での負けは、トレーダーならほとんどだれでも経験があるだろう。それは、それまで黙っていても富を築いてくれた一大プロセスが、すべて崩れ去ってしまう瞬間なのだ。これこそ、トレーダーたちの多くがけっして成功できない理由でもある。

　つまり、「富の原理」の教えるところによれば、トレーディングで大きな利益を得るために最も大事なのは、損失を避けることなのである。これができれば投資資金は黙っていても、必ず増えていく。これ以外にあり得ない。

　読者の皆さんはここで、それがどうした？　そんなことは先刻承知だ、と言うのではなかろうか？　だが、最もシンプルな真実こそ最も含蓄が深いものだ。おいおい分かっていくだろうが、まさにこのシンプルな真実が、実際に深い意味を持っているのである。

　私のアプローチ法なら、非常に低いリスク（まず想像以上の低さだろう）でのトレーディングが可能だ。読み進んでいくうちに分かると思われるが、これは、損失を避けることで最高の結果にたどり着く意思決定方法と言っていいだろう。このアプローチの主な特徴は売買の

しすぎを避けることにあり、特に資金の損失を避けることについては、ほとんど偏執的と言ってもいいこだわりを持っている。そして、意外だと思われるかもしれないが、これまで私のトレーディングを安全なものにしてくれたこのアプローチでは、毎年並外れた利益を上げることもできるのである。

　この後、私の資金管理テクニックやあるべき心構えなどを合わせて述べていくが、フィルタリング・プロセスを使用し、ロスフックでトレーディングしてきたおかげで、私はほとんどいつも自らの愛するものを味わい、憎むものにはほとんどお目にかからずにすんだのである。

　それでも読者はこう思うかもしれない。「本当にできるのか？　どんなトレーディング・スタイルを使ったら愛するものが得られ、憎むべきものを避けられるというのか？」

　どのようにして本当の「富の原理」を手にし、これまで述べたようなことができたのか。それをこれから読者の皆さんとともに見ていくことにしよう。ロスフックについて正しく学ぶなら、以下に書いたようなことができるようになるはずである。

1．自分の投資資金を損失から守る方法を覚えることができる。
2．非常にシンプルなトレーディング人生を送ることができる。
3．全財産を証拠金にしてしまわずにすむ。
4．相場の動向について、二度と心配する必要がなくなる。
5．最も高い確率で正しいトレーディングを始められるようになる。十分吟味してトレードするようになるだろう。最高の選択をし、それによって利益を勝ち取ることを学ぶのである。
6．他人が感情に任せて売買しているのを尻目に、利益の上がる方法をチャートから読み取れるように学ぶことになる。
7．利益の上げ方を熟知し、必要とあらばその利益を使うことができ、賢明な優良企業オーナーのようにトレードすることができる。

8．ロスフックはデイトレーディングでも、長期にわたってポジションを維持するトレーディングでも、またその両方にも利用することができる。売買期間は自由に設定できるのだ。

さあ、始めよう

　本書のいたるところで、「フロア」「オペレーター」「マーケット・ムーバー」「インサイダー」といった言葉を使うことになるだろう。これはみな、一般と異なるトレーダーのことである。インサイダーのなかにはフロアトレーダー、大手トレーダー、当業者、マーケット・メーカー（オペレーター）などが含まれる。私は一般のトレーダーについて、「アウトサイダー」という言葉を使うことにしている。たいていの場合、読者や私、そして一部のプロや当業者が、このアウトサイダーに当てはまるだろう。

マネーマネジメント

　トレーディングやリスク、そして資金に関する著者のマネジメント法を知っているなら、このセクションは分かりやすいだろう。
　こう言うとおかしく聞こえるかもしれないが、何年もの間、試してみた数々の方法のうち、最も成功したのは自分自身のマネジメント・テクニックだった。
　私はいろいろなものを試すのか好きなほうで、トレーディングでも同じ方法をずっと使い続けると飽きてしまうのだ。これまでひとつの方法で売買した最長記録は3年間である。トレーディングを始めたばかりのころだ。この3年間が終わるころ、私は退屈で仕方なくなっていたのである。
　ただ、この期間も、唯一の方法論にこだわって開発したこの原理は、

揺らぐことがなかった。時にはこの原理からはぐれてしまうこともあったが、それでも途方に暮れるようなことはなかった。いつでも、もと来た場所へ帰ることができたのだ。私は根っこのところでこの原理とつながっており、トレーダーとしてのキャリアが今日、この日まで途切れずにすんでいる。

　私はこれまで、数多くの手法によるトレーディングで成功を収めてきた。それぞれの手法は実にさまざまだったが、マネジメントのテクニックは最初からほとんど変わることがなかった。

　私は、少なくとも2単位、できれば3単位の枚数を同時に建てることがトレーディングでは大事だ、ということを学んだ。ひとつはコストをカバーするために使い、もうひとつは、利が乗ったときに満足のいく利益が出る水準まで売買を続けるために使用するからである。

　マーケットから何か取ろうなどとしてはいけない。私たちにできることは、マーケットが与えてくれるものをただ受け入れることだけなのだ。

　これは、多くのトレーダーの心構えと大きく違うところである。彼らはどの取引でも、欲望にかられるまま最後の最後まで搾り取ろうとしているのだから。

　最初から、私は3単位の枚数で建玉するようにしてきた。それは以下のように行われる。まず、ひとつ目では売買コストを捻出するため、できるだけ早い時点で利食うことにする。時にはこの段階で利益が少し出る場合もある。その後、あとの2つの仕切り注文をできるだけ早く損益分岐点にまで上げる。

　元の水準からさらに数ティック上昇した時点で、2番目も手仕舞いをして、これまでの売買での利益を確定しておくのだ。3番目の取引は、仕切り注文を損益分岐点に置いてできるだけ長く維持しておき、精いっぱい利が乗る余地を与えてやることにしよう。

　利益が乗ってきたら、どれでもいいから自分の納得がいく手法で逆

指値を入れておくといい。そうすれば、分岐点を割り込むことだけは避けられる。

このマネジメント・テクニックは、常識だと思われている方法や大多数の人々がしている売買の方法とは違う気構えを持つことで学ぶことのできるものだ。

トレーダーたる者、「少しばかりの損失は喜んで受け入れる」ことを覚えよ、というセリフをいろいろなところで聞くし、読むことも多い。

しかし、こんな態度はまったくのナンセンスだ。トレーディングにおける私の信条は、損失を憎み、最低でも損益分岐点にとどまるようにせよ、である。

これなら、損失を喜んで受け入れるようなトレーダーとは、まったく異なる結果を得ることができるだろう。

小さな損失を受け入れようとするトレーダーは、自分が損失を被ることを予想しているものだが、実際にもそうなってしまうものだ。

逆に、勝とうとするか最悪でも引き分けにしたいと思うトレーダーは、自らのトレーディングやリスク、資金を負けないように管理するようになるだろう。

人間の脳には２つの側面がある。ひとつはポジティブなことを考えようとし、もう一方はネガティブな考えにとらわれている。

どのトレーダーの投資プランにも、勝利に導くためにトレーダー自身をプログラムしてしまうような部分があるべきだ。「私は勝つ」という考えを持つことによって、実際に勝利するため必要な気構えが脳のポジティブな側面で出来上がるのである。

また、「負けることはないだろう」と考えるなら、負けないための気構えを脳のネガティブな側面に作り出すことができる。

人間の心とは、目標を探して動き回る仕組みになっているものだ。いったん適切なプログラミングがされてしまえば昼夜を問わず、寝て

も覚めても設定された目標達成のため働き続ける。

　私の著書、『トレーディング・イズ・ア・ビジネス (Trading is a Business)』では、トレーディングに影響を与えるような人生の出来事をどう扱うかについて書いてある。このなかで、「ライフ・インデックス」の扱い方と使用法を述べ、適切な自己管理を通じて相場で勝てるように指示している。

　トレーダーとして、あなたがコントロールしなければならないものはひとつしかない。自分自身だ。マーケットはコントロールできない。マーク・ダグラスも、その著書『ディサプリンド・トレーダー (Disciplined Trader)』でこう指摘している。相場で失敗した人々の間違いは、相場をコントロールしようとしたことにある。

　トレードする人々のほとんどは、平均以上の知性の持ち主である。自分を取り巻く環境をコントロールすることで、問題を解決することには慣れている。自らもその解決過程の渦中にあることに、慣れてしまっているのだ。

　しかし残念ながら、情報端末のスクリーンや印刷されたチャートを眺めながらトレードしている場合、環境をコントロールすることは無理だ。それまでの問題解決法と根本的に異なるアプローチが必要とされる。

　『トレーディング・イズ・ア・ビジネス』とともに、ダグラス氏の『ディサプリンド・トレーダー』をぜひ読んでほしい。この２つの間にこそ、これまでの考え方やトレードの方法を変える手始めに必要なものがすべて詰まっているはずだ。

資金調達

　必要な運用資金を全然調達することができないような人々から電話をもらうことも非常に多い。
　確かに、「いきなり億万長者」になれると思えば人は奮起するものだ。しかし、はっきり言っておくが、最低でも２単位の枚数を買えるだけの資金がなければ、これから賭けようとしているマーケットで勝負はできないのだ。
　２枚を買うのに十分な証拠金を捻出できないなら、まず、「トレードする前に」それだけの証拠金を手に入れなければならない。
　たまたま一気に利が乗るという幸運に恵まれるというのでもないかぎり、１枚だけで勝負しようとしても、実際には勝者になるのが難しい。
　つまり、持っている卵をすべてひとつのバスケットに入れているのと同じである。持っているただひとつのポジションによって、取引コストをカバーするだけでなく、利益も出さねばならないのだ。
　電話での質問でも、「ピン（１枚）だけで勝てますか」と聞いてくる人が多い。私は、「すごくラッキーならね」と答えることにしている。確かにこの方法で勝ったトレーダーもいる。しかし、数は少なく、勝てる頻度も低い。確率としては、ピン（１枚）のトレーダーは非常に分が悪いのである。ほとんどの場合それは、単なるギャンブル以外の何物でもない。
　勝てる確率は、宝くじで当たるより少しだけまし、という程度だろうか。

売買の規模

もし3枚以上取引することができるなら、5の倍数で売買するのがいいだろう。つまり、5枚、10枚、15枚、といった具合にである。

くれぐれも、4、6、7、……23などの「中途半端な数」での売買は避けることだ。このような枚数での注文は成立しにくい。

また、取引を終了する場合はさらに慎重な注意が必要となる。今、仮に10枚売買しており、3枚で全体の取引コストをカバーする必要があるとしよう。この場合、私ならコストをカバーできる水準で5枚を手仕舞うだろう。これによって、以下の2つのことが達成される。

1．コストのカバーと同時に、利益を確定できる。
2．この時点で、最後の手仕舞い分として残している枚数は5枚である。この後、平均的に見れば、常により良い水準で注文が執行される可能性がある。

価格

取引を始めるときには、価格に注意するべきである。適正な価格が形成されることが重要なのだ。例えば、英ポンド、灯油、ガソリン、ポークベリー、生牛、生豚などは、売買単位の末尾が、1または5の倍数以外になることがある。

ブローカーはこうした価格でも注文を受けるし、フロアでも注文が通るが、こうした注文は実際には指定した価格で執行されない可能性がある。つまり、スリッページが発生し、そうなるとトレーディングで期待どおりの結果が得られなくなる。

注文

　私はすべての注文方法をマスターすることが重要だと思っているが、普通は３種類の注文を使い分けている。取引を仕掛けるときには指値注文を使い、指定した価格以外では注文が入らないようにしている。これは、大量の注文を入れる場合には特に重要なことだが、あらゆるトレーダーが留意すべき点でもある。ほとんどの場合について言えることだが、指定した価格でポジションを取れるようにするのは、非常に重要なことなのだ。私の場合、コストのカバーはMIT（マーケット・イフ・タッチド）オーダーで行うことが多い。手仕舞いは成り行き注文にする場合もあるが、相場が指定した価格かそれを上回る（下回る）水準になった場合、執行されなかった逆指値注文が成り行き注文になるので、これで手仕舞いとなることが多い。

　本書では、この種のことを文脈に従い適宜説明していくが、まずは著者がトレーディングするときのマネジメント法について、読者に基本的な理解をしていただいてからでないと、前に進むわけにはいかない。

　私がもしトレーディングのビギナーだったら、あるいは、より多くの枚数を売買できるよう実績を積み重ねている最中ならば、以下のような方法で資金管理を行うだろう。

　まず、最初は必ず３枚から始める。短期間のうちに望んだ方向に進んだ場合、初期コスト（委託手数料と取引手数料）をカバーできたらすぐに、このうち２枚を手仕舞う。１枚でコストを捻出し、もう１枚でコストと同額のリターンが得られる。つまり、初期コストを基準にすると100％のリターンが得られたことになる。

　その後、できるだけ早い時期に残った３枚目が買値と同額になるまで待つ。すぐそうなるかもしれないし、少し時間がかかる場合もあるだろう。どれくらいの時間でそうなるのかは、事前には分からない。

それぞれの取引は異なっており、相場の動きに合わせて調整することが必要だ。

　十中八九、指値によってブレイクイーブン（最初に買いを入れた）の水準で手仕舞うことになるだろうが、まずまずの、あるいは非常に大きな利益を出すことができる場合もなくはないだろう。

　相場が思ったほど短期間で動いてくれない場合はどうするか。私なら手仕舞うことにする。その時点でそのトレードは何かが間違っているのだ。仕掛けてからすぐ、あるいは短期間に成果が現れないようなら撤退することにしている。

　この場合のコストは、たいていのトレーダーが即時撤退の鉄則を守れないために負うコストよりは、少なくてすむはずだ。

　ほとんどのトレーダーの悪いところは、そのときのトレードがすべてだと思い込むことだ。これは間違った考え方である。トレーディングとは、売買を何回も続けていくものだと考えたほうがいい。その売買の連続のなかで、どう行動すべきかという原理原則をしっかり持っていれば、多くの場合は利益を得られるものなのである。

　方法論やシステムがほぼ正しく機能することがはっきりすれば、そこから先は自分なりの基準に従って売買したり、リスクをとったり、マネーマネジメントを適正に行ったりすればいいのだ。

哲学

　私の場合、多様性に富んだトレードをするのが好きである。じっと座ったまま、S&P500（スタンダード・アンド・プアーズ）のデイトレードだけを、3分足チャートでやり続けるなど、まるで拷問である。それではすぐに燃え尽きてしまうだろう。別々のマーケットでいろいろな期間の売買をするほうが好きである。

　プロのトレーダーたちは専門性が大切だと言うが、たしかにそうだ

ろう。ただし、彼ら自身がする売買に関してはの話だ。私にとっては退屈すぎる。

デイトレーディングについては、特に強い思いを抱いている向きが多い。ひとつのマーケットで、単一の時間的枠組みのなかで売買したがるのである。私にはできない相談だ。それではまるで、ビュッフェ形式のディナーに出かけたのに、最後までローストビーフだけを食べているようなものではないか。

私ならローストビーフ以外に、パンも野菜料理もサラダもデザートも、そして飲み物だって欲しい。

また、やはりプロの間で広く言われていることだが、デイトレードの場合は特に、リクイディティ（市場流動性）が非常に大きいマーケットだけを選び、適度なボラティリティ（価格変動性）がある銘柄だけを売買すべきだ、という考えがある。これについては、全面的に賛成だ。

十分なリクイディティとボラティリティがあるマーケットと言えば、通貨市場、債券、S&P指数、そして大豆市場くらいのもの、というのが大方の見方のようだ。

しかし、私の見方は違う。トウモロコシ市場にも大きなリクイディティがあり、それは大豆より大きいかもしれない。60分足チャートで見るとトウモロコシでもかなり大きく、それも大豆より容易に手仕舞える可能性がある。また、トウモロコシには通貨市場にはない利点がある。デイトレードからポジション・トレードへの転換が容易なのである。さらに、いくつかの研究によれば、トウモロコシ相場は大豆よりもトレンドを形成する確率が高い。

砂糖相場も、30分足と60分足チャートで見ると良い形でトレンドを形成することがある。リクイディティも十分だ。

スキャルピングだけで勝負するのでなければ、フロアから離れて売買する唯一の方法はポジション・トレードである。ポジション・トレ

ードとは、トレードのタイムフレームに応じて、可能なかぎりひとつのポジションだけを維持していく方法である。
　スキャルピングでの商いは短期的な目標価格を設定して行われるが、ポジション・トレードではそうした目標を設定することはない。代わりにポジション・トレードでは、短期トレンドが長期トレンドへと収束するときまでは、その短期トレンドにできるかぎり乗って売買を行う。
　私がS&Pの5分足チャートでデイトレードする場合、ほぼ終日ポジションを維持したままトレードすることにしている。通貨取引の場合も同様に、1営業日中にポジション・トレードをしている。つまり、1日単位のトレンドに基づいてポジション・トレードし、その日の引けまではポジションを維持しているのだ。
　実際には、1分足チャートを「描くことができる」マーケットであれば、ポジション・トレードを安心して行うことができる。
　デイトレードではなく、オーバーナイトの長期ポジション・トレードに変更できるなら、私はS&Pを除いたあらゆるマーケットでそうするだろう。
　多くのデイトレーダーが、デイトレードにこだわる理由として、日足チャートで売買するとリスクにさらす資金があまりにも多額になってしまうことを挙げている。
　これに対する私の意見は、「ナンセンス」。私はこれまで両方とも試してきた。率直に言えば、本当のデイトレーダーとは、まさにほとんどの資金をリスクにさらしている人々のことなのである。
　私は何人ものデイトレーダーが、それまできれいにトレンドを描いていた相場で多くの資金を失うのを見てきた。日足チャートで売買するポジショントレーダーが利益を上げる一方、デイトレーダーは日々を戦いのなかで過ごし、1営業日単位での売買で損失を出していたのである。

マーケットには、長年信じられている迷信や誤った教えが数多くある。

　例えば、なぜ週足チャートは５営業日で構成されなければならないのか？　どうして３日間チャートを使って他人と異なるシグナルを見つけてはいけないのか？

　また、なぜデイトレーダーはチャートの時間枠として、５分、15分、30分、60分を使わなければならないと考えるのか？　７分間チャートを使って、他人とまったく違うシグナルに基づいて売買してはいけない理由は何なのか？

　私は12分間チャートを利用してきたし、今でもそうしている。理由は、ほかのトレーダーとは何かしら違う見方をしたいと思うからだ。

　また、債券市場では120分間チャートを利用してきたし、現在でもそれは変わらない。理由は、大勢と同じ方向に行きたくないからである。私は、心情的にはコントラリアン（反対論者）なのだ。

　私は、最も心地よく過ごせる世界としてトレーディングの存在価値を信じている。もしもチャンスが来れば、ココアやオレンジジュースの先物を取引しても構わない。ただ、タイムフレームを拡大して、ボラティリティに見合うだけのリクイディティが得られるようにするだけである。

　オレンジジュース市場は、毎日の出来高が少ないかもしれないが、週足チャートで見たらどうだろうか？　１週間を通して見れば十分なリクイディティが存在する。寒冷期の数カ月は商いが薄いためボラティリティが大きくなるが、それも問題とはならないのである。

　私は、トレーディングについて厳格になりすぎないようにしているが、自分なりの基準を守り、自己管理することにかけてはできるだけ自分に厳しくするようにしている。これだけは、自分自身のたわごとにも耳を傾けるわけにはいかないのだ。

　マーケットで果敢に挑戦しては敗れる人々の多くは、売買の内容に

厳格であることこそ、自分なりの基準をしっかり持つことだと思い込んでいるのが敗因だろう。しかし、これは厳格になるべきところを間違えている。
　トレーディング自体に厳格になっても、売買の内容や相場観に悪影響を与えるのが関の山だ。しっかりと押さえるべきなのは、損失を出さない決断をすること、そして、必ず勝つんだという気構えを持つことなのだ。そして、良好なトレードの記録や成績を残すことに厳格であるべきだ。そうすれば、より良い計画を立て、優れた売買をすることが可能になるだろう。
　私は多様なトレードが好きなので、さまざまなマーケットの異なるタイムフレームで売買をしている。ひとつに偏らないほうがいい。たったひとつでなく、たくさんの花の香りを楽しみたい。たったひとつの市場でなく、多くのマーケットを体験したいのだ。
　私は、心地よく楽しめるトレードをすることを覚えた。最も優れた成績を出すこともできるようになった。そして、ここだと思う水準で指値注文を入れている。幸福なトレーダーだと言っていいだろう。トレーディングが単なるお仕事になってしまったとしたら、ほかにするべきことを探すに違いない。

結論

　本書の導入部である本章の最後に、こう言っておきたい。だれにとっても何かしらピッタリくるものがあるはずだ。デイトレーダーが望みなら、デイトレードだけに専心することも可能だ。日足チャートによるポジショントレーダーは、満足のいくまで日足チャートで売買すればいい。
　私のようなやり方をする者がいてもいい。両方の組み合わせも可能だし、いろいろな方法で試すことができるはずだ。トレードに、同じ

ということなど存在しない。それぞれに異なるマーケットで売買し、成功の度合いも異なっているのだ。それはいつでもそうだったし、これからもそうに違いない。

　私が自分のトレーディングの秘密を公開したら、だれもがそれをパクってしまうため、市場参加者にとっての方法論自体が無効になってしまう。こんなふうに考える読者がいるなら、それはあまりにも単純すぎる。だれかが私とまったく同じトレードをすることなど不可能だし、反対に私がだれかの方法をそっくりまねることもできはしない。そうしようとすることさえ、バカげている。人は十人十色である。私はあなたになれないし、あなたも私になることはできない。

　本書を使って読者ができることは、自分の好みの方法を自分なりのトレード・スタイルに組み込むことぐらいだろう。マーケットでは、読者自身が売買の主体である。自分独自のフレーム・オブ・レファレンス（物事を見るうえでの枠組み）と満足度を基準にしてトレードするのである。トレードすることが、あなたにとって何らかの意味を持つようでなければならない。でなければ、自信（必ず勝つという確信を持つ勇気）を持てるようにはならないだろう。

　本書では、ロスフックの歴史についても触れているが、私はいかなる意味においても、トレーディングに有効な方法としてロスフックに代わるものがあれば、いつでもそれを認める。ある手法が常にほかのものより優れているとは限らない。ただ単に、そのときのニーズに合っているという意味で優れているにすぎないのである。

　「どちらの手法のほうが推奨できるのか？」とか、「あなたならどちらを選ぶのか？」といった質問をする向きもあるだろう。気分次第で全部試す、というのが私の回答だ。

　忘れないでほしい。私はいろいろなことを試すのが好きな人間なのだ。ただし、あるひとつの手法を選択したらしばらくの間、場合によっては１年くらいはそれだけでいくことにしている。

「バニラフック」の章では、ロスフックによる売買に関する私の好みがよく出ている。これは、ほかの章で示した手法が劣っているという意味ではない。いずれも有効だし、すべてが私自身と生徒たちの実体験から得られた結論であることに変わりはない。

　これまでのキャリアのなかでは、いかなる種類のオシレーターやテクニカル指標も、意思決定の直接的な手段としては使わないようにしてきた。単純に必要なかったのである。それでも、自分の著書でオシレーターなどを使っているのは、ほかの人々がこれらの指標を使うことが分かっているため、こうしたほうがコミュニケーションをはかる共通の土台を得られるからである。

　私はテクニカル研究や指標について熟知しているが、こうしたものを利用するのは間接的な形だけである。ほかの専門家たちがどうやってこれらの指標を使っているのか研究もしたし、今でもよく分かっている。そしてそれは、彼らの側から見ても同じことである。つまり、私は彼らの逆を行くために、こうした指標を利用するのだ。ある指標や調査結果が、買い人気の台頭を示しており、その指標や調査結果をほかのトレーダーたちの多くが利用していると分かれば、彼らを出し抜くために自分のポジションを調整し、彼らとは反対の方向に仕掛けるだろう。大勢に従って売買するのは危険なので、くれぐれも注意するべきである！

　相場は変わりやすいものなので、私はなるべく自分の選んだポジションを変えず、その日の取引を終えるようにしている。ロスフックは、トレンドを形成している相場に対して有効なのだ。これまでに、市場が数年間もトレンドを形成しない時期があった。そのとき、私はロスフックの利用をあきらめ、ほかの指標を使わなければならなかった。ロスフックといえども、聖杯のごとく常に効力を発揮できるというものではない。

　このことは、純粋なデイトレーダーにとって興味深い点だろう。例

えば、S&Pだけを取引しているとトレンドが形成されない日がとても多い。こうした場合は、ほかの方法を何か試すか、S&Pが１日のうちにトレンドを形作るまで待ち続けるしかない。

　私が教えた生徒のうちで、S&Pのトレードでトレンドが形成されるまで、辛抱強く２週間待ち続けた者がいる。そのときは５分間足チャートを利用して、ロスフックを自分たちが使っているフィルターと組み合わせたという。このときは、大きな利益をものにすることができたらしい。

　さて、第１章としてはずいぶん長くなってしまった。だが、これから先の話を続けるための土台を築いておきたかったのである。それでは、約束どおりまず、ロスフックの歴史から始めることにしよう。

　最初は、ロスフックの原型となったアイデアを思いついたいきさつからお話ししよう。

第2章

始まり
How It Started

　1959年のことだった。私はちょうど、ビジネスとマーケットを学ぶ学生生活をそろそろ終えようとしていた。だが、本当の意味でのトレーディングとビジネスに関する勉強は、そこから始まろうとしていたのだ。海軍での規律正しい生活から解放され、それまで同居していた大叔父とも離れた私には、トレーダーとして食っていくための知識は少ししかなかった。私が知っていたことと言えば、トレンドの見極め方や「天井や底の１－２－３」の仕組み、保ち合いの見極め方、マネジャーの５つの機能、そして、ブローカーに対して強引とも言えるやり方で注文を入れる方法くらいのものだった。各マーケットを動かすファンダメンタルズ要因についても、ある程度は分かっていたが、ファンダメンタルズ要因に基づいて売買するために十分な情報を集めることなど、自分には無理だということも承知していた。これは、今日でも変わることがない。ここからは、私がトレーディングに利用している基本ツールの紹介をしよう。

天井や底の１－２－３

　まずは、最も基本的で本質的なこの手のチャートを例示しないわけにいかないだろう。私見だが、この「天井や底の１－２－３」こそ、

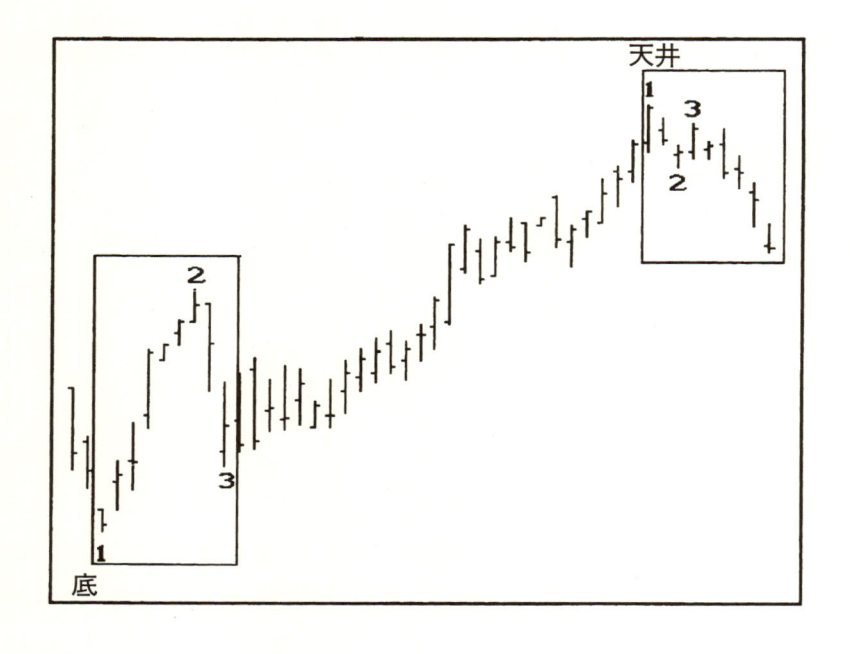

これまであらゆるマーケットで見られた大相場にほとんど必ず発見できる形だと思われる。なぜか？　それは、トレンドというものが、その後大相場に発展するとしないにかかわらず、必ずこのフォーメーションを形成してから始まっているからである。つまり、「１－２－３」のフォーメーションがあれば、そこからトレンドが始まるだけでなく、その後もしっかりとしたトレンドが継続しているのである。トレンドが形成されるのは、規模で言えば長期から中期の高値と安値を付けたときである。この場合もちろん、何が長期で何が中期なのかは、ある程度各人の解釈によるところが大きい。ポジションを持っている者自身の見方次第とも言える。読者には申し訳ないが、そもそも一体、トレーディングが科学的だと言った者などいただろうか？　芸術的とも言えるトレーディングの技に、科学的な原理を当てはめようとするなどまったくバカげている。

天井

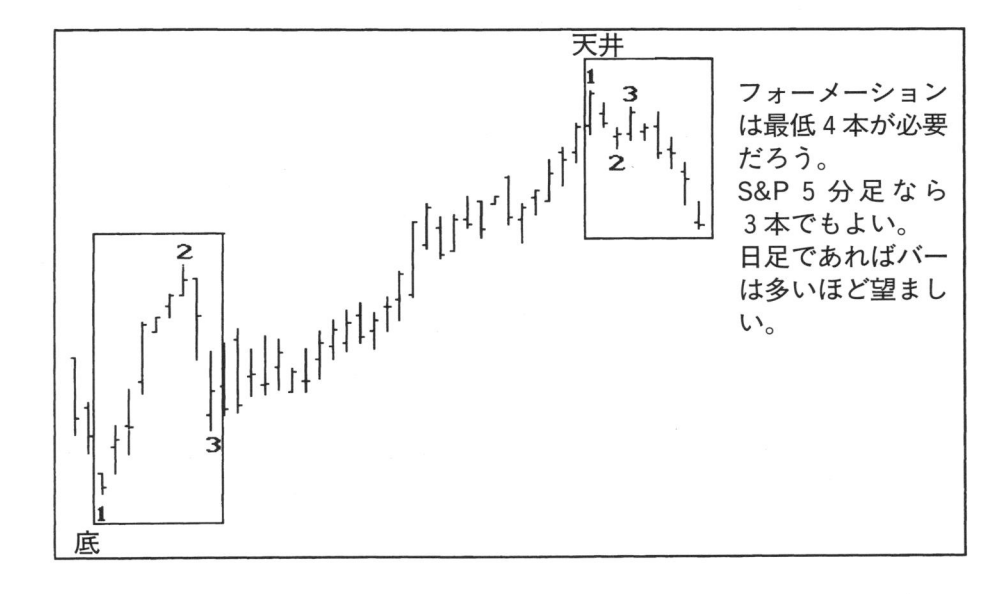

フォーメーションは最低4本が必要だろう。
S&P5分足なら3本でもよい。
日足であればバーは多いほど望ましい。

底

　すでに述べたことだが、もう一度言っておこう。相場の動きと相互作用に科学的な部分など何もない。相場の動きというものは、数学、幾何学、サイクル、統計、理論のいずれにも無関係である。相場は、市場参加者のものの見方に基づいて動くにすぎない。つまり、感情的であり、時としてほとんどヒステリックですらある。ほとんどの場合、市場での大勢を最も正しく読み、それに基づいて行動したものが勝つのである。
　ここで、「ほとんどの場合」という言葉に注意してほしい。
　最初に相場が動き始めるときには、動かしてやろうという意図やそのための力量を持った人々がきっかけを作ることが多いのである。特に、1営業日の間といった短期の場合、あらかじめ仕掛けられた動きであるほうが普通だ。
　しかし、その後はトレーダーたちが自分の見通しや利益確定の期待感から売買注文を出し、相場が上下し続ける。

シンプルなバーチャートで寄り付き、高値、安値、そして終値を見ていると、マーケットを動かしている人間の感情や行動が浮かび上がってくる。秒単位、分単位、時間単位、1日単位、週単位、月単位、あるいは年単位――どの時間枠で切り取っても、変わることはない。
　チャートの読みに精通してくると、マーケットで実際に何が起きているのかがさらにはっきり見えてくる。より妙味あるポイントを見極める力を身につければ、実際のトレーディングでも成功する可能性は高まる。
　この後、「1－2－3」とはどんなシグナルなのか、そして、これがどのようにトレンド形成に結びついていくのか説明する。「1－2－3」は、モメンタムを実践的に利用するための入り口である。モメンタムとは、人間的な感情の動きによって生み出されるもので、さまざまなマーケットに影響を与える。忘れないでほしいのは、マーケットでわれわれが相手にするのは、相場観という形で表現された人間の感情だということだ。そこには、確かなことなどけっしてないのである。
　通常、天井や底の1－2－3を使用する場合は、2をブレイクした時点で仕掛ける。こう言ってしまうと1－2－3の見方やトレード方法を単純化しすぎるきらいがあるが、とりあえずここではそれで十分だろう。大事なことは1－2－3の形を理解することだ。フックを使って仕掛ける場合には、2を超えたところで仕掛けるわけではない。
　ここから、1－2－3の構造について私が学んだことを説明していこう。

底の1－2－3

　底の1－2－3は、長期的または中期的な安値とみられる水準から始まる。チャートは、価格的にこれらの安値とみられる水準まで下げ

たあとで、いったん上昇に向かう。このときの
安値がまず1となる。この上昇にすぐ続いて、
先ほどの安値に向かって修正安局面が見られる。
この修正安よって形成された高値が2である。
このときの下落が1の安値にまで下げてしまっ
たり、これを割り込んでしまった場合、この時
点で1－2－3のフォーメーションは無効にな
り、さらに下落するか、保ち合い局面かのどち
らかとなる。

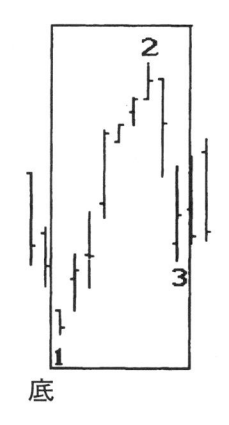

　修正安の局面で1を割り込まずに上昇を開始
した場合、これによって形成される1よりもやや高い水準にある安値
が3となる。

底の1－2－3の意味

　底の1－2－3が形成されるのは、下降トレンドの最後や保ち合い
場面の後に限られるが、何が原因でこのようなフォーメーションが形
成されるのか、検討してみるのも有意義だろう。
　下降トレンドの最後に1－2－3ができた場合、1の安値が形成さ
れるまでの経緯は以下のようなものである。
　まず、単純に売りたいと考える人々がいなくなった場合である。相
場はすでに下げるだけ下げてしまっている。この時点で、市場は供給
過剰から供給不足へとシフトする。市場でショート、つまり価格に下
げ圧力をかけている向きが相場の上昇開始に気づいたとき、買い戻し
て利益を確定するだろう。この買い戻しによって相場は上昇する。そ
れまで売られ続けてきた市場で、買いたいと思っていたが見送りに徹
していた人々が、いよいよ買いを入れ始めるため、上昇はさらに加速
する。これで、相場はチャート上の1から2へと上昇するのだ。

だがまもなく、短期的な思惑だけで買いを入れた人々の利食いで、少なくとも一部のポジションを手仕舞う動きが出始める。このため、相場は再び２から下げて３へ向かう。この下落（修正安）局面での売り手には、一貫して弱気見通しを捨てていない人々も含まれているはずである。こうした人々は、１から２への上昇局面を、下降トレンド中の戻りとしかみておらず、さらに下降トレンドが続くと信じて売りポジションを新規で建てたり、再度、売りを仕掛けるのである。

　こうした売り手の見方が正しければ、相場はさらに下げて１の安値を割り込み、トレンドが上昇に転じる可能性はなくなる。逆に正しくなければ、相場はここから下げずに新たな買いに支えられて３から２の水準へと上昇するだろう。この場合、さらに２をブレイクしてしまえば、新たな上昇トレンドが形成される可能性が出てくる。ただ、この上昇がどこまで続き、どの水準まで上げるのかはまだこの時点では分からない。

　読者は、ここまで説明したシナリオをしっかりと理解することが肝心である。このシナリオこそ、すでに述べた逆指値の入れ方や資金マネジメントと深いかかわりがあるのだ。これについては、また後述する。

　ここで、強気筋と弱気筋が互角で相場が上下どちらにも抜けられなくなると、保ち合い相場を形成することがある。この場合、上昇トレンドに転じるまでの上昇力を蓄えている局面である可能性と、さらに下降トレンドが続いていくなかでの一時的な下げ止まり局面である可能性の両方がある。どちらなのかは、そのときになるまで分からない。

　また、保ち合い局面では、「その取引レンジ内で」さらに１―２―３が形成されることもあり得る。このとき注意が必要なのは、レンジ上限から始まって天井の１―２―３を形成して下にブレイクアウトすることもあれば、逆に、レンジ下限から開始して底の１―２―３を形成して上にブレイクアウトしていくケースもあるということである。

保ち合いが上昇力を蓄えている局面だった場合、相場は上にブレイクアウトする。安値で商品の供給がなくなれば供給不足が発生するため、価格は、供給減に対する需要増の水準によって上昇する。

通常、底の１－２－３が保ち合いを上にブレイクアウトしたということは、強気筋と弱気筋の戦いが強気側の勝ちに終わったということである。

天井の１－２－３の意味

前項の例とは逆に、天井の１－２－３が保ち合いを下にブレイクしたということは、強気筋と弱気筋の戦いが弱気側の勝ちに終わったことを示すのが普通である。下降トレンドが形成される前に、天井の１－２－３が現れる例は数多い。ほとんどのマーケットで、１－２－３の高値形成は天井から底までの値幅がより大きなものとなる傾向が強い。これは、相場というものが上昇よりも下落のときに急速に動く性質があるためである。ただ、通貨市場では事情が異なる。複数の通貨の上昇と下落は、互いに連動している。ある通貨が上昇しているとすれば、これに対応する別の通貨が下落しているのだ。ひとつの通貨市場が急伸している場合、それは、別の通貨市場が急落していることを反映している。

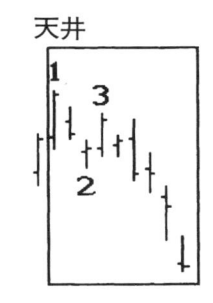

天井の１－２－３

天井の１－２－３が形成される要因は、安値の場合と反対の現象である。市場に買い手が見当たらなくなると、価格はそれ以上の高値を

付けることをやめ、横ばいもしくは下落に転じる。当面は上昇相場が見られないと踏んだ強気筋は、利食いのために手仕舞い売りを始める。

強気筋が手仕舞い売りを行い、さらに相場が下落するようになると１の高値が形成される。この下落を見て、それまで売り場をうかがっていた弱気筋が参入してくる。これによって、相場は一層圧迫される。価格水準は１からやがて２となるべき水準へと下押される。その後、まもなく、売っていた弱気筋が少なくとも、売りポジションの一部を買い戻し始めるのである。

こうした動きによって相場は、１の水準に向けて押し上げられ、その結果、２の安値が形成される。買いを入れたがっている人々やさらに高い高値を期待している向きがこの機に乗じて買うため、さらに新高値が見込まれる。彼らは２までの下落局面を、上昇トレンドの押しだとみているため、下値が支持されるわけだ。その後、相場が下げてきて１を上にブレイクアウトすると、これは天井の１－２－３としては無効になり、上昇トレンドがその後も続くことになるわけだ。つまり、強気筋の勝ちである。

だが、１の高値が高すぎて上にブレイクできなかった場合、相場は再度下げ始め、３のポイントが形成される。買っている向きは手持ちポジションの手仕舞い売りを強いられるだろう。この場合は弱気筋が売りを出し、２の安値をも割り込む可能性が出てくる。そうなれば、ここからは下降トレンドの形成である。

この後、相場が下げ続けるかどうかはこの時点では分からない。保ち合いを形成してしまう可能性もある。その場合、すでに述べたように「その取引レンジ内で」さらに１－２－３が形成されることもあり得る。

こうした「取引レンジ内」でのトレーディングについて知りたい読者は、私の第１作である『トレーディング・バイ・ザ・ブック』のパート１を参照されたい。本書では、このトピックを扱わない。

まだトレーダーとして駆け出しのころ、１－２－３はトレードのサインとして非常によく使えるものだった。そして、いまだに高い確率で機能してくれる。一般に、日足チャートで２のポイントを超えるだけのモメンタムがあれば、売買コストをカバーしたうえに利益を出すだけの値動きが望めるため、特にデイトレーダーにとっては優れたシグナルとなる。

　私が１－２－３に関してひとつだけ心掛けているルールがある。それは、はっきりと定義できること、簡単に１－２－３だと断言できなければならない、ということである。日足チャートでは、最低でも４本のバーで構成されている必要がある。バーの数が多ければそれだけ明確に１－２－３だと言えるので、そのほうが望ましい。

　１営業日のチャートなら最低３本は必要だろうが、読者が自分自身のチャートで確かめてみるべきだろう。５分足チャートなら３本で有効だと思われる。

　しかし、本書は１－２－３フォーメーションについての本ではない。ロスフックこそが本書の主題である。１－２－３は、ロスフックにたどり着くための通過点にすぎない。このなかでも２のポイントがここから先、有効なトレードへの先導役となってくれる。

フックを見つける

　私がロスフックを発見したというのは、コロンブスのアメリカ発見とどこか似ている。つまり、現在「アメリカ」として知られているこの大陸は、実際には以前からずっとここに存在していたのであって、別にコロンブスが見つけたわけではないからだ。

　ロスフックもこれと同じで、最初からそこに存在していた。チャートというものが考案されたその当初からずっとだ。私はいわば、機に乗じてこれに命名しただけだ。ロスフックが知られるようになったの

は、私の著書やセミナーを通じてである。現在では、これを利用してトレードする者を「フッカー」と呼んでいる。

　ロスフックが見つかったとき、ほかにも多くの発見があった。実は、私にもそのとき、見つけようとしていたものがあったのだ。

　コロンブスが探していたのはインドへの近道だったが、私の場合、これからトレンドを形成する相場にうまく参入する方法を探していたのである。

　訓練を重ねたおかげで、1－2－3の2のポイントをシグナルとしてトレードを始める方法を体得したのである。

　ただ、あらためてチャートをよく見直したとき、自分が選んだ以外にも多くの「とがった」部分があったことに気がついた。そして驚いたことに、この「とがった」部分が売買に利用されたという様子は見られなかった。だれもが見過ごし、気づかなかったかのようだ。まるで、その部分が見えていなかったとでもいうのだろうか。

　これこそ、まさに素晴らしい発見だった！　宝物を掘り当てたのだ！　ここでは何エーカーもの土地にダイアモンドがばらまかれていて、行き交う人はそのダイヤにけつまずいても、どこにでも転がっている石ころのようにそれを道端へ蹴飛ばしていくだけだ。

　この「とがった」チャートを利用してトレードしている者が、まったくいなかったかどうかは分からない。これを利用していた人々は多かったはずだ。人知れずうまくトレードしている人はかなりの数いるものだ。なぜそう言い切れるかといえば、私自身もそうだったからである。だが、この「とがった」チャートについて記述した文章を見つけることはできなかった。私が日ごろ取引をしていたブローカーたちも、これについては知らなかった。大変な価値を持った真珠を発見でもしたような気分だった。この「とがった」チャートについての知識を共有したいと思う人々に対し、私が教育活動を始めたのはこれ以降である。そして、このチャートをロスフックと名づけたのだ。

進化

　本書はロスフックの進化について述べたものである。私がロスフックでのトレードをどのように始めたか、どのように使えるのか、その理由は何なのか、そして、これからもロスフックが有効だと考える根拠などについて、これからひとつひとつ説明していこう。より重要なことは、ロスフックで売買する人の数が増えても、その機能が左右されないとみられることだ。市場にある程度の人数がいれば、ロスフックはきちんと機能する可能性がある。
　私は長年にわたってロスフックを使用するだけでなく、その使用法を発展させてきた。私が好きなようにトレードをするとき、そこには常にロスフックがあった。
　自分がバーチャートの寄り付き、高値、安値、そして終値からマーケットの読み方を学んできたのと一緒に、ロスフックも進歩をとげてきたのである。
　私はロスフックを使うことで常に成長してきたし、それは今でも変わらない。今、これをほかのだれかと分かち合うことができることを喜んでいる。私が教えた人々がロスフックを使い、素晴らしく革新的なトレード手法を編み出していくのを見るのは、望外の喜びなのだ。
　彼らがフックの使い方に習熟していく様子には、本当に興奮させられる。ひとりならけっしてできなかったようなことまでやってくれるのだから。
　こう言えば十分だろう。彼らの多くがこの「とがった」チャートによるトレードでリッチになったし、今後そうなろうとしている者が大勢いる、と。
　テクニカル信者をへこませる目的以外で、私がテクニカル指標を使うことはない。そのため、本書で提示するコンセプトやコツは「プレ

ーンバニラ」を除くすべてが、生徒たちに許可を得て掲載しているものだ。彼らも分かち合うほうがいいということが分かったらしい。

　学んだことをだれかに教えようとすると、不思議な体験をするものだ。教えていたつもりが、実際には自分もそこから何かを学んでいることが多いのである。しかも、思いもしない形で何かが分かることがある。目に見えない法則か何かが働いてでもいるかのようだ。

　教えようとすることで得られる最も素晴らしいことは、相場で自分勝手な振る舞いをやめようとすること、わがままを抑えたトレーダーになれることである。トレーディングにおいて「すべてを望む」ようなわがままを続けるのは、多くの場合、ケガのもとである。

第 **3** 章

ロスフックを特定する

Identifying the Ross Hook

ロスフックとは以下のようなものである。
- 底の1－2－3を上にブレイクアウトしたあとで、最初の押しをつけた直前のより高い高値
- 天井の1－2－3を下にブレイクアウトしたあとで、最初の戻りをつけた直前のより安い安値
- 保ち合い局面(レッジ、揉み合い、レンジ内での動き)を上にブレイクアウトしたあとに、最初の押しをつけた直前のより高い高値

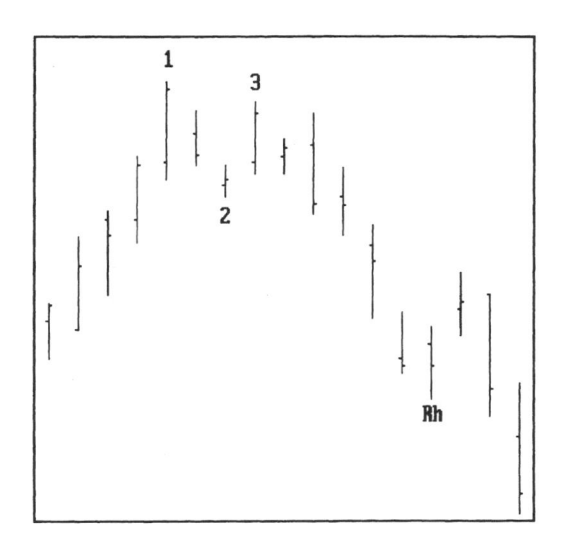

●保ち合い局面（レッジ、揉み合い、レンジ内での動き）を下にブレイクアウトしたあとに、最初の戻りをつけた直前のより安い安値

　時として、天井または底で出現した１－２－３に続くもうひとつの１－２－３が、そのままロスフックになってしまう場合がある。実際、トレンド中に中勢あるいは目先の高値や安値で見られる例は多い。ただ、こうしたものを一様に１－２－３として扱うのは間違いのもとである。ロスフックなら常に１－２－３、というわけではない。
　１－２－３は、マーケットに発生した何らかの力によって直接的に引き起こされる。これについてはすでに述べたとおりだ。ロスフックは、これとは別の現象が引き起こすものである。また、発見や特定がしづらかったり、トレーディング対象とすることがこれ以上に難しいリバース・ロスフックも存在する。以下に示した２のポイントがリバース・ロスフックである。
　本書を読了するまでには、ロスフック、リバース・ロスフック、ダブルボトム・ロスフック、ダブルトップ・ロスフックを見極め、トレーディングする力が身についているはずだ。しかし、先を急ぐ前にそれぞれのフックの形に加え、フックと基本的な１－２－３フォーメーションとの関係や、１－２－３からフックが形成される様子などについて述べる必要がある。その後、第２章で紹介したツールの使い方をお教えしたい。どんなツールだったか、ここで復習してみよう。トレンドの見極め方、天井と底の１－２－３を形成するもの、保ち合いの見極め方、マネジャーの５つの機能、そして、ブローカーに対して強引とも言えるやり方で注文を入れる方法――である。
　次のチャートは１－２－３と、それに続くロスフックを示している。
　まず、ナンバー１で天井を付けているのが分かる。価格は、どんな買い手が買った買値より高くなっているのだ。ここでは、売り圧力が買い圧力を上回っている。

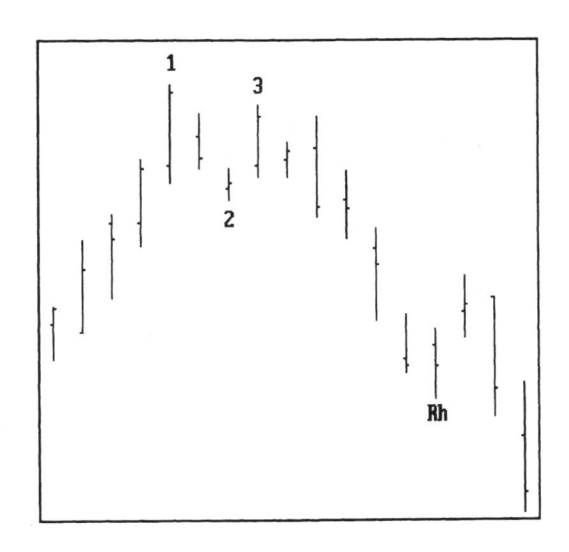

その後、2では買っていた向きが利食い売りを出したためここまで下げている。売り場を探していた弱気筋の売りも、下げの一因となっているだろう。

 そして、今度は売り手が買い戻しに動く。2の下げを強気相場の押しと見込んでいた強気のトレーダーが先導し、マーケットには新たな買い気が広がって3につながる。

 しかし、高値圏で買いたがるトレーダーがそうはいないため、上昇トレンドを続けようとする動きは後退してしまう。相場は2をも割り込み、新規の下降トレンドが形成されることとなる。

 しばらく下げたあと、戻りが入る。これは、手仕舞いの買い戻しによるものだ。ショートカバーが入るために、相場は上昇するのである。また、ここでは下落が一服しそうだとみた向きも、新規買いを入れてくるだろう。こうした向きは、ここが支持線だとみている可能性がある。さらに、「ここが買い場」とみたテクニカル・トレーダーやリトレースメント・トレーダー（押しや戻りを狙っているトレーダー）たちも買いを入れるかもしれない。

このときの戻りによって、目先あるいは中勢の安値が形成される。これが、ロスフックである。この場合の向きは下向きだ。ロスフックは１―２―３の結果として出現したものだが、これ自体は押しや戻りを形成している。修正（押しや戻り）、つまりトレンドと逆行していれば、「とがった」部分がチャート上に残される。修正はバー１～３本分の間、継続する可能性がある。場合によっては、１本のバーが修正であり安値でもあるという、非常に微妙な形を取ることもある。このほかにいろいろ細かいことがあるが、その都度紹介していこう。とりあえずここでは、フックが何で、どんな形状なのかを理解することが最も重要である。このフックのブレイクアウトこそが、あなたに大きな利益をもたらすことになるのだ。
　今見た例では、天井の１―２―３で始まったチャートが２を割り込み、トレンドが形成された後でフックへとつながっていた。そして、そのまま下降トレンドを継続していたのである。
　次は複数の底の１―２―３で始まる例を見てみよう。
　下のグラフでは、１で売りが終息している。同じ営業日内で価格が上昇するなか、売り手が利食いの買い戻しを入れている。このときの上昇で、相場は底入れを確信した人々の買いに支えられ、２まで上げた。一部の買い手は、目先の利益を求めて手仕舞い売りを出す。さらに、この局面を弱気相場の戻りと見込んだトレーダーが、売りを出してくる。相場は、３へと下落するのである。
　だが、３の水準では、ここからさらに下げるほどの売りは見られないため１までは下げず、上昇へと転じる。これまでと打って変わって買い方が主導権を握り、上昇を予想して安値を買おうとする者が入ってくるようになる。ここでの買いは強力で、２をブレイクして新たな上昇トレンドを形成することとなる。
　上昇につれて売りが入り始め、買い手側も一部か、すべてのポジションを手仕舞うようになる。さらにここが売り場だと判断した向きの

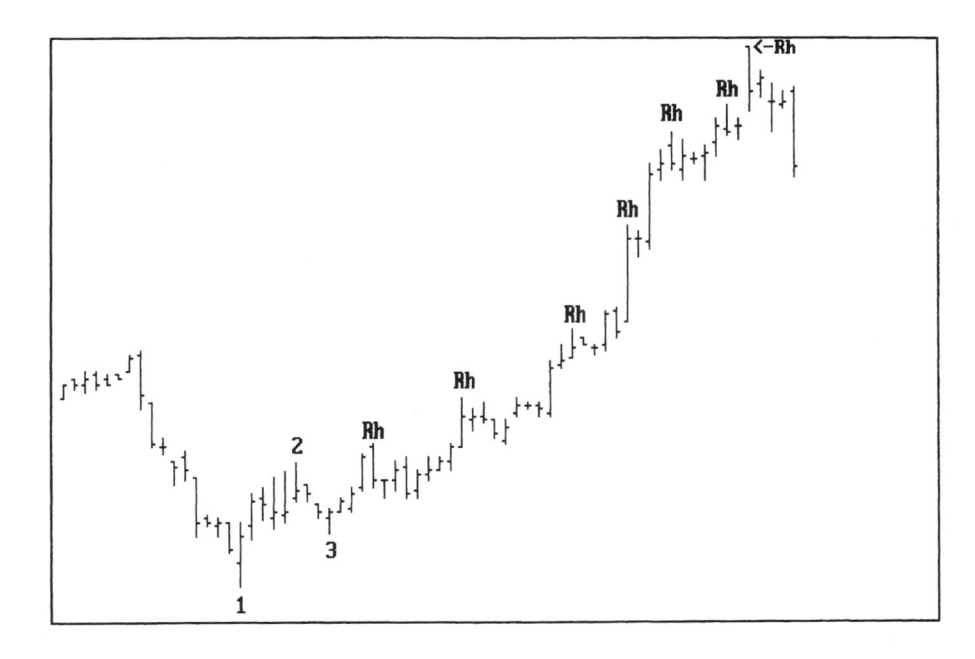

売りも加わり、相場は「下落」「反落」あるいは「修正安」と言ってもいいが、とにかくこの売りに押されて下げるのである。

だが、ここではまだ買い気が売り気より強く、買い手がいなくなるほどには上げていなかった。相場はさらに上げ、図中「Rh（ロスフック）」と示されたところまで到達する。相場が天井を付けるまで、こうしたプロセスが繰り返される。

底の１－２－３から戻してすぐにロスフックを形成することはよくある。ただ、これが底の１－２－３だと見極めることは難しい。１の候補と２の候補の距離が開きすぎている場合があるのだ。

私が昔採用していた基準では、１－２－３を特定できない場合、その「とがった」チャート部分でのトレーディングは見送ることにしていた。つまり、多くのチャンスを失っていたことになる。

やがて、あることに気がついた。私がその時点で唯一見落としてい

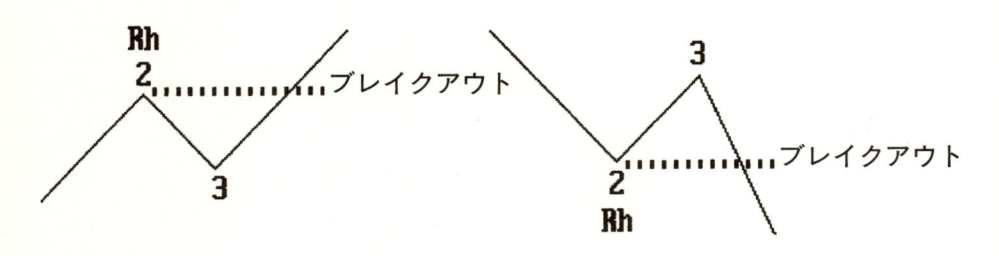

上昇トレンドの例　　　下降トレンドの例

たのは、1のポイントが必ずしも存在しなくても構わないということだったのだ。2と3は、常に存在していたのである。

　ナンバー1の位置はどこでも構わないのだ。重要なのは、このフォーメーションがトレンド中で形成されているということだ。理屈から言えば、トレンドが明確ならそれだけ望ましいはずだが、いつもそうとは限らない。売買を検討するよりも、警戒したほうがいいときというのはあるものである。これについては、章を変えて詳述する。

　次のステップは、これらのフックを形成した局面でトレーディングが可能かどうかをすべて分析し、資金面で投資が可能かどうかを検討することだった。

　ロスフックによるトレーディングで私が最も素晴らしいと感じているのは、それがマーケットの真実を表していることである。フックをブレイクしていれば、そのシグナルは偽りなく有効だ。つまり、相場があるフックをブレイクしたなら、間違いなくそれはそのレンジを抜け出たことになる。仮にダマシだった場合でも、いったん抜け出たことに違いはないのだ。こうした場合、最低でもコストはカバーしたうえ、これ以降のトレーディングを「ノーコスト」にするだけの力を秘めているような場合が多い。

　さて、次の疑問はあまりにシンプルに思えるかもしれないが、私に

は自問自答が必要な問いでもある。

ロスフックのできる理由

　これまで見たチャートの「とがった部分」、つまりロスフックは、明らかに１－２－３フォーメーションの２と異なるものである。また、その場の買い気や売り気とは関係がないことも明白だ。

　これが事実だとすれば、こうした部分が形成される理由は２つしかない。ひとつは明らかに、利食いによるものである。相場の流れが大勢として変わる場合、それまでと反対方向に動く最初のきっかけは利食いだ。

　もうひとつの理由は必ずしもはっきりしたものではなかった。少なくとも、あの時期の私には分からなかったのだ。だが、今日ではまったく自明であり、素朴な相場観しか持っていない経験の浅いトレーダーたちから投資資金を巻き上げる絶好の方法となっている。

　フックを発見した時点で、私が「テクニカル指標トレーダー」と呼ぶ人々の行動についてはほとんど知らなかった。

　ヘッド・アンド・ショルダーやメガフォン、ペナント、フラッグ、スピードラインなどを見てトレーディングする古典的なテクニカル分析なら知っていた。

　こうしたトレーダーたちがマーケットから撤退していく様子についても知ってはいた。

　フロアトレーダーの扱いについても、また、彼らと反対の売買をする方法についても多くを教わっていた。

　ほとんどの場合、フロアでの大手業者の動きについて指摘することができた。そこでのトレーディングに参入するかどうかの判断も自分で下すことができたのだ。

　しかし当時、私は移動平均の交差とか、ストキャスティクス、RSI

（相対力指数）などのその後ポピュラーになっていくテクニカル指標についてまったく知らなかったのである。

　オフセットの移動平均を除けば、私が知っているテクニカル指標はCラインだけだった。Cラインとは非常に古くからある指標のひとつで、買われ過ぎや売られ過ぎを識別するために使用され、名称は「サイクルの百分率（percent of Cycle）」を意味している。これは、「新方式」のファスト・ストキャスティクスとされているが、実際にはストキャスティクスではない。また、この逆相にあたるRラインは、ファスト・ストキャスティクスを上下逆にしたものにすぎない。

　辞書で「ストキャスティクス」という言葉を引けば、マーケットで使用されているこの用語の用法が誤用であることが分かるだろう。

　『ニュー・ワールド・ディクショナリー・オブ・ザ・アメリカン・ランゲージ』での説明はこうなっている。

ストキャスティック——形容詞。語源：ギリシャ語stochastikos、推計の意。字義どおりには的に当てる技術があること。stochazesthai、的に当てるの意。stochos、目標の意。

　［印欧語の基礎はSTINGの項を参照］
1．偶然に伴う、あるいは偶然から生じた。確率的に起こる。ランダムな。
2．（数学）ランダムな変数の合同分布が無限に連続する過程を示すこと。

　確かに、「マーケット」とは、ランダムな変数の合同分布が無限に連続しているものだろう。だが、不適切ながらストキャスティクス（推計学）と命名されたこの研究分野は、マーケットに関するものではなく、モメンタムやダイバージェンスに加え、一定のスケールに基づいて「買われ過ぎ」「売られ過ぎ」というあのバカげた水準を計量するための数学的な試みなのだ。こうした尺度は常に相対的なものだ。

今日の終値の水準と前日の水準とを比較するように、である。これこそが、ストキャスティクスが常にトレンドから乖離している理由である。ストキャスティクスは、実際の相場が「買われ過ぎ」「売られ過ぎ」の領域をはるかに過ぎているにもかかわらず、「買われ過ぎ」「売られ過ぎ」のシグナルを出し続ける可能性があるのだ。

　本来のいわゆるストキャスティクスとロスフックを併用したトレーディング法については後述する。この手法は友人のリック・レッドモンドから教わったものだが、本書では、彼自身も気づかなかった微妙なコツも交えて紹介することにしよう。

　私は普段、サイクルに基づくトレーディングはしないが、友人のエド・ダルトン博士によると、ロスフックと併用してCラインを算出すると、十分に有効性が認められるという。ただ、私は実際に試してみたわけではないため、これについては、読者自身がトライしていただきたい。

　さて、ここで先ほどからの疑問に対する結論を述べると、ロスフックが形成される原因のひとつとしては、テクニカル指標を利用したトレードでの修正の動きが考えられるのである。

　詳しくは後述するが、より正確には、これらのオシレーターや指標の「誤用」こそが、ロスフックの原因となる修正の一因となっているのだ。

　ある時点でマーケットが買われ過ぎ、または売られ過ぎだと判断したテクニカルトレーダーは、実際にはその判断が誤りであるにもかかわらず市場に参入する。そして、利食いを行う時点で、修正のモメンタムを加速させてしまうのである。

　後年になると、フィボナッチ級数によるトレーディングが出現した（再発明された、と言ったほうがいいだろうか）ため、修正の動きはさらに顕著になっていく。トレーダーたちは「魔法の」フィボナッチ比率があらかじめ決定している水準で、買いや売りを自動的に実行す

る。これによって相場はそれまでの動きをやめ、反転し始めてしまう。

　これに加えて最近は、月の満ち欠けによって相場が動くという非論理的な意見さえ聞かれるようになったが、本書ではこうした声に惑わされて大事なお金を失わずにすむ方法も紹介していく。

ロスフックの定義

　修正によってトレンドが崩れた場合、修正幅がどれだけ小さくても、必ずその後にはロスフックが残される。下落相場では、新安値を付け損なった場合、ロスフックができる。上昇相場では、新高値を付け損なった場合、ロスフックができる。

　下落相場でそれまでの最安値と顔合わせすると、チャート上ではダブルボトムができ、ロスフックが形成される。上昇相場でそれまでの最高値と顔合わせすると、チャート上ではダブルトップができ、ロスフックが形成される。

　つまり、ダブルボトム（続けて2つ付けた同水準の安値）に続き、これより高い水準での安値を付けた場合と、ダブルトップ（続けて2つ付けた同水準の高値）に続き、これより低い水準での高値を付けた場合には、ロスフックが形成されるということになる。

　私が著書『トレーディング・バイ・ザ・ミニッツ（Trading by the Minute）』で紹介したように、これ以外にもロスフックの形成につながるトレンドの定義法はある。同書で言いたかったのは、要するに、ロスフックが常にトレンド形成しているマーケットで生じるということだったのだ。トレンドの見極め方もいくつか紹介してある。いったんトレンドができれば、直後の修正局面ではロスフックが形成される。

　本書に、『トレーディング・バイ・ザ・ミニッツ』との矛盾点はない。定義上、ロスフックは常にトレンドを形成したマーケットで見ら

れる。本書では、トレンドが1―2―3によって決まるということを述べている。これは、『トレーディング・バイ・ザ・ミニッツ』のなかで「真のトレンド」と呼んでいたものにほかならない。トレンドの特定法いかんにかかわらず、トレンドが特定されさえすればロスフックは常に形成され、そのトレンドを確かなものとするのである。この考え方については、『トレーディング・バイ・ザ・ブック』のなかで、すでに確立されたトレンドに入る方法を扱った章で述べている。続いて現れるロスフックは、そのトレンドが終息するまで、トレンドの存在をより確かにしているにすぎない。

　つまり、トレンドの存在を見極めることが重要になってくるのである。

　これから、最も基本的なトレンドの見極め方を紹介しよう。

第**4**章

トレンドを特定する
Identifying the Trend

　すでに述べたが、私が駆け出しのころに使えたツールには、トレンドを見極めるためのものがあった。このおかげで、明確なルールを守って売買し、トレンドの有無を判断することができたのだ。ここで、そのルールを紹介してみたい。何年も前のものだが、いまだに有効である。私がトレーディングを始める以前から実用化され、現在と同様に機能していたのだ。ここには、何か魔法めいた秘密でもあるのだろうか？　いや、そうではない。このルールの素晴らしさは、何がトレンドを構成するのかを具体的に定義してくれるところなのである。これに従いさえすれば、安心してマーケットがトレンドを描いていると判断することができる。

　それでは、このルールは100％有効だと言えるだろうか？　そんなことはない！　トレーディングに完璧な方法などあり得ない。ただ、このルールはほとんどの場合有効であり、また、それで十分なのだ。

ルール

　マーケットはひとつの方向に向かってしか動かない。安値から高値へ上昇するか、逆に高値から安値に向かって下落するかのいずれかである。相場が動き出すと、そのうち必ず何らかの反動が見られる。つ

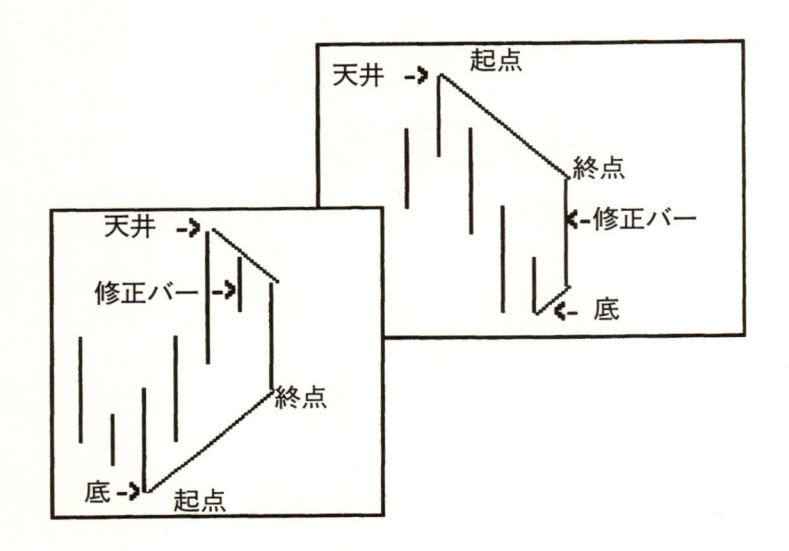

まり、修正の動きによって新たなトレンドラインへとつながっていく。このラインは、以前の高値（安値）から反動によって付けた安値（高値）へと続く。次のイラストの説明が分かりやすいだろう。

　次ページのチャートのように、トレンド方向に突出して付けた安値を超えた場合、ここからトレンドが開始したとみられる。すでに述べたが、この方法はトレンドを見極める手法として完璧というわけではないが、私がロスフックでトレーディングするときには、もっぱらこれを利用している。

　この方法は何年もの間、適切で優れたトレンド決定法として威力を発揮してきた。

　だが、これで勇んでトレードを始める前に、もう少し聞いてほしいことがある。トレードするには、資金管理とフィルターが必要なのだ。まずは、このコンセプトと私が使用する専門用語を理解してもらいたい。

　ルールどおりにトレンドが始まれば、ロスフックを見つけ、それに

第4章●トレンドを特定する

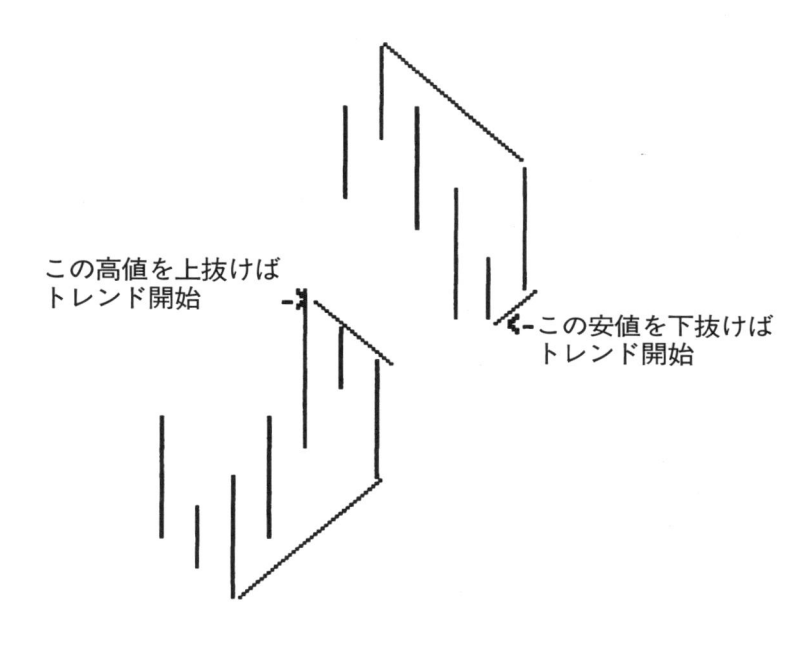

この高値を上抜けば
トレンド開始

この安値を下抜けば
トレンド開始

基づいてトレードすることができる。

フックは、トレンドが確定した「あと」に現れるのである。

重要なコンセプト

　ロスフックは、トレンドを形成しているマーケットでだけ発生する。バーチャート上には多くの「とがった」部分が見られるが、そのすべてがロスフックというわけではない。フックによるトレードを行うなら、このことを理解しなければ始まらない。トレンドのある相場で形成されたロスフックは、その後も有効である。ただ、ロスフックは１回以上、起こる可能性が高い。

　それでは、ここでロスフックと単なる「とがった」部分との違いに

69

目を向けてみよう。忘れないでほしいのは、それがフックであるなら、トレンド形成の「あと」から始まるということだ。

　ここでは、非常に見分けにくいチャートをわざと選んでみた。添えた文字はいずれも、バーがとがった形状をしているところに記したものである。

　ラインは、修正高または修正安になっている部分を結んでいる。とがった部分はいずれも、目先の高値や安値となっている。

　まずは、ポイント「A」の2つ前にあるとがったバーから始めよう。これはロスフックではない。なぜか？　「A」が上抜かれるまでにトレンドが形成されていないからである。

　ポイント「B」の場合、このバーを付けた時点ですでに上昇トレンドが始まっていたなら、リバース・ロスフックが成立していただろう。また、下降トレンドも見られないため、通常のロスフックにもならない。つまり、上昇トレンドだったら「B」はリバース・ロスフックだったはずで、下降トレンドだったら、通常のロスフックになっていたはずなのだ。結局、この状態ではこれもロスフックではない。

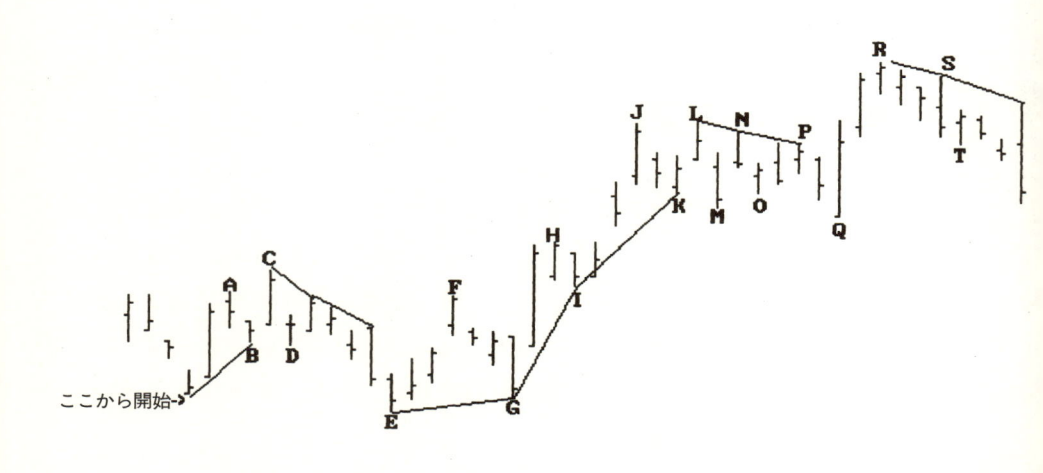

ポイント「C」はロスフックである。なぜなら、このバーが現れたのが上昇によるトレンドを形成し、修正安のバーのあとで、そしてポイント「A」をブレイクした「あと」だったからである。仮に、ここで「C」も上抜かれた場合、「トレーダーズ・トリック」（後の章で詳述）を利用して早く買いたい局面である。

　ポイント「D」はリバース・ロスフックではない。なぜか？　保ち合い相場のなかで現れているからである。「A」から「D」までの間を見てみると、終値で３営業日、始値では４営業日すべてが「A」の直前にあるバーの取引レンジ内に収まっているため、保ち合いを形成しているといえる。ポイント「D」は、「B」とともにダブルボトムの支持水準を形成しているため、特に重要である。ここで、「D」が下抜かれた場合、大いに注意すべきである。

　ポイント「E」はロスフックである。なぜか？　相場が下降トレンドを作るなかで付けたからである。ここを割り込むようなことになれば、売り時である。

　ポイント「F」はロスフックではない。なぜか？　ここを上抜くまでの間に上昇トレンドが成立していないからである。ポイント「A」と似た例だ。

　ポイント「G」もロスフックとは違う。なぜか？　トレンドの渦中で形成されていないからだ。「G」を下抜いた場合にはトレンドを形成したことになるが、そうでなければただ上下を逆にしただけで、ポイントの性質は「A」や「F」と同様である。「G」はちょうど「B」と同じようなものということになる。

　ただ、「G」の場合、「E」と下値を結んだラインを形成するという意味で重要なポイントである。

　ポイント「H」はロスフックである。なぜなら、明確な上昇トレンドのなかで付けたポイントだからだ。トレンドの定義から言って、「F」を上抜けばこのトレンドが有効になる。

注目すべきなのは、相場が「H」に接近するなかで「C」のロスフックを上抜いていることである。買うとしたら、ここの突破水準以上で買いたいところだ。この水準を付ける前に買う方法については、後述する。

　ポイント「I」は、リバース・ロスフックである。なぜなら、トレンドを形成した相場（この場合は上昇トレンド）で付けているからだ。このトレンドは、「H」の手前のバーが「F」の高値を上抜いた時点で有効になっている。相場が「I」を割り込んだ場合、売り場と考えていいだろう。また、このポイントは、「G」からの下値を結んだラインを形成している。

　ポイント「J」は、ロスフックである。なぜなら、明確な上昇トレンドのなか付けたからだ。このトレンドは、「F」を突破した時点で有効になる。

　ポイント「K」は、リバース・ロスフックである。なぜなら、明確なトレンド（この場合、上昇トレンド）で形成されたからである。ここでも、「I」からの安値を結ぶラインを引くことができる。

　ポイント「L」は上昇トレンド中に付けたため、当初はロスフックになる可能性があった。この「L」は「J」とともに、重要なダブルトップの抵抗線を形成しており、これを上抜けば買い場となる。ダブルトップとダブルボトムは、いずれもひとつのポイントと同じように扱う。ここを上抜けばトレンドを形成するとみなされるが、その場合、「J」の次のバーから4本にわたって続く保ち合い局面に入った時点で、「L」はロスフックでなくなってしまう。通常ならフックを形成するはずのバーが保ち合い場面の4番目のバーでもあった場合、保ち合いのほうが優先し、フックは無効になる。この場合ではLが無効になる。Jは引き続きロスフックとみなされる。

　ポイント「M」はロスフックではない。なぜか？　トレンドのなかで付けていないから。

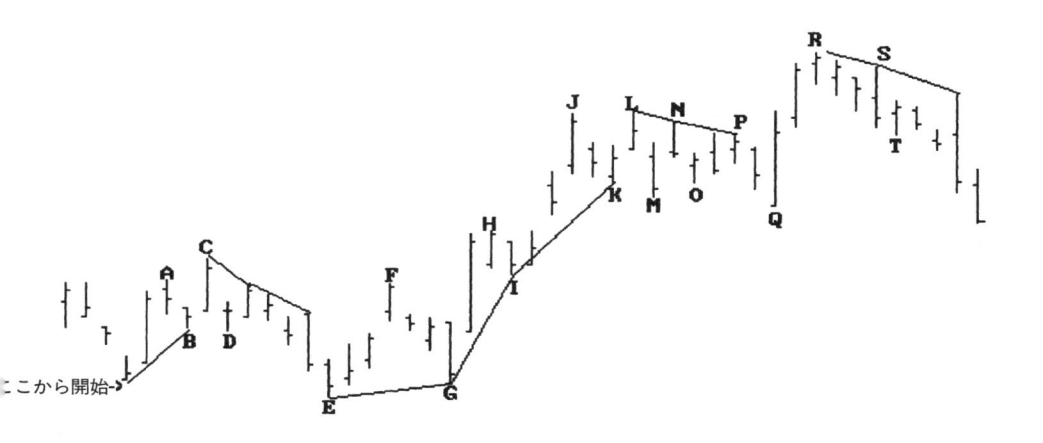

ポイント「N」もロスフックではない。なぜか？　保ち合い局面で6番目のバーだからである。ただ、「N」は「L」からの高値を結ぶラインを引くことができるため、重要である。

　ポイント「O」はロスフックではない。なぜか？　保ち合い局面で7番目のバーだからである。

　ポイント「P」はロスフックではない。なぜか？　保ち合い局面で9番目のバーだからである。ただ、「P」は「N」からの高値を結ぶラインを引くことができるため、重要である。

　ポイント「Q」は、ロスフックである。なぜなら、明確な下降トレンドにあるからだ。「O」を割り込んだ時点でトレンドが成立した。

　ポイント「R」はロスフックではない。なぜか？　明確なトレンド中に形成されたわけではないからだ。「R」は「A」と同様のポイントである。

　ポイント「S」は前日の高値を上抜いており、「R」からの高値を結んだラインを引くことができる。

　ポイント「T」は、ロスフックである。なぜなら、明確な下降トレ

ンドにあるからだ。
　さて、ここからさらに先に進む前に、保ち合いの見極め方について説明する必要があるだろう。

第5章

保ち合いを特定する
Identifying Congestion

　トレードを始めたばかりのころ、最初に覚えたことに、保ち合い相場の特定方法があった。ここで紹介するコンセプトはいずれも私がだれかから教わったもので、ごく最近も友人のトレーダー、ニール・アーサー・マックラー氏から教示を受けたばかりである。それでは、そのときに教わった例から始めよう。

　直近の４本のバーの終値が、それに先立つ１本のバーのレンジ内に収まっているとき、これを保ち合いと呼ぶ。この場合、高値や安値の水準は問題としない。４本に先立つ１本のバーのことを、「メジャリング・バー（MB）」という場合もある。

　保ち合い形成後のチャートには十分な注意を払うべきだ。保ち合いは、非常に微妙な形で出現することがある。チャート上で保ち合いとトレンドを分けるものは、それぞれの寄り付きや引けのポジショニングである場合が多い（次ページの図参照）。

　私はこの特定法に対し、次のように私独自のコンセプトを追加した。４本連続したバーの始値か終値、またはその両方が、ある１本のメジャリング・バーのレンジ内にあり、その４本が当該メジャリング・バーの直後に形成されている場合、これを保ち合いと呼ぶ。ただし、修正が起こる前に始値だけが当該レンジ内に入っているバーが発生することが条件となる。

<= 保ち合い

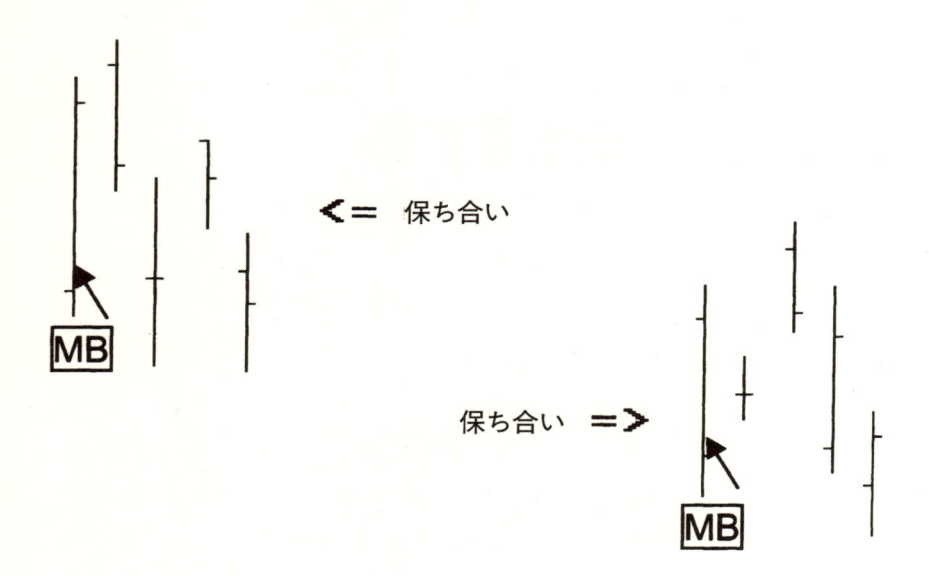

保ち合い =>

　同一バーの始値と終値がともにメジャリング・バーのレンジ内にある場合、保ち合いを形成するのに必要な4つのポイントのうちのひとつとしてカウントされる。
　このコンセプトの実例を見てみよう。

修正バー →

⇐ 保ち合いではない

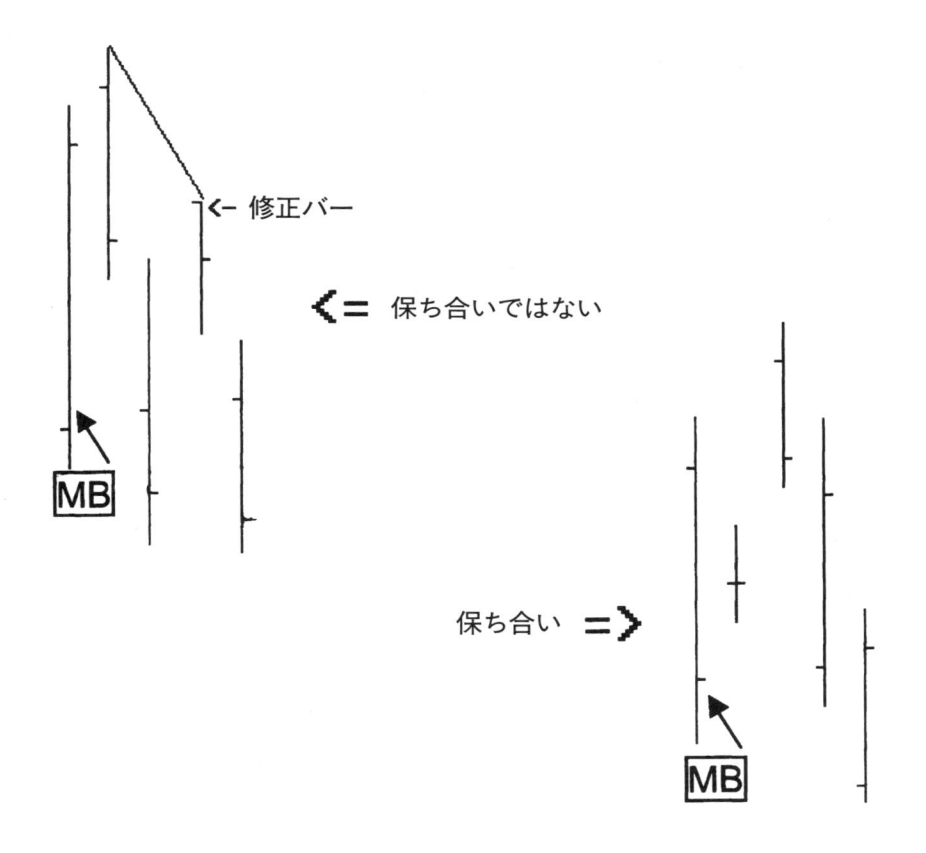

MB

保ち合い ⇒

MB

　上の図の例は、保ち合いを形成していない。修正バーに続くバーの終値がメジャリング・バーのレンジ内にないためである。
　次ページの例では、保ち合いが形成されている。ここでは修正バーが見られないため、この後に修正があるまではトレンドの開始を特定することができない。保ち合いを成立させるためのバーは、4本連続する必要があることを銘記すべきである。間に関係ないバーが入り込めば、それは保ち合いではない。

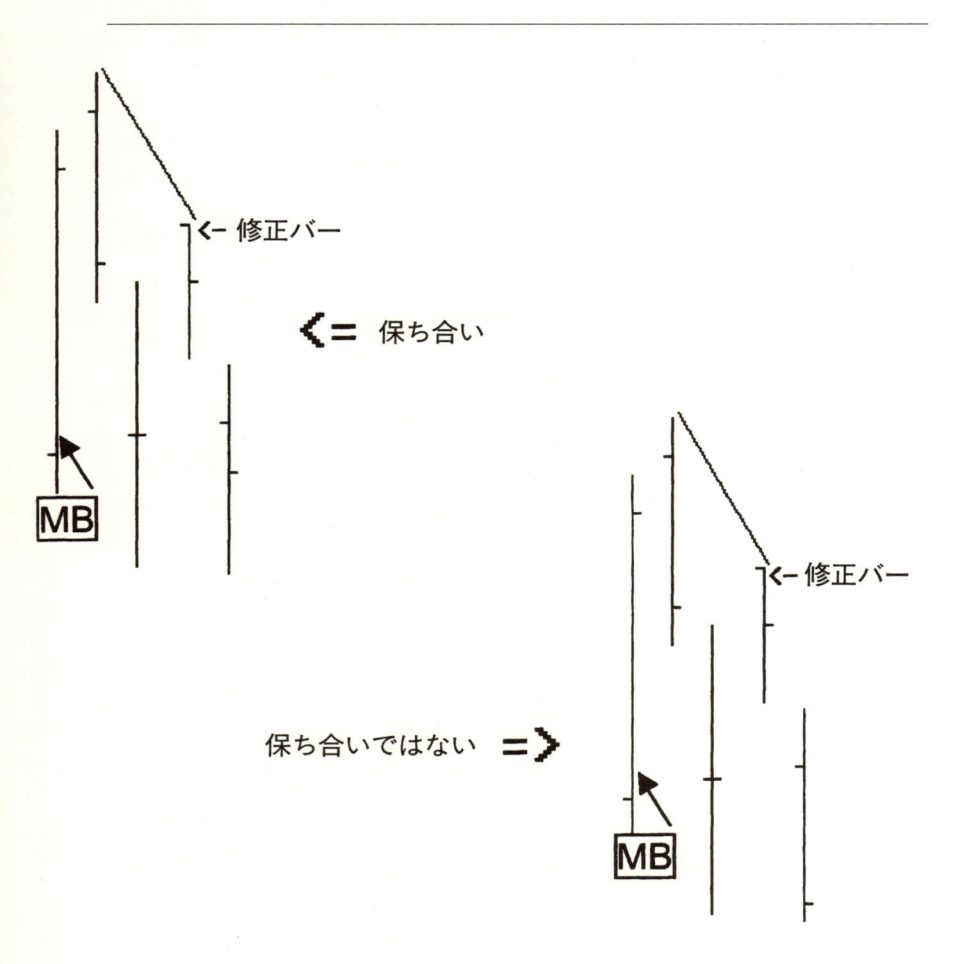

見分けるコツの理解度を試すため、次に、紛らわしい例を使って違いを明確にしておこう。
　この２例の相違点は、最後のバーの終値水準のみである。
　修正バーがあるため、保ち合いが成立するためにはすべてのバーの終値が最初のバーのレンジ内に収まっている必要がある。
　追加のバーを書き入れることで、見極めに必要な相違点をはっきりさせることができる。

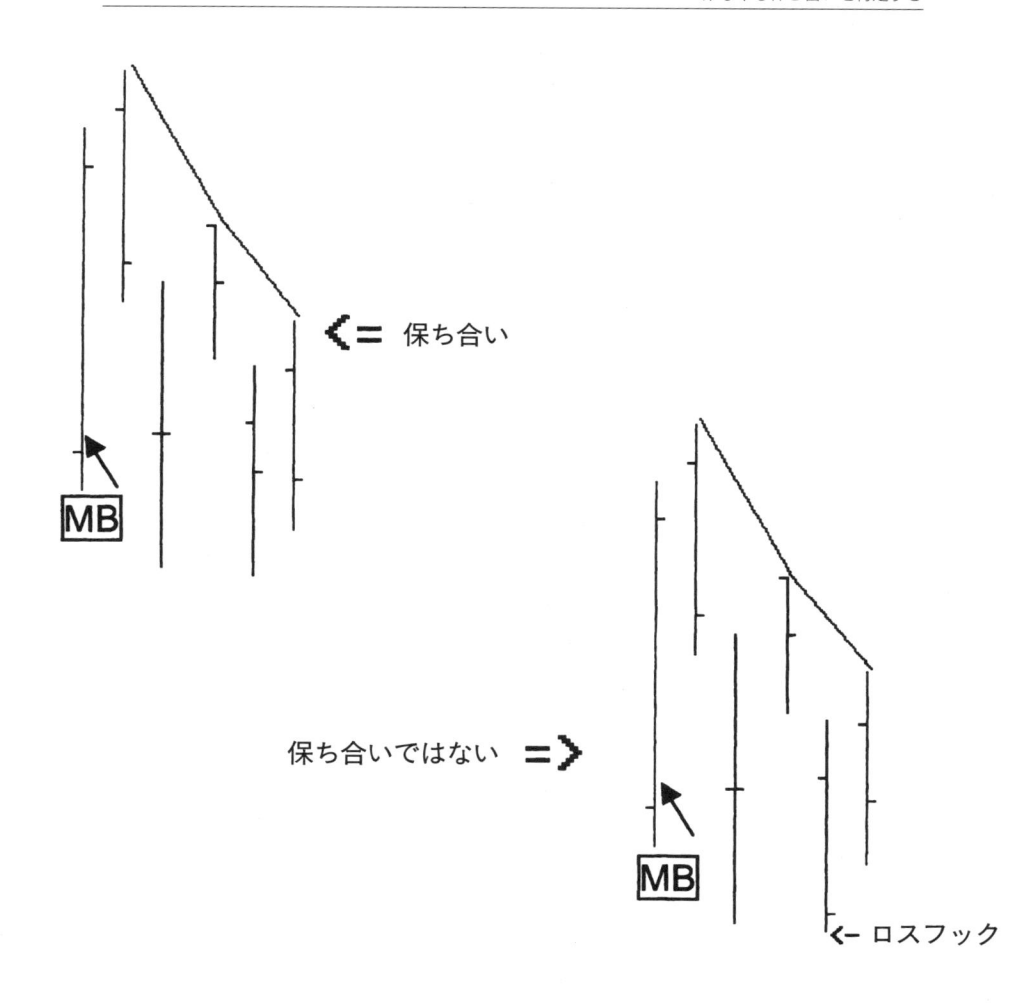

最初の例で追加のバーを書き入れた場合にも、ロスフックは形成されない。なぜか？　最後のバーに見られる、より高い水準の安値は、保ち合いのなかで形成されているからである。

　２番目の例では、追加のバーによってロスフックが形成される。

　なぜなら、２番目の例では最後のバーよりも上の安値が、トレンド形成の市場で見られるからである。

　さて、さらにこのコンセプトをよく見るため、前章のポイント

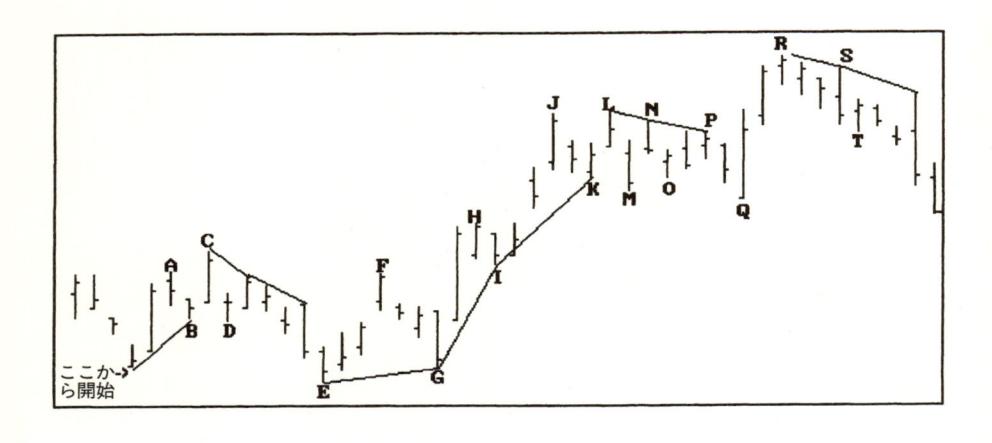

「K」から「M」までのチャートを次ページの図のように書き換えてみよう。「M」の終値は「J」のレンジより下方に位置しているが、「L」が高値を更新して引けているため、水準は「J」のレンジ内に戻っており、このため、依然として保ち合い相場が続いていることが分かる。さらに、オルタネーティング・バーによっても、保ち合いが成立しているのだが、これについては後述することにしよう。

　それでは、別の見方で保ち合い局面を特定してみよう。

　新高値の更新やより高い安値、より安い高値、新安値の更新がない場合で、4本のオルタネーティング・バーが見られたとき（はらみ足や同事線を伴う場合もある）、保ち合いを形成する。オルタネーティング・バーとは、1本目が安く寄り付いて高く引け、2本目が高く寄り付いて安く引けるような組み合わせのバーのことである。はらみ足とは、次ページの上図のようなものをいう。

　同事線は、始値と終値が同一または極めて近い水準のものを言い、次ページの真ん中の図のような形となる。

← インサイド・バー
（はらみ足）

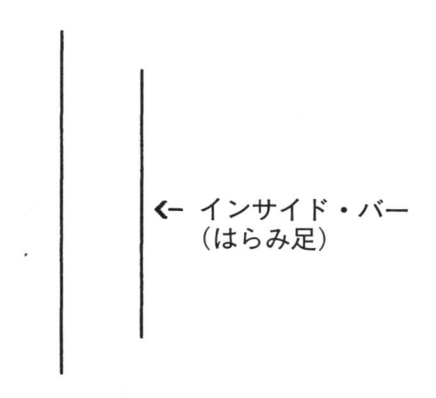

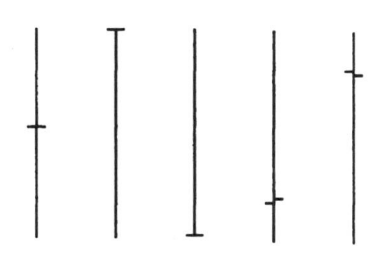

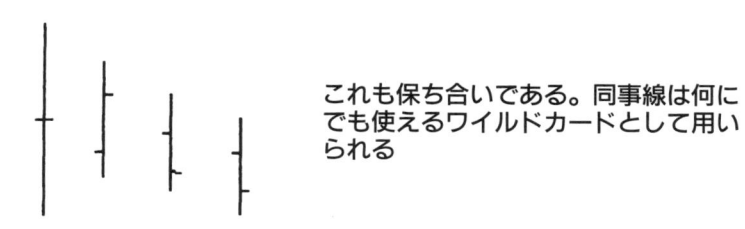

これも保ち合いである。同事線は何にでも使えるワイルドカードとして用いられる

オルタネーティング・バーによって、高値寄りして安値引け、その後、安値寄りして高値引けという組み合わせも、保ち合いを形成する。保ち合い局面で形成された「とがった」チャートは、ロスフックではない。

　保ち合いの最初のバーが、トレンドの最後のバーであることも非常によく見られる。保ち合いが４本以上のバーで形成される場合、下に示したような例によく似た形状となる可能性がある。

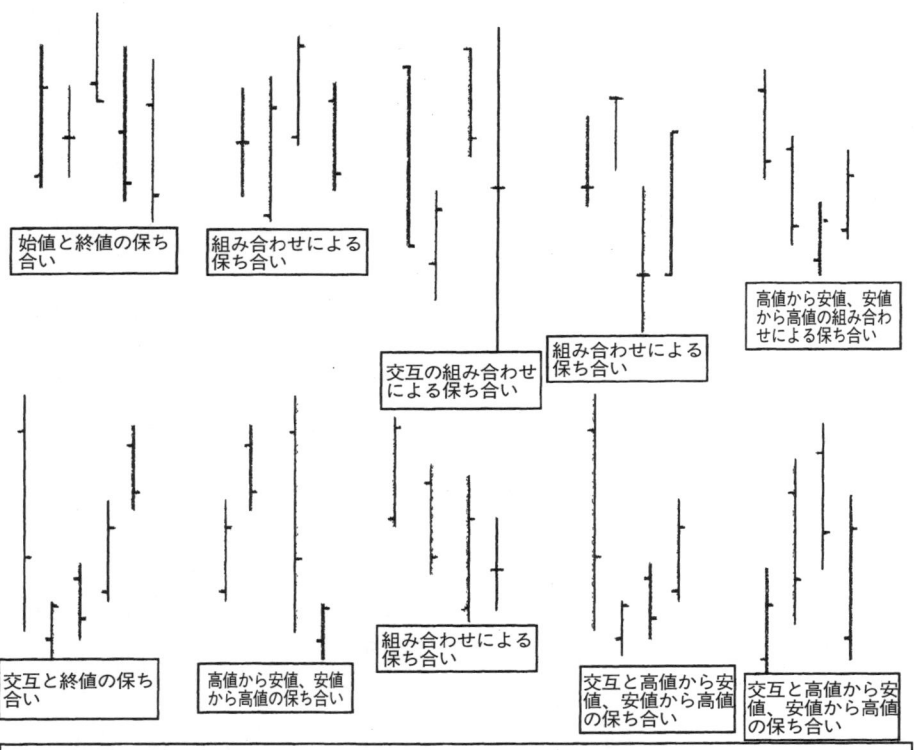

始値と終値の保ち合い

組み合わせによる保ち合い

交互の組み合わせによる保ち合い

組み合わせによる保ち合い

高値から安値、安値から高値の組み合わせによる保ち合い

交互と終値の保ち合い

高値から安値、安値から高値の保ち合い

組み合わせによる保ち合い

交互と高値から安値、安値から高値の保ち合い

交互と高値から安値、安値から高値の保ち合い

注：同事線はいずれとも交換可能。１本の同事線と１本または複数の同事線以外のバーによる組み合わせは、保ち合いとみなされる。３本の同事線以外のバーがある場合、そのうち１本は他の２本と、高値－安値の順番が逆であること

保ち合いは、その開始や終了で同事線を形成する場合が多い。また、やはり開始や終了で、上下に長いバーやギャップを形成することも多い。

　また、チャート上のWやMのような形状に注意するのも、保ち合いを見極める方法でとなる。

　これらのフォーメーションを構成する最少のバーの数は、4本である。これが形成される様子を見てみよう。

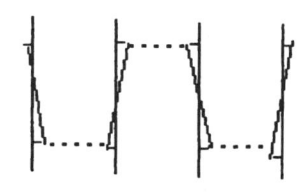

これは高値寄りで安値引けのあと、安値寄りで高値引け、さらに、高値寄りで安値引けのあと、安値寄りで高値引けという連続のパターンである。これは、Wの形となる。

典型的なW型とM型

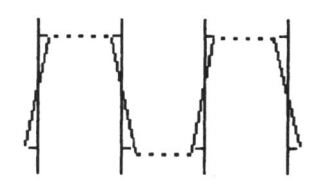

これは、安値寄りで高値引けのあと、高値寄りで安値引け、さらに、安値寄りで高値引けのあと、高値寄りで安値引けという連続のパターンである。これは、Mの形となる。

実際には、下のような形状となる可能性もある。

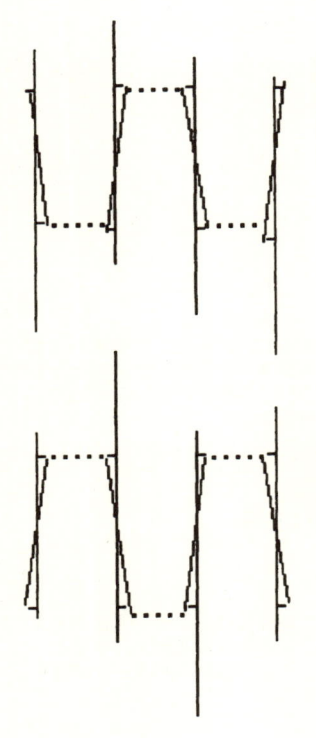

これは高値寄りで安値引けのあと、安値寄りで高値引け、さらに、高値寄りで安値引けのあと、安値寄りで高値引けという連続のパターンである。これは、Wの形となる。

これは、安値寄りで高値引けのあと、高値寄りで安値引け、さらに、安値寄りで高値引けのあと、高値寄りで安値引けという連続のパターンである。これは、Mの形となる。

下図のようなフォーメーションが見られた場合、印を付けた部分がロスフックとなる。このフックを上抜くようだと、そこは買い場とみなされる。ロスフックとなったバーが、トレンドの最後であり、保ち合いの最初のバーとなっていることに注意されたい。

Rh

保ち合い直前の天井で形成されたロスフック

次は、このような例の場合である。

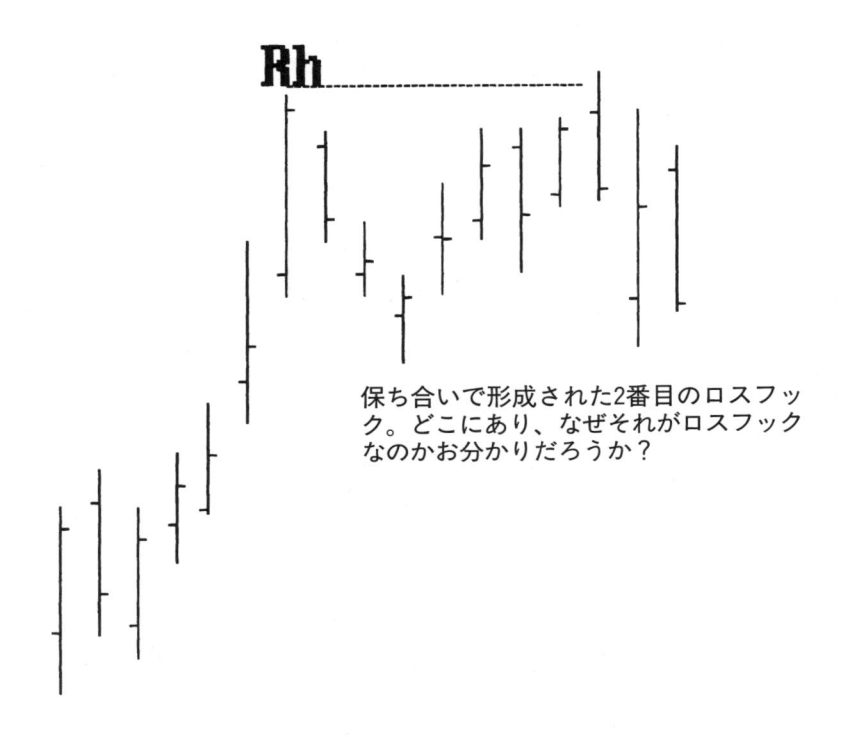

Rh

保ち合いで形成された2番目のロスフック。どこにあり、なぜそれがロスフックなのかお分かりだろうか？

下図の印を付けた部分がロスフックとなっている。

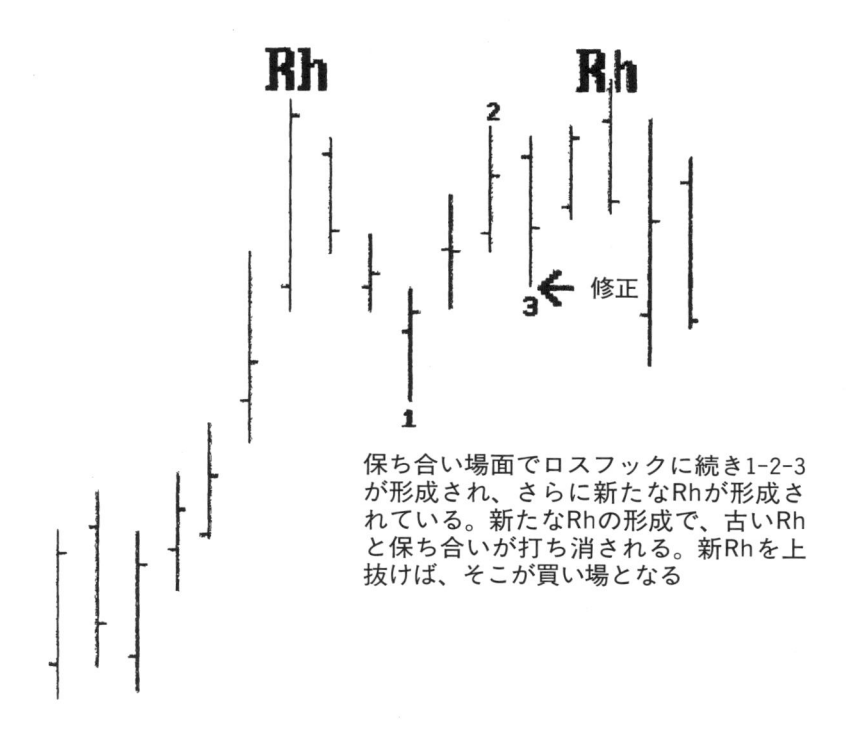

保ち合い場面でロスフックに続き1-2-3が形成され、さらに新たなRhが形成されている。新たなRhの形成で、古いRhと保ち合いが打ち消される。新Rhを上抜けば、そこが買い場となる

注意──１－２－３に続いてポイント２をブレイクアウトした直後に２番目のロスフックが形成され、保ち合いや１番目のロスフックに取って替わられた。

２番目のロスフックは、さらに重要なブレイクポイントを示している。このポイントは１番目のロスフックとともに重要な抵抗線となっており、この前後の数ティックでダブルトップを形成している。ここを上にブレイクした場合は、相対的に長い期間の強気相場が到来することになるだろう。

ここで「相対的」という言葉を使ったのは、強気相場が続く期間の強さと長さが、バーが形成される時間枠に対して相対的なものだからである。1分足のチャートでこのような動きが見られたからといって、日足チャートと同様に比較するわけにはいかない。

前ページのチャートには、このほかにも注意すべき重要な点がある。抵抗線からの反落によって、2番目のロスフックが形成されているが、これは抵抗線のブレイクに失敗したことを示している。これは、リバース・ロスフックが重要な理由を示しているのだが、これについては、次章で説明する。

本章を終える前に、いろいろな保ち合い相場について簡単にまとめておこう。高値や安値を次々と更新しているようなことがない状態で、次に挙げる3つの条件が満たされれば、保ち合い相場と言っていい。

始値／終値の保ち合い——連続する4本のバーの始値または終値が、メジャリング・バーのレンジ内にあることで形成される。始値で見る場合には、その始値を付けたバーもしくはそれ以前に修正バーがあってはいけない。

組み合わせによる保ち合い——連続する4つの同事線、または最低ひとつの同事線と3つのオルタネーティング・バーで形成される。同事線はワイルドカードのようなもので、どのバーとも交換可能である。同事線以外のバーが3つあれば、このうちひとつは高値から安値へと推移するオルタネーティング・バーでなければならない。

オルタネーティング・バーによる保ち合い——連続の仕方は自由だが、4つ連続するオルタネーティング・バー、つまり高値寄りして安値引けか、安値寄りして高値引けのバーで形成される。ここには、高値／安値の保ち合いも含まれる。

第6章
トレンド・リバーサル
Trend Reversals

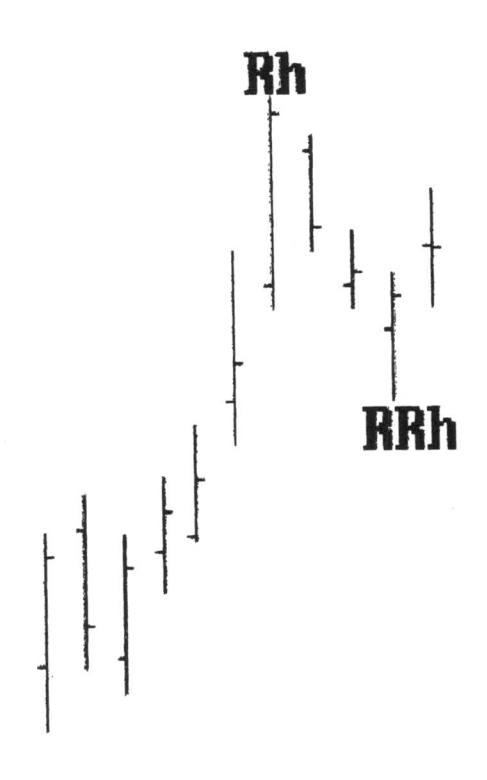

上のチャートでは、ロスフック（Rh）から3番目のバーにリバース・ロスフック（RRh）と記してある。RRhの次のバーは、Rhから4番目のバーで、それはRhの取引レンジ内で引けている。読者は、

「フックを形成するバーが保ち合い中にあった場合、RRhと保ち合いのいずれが優先されるのだろうか？」と疑問に思うかもしれない。

　この答えは、ロスフックのフィルタリングについて説明する段階で、詳細に述べることにしよう。

　RRhは、トレンドの反転を特定するために重要である。一部のRRhは、天井を付けたあとの修正局面で形成される場合がある。

　RRhが形作られるプロセスは、以下のようなものである。

　まず、新高値を付けるのには十分な需要が必要だ。

　さらに、利食い売りをこなしながら天井まで上昇し、相場がRRhを付けるだけ下落したあと、反発しつつも、高値を更新するには至らない水準で頭打ちとなることだ。

　そして、強気の向きが再度、買いを入れ始めて価格が上昇に向かう。この上昇局面では、その前の上昇時よりも出来高が少ないのが普通である。

　その後、ようやく最後の売り浴びせが大量に出て、相場はRRhを割り込む。

　相場がより少ない出来高を伴って、以前に付けたRhに対して接近し、結局これを上抜けなかった場合、これこそがまさに相場が反転するシグナルである可能性がある。このような展開は、市場の状況を見抜く最初の手掛かりになり得る。

　そして、RRhのバーを割り込んだ場合、トレンド・リバーサルが進行しつつある2番目のシグナルとなる可能性があるのだ。この時点では、RRhを割り込んだからといって即断するのは禁物で、フィルタリング・プロセスが必要だと考えられる。フィルタリング・プロセスによって、3番目のシグナルが得られることになるだろう。

　ここで説明したことについて確かめるため、チャートを見てみよう。

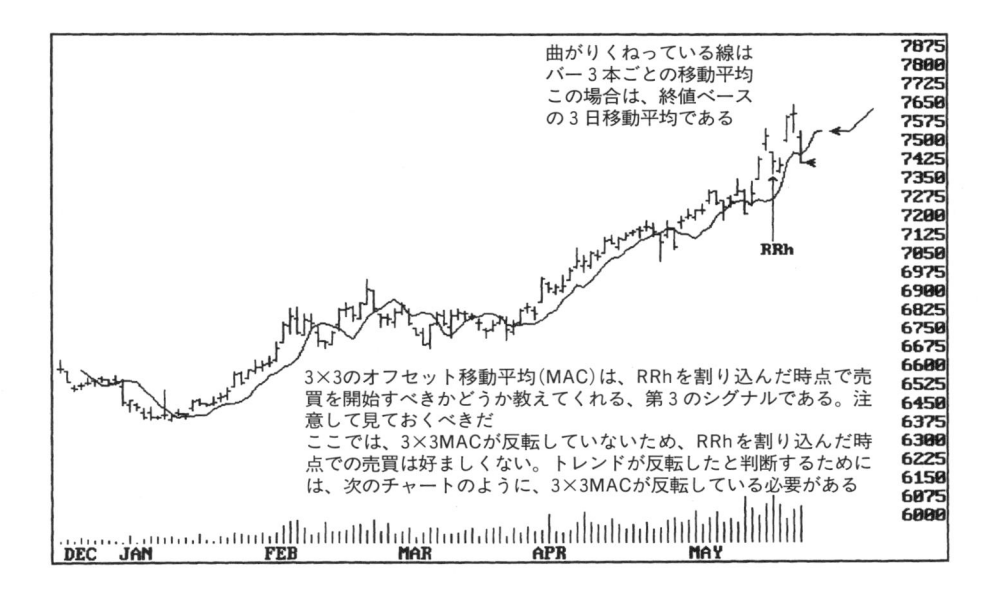

第6章●トレンド・リバーサル

曲がりくねっている線はバー3本ごとの移動平均 この場合は、終値ベースの3日移動平均である

3×3のオフセット移動平均(MAC)は、RRhを割り込んだ時点で売買を開始すべきかどうか教えてくれる、第3のシグナルである。注意して見ておくべきだ

ここでは、3×3MACが反転していないため、RRhを割り込んだ時点での売買は好ましくない。トレンドが反転したと判断するためには、次のチャートのように、3×3MACが反転している必要がある

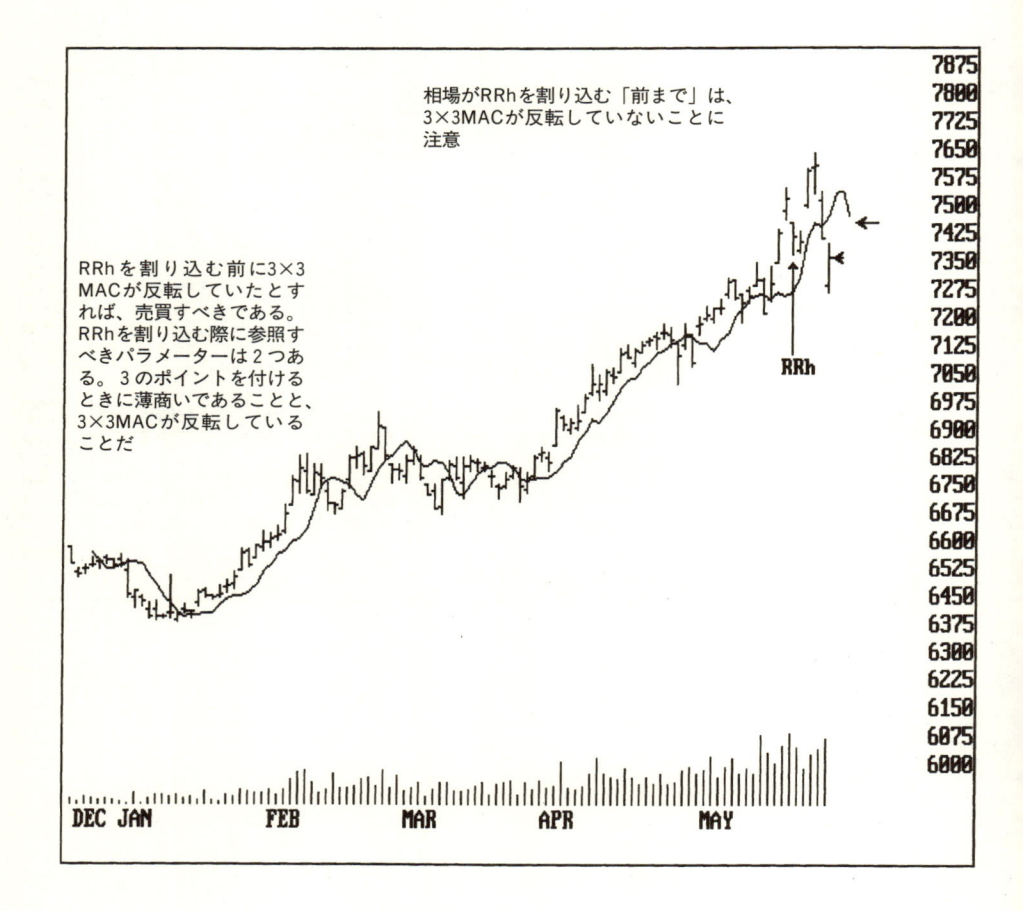

```
                                              7875
                                              7800
              相場がRRhを割り込む「前まで」は、    7725
              3×3MACが反転していないことに       7650
              注意                             7575
                                              7500  ←
                                              7425
                                              7350  ←
  RRhを割り込む前に3×3                            7275
  MACが反転していたとす                           7200
  れば、売買すべきである。                         7125
  RRhを割り込む際に参照す                          7050
  べきパラメーターは2つあ                    RRh   6975
  る。3のポイントを付ける                          6900
  ときに薄商いであることと、                        6825
  3×3MACが反転している                          6750
  ことだ                                       6675
                                              6600
                                              6525
                                              6450
                                              6375
                                              6300
                                              6225
                                              6150
                                              6075
                                              6000

  DEC JAN   FEB   MAR   APR   MAY
```

　ここから先は、こう考えることができるだろう。RRhを割り込んだ場合、3×3のMAC（終値での移動平均）が反転するとみることができるのだ。これは実際、より洗練された（つまり、多くの利益が出る）、より高度なトレード法なのだ。ただし、3×3のMACによる反転が予想されたとしても、RRhを割り込んだ場合、いつでもデイトレードができるようにしておく必要がある。相場が短命に終わる可能性があるからだ。日足チャートを使って、この期待されたトレー

ドをポジショントレーダーとしてやろうとするなら、短期的な目標値を設定した逆指値注文によって、目先のスキャルピングをすることになるだろう。RRhのブレイクアウトはダマシである場合が多いので、これも銘記しておく必要がある。RRhによる取引は、Rhの前に現れる１－２－３ほど確度が高くない。

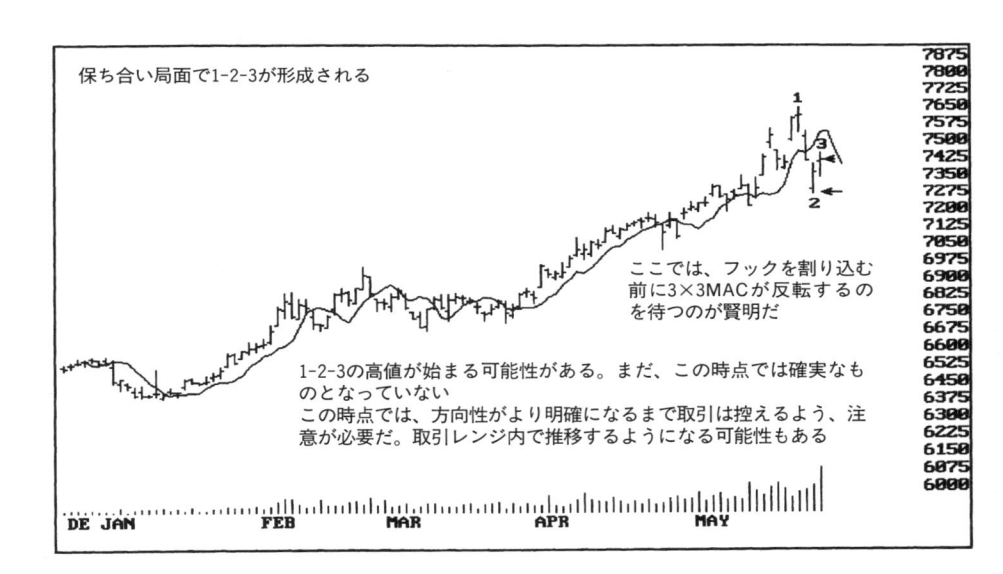

```
保ち合い局面で1-2-3が形成される
```

ここでは、フックを割り込む前に3×3MACが反転するのを待つのが賢明だ

1-2-3の高値が始まる可能性がある。まだ、この時点では確実なものとなっていない

この時点では、方向性がより明確になるまで取引は控えるよう、注意が必要だ。取引レンジ内で推移するようになる可能性もある

　事実、本書の保ち合いの定義によれば、このチャート上にあるのは、まさに、保ち合いである。１の同事線から始まり、その後に高値寄りして安値引けと安値寄りして高値引けが続き、その次には、ほとんど同事線といっていいバーを付けている。これらが、連続して出ているのだ。

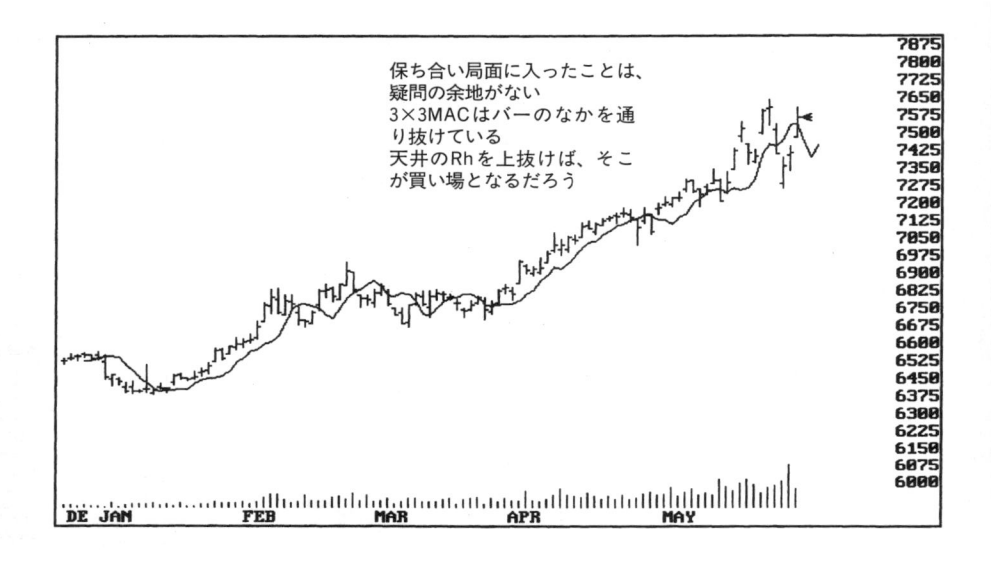

[チャート図: 1月〜5月の価格チャート。注釈:
「保ち合い局面に入ったことは、疑問の余地がない
3×3MACはバーのなかを通り抜けている
天井のRhを上抜けば、そこが買い場となるだろう」]

保ち合いの最中に売買を行うとすれば、ダブルトップになっているところが比較的低いリスクで取引可能なところだろう。

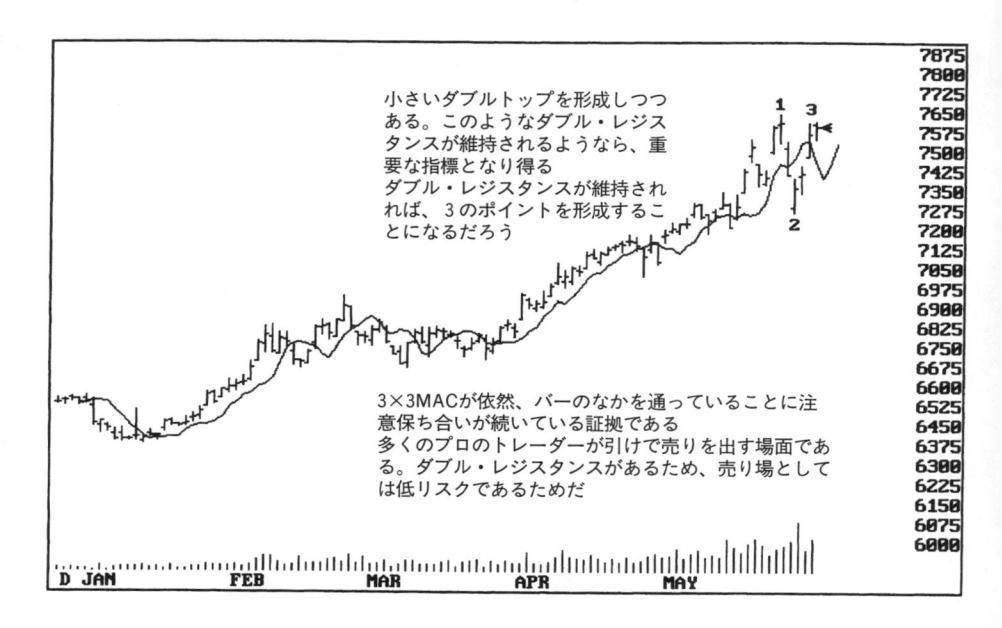

[チャート図: 1月〜5月の価格チャート。注釈:
「小さいダブルトップを形成しつつある。このようなダブル・レジスタンスが維持されるようなら、重要な指標となり得る
ダブル・レジスタンスが維持されれば、3のポイントを形成することになるだろう」
「3×3MACが依然、バーのなかを通っていることに注意保ち合いが続いている証拠である
多くのプロのトレーダーが引けで売りを出す場面である。ダブル・レジスタンスがあるため、売り場としては低リスクであるためだ」
ポイント 1、2、3 が示されている]

94

第6章●トレンド・リバーサル

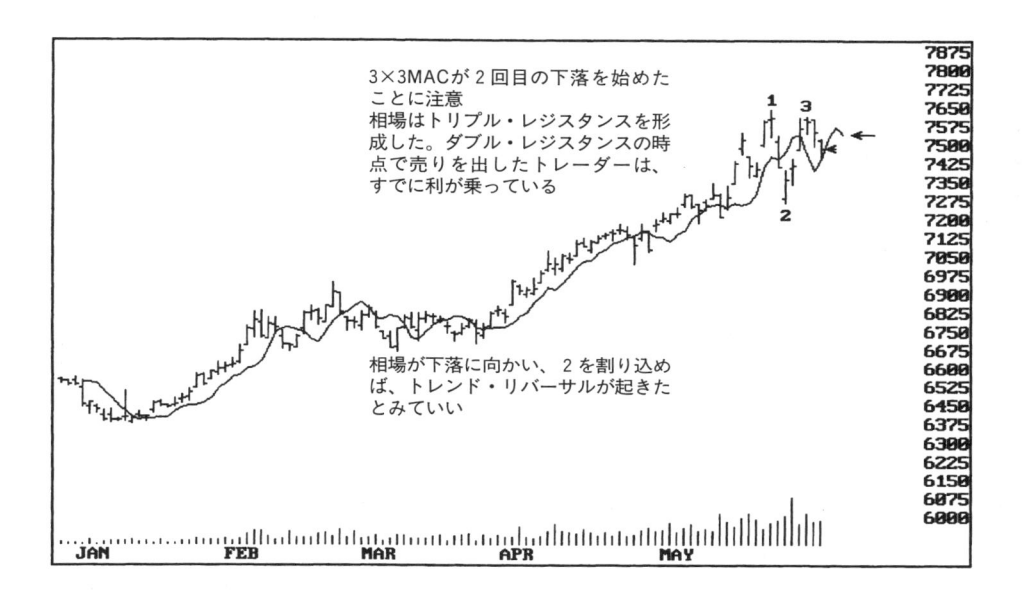

（チャート内の注記）
3×3MACが2回目の下落を始めたことに注意
相場はトリプル・レジスタンスを形成した。ダブル・レジスタンスの時点で売りを出したトレーダーは、すでに利が乗っている

相場が下落に向かい、2を割り込めば、トレンド・リバーサルが起きたとみていい

　ナンバー2を割り込んだ場合、ロスフックを探し始めてもいいだろう。

　私がこれまで発表した著書の読者は、このポイントや、すでに形成しつつある天井の1－2－3をブレイクする前で売りを出さないことを不思議に思うかもしれない。

　本書では、そのような売買方法に踏み込まないことにする。これについては、既刊の『トレーディング・バイ・ザ・ブック』『トレーディング・バイ・ザ・ミニッツ』『トレーディング・イズ・ア・ビジネス』を参照してほしい。

　たまたま、目先のダブルトップでの売り場を見つけるようなことになれば、それは確かに「分かってよかった」と言える。だが、それは、本書の目指す内容ではない。そちらの内容については、教育用ニュースレター「トレーダーズ・ノートブック」や執筆を予定している『トレーディング・イン・コンジェスション（Trading in Congestion）』

などで明らかにしていこう思う。

　トレンド・リバーサルが起こるには、3つの条件が同時に起こる必要がある。2と3が反対になる可能性もあるが、注意しながら見直してみよう。

1．トレンドの最後になって薄商いのなか、ロスフックのブレイクに失敗する。
2．RRhをブレイクするのに十分に強い修正の値動きがある。
3．RRhか2のブレイク以前に、3×3のMACによる反転が起きる。あとに出てくるプレーン・バニラ・トレーディングに関する章で、どうすれば指標のシグナルに頼らずに、RRhのところで売買できるのかどうか判断するのを解説しよう。

　ここまで、天井付近でのトレンド・リバーサルがどうやって始まるのかについて解説した。天井でなく、相場の底ではどうなるのかを知りたい読者は、本書を逆さまにしたうえで鏡に映して見ていただきたい。

　RRhの突破に失敗したあと、突出高を試した場合は、トレンド・リバーサルの可能性があると思ったほうがいい。しかし、完全にトレンド・リバーサルになる前には、レンジ内での取引か保ち合いを経る場合があるので、注意しなければならない。

　このような取引レンジは、買い集めと売り抜けの場合がある。このいずれであるかは、見極めがつかないかもしれないので、ロスフックを探そうとする前に、マーケットが明確に動き出すまで待つべきである。

　この場合の明確な動きというのは、つまり、1－2－3をブレイクしたあとにロスフックが形成されるということである。

　確かに、相場の動きのうち、一部を見失ってしまうことがあるだろう。しかし、ここまで説明したことを守れば、しっかりと確立された

トレンドのなかでほとんどの売買を行うことができるはずだ。フロアトレーダーを通じてマーケットで生み出される利益のほとんどはトレンドのある相場で得られるため、こうした売買方法は保守的かつ効果的なものである。

　ここまで、トレンド・リバーサルとリバース・ロスフックについて概説した。

　また、RRhがそれ自体、トレンド・リバーサルが間近に迫っている可能性を知らせてくれるシグナルであることも見てみた。

　さらに、売買を開始できるかどうかを決定するためには、RRhとともにフィルタリング・プロセスが必要なことも確認した。

　シグナルとしてのRRhは、フィルタリングをする必要がある。前述したケースでは、RRhに対するフィルターとして、3×3MACを使用した。

　私がトレーディングを始めたばかりのころは、コンピューターを買う余裕などなかった。すべてを手作業でやっていたのだ。3×3MACに関して記録を付け、常に現在の相場の状況を把握できるようにした。毎日、チャートに手で印を付けていたのだ。その結果、ついにはそのときのマーケットの動向から、RRhを付けるタイミングが分かるようになった。

　コンピューターのおかげで、私はこうした雑事から解放されることができた。しかし、現在でも手書きでチャートに印を付けている人たちは多い。彼らはそれを楽しんでいるし、それに対しては敬意を表したいと思う。チャートに手で書き込みをすると、確かに何か感じるものがあるものだ。マーケットを感じる手助けになるのである。その点だけは、手書きのチャートのほうがいいと思っている。これに代わるものは存在しない。

　ニール・アーサー（マックラー）氏が、コンピューターやリアルタイムのデータが手に入るのに、毎日腰を据えて、自分のチャートに手

で書き込んでいるのを見たことがある。彼がどんなに辛抱強く、また、どんなにトレーディングを愛しているかが分かろうというものだ。彼には知られなかったが、私は彼がそうしているのを眺めているうち、涙がこみあげてきたのである。手書きのチャートはマーケットで使えるものだったのに、一体どうしてしまったというのだろうか？　それは、もう失われてしまったのだ。すでに、わずかな人々が知っているにすぎない。

　昔はみな、腰を据えてクラッカーボードをにらんでいたものだ。かつてそうしていた人々のうちで、まだこの方法を守っているほんのわずかな人は今でも現役で勝ち続けているのである。

　かつて、トレーダーと言えば、必ず「場帳」をつけていたものだ。彼らはマーケットがトレンドや保ち合いを形成する時期を知っていた。支持線、抵抗線の位置も分かっていた。今では「ストキャスティクス」として知られているテクニカル指標の正しい使い方も心得ていた。その場帳によって、マーケットを感じることができたのだ。夜、帰宅すると、チャートを新しく書き加えた。彼らは相場を知っており、相場の読み方を知っていた。自分たちのトレーディングの舞台であるマーケットを理解していたのだ。その知識によって、彼らはリッチになった。

　しかし、今日の多くのトレーダーたちと違い、お手軽にリッチになろうとしたわけではない。まるで、熟練したマーケットの職人のように、ひとつひとつのトレードを積み重ねていったのだ。1回の売買ですべてが得られるわけではないことを知っていたし、実際、そうしようなどとしなかった。現在のマーケットでは、感情的で勢いに任せたような売買が主流だが、彼らはそうした取引などする必要もなく、着実に利益を重ねていった。自分たちの行動を正しく導いてくれるカウンセラーなども必要なかった。自分の見たもので得た知識に基づいて、トレードしていたのだから。

ここまで読者に説明してきたことは、いずれも私が最初にフックを発見して以来、これを使って売買してきた方法をそのまま示したものだ。長期間にわたりずっと、この方法を守ってきた。
　これ以降の章では、ロスフックのフィルタリング法、フックのニュアンス、コンセプトなど、その他いろいろと役立つ事柄について見ていくことにしよう。トレーディングの成功へと導いてくれるに違いない。特に、読者がテクニカル指標という、現代の迷信に取りつかれているなら。

第7章

概念
Conceptual Processes

フックの予想

　「ここから先は、このように議論することができる。RRhを割り込んだ場合、3×3のMAC（終値でのオフセット移動平均）が反転するとみることができるのだ」と、第6章で私は述べた。
　ここで重要なポイントは、あるシグナルを「ここから先は」という見込みによって設定することができる点である。私はこのようなコンセプトのことを、「予期トレーディング」と呼んでいる。
　その機能はこうだ。トレンドが確立されたマーケットでは、そのトレンドの方向に伸びているバーすべてがロスフックとなる可能性を持っている。

図示すると、このようになる。

　上図では、上昇と下降の2つのトレンドが見られる。これより以前の時点でトレンドが確立したと考えてみよう。

各トレンドのうち、バーを1本だけ変えたらどうなるだろうか？

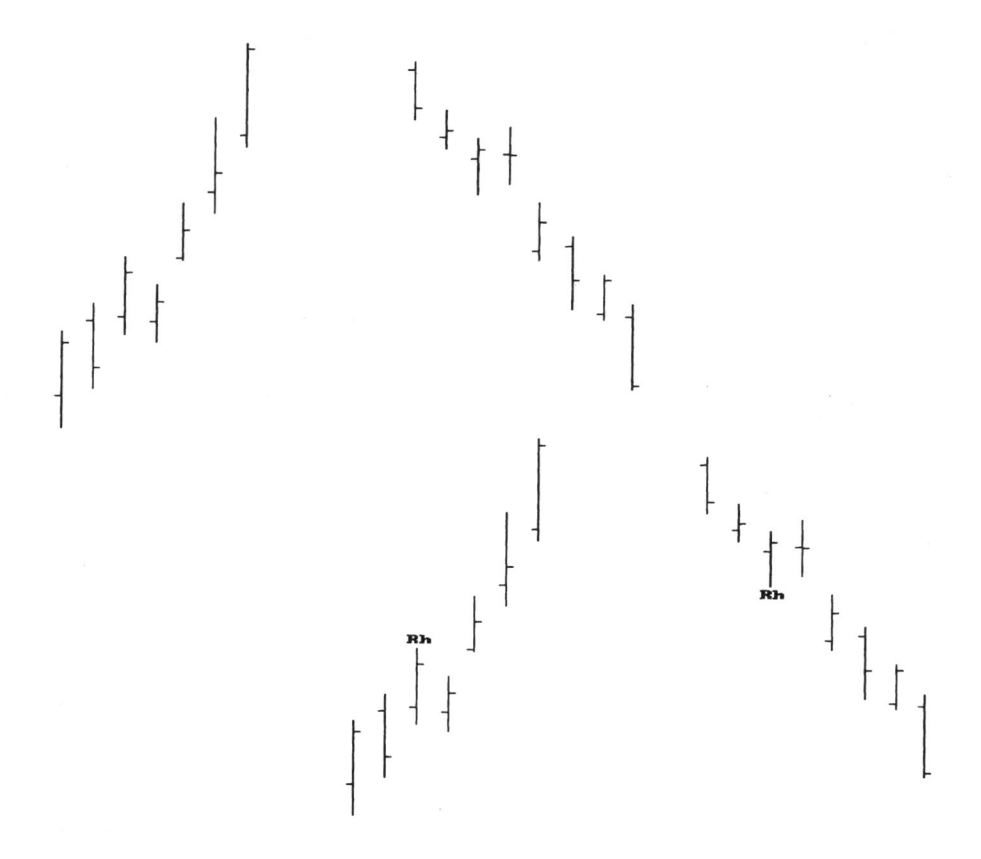

　このように、それぞれのトレンドにひとつずつロスフックができた。ここでは、上昇トレンドではフックの上に、下降トレンドではフックの下に逆指値注文（ストップ）を置いておきたいところである。あとで、フックをブレイクするよりも前に仕掛ける方法について説明することにしよう。
　いずれのバーの高値（あるいは安値）でもフックになり得るため、次のような売買シグナルが出る可能性が期待できる——上昇トレンド

では、いずれかのバーの高値を上にブレイクしたら買い、下降トレンドでは、いずれかのバーの安値を下にブレイクしたら売りである。

なぜか？　そのバーがフックとなった場合、そうするのが当然だからである。その後は、売買に参入したらそのまま勢いに乗って売買を続ければいい。

ただ、このコンセプトには、ある種のフィルターが必要である。

1．ひとつ前のバーの売買レンジを超え、ギャップを空けて寄り付いたならば、仕掛けるのは絶対避ける。また、ひとつ前のバーによって形成された長大線をブレイクアウトしたばかりのところでも仕掛けるのは避ける。

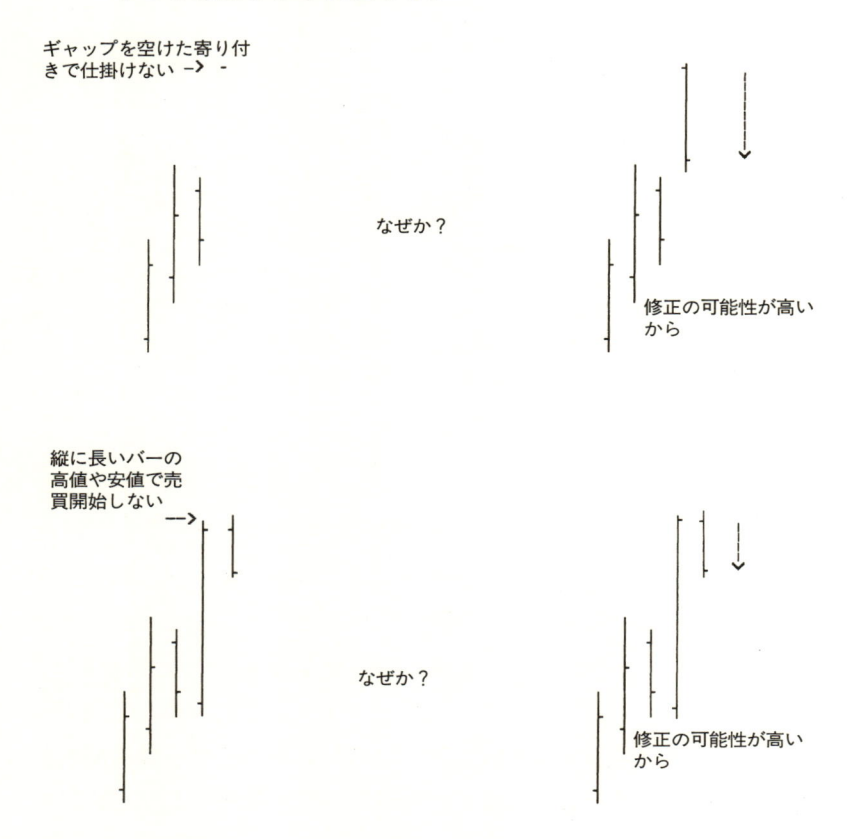

ギャップを空けた寄り付きで仕掛けない →

なぜか？

修正の可能性が高いから

縦に長いバーの高値や安値で売買開始しない →

なぜか？

修正の可能性が高いから

2．このタイプの売買は、急速な反動が避けられない場合があるため、デイトレーディングに限定される。日足チャートを見ながらポジションを建てて売買するなら、自分が使うブローカーに対して、このような売買が確実に執行されるように、明確な指示を下せる場合に限って使うのだ。つまり、注文が確実に通ることが重要である。
3．同一方向へ３本のバーが連続していた場合、仕掛けてはいけない。なぜなら、修正の動きが迫っている場合が多く、その後に、より好ましい仕掛けの機会が待っていると思われるからだ。

修正の予想

チャートを簡単にたどるだけでも、３～５本程度のバーがあれば、トレンドの方向性は読み取れる場合が多い。そうした方向性が平均４本のバーで形成されており、修正の動きが現れるのはこのあとである。

このように、トレンドの方向性が平均４本のバーで形成されているので、われわれは保守的な方法を選択したほうが賢明だ。つまり、方向性が現れているからといって、３本のバーだけ見て仕掛けるのは避けるべきなのだ。

通常は、方向性を伴った３～５本のバーが出たあと、修正の動きとなる。このときが新規ポジションを建てたり、ポジションを追加したりするチャンスとなる。

修正期間の予想

トレンドとは反対方向への修正バーは、１～３本続くことが多い。このポイントこそが、比較的低リスクで売買を開始できるチャンスである。

トレンド再開の予想

　ほとんどの場合、修正バーが１～３本続いたあとには、元のトレンドが再開する。トレンド再開の予想をすることは、ロスフック・トレーディングにおいて重要な要因である。

トレーディングの予想

それでは、ここまでの各予想をひとつの連続したステップとして組み立て、トレンドを形成したマーケットでの売買手順を見ることにしよう。

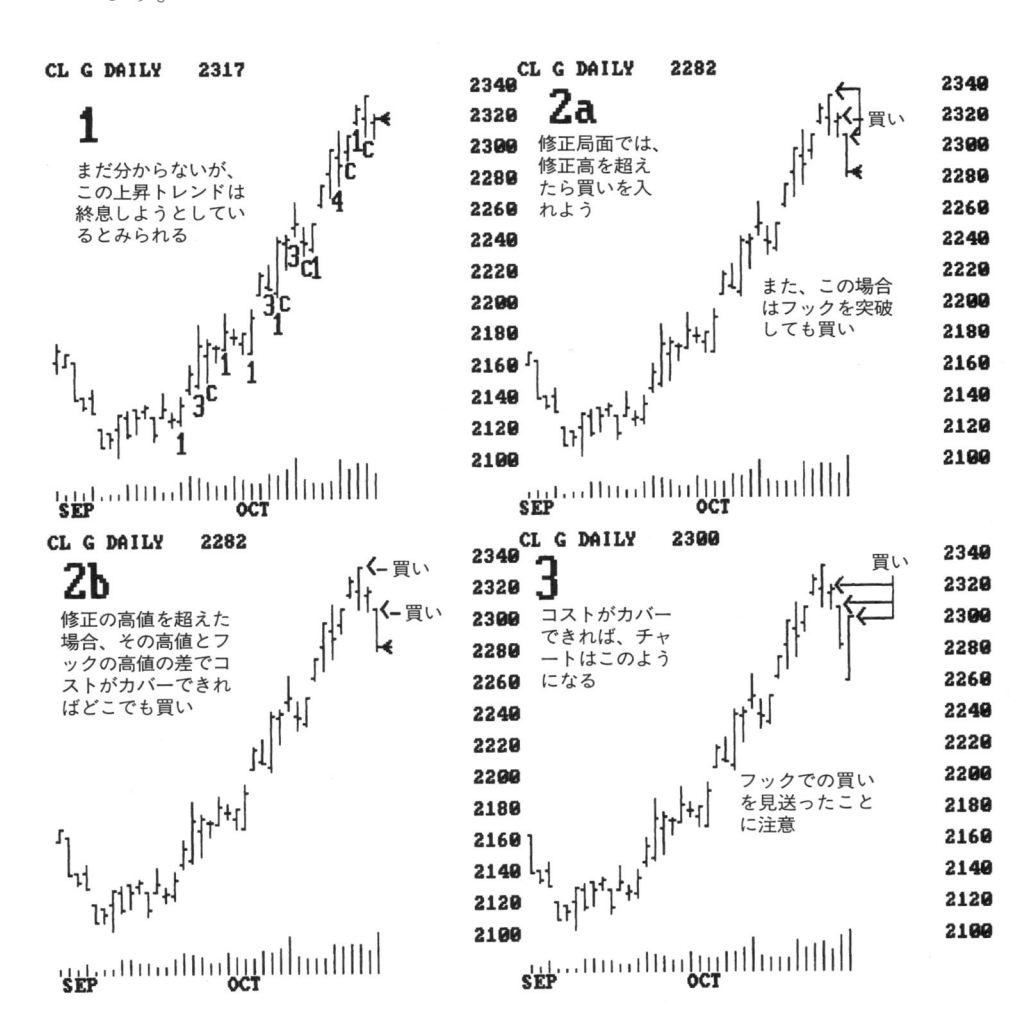

1 まだ分からないが、この上昇トレンドは終息しようとしているとみられる

2a 修正局面では、修正高を超えたら買いを入れよう

また、この場合はフックを突破しても買い

2b 修正の高値を超えた場合、その高値とフックの高値の差でコストがカバーできればどこでも買い

←買い
←買い

3 コストがカバーできれば、チャートはこのようになる

フックでの買いを見送ったことに注意

←買い

チャートをばらばらと出してしまったが、こうすると、いろいろなことが見えてくる。それに、1枚のチャートに1ページを割いて、いたずらに本を大きくしたくはないのだ。

チャート1では、何番目のバーでトレンドが減衰するかカウントしてみた。底から天井までの推移をたどっていこう。
1．相場は同事線の高値を突破
3．3番目のバーで高値を更新
C．新高値を付け損なう
1．新高値を付けるが、この次のバーで追随買いが見られないことに注意。トレンド・リバーサルまたは保ち合いが控えているとみられ、要注意である。

相場は、2日間にわたり小動きとなる。
1．上昇し、保ち合いを脱出する。
3．3つのバーにわたり高値を切り上げる。
C．修正となる。下方にギャップを空けて寄り付き、さらに下げるが、その後、上昇して新高値を付けている。このバーはC（修正）のバーでもあり、次の1のバーでもある。
3．3つのバーにわたり高値を切り上げる。
C．修正。下方にギャップを空けて寄り付き、同事線を付け、新高値達成には失敗する。
1．同事線の高値を上抜く。
4．4つのバーにわたり高値を切り上げる。
C．はらみ足（インサイド・バー）となり、新高値は付けない。
1．上方にギャップを空けて寄り付く。
C．1カウント直後に修正。この部分は重要である。トレンド・リバーサルか保ち合いが控えている可能性がある。

チャート2a、チャート2b、チャート3については、追加説明の必要はないだろう。

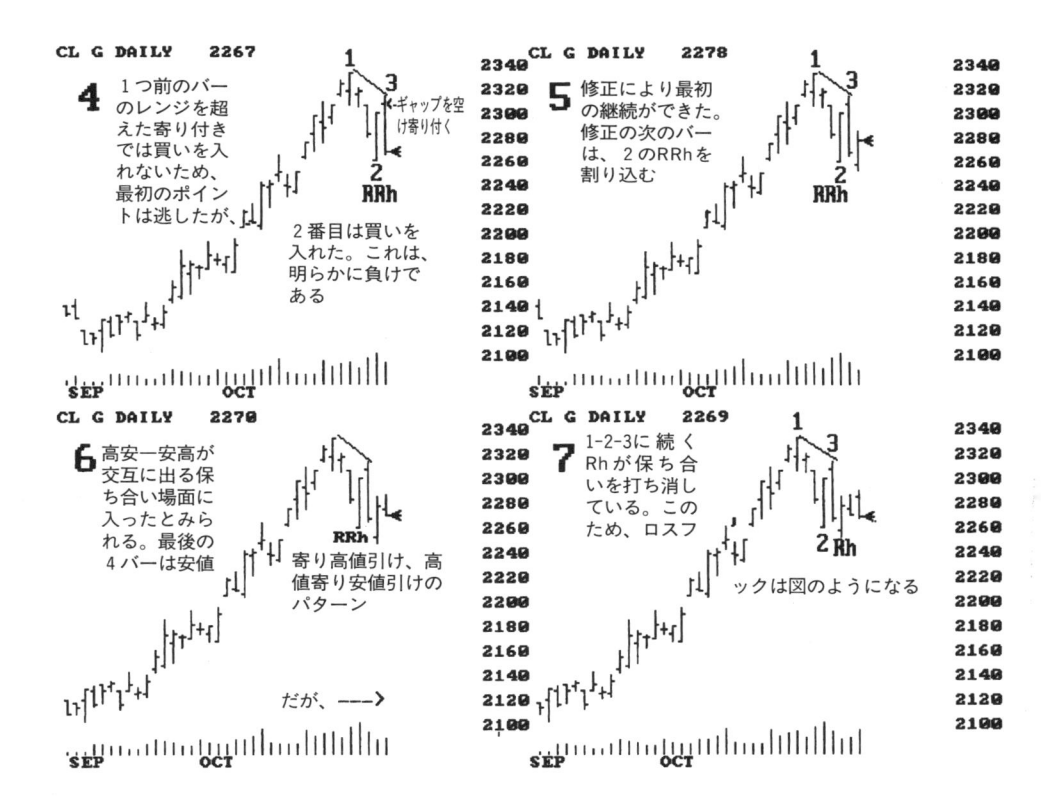

チャート4 CL G DAILY 2267
1つ前のバーのレンジを超えた寄り付きでは買いを入れないため、最初のポイントは逃したが、2番目は買いを入れた。これは、明らかに負けである
→ギャップを空け寄り付く

チャート5 CL G DAILY 2278
修正により最初の継続ができた。修正の次のバーは、2のRRhを割り込む

チャート6 CL G DAILY 2270
高安―安高が交互に出る保ち合い場面に入ったとみられる。最後の4バーは安値寄り高値引け、高値寄り安値引けのパターン
だが、――→

チャート7 CL G DAILY 2269
1-2-3に続くRhが保ち合いを打ち消している。このため、ロスフックは図のようになる

チャート4で生じた損失は、デイトレーダーの場合、ポジショントレーダーより少額ですむだろう。デイトレーダーは、最低でも売買コストだけはカバーできるように、より迅速に手仕舞いしているはずだ。その営業日中の値動きによって途転売りし、利益を出している可能性もある。

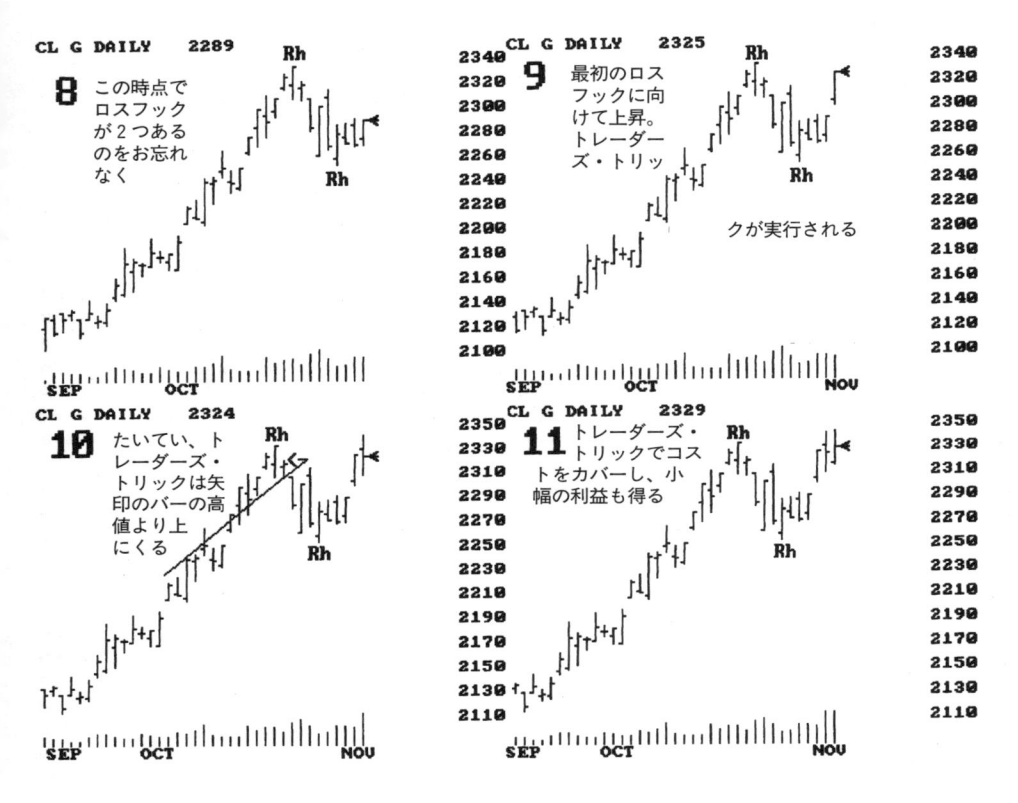

8 この時点でロスフックが2つあるのをお忘れなく

9 最初のロスフックに向けて上昇。トレーダーズ・トリックが実行される

10 たいてい、トレーダーズ・トリックは矢印のバーの高値より上にくる

11 トレーダーズ・トリックでコストをカバーし、小幅の利益も得る

　日足チャートを使ってポジション・トレードをしていた場合でも失望する必要はない。純粋なデイトレーダーなら、S&Pや債券相場でもないかぎり、認めるのを嫌がるほど多くの損失を出しているはずである。それ以外のマーケットであれば、日足チャートによるポジション・トレードのほうが、デイトレーダーよりもはるかに多くの利益を上げているはずだ。マーケットの選択について解説する段階で、これについてはさらに詳述しよう。とりあえず、マーケット分析をひとつひとつ続けていこう。

　次章は、すでに「トレーダーズ・トリック」について知っている読者にとって、いい復習の機会となるだろう。また、そうでない読者の

ためには、時間をかけて解説を加えることにしよう。次章以降、またチャート分析を続けることとする。

第8章

トレーダーズ・トリック
The Trader's Trick

　トレーダーズ・トリックによる仕掛け（TTE）の目的は、ほかのトレーダーに先んじて仕掛けることにある。
　現実的に考えてみよう。トレーディングはひとつのビジネスである。そこでは、知識量のより多い者が、そうでない者より優位に立つ。しかし、嘆かわしいのは、ほとんどのトレーダーが長い時間と多額の資金をかけて、誤った知識を仕入れることに励んでいることだ。残念なことに、あまりにも多くの間違った情報が入り乱れているうえ、そうした情報はより大きく宣伝されてしまうのだ。
　本章では、上値や下値突破に関するダマシのブレイクアウトによるダメージを避ける方法を探っていこう。
　通常、ロスフックを超えた時点で逆指値（ストップ）によって仕掛ける場合が多いだろう。また、1－2－3フォーメーションの2についても同様だ。
　インサイダーらは、ストップがこれらのポイントに密集していることを熟知している。そして、できればその密集した価格帯に相場を動かし、それから、注文を実行させるために、そのポイントを少しだけ過ぎた水準まで動かしたいと考えている。
　だが、アウトサイダーからの圧力が不十分だと、相場は高値や安値の更新ができず、せっかくロスフックや2を超えても、結局はダマシ

に終わってしまう。

　トレーダーズ・トリックは、こうしたゲームでインサイダーを打ち負かすため、あるいは、少なくとも読者のような人々がトレードできる土台を作るために考案された。ロスフックでトレードする場合、実際に相場がフックをブレイクしてしまう以前に仕掛けることが必要だ。ブレイクアウトがダマシでなければ、十分な利益になり、ブレイクアウトがダマシだとしても、最低でも売買コストをカバーし、損益分岐点にはとどまれるのである。

　インサイダーはストップとまったく同じ水準に相場を動かし、注文を実行しようとする場合が多い。トレーダーズ・トリックを可能にするのは、まさにこの技術なのだ。

　インサイダーが使用するこの技術を説明する最良の方法は、具体的な例を挙げることだ。そこで、以下の質問に答えてみてほしい——あなたはフロアで売買している大手トレーダーで、大きく利益になる値動きを望んでいるとする。現在の相場より高い水準に大量のストップが置かれているため手仕舞い売りが容易だと分かっている場合、どうやって相場をそこまで動かせばいいか？

高値付近の数ティック内にストップが密集していることが分かっている

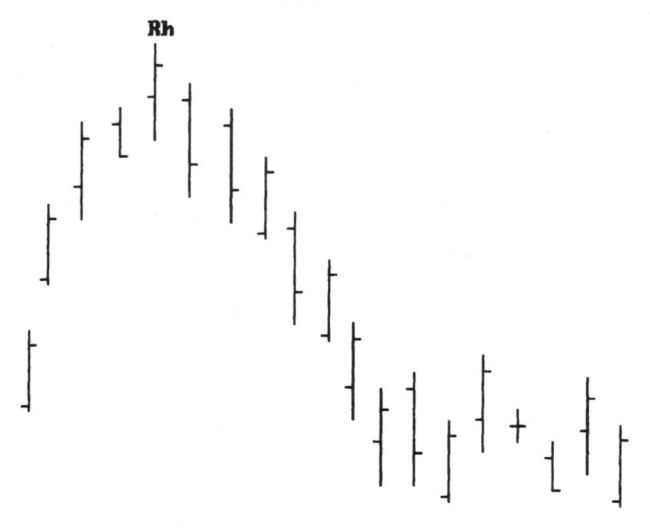

Rh

保ち合いで軟調になっているなか、相場をロスフックまで引き上げて利食いたい場合、どうすればいいか？

まず、現在の相場より少しだけ高い水準でのビッドを入れる。

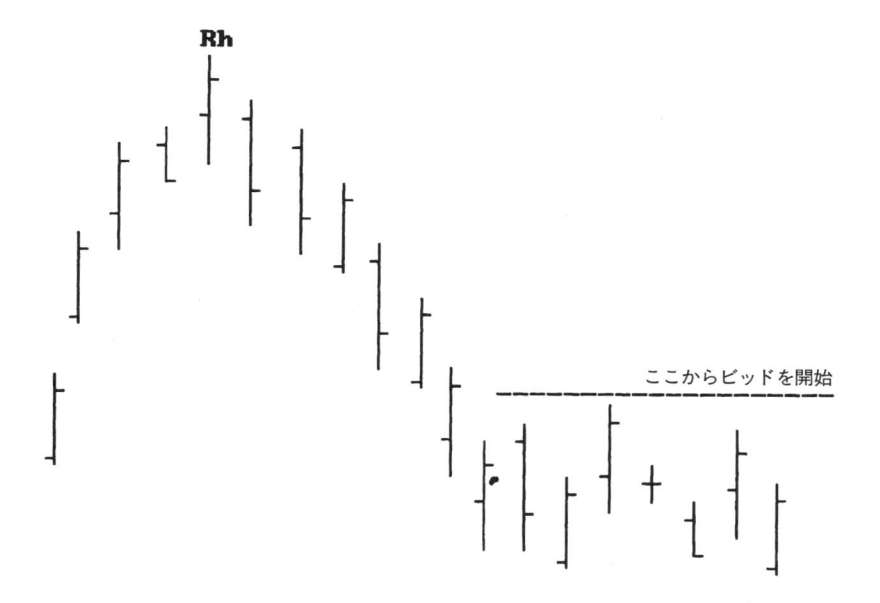

Rh

ここからビッドを開始

相場より高い水準でのビッドを大量に入れると、相場は素早くビッドの水準まで上昇していく。

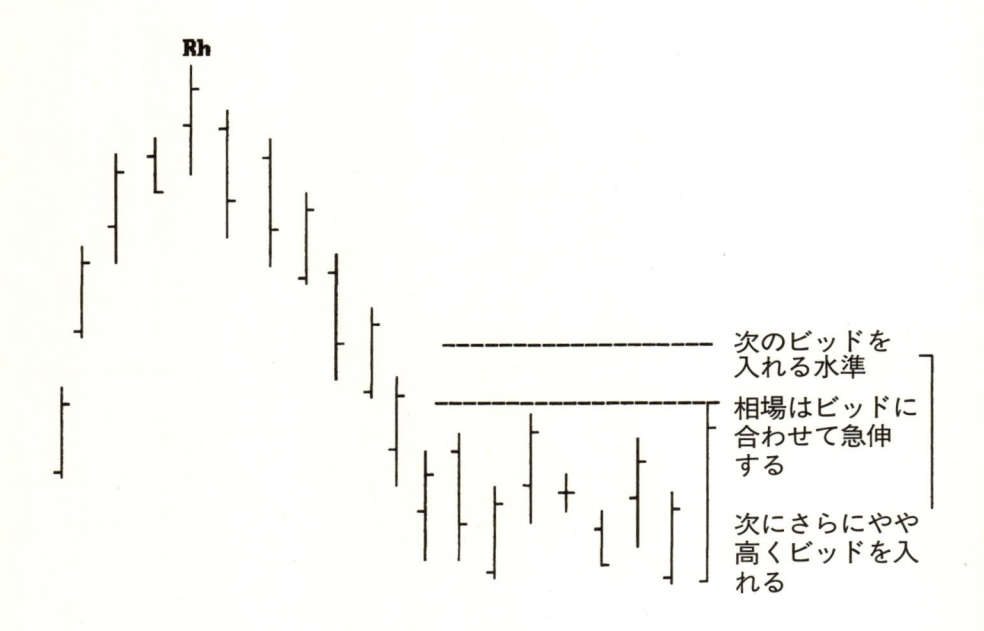

Rh

次のビッドを入れる水準

相場はビッドに合わせて急伸する

次にさらにやや高くビッドを入れる

より高い水準でのビッドを再度、大量に入れると、相場はさらに次の水準まで上昇する。

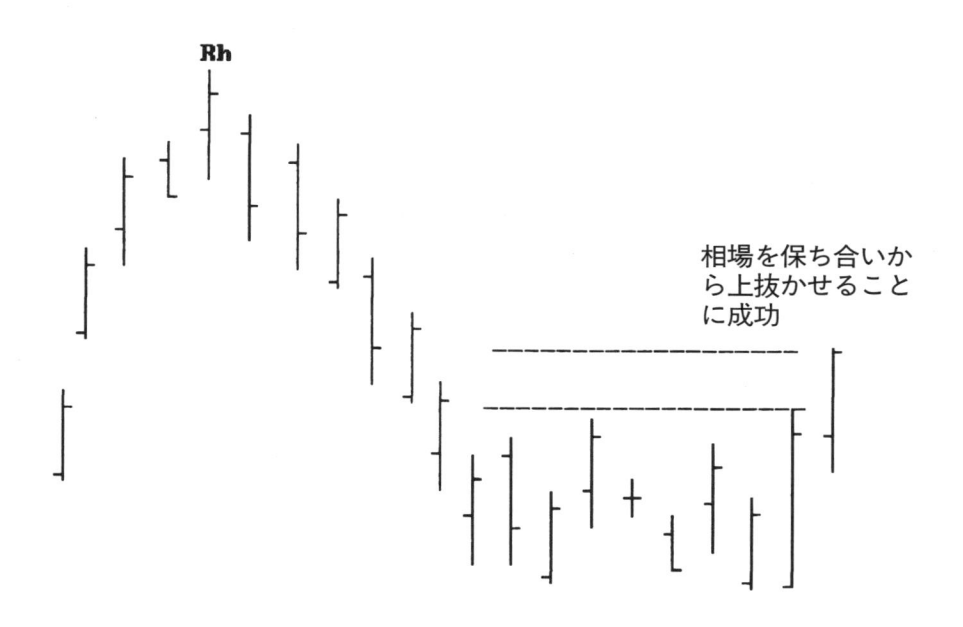

Rh

相場を保ち合いから上抜かせることに成功

相場より高い水準でビッドを大量に入れ続け、相場が突然上昇を始めたことから、ほかのトレーダーたちの注意を引くことになる。この場合、ほかのトレーダーとは端末から売買しているデイトレーダーであり、フロアトレーダーは相対的に少ない。

彼らの買い注文に支えられ、相場はストップが置かれている水準に向けて上昇する。使っているのが日足チャートであれ５分足チャートであれ、原理は同じことである。

モメンタムを維持するため、さらに数枚、上値での買い注文を入れる必要があるかもしれないが、心配には及ばない。上値には大量の買

いストップが存在すると分かっているのだから。このストップのおかげで、一気に売り抜ける場合にも、あなたの売り注文は執行されやすくなるのだ。

　そもそも、だれが相場より高い水準でのストップを入れていたのか？　当然だが、これはアウトサイダーである。アウトサイダーには２つのタイプがある。１番目は、一定の高値を付けたあとに売りを出す人々で、このタイプは「十分に上げた水準」が売りストップを入れる場所として安全だと考えている。もうひとつは、相場が高値を上抜いたら買いを入れたいと考える人々である。

　あなたが高めのビッドを入れ、これに追随したほかのフロアトレーダーやデイトレーダーの買いが加わったため、相場は急伸を始める。この上昇がほかの市場参加者の注意を引き、これが新規買いを呼ぶことになって、相場はさらに上昇することになる。

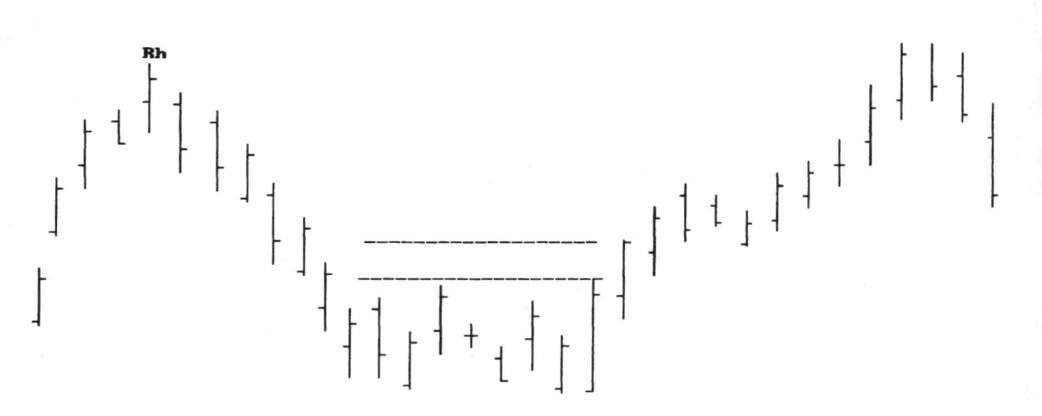

　このような相場動向は、市場の需給バランスと一切無関係である。ただ、仕組まれ、仕掛けられたにすぎない。

相場が高値に接近すれば、だれもがこの驚くような展開を見て市場に参加したいと考える。ただ、アウトサイダーからの強力な買いでもないかぎり、相場はいずれ高値を付けたその時点、またはその直後に頭打ちになる。これが、買いのクライマックスである。

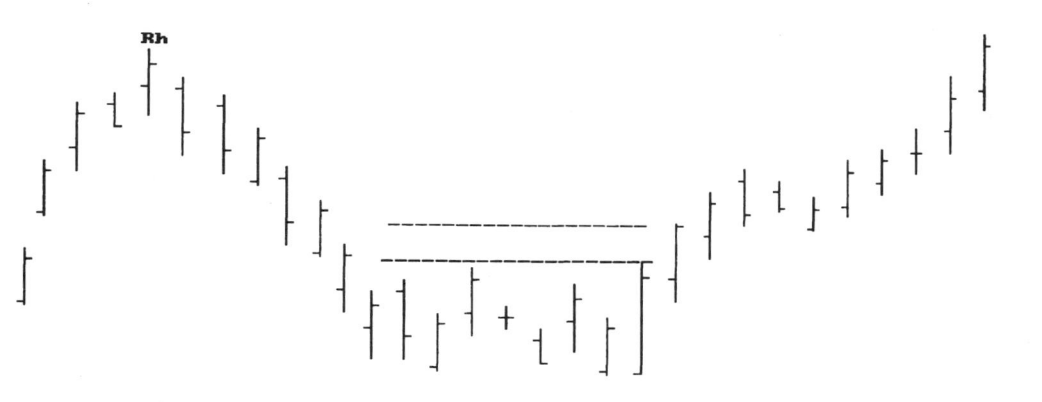

　なぜ、相場は頭打ちになってしまうのか？　売りに出合うからだ。だれの売りに？　あなたの、そして、利食いたいと思っているほかのトレーダーすべての売りに、である。少なくとも、高値を付けた直後には、その日の上値が重くなることだけは確かだ。

　仮に、すべての売りを吸収できるだけの買いがあれば、相場は引き続き上昇するだろう。そうでなければ、ここがインサイダーにとって絶好の売り場となる。特に、この相場上昇が仕掛けられたものであることを承知している向きにとっては、なおさらである。

　このときには、手仕舞い売りばかりでなく、途転売りも出るだろう。つまり、買いのクライマックスでの売りは、単なる利食い売りをこなす場合と比べ、倍近い売りを浴びる可能性があるのだ。

　アウトサイダーの買いは、このように利食い以外の売りをも吸収しなければならなくなる。

119

このため、チャート上での高値のブレイクアウトは、ダマシということになる。もちろん、相場が反落するというシナリオは、下方へ仕掛けられた動きにほかならず、これが上方へのブレイクアウトを結果的にダマシにしているのである。

保ち合い相場がしばらく継続したあとで、ロスフックへと接近した場合、相場はどうなる可能性があるか理解するのは非常に重要である。これまでの数ページは、このコンセプトについて説明したものである。

これまでの内容を頭に入れたうえで、トレーダーズ・トリックが形成されるのを見ていくことにしよう。

ロスフックの高値に接近するなか、フックの左右いずれかの高値を突破したら買いを入れる。コストをカバーできる範囲で最も高値に近いバーを選ぶ。ダブル・トップかダマシの上値突破なら、当初コストをカバーし、元手をかけずにトレーディングしたことになる

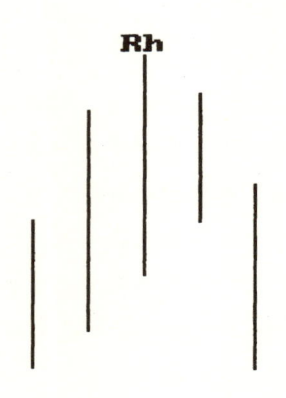

高値を付けているバーの前後に、それぞれ2本のバーがある。相場がフックの水準に接近するなか、買いを仕掛けるポイントは、売買コストをカバーできるだけの余地があり、フックになるべき近い高値を上抜いたところである。

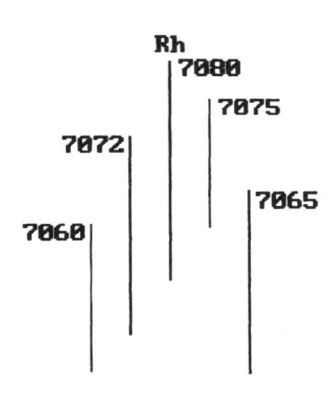

```
          Rh
         7080
           |
           | 7075
    7072   |  |
      |    |  | 7065
      |    |  |  |
 7060 |    |  |  |
   |  |    |  |  |
   |  |    |  |  |
```

　ここでは、高値の水準が7080、売買コストが取引手数料を含めて1枚当たり25ドルとしてみよう。取引する銘柄はスイス・フランで、3枚の買い注文を入れるものとする。

　当初のコストは75ドルである。コストをカバーするために、このうちの1枚を充てるとすれば6ティック（1ティック＝12.50ドル）の上昇余地が必要となる（6×12.50ドル＝75ドル）。高値7075を付けたバーをブレイクアウトした時点での仕掛けは明らかに無理だ。ここだと、買いを入れる水準が7076になってしまう。相場が直近の高値まで上げても、4ポイントしか稼ぐことができず、売買コストのカバーには不十分である。

　次は、高値7072のバーである。仕掛けは7073になる。相場がダブルトップを付けた場合、1ティック分の余裕を持ってコストをカバーできる。

同様のチャートで、銘柄が生牛先物の場合はどうだろうか。状況は変わってくる。生牛の場合、1ティックはわずか10セントとなっている。コストをカバーするためには、8ティックの上昇が必要である。

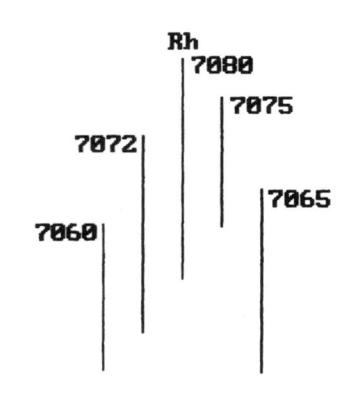

```
            Rh
            7080
               7075
        7072
                  7065
    7060
```

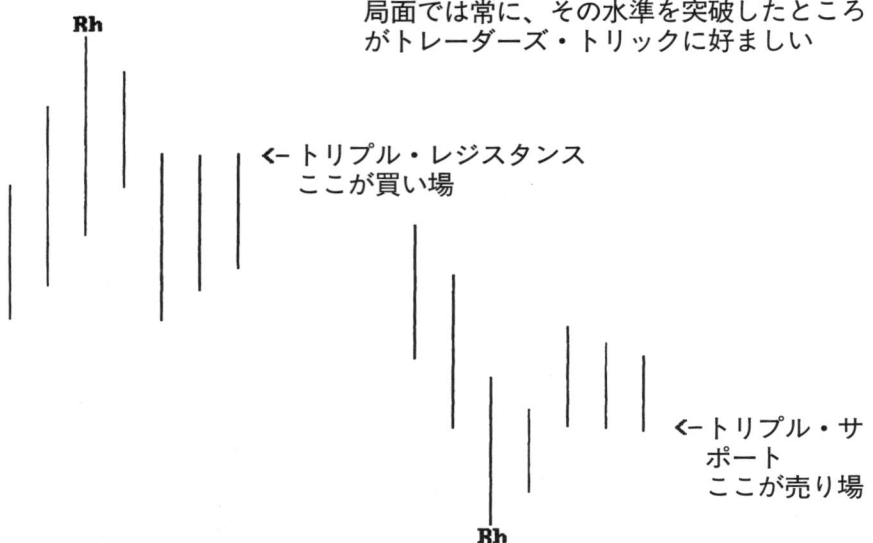

これは例外だが、ダブルまたはトリプルの支持線や抵抗線を伴ったタイトな保ち合い局面では常に、その水準を突破したところがトレーダーズ・トリックに好ましい

←トリプル・レジスタンス
　ここが買い場

←トリプル・サポート
　ここが売り場

もちろん、これまでのルールどおり、仕掛けの水準とフックの間は最低でもコストをカバーするのに十分な水準でなければならない

7073で買いを入れるとしたら、コスト・カバーには1ティック足りない。そのため、7067か7065の2ティック上で仕掛けることになるだろう。

　なぜ、7066でなく、7067なのか？　生牛の価格は6で終わる数字がないからである。

　トレーダーズ・トリックについての一般的なルールを確認し、第7章でいったんやめておいたフックによるトレーディングを再開することにしよう。

　リスク・マネジメントは、相場が最低でもフックを試す水準までは上がるだろうという見通しに基づいている。

　その日の相場の動きを見ることができなかった場合、注文は以下のような手続きで入れる。7080の水準にフックがあり、スイス・フラン3枚を買う取引の場合、7073で買い注文を入れることになる。この水準は、フックに最も近い高値をブレイクアウトした水準で、売買コストをカバーするにも十分な余地がある。

　ブローカーには、7079のMIT（マーケット・イフ・タッチド）オーダーで、2枚手仕舞って1枚当たり25ドルのコストをカバーできるようにしておき、この注文が実行された場合、7073ドルに手仕舞い売りのストップを置くよう指示する。この水準は、ちょうど損益分岐点になっている。

　予想したシナリオどおりなら、コストをカバーしたうえで少額ながら利益で終わることができる。急落を強いられるようなことがなければ、最悪でも、損益分岐点に置いたストップが実行され、多少の利益を手にして手仕舞いができるだろう。

　通常、トレーダーズ・トリックはフックのバーの前後3本までに限定するのだが、このルールには重要な例外がある。次のチャートは、トレーダーズ・トリックを使用するときのダブル（あるいはトリプル）サポートとレジスタンスについて示している。

もう少し詳しく見ていこう。

　コストをカバーする、ということは、売買する枚数すべてにかかるコストを確保するということだ。現在、2枚売買しているとしたら、いずれか1枚を使って、2枚分のコストをカバーする。3枚売買しているなら、いずれか1枚で3枚分のコストすべてをカバーする。そして、5枚売買しているとしたら、通常はそのうち2枚を使って、5枚分のコストすべてをカバーするのである。もし5枚のうち3枚を使ってコストをカバーするなら、コスト以上の利益を得られるだろう。次のステップでは、合計10枚売買するなかで、2枚を使ってコストをカバー（1枚で5枚のコストをカバー）することにしよう。10枚の売買なら、通常3～5枚でコストをカバーする。これによって、コストをまかなったうえに利益を得られることになる。

　2枚分の売買コストを1枚でカバーする場合、結果的には損益分岐点でのストップで手仕舞ったとしても、2枚目がほとんどすぐに損益分岐点での手仕舞いを強いられるだろう。こうしたケースは8割程度の確率で起こり得る。売買する余裕が2枚分しかないなら、より多くの枚数を売買できるようになるまで、辛抱強く資金の準備をするべきだ。日足チャートで売買して、この期間は数カ月程度だろう。探すべきなのはブレイクアウトしたトレードで、あとを振り返ってはいけない。ブレイクアウトしたあとでも、利益になるのは2割程度のケースしかないのだ。

　3枚のうちの1枚でカバーしているとしたら、コスト・カバーの直後に損益分岐点で手仕舞うことができる。残りの2枚はそのまま維持して、その後の利食いに備えるべきである。ただし、2枚目が損益分岐点で手仕舞いとなった場合、3枚目も早々に手仕舞うことを検討すべきだ。

　この場合も、損失を最小限にとどめたいところだろう。私は、3枚のうち1枚目がコストをカバーした時点で、2枚を手仕舞うことを勧

める。その後、残りの１枚が損益分岐点で手仕舞いになるまで待つのだ。そこで、手仕舞いとなれば、その時点でコストをカバーしたうえに、利益が出たことになる。２割の確率でフックをブレイクアウトして利が乗っていれば、非常に多くの利益を手にすることができるだろう。

５枚でトレードする場合、これと同様のアプローチが適用できる。コストのカバーは２枚で行う。この場合、マーケットのボラティリティによって利益は小さいものとなる可能性がある。

私は、３枚でコストのカバーを行い、利益を確かなものにするほうが好みである。その後、すぐにストップを損益分岐点に設定する。

例えば、金先物を売買する場合、仕掛けたときよりも利益が出る方向に６ティック（60ドル）相場が動いたとしよう。売買コストの100ドル（１枚当たり20ドルを５枚分）をカバーするため、３枚を手仕舞う。その結果、利益が80ドル出る（60ドル×３枚－100ドル）。

その後の選択肢は２通りある。通常、私が選択する方法では、残りの２枚に対して損益分岐点に逆指値を設定することにしている。相場が反対方向に向かうようなら、ストップの執行前に手仕舞おうとするだろう。この売買では100ドルの収入を確保しさえすれば、コストを100％カバーしたことになる。

もうひとつの選択肢は、執行される頻度は低いが、最初の３枚で得た利益（上の例の80ドル）をリスクにさらし、５番目もしくは最後に残った１枚が損益分岐点から80ドル下回った水準にストップを設定するというものだ。

ひとつのビジネスが一貫して利益を生み続けられるとしたら、そのビジネスは成功するだろう。その利益に加えて、２割の確率で発生する、けっして無に帰することのない大金を積み増していけば、トレードによって多額の利益が得られることが容易に分かるはずだ。

ここで、私が売買を行うときのマネジメント法を説明しよう。これ

によって、読者は適正な資金準備の重要さを理解するだろう。トレーディングの規模というのは、非常に重要なのである。

この手法を知れば、読者が資金不足だった場合（ほとんどそうだろうが）、2枚による売買法で、辛抱強く徐々に資金を蓄えていくことが必要な理由も理解できるだろう。

私は、できるかぎり仕掛けの段階で、「指値条件付逆指値注文（ストップ・リミット）」を利用することにしている。CBOT（シカゴ・ボード・オブ・トレード）のフロアトレーダーでさえ、買うときに仕掛け値よりも価格が下だったり、売るときに仕掛け値よりも価格が上であるかぎり、ストップ・リミット（ブローカーによるホールドはなし）の利用を認めている。

指値を使わずに、寄り付きより前に注文を入れたいとは思わないだろう。指値注文が使えない場合には、ブローカーには寄り付きまで売買注文を入れず、始値が仕掛けの予定価格を超えてギャップを空けていた場合、仕掛けないように要請する必要がある。

自分が入れた注文を1日中気にしてもいられないのであれば、トレーディング・プランを実行するブローカーとよく相談してみるのも価値があるだろう。ブローカーのなかにはこうしたサービスを提供するところがあり、意外なことに、30ドル未満で請け負ってくれる業者もいる。手数料30～35ドルの範囲なら、業者探しに苦労することはないだろう。

読者は、ギャップを空けて寄り付いた場合の注文執行を避けるべきである。

ここで、私が述べようとしていることの理屈がお分かりだろうか？

われわれには、フックをブレイクアウトしようとしている相場の動きが、本物なのかダマシなのかを知る術がない。仕組まれた動きだとしたら、相場は逆指値をブレイクする水準に向けて上昇し、逆指値を数ティック上回るかもしれない。だが、その後はブレイクアウトの方

向に買いが続かないまま、反落に転じてしまうだろう。仕掛けの水準と、少なくともコストだけはカバーできるロスフックの水準に開きがあるうちは、最悪でも損益分岐点まで下げるだけですむだろう。普通は、利益を得ることになるのだが、その額は少ない。

当初のコストと同額をカバーできれば、当初のコストと比較して、資金は倍増したことになる。これが実現する可能性は少なくとも75%ある。

相場の上昇が（仕組まれたものでなく）本物だった場合、コストに比較して非常に大きな報酬を得ることができる。忘れないでほしいのは、思った方向に相場が動いた場合、実質的な投資額は当初コストだけですむということである。

フックのブレイクアウトが本物である確率はどの程度あるのだろうか？　過去数年間、あるいは一定の期間を見ても、まちまちというのが現状だ。この確率は、私が「トレーディング・サイクル」と呼んでいる現象と深いかかわりがある。

トレーディング・サイクル

左右に揺れ動く振り子の様子を思い描いてもらえれば、「トレーディング・サイクル」をイメージすることができるはずだ。

振り子が一方に大きく振れたとき、大半のトレーダーは押し・戻りで売買をする。このとき、振り子が振れた方向へのブレイクアウトが見られれば、それは本物である確率がより高い。なぜなら、市場は大勢に対し、すぐに調整しようとするものだからである。押しや戻りで売買をしていたトレーダーは、徐々に少なくなっていくのだ。

トレーダーのうち、半数が一方向への売買をし、残りの半数が反対方向への売買をした場合、振り子は真ん中でぴたりと停止するだろう。

大半のトレーダーがブレイクアウトでトレードしているとき、振り

子は反対方向へと振り切れ、ブレイクアウトの方向へのトレーダーがいなくなる。この場合、振り子が反対方向にあるときよりも、ダマシのブレイクアウトである可能性が高い。

　読者のマネジメントが、トレーダーズ・トリックのように適切なものであれば、ブレイクアウト地点でだけトレードするため、彼らの逆指値がフロアのプロたちにとって格好の餌食になってしまうような、その他大勢に巻き込まれるようなことはないだろう。

　相場の動きがダマシではなく、ファンダメンタルズに基づいたものだった場合、正しく売買を管理できれば大きな利益を得るだろう。

　ストップについてはどうだろうか？　損失を防ぐためのストップはどこに置くべきか？　目標値としてのストップはどこに置くべきなのか？

　この問題についてもここで詳細に述べたいのだが、このテーマは後の章で扱うことになっている。あとの章では、注文の設定場所をはじめ、ストップに関するすべてを詳解することにしよう。非常に長い章となっているはずだ。

　ここでは、適切なポイントで仕掛ければ、フロアトレーダーや大手現物業者による相場の動きを中立化できることをしっかり理解してほしい。ブレイクアウトがダマシだとはっきりすれば、自分のした売買に応じた利益を得られるものである。

　正しいブレイクアウトは常にある。ファンダメンタルズがそれを支えているのだ。それが出てくれば、ハッピーでリッチなトレーダーになれるというわけだ。

　たとえ、結局はブレイクアウトがダマシだったと判明したとしても、適切な資金管理を行うことで、実行した売買に応じた利益を上げることができるのだ。

第**9**章

分析の補説
Continuing Our Analysis

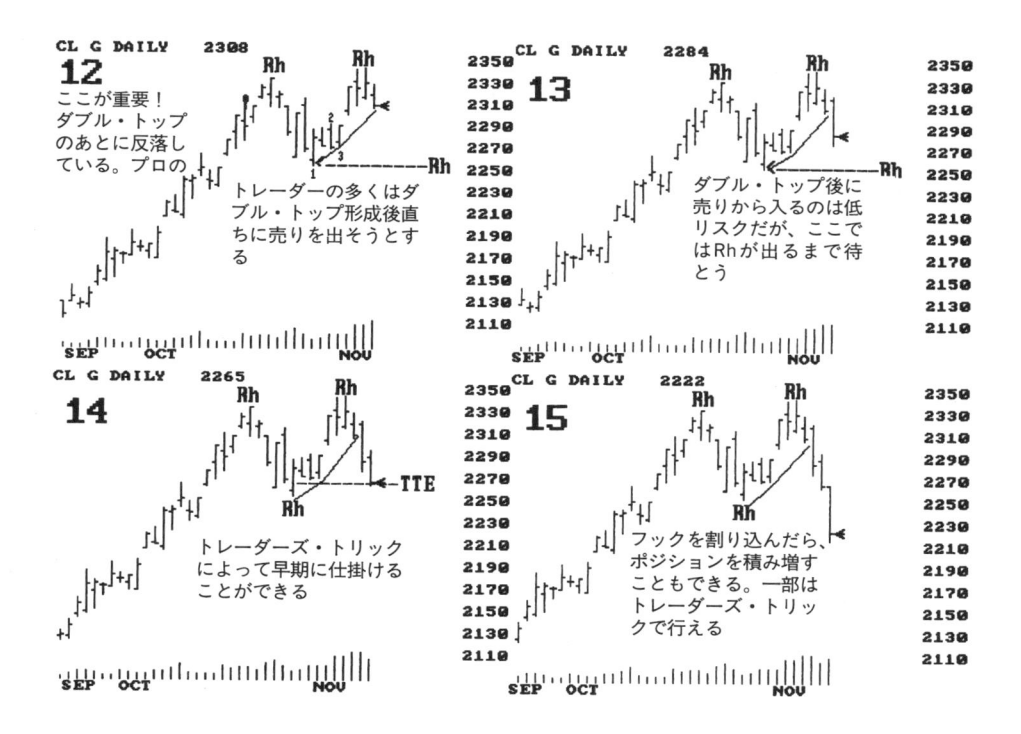

12 ここが重要！ダブル・トップのあとに反落している。プロの

トレーダーの多くはダブル・トップ形成後直ちに売りを出そうとする

13 ダブル・トップ後に売りから入るのは低リスクだが、ここではRhが出るまで待とう

14 トレーダーズ・トリックによって早期に仕掛けることができる

15 フックを割り込んだら、ポジションを積み増すこともできる。一部はトレーダーズ・トリックで行える

　上記の図に若干の説明を加え、読者の疑問点を解消する一助としたい。
　チャート12では、ロスフックから修正部分（保ち合い局面）を経て、

ダブルトップを付けたあとの修正安まで、線で結べることに注意していただきたい。ここでは、底の１－２－３とフックが形成されている。ここで、ダブルトップ（のRh）を上抜いた場合、相場がトップの突破後に修正安を付けた時点で、新たなロスフックを形成することとなる。

　チャート13。上級者であれば、ダブルトップから下げた時点で売りを仕掛けたいと考えるかもしれない。ここでは、すでに高値を上回る水準にストップがとりあえず設定されているため、この取引のリスクは低い。ここで、「とりあえず」という言葉に注意してほしい。ダブルトップにストップを置くのが危ない場合もある。インサイダーがストップの存在を知っており、それを実行させようと仕掛けてくるような場合である。

　チャート14。これよりも堅実な売買をするなら、下落場面で少なくとも安値を試すとみて、トレーダーズ・トリックを使用することだ。この場合、トレーダーズ・トリック・エントリーは、小幅な保ち合い局面のすぐ下の水準で入れることになる。これは、単純に好みによる選択の問題である。私であれば、すべてのポジションをTTE（トレーダーズ・トリック・エントリー）のところに置く。私の『トレーディング・バイ・ザ・ミニッツ』の読者にとって、この小幅な保ち合い局面は、フックの左側にある２本のバーからなる保ち合いと組み合わせになっていることが分かるだろう。この小さな保ち合いからの突破は、大きな意味を持っている。

　チャート15。TTEに全ポジションを置かなかった場合、フックのところで売り浴びせが出た場合、追随することができるだろう。マーケットでは、フックに向けた大きなモメンタムが発生している。

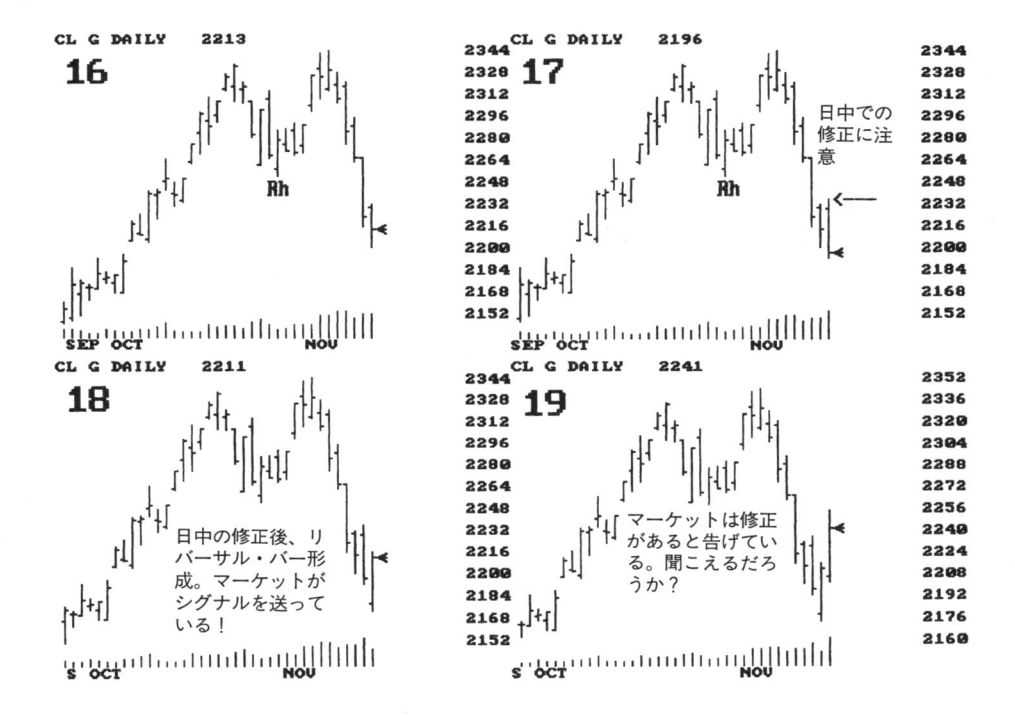

チャート16。相場は下落しているが、ここで売りを仕掛けるのは早計である。このときまでに、相場はすでにロスフックを割り込み、バー3本連続で下げているのだ。

　チャート17。ここでは、重要な動きが見られる。日中の修正である。これが出れば、仕掛けて大丈夫というサインだ。寄り付き後に前日の高値を上回り、その後は前日の安値を割り込んでおり、少なくともさらにもう1日は、売りの機会があることを示している。修正によってできたフックの前で売りを出すのがよい。終日相場を見ていられれば、前日の安値を割り込んだ時点で、TTEを使うことができるだろう。

　チャート18。寄り付きで、前日の安値から大きくギャップを空けていることに注意してほしい。そして、その後の同日の動きにも注目さ

れたい。プロのトレーダーなら、このようなギャップでは買いを入れるところだ。寄り付き直後の場合もあり、また、寄り付き後の上昇場面で買いを入れる向きもあるだろう。

　強力なトレンドを形成した相場でこのようなギャップが空いたら、利食いのチャンスである。勇気を持てるなら、ここで利食ったうえ、反対のポジションを取るといいだろう。ほとんどの場合、そうして良かったと思えるに違いない。実際、プロのトレーダーの多くは、保ち合いが始まったと判断したらギャップを空けた寄り付きでダブルアップし、トレンドと「同じ方向」への売買よりも2倍の枚数を、「逆方向に」建てるのである。

　チャート19。寄り付きで前日のレンジ上方での修正となり、その後、前日の高値に向けて上昇した場合、修正はまだ終了していない可能性が高い。

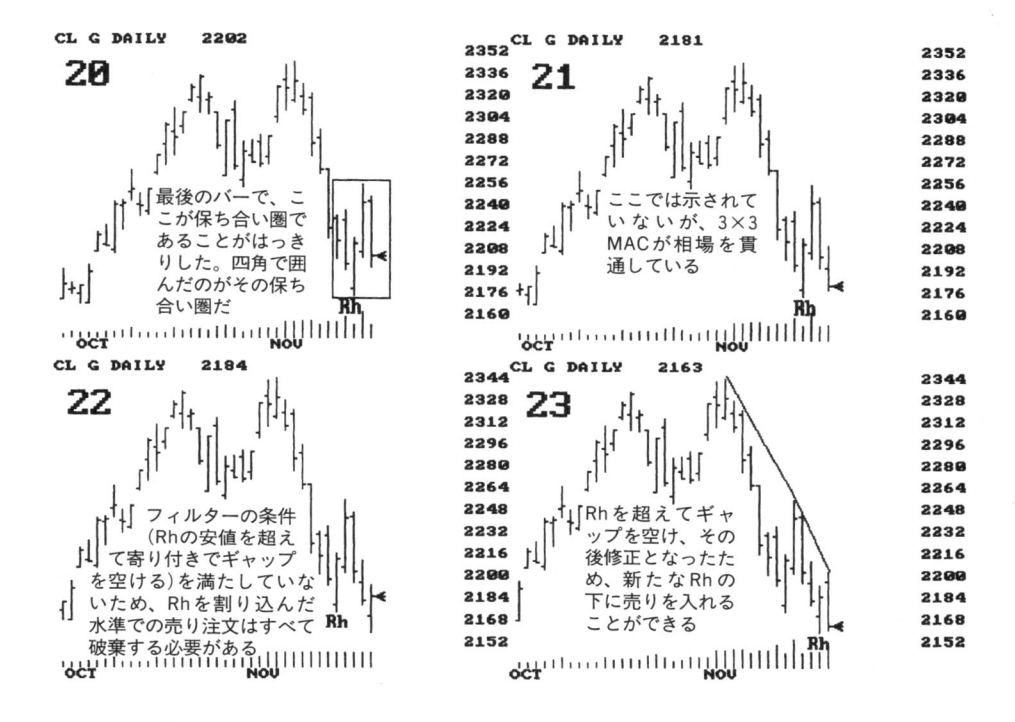

チャート20。上下互い違いの保ち合い相場である。

チャート21。3×3MACが、保ち合いの部分を貫いている。3×3MACはRRhのフィルターだが、ここでも同様の理由でフィルターとして機能することを思い出そう。明確な保ち合いの場面にあるからである。

チャート22。寄り付きでギャップを下方に空け、前日の取引レンジを下回ったため、フロアトレーダーからの注文が倍増している。この日の相場は、反発して引けた。ここでは、保ち合いや修正局面と判断された場合、フロアトレーダーは、前日の取引レンジから外れた水準の寄り付きで、注文を倍増させると覚えておこう。こうした動きは、われわれの売買にとってフィルターとなり、その後、フロアトレーダ

ーたちがこのギャップを埋めようとすると予想することができる。デイトレーダーは、こうしたフロアトレーダーに追随して売買することができるだろう。

　チャート23。ここでまた、ギャップを付けている。今回は前日の高値を上回っており、ここでは売り注文の倍増を招くこととなる。この1日は修正の日であり、ここまで、セグメントラインを引くことができる。

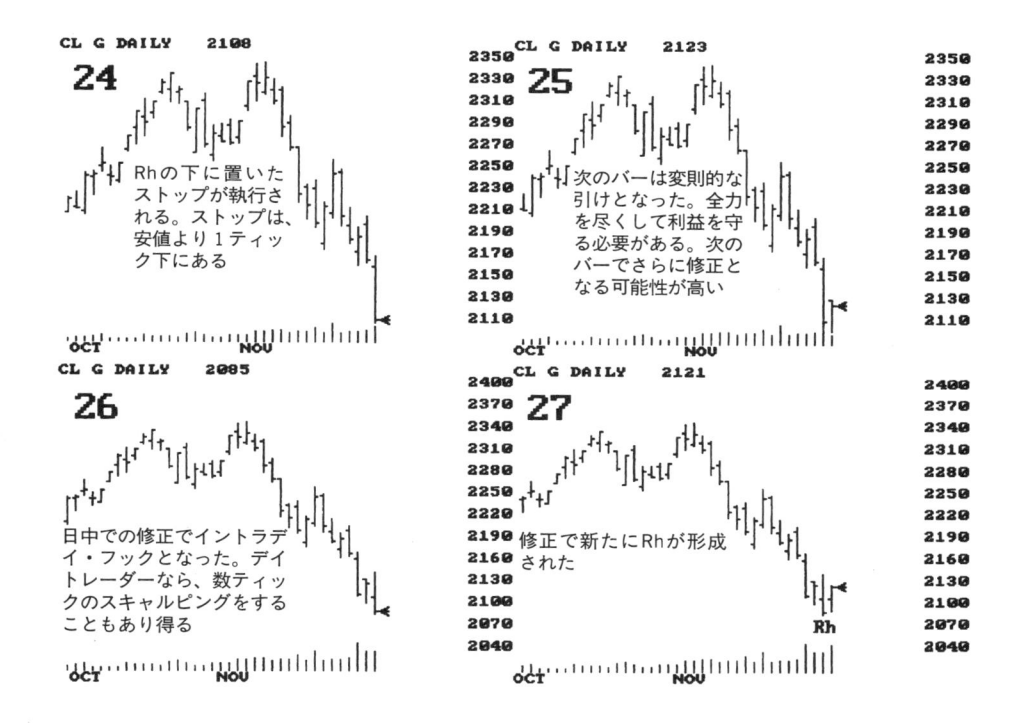

チャート24。われわれが設定したストップを割り込む水準でギャップが埋められてしまい、やっかいな展開となった。このため、できれば寄り付き水準まで注文を見送ることにしたい。ブローカーにその旨を伝えればいい。上記のチャートでは、われわれのストップの水準で寄り付いている。

チャート25。指値注文を、それまでの高値に極めて近い水準で引けたバーの高値より、1ティック上方に移動して利益を確保しよう。

チャート26。ここでは、前日安値を割り込んだ水準で売りを出し、デイトレーダーは、前日の数ティック分の利益を得ることができるだろう。

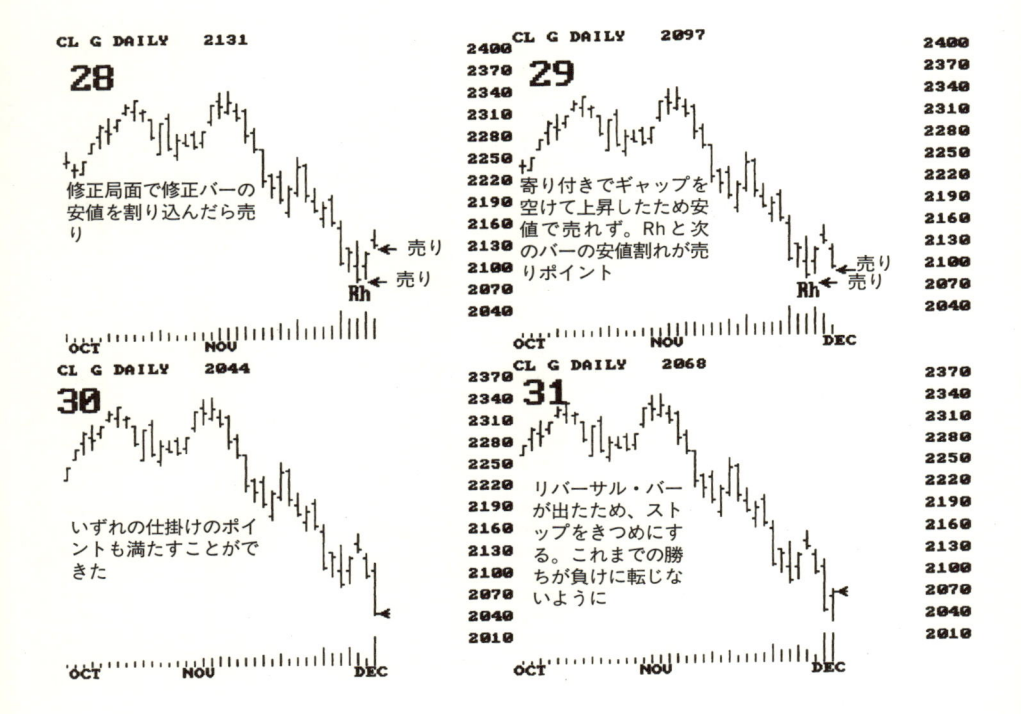

チャート28とチャート29。すべてのポジションを建てることにしよう。ただ、チャンスとなるのは2カ所しかない。選ぶことができるなら、3分の2のポジションをより高いエントリー・ポイントに置き、残り3分の1をフックに設定しよう。相場が再度下げ始めたら、3分の2のほうを直ちに試してみる。もし、この時点でのエントリーが難しければ、全ポジションをフックに置くしかあるまい。チャート29はチャート22と異なり、3×3MACが依然としてトレンドを形成している。ここで、トレンドというのは、3×3MACが各バーの高値を上回っているという意味である。

チャート30と31。利食いをするときは、十分な利益を積み上げたポイントまできている。この利益をリスクにさらしてもいいならば、逆

指値をさらに値動きから離れた水準へと移動することができる。

これ以上のリスクを望まなければ、下落した局面で逆指値を50％の位置に置き、リバーサル・バーあるいは、何らかの誤算のシグナルが出た場合、逆指値をよりきつくするのが最もいいだろう。

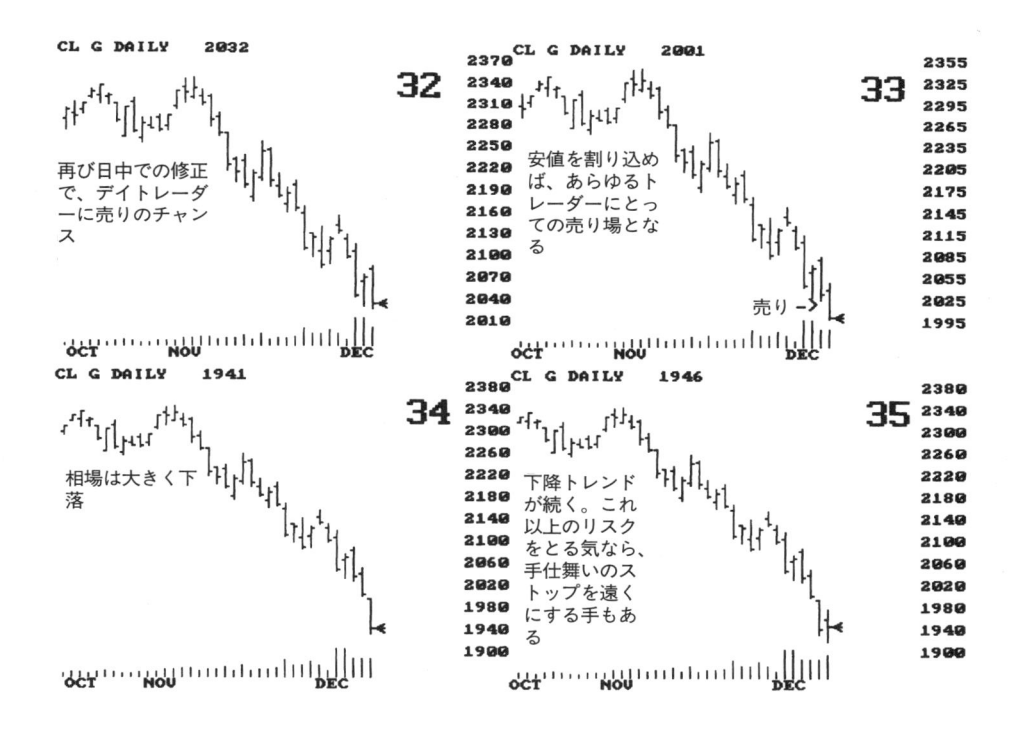

32 CL G DAILY 2032
再び日中での修正で、デイトレーダーに売りのチャンス

33 CL G DAILY 2001
安値を割り込めば、あらゆるトレーダーにとっての売り場となる
売り→

34 CL G DAILY 1941
相場は大きく下落

35 CL G DAILY 1946
下降トレンドが続く。これ以上のリスクをとる気なら、手仕舞いのストップを遠くにする手もある

上の各図については、それぞれ図中の説明を参照していただきたい。

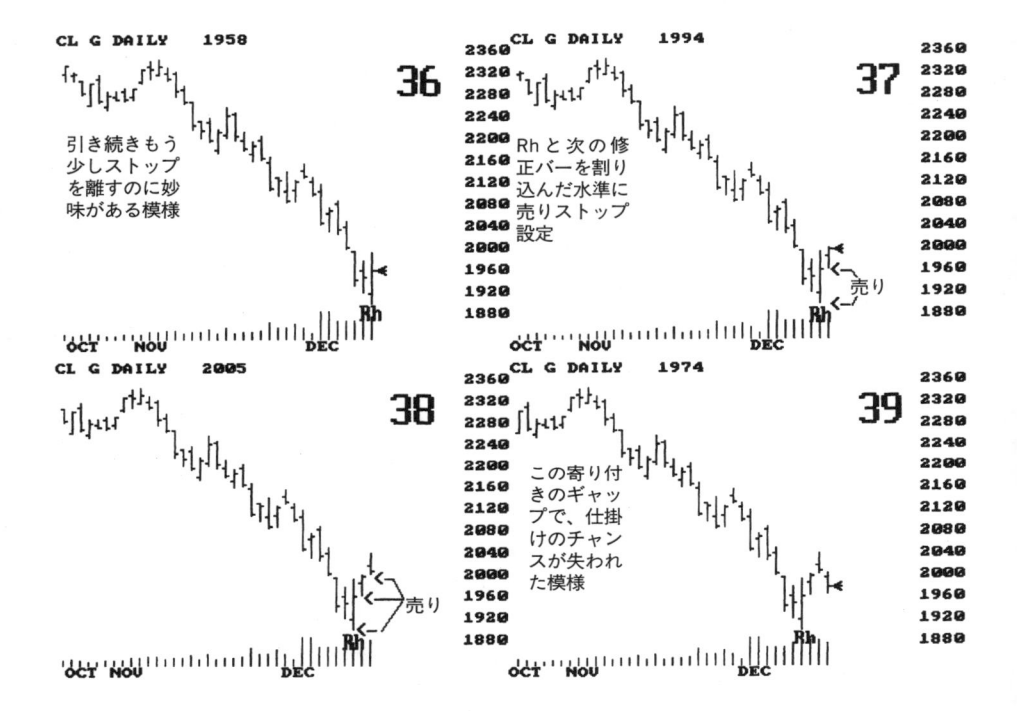

チャート39。ギャップを下方に空けて寄り付き、われわれの仕掛けの注文が実行されていないため、ギャップを付けたバーの安値で、フックに置いた3分の2のポジションが実行されるかどうかを試す局面となる。

第9章●分析の補説

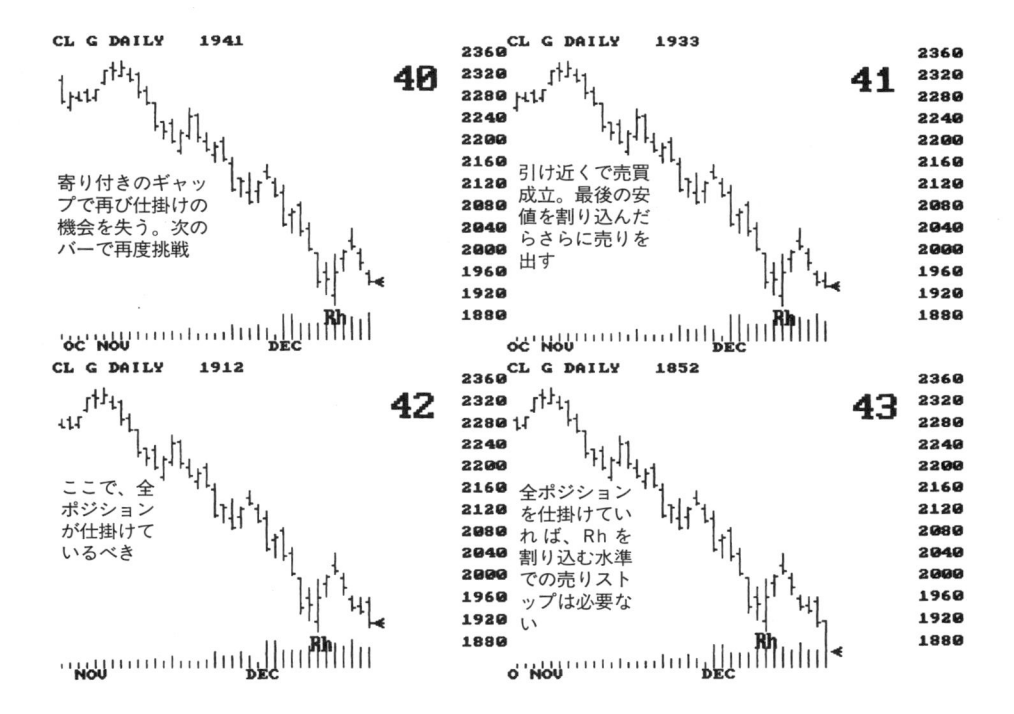

40 CL G DAILY 1941
寄り付きのギャップで再び仕掛けの機会を失う。次のバーで再度挑戦

41 CL G DAILY 1933
引け近くで売買成立。最後の安値を割り込んだらさらに売りを出す

42 CL G DAILY 1912
ここで、全ポジションが仕掛けているべき

43 CL G DAILY 1852
全ポジションを仕掛けていれば、Rhを割り込む水準での売りストップは必要ない

チャート40～43。トレイリングストップを置く水準を探る展開となったため、上記4枚のチャートで示された4営業日にわたり、ポジションはそのまま維持された。さらにポジションを追加することも可能な局面だった。

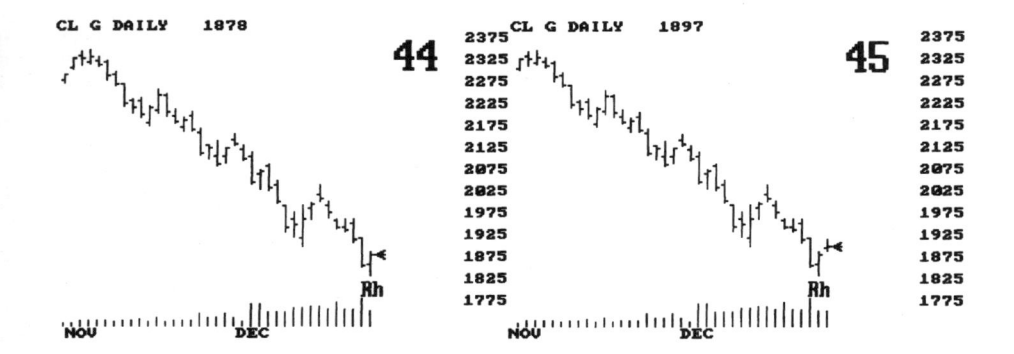

さて、ここで、図による説明が最も分かりやすいと思われる別のコンセプトについても説明をしていこう。これはまさに、私がフックによってマーケットを見るきっかけとなったケースである。ここには、1－2－3のナンバー1のポイントが確定できるとは限らないなかで、「とがった」ポイントを見失いたくないケースが含まれている。
　次のチャートは、第7章で概念として説明したものの一環としてとらえることができる。

フックと1-2-3

次のチャートを見ていただこう。

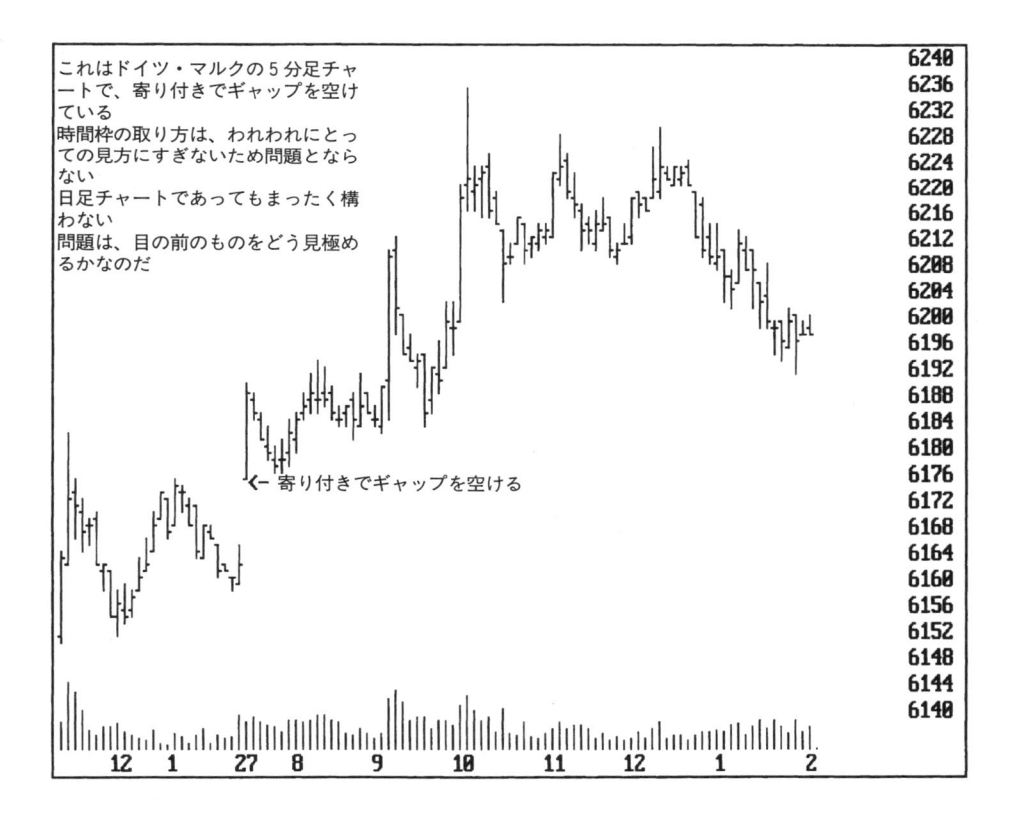

```
これはドイツ・マルクの5分足チャ
ートで、寄り付きでギャップを空け
ている
時間枠の取り方は、われわれにとっ
ての見方にすぎないため問題となら
ない
日足チャートであってもまったく構
わない
問題は、目の前のものをどう見極め
るかなのだ
```

←寄り付きでギャップを空ける

ギャップを空けた寄り付きとの関連で、1-2-3フォーメーションとロスフックの違いをどう見極めればいいだろうか?

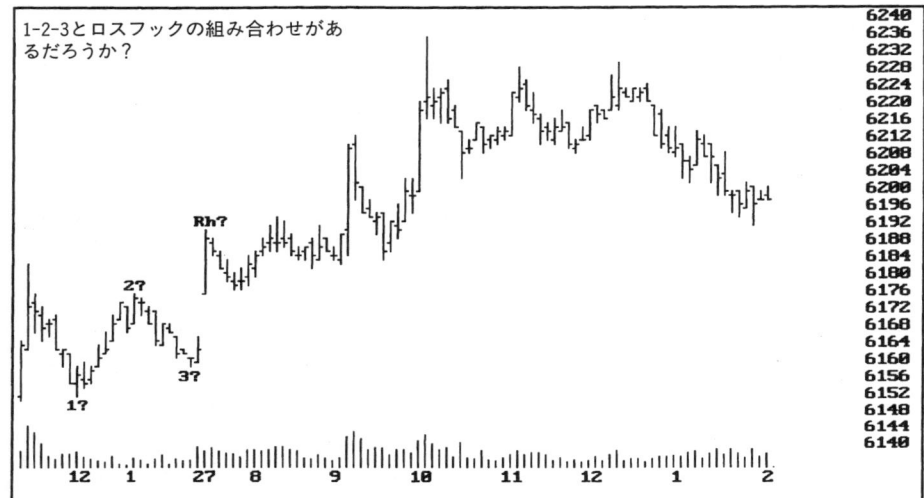

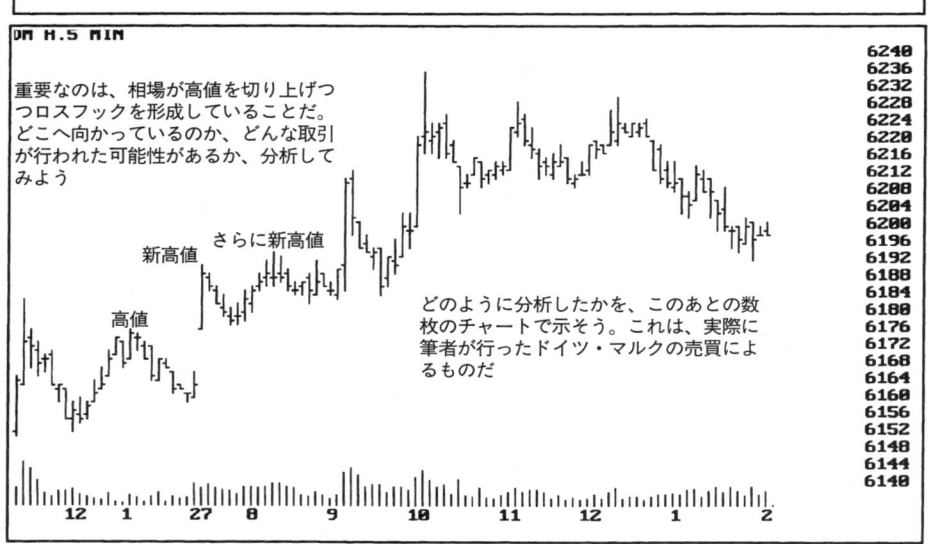

1-2-3とロスフックの組み合わせがあるだろうか？

重要なのは、相場が高値を切り上げつつロスフックを形成していることだ。どこへ向かっているのか、どんな取引が行われた可能性があるか、分析してみよう

どのように分析したかを、このあとの数枚のチャートで示そう。これは、実際に筆者が行ったドイツ・マルクの売買によるものだ

１－２－３の１のポイントは、時として見極め難い場合があるが、１のポイントが見える、あるいは見極めることができることは、重要なことなのだろうか？　答えは「ノー」である。大切なのは、１の位置が確信できなくても、フックの進行が特定できれば、相場がトレンドを形成しており、「機械的に」フックを突破する展開となっている（あるいは、「まもなくそうなる可能性がある」という）ことが分かることである。

下のチャートでは何を注意すべきか？

高値を切り上げていく一方、安値も切り上げられている。通常は勧められないが、ここでは最初のブレイクアウトでポジションを建てている。3番目の新高値を付けているからだ。この場合、2番目の新高値で仕掛けを試みた可能性がある

最初の売買では、1枚の売買でコストをカバーし、2枚目では少額の利益を上げることができた。3枚目のポジションは、1ティックのスリッページで手仕舞いとなった

ある銘柄について、米国市場が閉まっている夜間、海外市場で取引されていることを考慮する必要はあるのだろうか？　解答は、チャートの進行方向がどちらであろうと、夜間に海外市場で取引があろうとなかろうと関係はない、である。

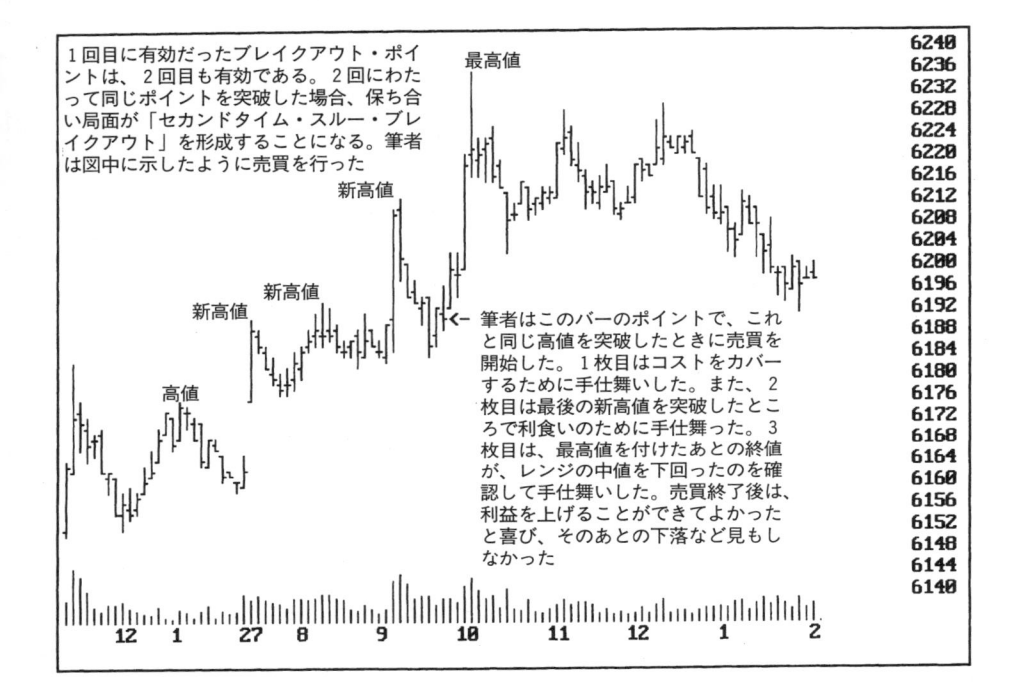

いずれにしても、これが私の売買法であり、思考法である。私の場合、マーケットの動きに対する反応は、かなり固定してしまっている。例えば、上図のように、チャート上の高値を上抜いた場合、2枚目を利食いで手仕舞う場合などがそうである。これは、以前に設定したエントリーの水準に基づいて設定した中期的な利食い目標である。私の場合、中期的な利食い目標の注文を、手仕舞いたいと思う水準のMITで入れることがほとんどである。上記の例だと、この水準がたまたま高値を突破した水準に当たる。相場の推移に注視し、リバーサルの兆しが現れたら、直ちに残りのポジションも手仕舞うことになるだろう。その後に再度ポジションを建てることは、常に可能なのである。

　私は、相場の水準突破時に売買するため、できるだけ早い時期にポ

ジションを建てておくことが必要だと心得ている。また、こうした方法がほとんどの場合について有効であることも承知している。

さらに、私の売買に対する反応が極めて迅速であり、このため、最初のブレイクアウトを捕まえることができることも自覚している。だが、読者と読者のブローカーがあまり迅速に反応できず、フロアでの注文実行も思うようにいかなければ、次のチャンスを待たなければならなくなる。これは、せっかくの売買チャンスを逃したことになるが、後悔するよりは安全策を取るほうがいいだろう。

さて、次はストップについての考え方を紹介することにしよう。この部分は、内容的に非常にボリュームがあるので、通読したい読者はここで一休みするのもいいかもしれない。何か食べたり、居眠りをしたり、運動をしてみるのもいいだろう。

そして、それがすんだら、ストップに関する詳しい解説に入ることとしよう。

第10章

逆指値注文
Stops

どこに逆指値を入れるか

　逆指値注文（ストップ・オーダー）の設定は、すべてのトレーダーにとって関心の的となっているようだ。どこにストップを設定すればよいのだろう？
　本章では、以下のようなストップ・オーダーの利用に関して、4つの状況に分けて考えたい。
1．メカニカル・ストップ——機械化されたトレーディング・システムによる逆指値
2．プロテクティブ・ストップ——損失を避けたり、利益を守ったりするための逆指値
3．オブジェクティブ・ストップ——売買コストをカバーするための逆指値
4．エントリー・ストップ——仕掛けるための逆指値
5．エグジット・ストップ——手仕舞いのための逆指値

一般的な考察

　読者も、プロテクティブ・ストップの設定については、さまざまな機会に聞かされたり読んだりしているだろう。
　もちろん、だれかのアドバイスを受け、その指示どおりに売買を行っていれば、そのアドバイザーと同じ設定になるはずである。あるアドバイザーの指示に従うということは、機械的なシステム売買をするのと同じだからだ。アドバイザーが、あなたにのシステムになるのだ。トレーディングで成功するには、アドバイザーの一言一句に従わなければならない。さらに、たくさんの祈りを捧げなければならなくなる。そのアドバイザーが今年はツイているよう祈るのである。
　システム売買の場合も、同じことが言える。システムに注ぎ込んだだけの結果を得ようと思ったら、システムの言いなりにならなければならない。場合によっては、証拠金の損失が耐えられない水準にまで膨れ上がることもあるだろう。これが、システム売買にかかる費用というものである。
　コンピューターによるものであれ、別のものであれ、こうした機械的売買に完全に従うことのできるトレーダーなど、ほとんど存在しないだろう。
　この種の売買については、あとでさらに述べてみたい。
　さて、ストップを設定する場合、そのストップを現在の相場から一定のポイントだけ離れた水準に置くべきだろうか？　それとも、一定の割合だけ離れた水準に置くべきだろうか？　あるいは、差額を固定するべきだろうか？　実際は、いずれもすべて不正解である。
　はっきりしているのは、あなたのストップについて、あなたに指示できる者などいない、ということだ。
　決断できるのは、あなた自身だけである。システムやアドバイザーに任せきりというのでなければ、責任はすべてあなた自身にあるのだ。

そのトレードが読者自身のトレードであるかぎり、だれかに責任を押し付けることはできない。

適切なストップの設定というのは、これほどに重要なことなので、少し時間をかけてストップ価格を決定するに必要な項目を検討する必要があるだろう。あとで各項目を、損失を避けるために使うのか、利益を守るために使うのか、あるいは、目標値達成のため使用するのか、といった文脈ごとに考察してみよう。

特定の状況に関する考察

１．証拠金勘定の規模

証拠金の規模が、ストップの設定可能な水準に影響するのは確かである。売買対象とする市場の選択にすら、影響を与えるだろう。

２．証拠金率

取引所が決める証拠金率やブローカーが設定する追い証拠金も、ストップの設定や市場の選択に影響する。

３．各個人の苦痛に対する心理的・感情面での忍耐度

言い換えれば、各人がどこまでなら快適さを維持できるかというレベルも、ストップの設定に大きく影響する。選んだ市場での売買をする余裕がある場合でも、この要因こそがストップの設定を最も大きく左右する可能性がある。証拠金勘定が10万ドルの規模であったとしても、読者が200ドルの損失だけで心理的に落ち込んでしまうとしたら、それほど大幅にストップの水準を取るわけにいかない。

４．損失に耐える経済的許容度

一定額の損失に耐える覚悟があり、実際にそのための資金的余裕が

あること。ただ、結局は意味を成さない。損失を伴って逆指値で手仕舞う場合、すでにこれ以上負けられないくらい負けている場合が多いのだ。このため、ストップの設定には、理性的な対処が望まれる。

5. すでに市場で維持しているポジション数

すでに別のトレードでポジションを建てているなら、新たに始める売買に関して、適切なストップの設定をできない可能性がある。この意味では、ストップを非常に相場と近い水準でしか仕掛けられず、大きなチャンスを失っている可能性がある。

6. マーケット・ボラティリティ

これは、市場によって決められる基準である。場合によっては市場が非常に不安的な値動きを見せており、あなたの許容度を大きく超えた水準に設定しなければならないかもしれない。この逆に、市場の水準から見た基準では、ボラティリティが小さすぎて建玉できず、ましてや逆指値など使えない場合もある。ストップを設定するとしたら、値動きに極めて近い水準になり、必ず執行されることになるだろう。

7. 売買回転

回転の速い市場と遅い市場でもストップの設定は変わってくる。非常に動きの速い市場では、実際の許容度よりもさらに大幅に距離を取った設定にしたほうがいいようだ。

8. ティック（呼値）の大きさ

通常、市場の動きが速く、非常に不安定であれば、ティックのサイズも大きくなるものだ。つまり、普段のストップでは不十分ということである。例えば、5分足のS&Pチャートで売買し、損失限度額が250ドルだとしよう。突然、ティックの単位は通常の1ティック5～

10ポイントから、25ポイントへと拡大した場合はどうなるだろうか。つまり、突然、市場の動きが加速したことになる。たった2ポイント相場が動いただけで、あなたは撤退を余儀なくされるのだ。

9．フロアの参加者

大手現物業者など大口のトレーダーが売買を始めると、相場は奇妙な動きを見せ始めることがある。こうした業者たちには、マーケットを動かしてしまう資本がある場合が多い。高値からショートしようとして急速に買い上げる場合もあれば、安値から買いを入れようとするため、一気に売り込むこともある。理由はともあれ、そのときどのようなトレーダーが売買しているのか把握すれば、どこにストップを置くべきか、あるいは、どこから売買を開始するかということさえも分かってくるはずだ。

10．リクイディティ

リクイディティ（市場流動性）の高低も、ストップ設定の成功に影響を与える。薄商いの場合、リクイディティが高い市場より値動きが荒くなりがちである。出来高が少ない市場は、リクイディティの高い市場よりも相場を動かすことが容易である。また、薄商いならばストップを執行させることも、より簡単にできるのだ。

11．設定所要時間

(a) 設定までの所要時間も、部分的ながらストップの設定に関係する。ある事態が起きた場合、それを見極め、対応するまでの所要時間はどれぐらいだろうか？　もし時間がかかるようであれば、より値幅を大きく取ったストップの利用を計画すべきだろう。

(b) あなたが売買を委託するブローカーの所要時間も、ストップ設定に影響する。そのブローカーが注文を受けてフロアに伝える

までの所要時間が長いようなら、やはり値幅の大きなストップを利用すべきだ。作業上の遅れが問題となるようなら、前倒しでストップを入れられるようにしておくべきだ。

(c) あなたとブローカーの関係も影響がある。お互いに話をし、情報交換することを楽しんでいるのであれば、かなり大きく値幅を取ったストップを使用する必要がある。時は金なり、である。相場の動きは素早いものだ。ビジネスに時間がかかるのであれば、それだけあなたが設定したストップが受けるリスクは高くなるだろう。

12. ストップ設定のシグナルを見るため使用しているチャートの時間枠による影響

想定する時間枠が短期であれば、長期よりも値幅の小さいストップを使用できる。週足チャートで相場を見ている場合、かなり余裕を持って楽しみながらストップを設定することができるだろう。また、週間ベースであれば、5分足などよりもかなり大きな値動きが期待できるため、より値幅の大きなストップを設定できるに違いない。

13. 最終的な目標値と売買戦略

例えば、長期的な売買を考えているなら、短期戦よりもかなり大きな値幅でのストップを設定しようとするだろう。

ここまでの内容を踏まえ、プロテクティブ・ストップの設定について、他人から一体どのようなアドバイスが期待できるだろうか？　これらの内容について、すべてを知り得るのはあなただけである。他人は、このうちの一部については知っているかもしれないが、納得のできる水準まで知り得るのは、あなた自身だけなのだ。

また、ここまで指摘したことを考えれば、損失回避のために一定の

数量の、一定の金額の、相場水準から既定の割合だけ乖離したストップを設定したり、システム売買に基づいてストップを設定したりすることが、なんだかバカバカしく思えないだろうか？

こうした手法はどれも、相場の現実的な動きをはじめ、トレーダーの経済的、精神的、感情的な条件や、その他の状況と何の関係もないのである。

ストップを設定するということは、子供から大人になるということなのだ。

メカニカル・システム

大人になるため、メカニカル・トレーディング・システムについて触れないわけにいかないだろう。そこで、損失回避のストップ設定について説明する前に、まずメカニカル・システムというコンセプトについて少しだけ寄り道しておこう。多くの人は、これこそストップ設定の解決策だと考えているようだ。

これから書くことは、一部の読者にとって、私のほかの著書などですでに読んだ内容だと思われる。だが、私はここで提示するコンセプトが極めて重要だと考えており、そのため、すでに既読であっても、ここで再度確認していただきたい。

よく、模倣は最高の賛辞と言う。私のセミナーに来る生徒のなかにも、この種の賛辞を送ってくれる者がいる。彼らは、私と同じ考え方を学びたいのだろう。そのような称賛には値しないと思うが、このコンセプトには、私が想像した以上のものがあるのは確かである。トレーディングというのは、ある程度までトレーダーの心や思考過程に存在していると考えている。最近のあるセミナーで、私は参加者の皆さんとある思考を共有した。この思考を繰り返し表現し、また、ほかの人々と分け合うことを、私はいとわない。これは、コンピューターや

メカニカル・システムに関するものだが、さらに重要なのは、これがトレーディングのための基準となる原理に関連するものだという点である。

過去何年もの間、多くの知的な人々がトレーディングの自動化について試行錯誤を重ねてきた。彼らはトレーディングを自動的なシステムに組み込もうとしてきたのだ。個人的には、成功例を見たことはないが、ここでそれについて私の意見を述べておくことも有意義だろう。

私は、複数のモデルを使ってトレードできる、プロのファンドマネジャーたちを知っている。ここで注意してほしいのは、「モデル」が複数であることだ。

彼らは、いくつかのモデルを使用する。保ち合いでの売買モデルもあれば、トレンドのある相場での売買モデルもある。こうしたモデルは、これと決めたトレードのため、同時に稼働するのである。トレンドを形成したマーケットに最適なモデルは、トレンド相場で使用される。保ち合いに最も威力を発揮するモデルは、保ち合い相場で利用される。その他のモデルはすべて、微調整されたうえでそのときの市況に応じて適用されるのである。

微調整や最適化、調整を繰り返すなかで、常にこれというただひとつの最適モデルが存在することになる。あるひとつのモデルが常に他のモデルより優れていることになる。

このタイプの自動化は、非常にコストが高くつくうえ、時間もかかる。一般的なトレーダーにとっては、どちらの意味でも手が届かない存在である。そして、極めて意外なことに、こうした方法は相場を知り尽くした個人トレーダーの実績を上回ることがほとんどないのである。

私より長い経験を積んだプロのトレーダーがいた。彼は非常に大きな商いをするトレーダーで、「ビッグヒッター」のひとりだった。彼は何年もの間、物理学と数学の博士号を持つプログラマーに依頼し、

考え得るあらゆる手法とシステムを作成させていたのである。このプログラマーには現在、年間15万ドルを超える報酬が支払われている。

　もともと使用していたシステムに加え、さらに多くのシステムが購入して使用された。だが、結論から言うと、パフォーマンスでプロのトレーダーを上回るメカニカル・システムというのは存在しないと言えるだろう。あらゆる手段を試し、カネに糸目を付けず、人間がトレードするよりも簡単でより実績の上がる方法が探求された。しかし、少なくとも、この友人の場合、使った資金が無駄になり、そのような方法は発見できないと証明されたにすぎなかったのである。

　友人が、自分のトレーディングをコンピューターにエミュレーションさせるため、ある人工知脳の専門家を呼んだことがある。だが、トレーディングには、非常に多くの細かい部分や微妙なニュアンス、バリエーションが存在する。人間の目が見、人間の頭脳が解釈する内容は、どんなプログラマーでもコンピューター・プログラムに置き換えることのできないものなのだ。

　表面的には、ロスフックも極めてプログラミングしやすい現象のように思える。だが、これを試してみた人々は、すべて惨敗を認めているのだ。フックをコンピューターでエミュレーションすることは可能だが、完全にというわけにはいかないのである。

自動化の必要

　トレーディングを自動化する必要は、本当にあるのだろうか？　答えはイエスである。ただ、その対象は、思いもよらないものだろう。トレーダーとして成功するためには、あなた自身を自動化する必要があるのである。

　つまり、マーケットにおけるあなたの行動を自動化する術を学ぶのだ。あなた自身にトレーディングの基準を当てはめ、あらゆる市場の

状況に対応できるようにするのである。

　トレンドのある相場が修正局面を迎えていたとする。フックが形成されており、フィルターもすべてがエントリーを示唆している。このときこそ、チャンスをつかむため、自分自身のコンディションを整えるのだ。

　ひるんではいけない。もたもたするのも禁物だ。いちいち考えなくても行動できることが大事で、自分の知識を総動員する必要がある。

　この意味では、トレーディングは格闘技に似ている。マーケットの動きに対して、何も考えなくても自動的に適切な反応ができるよう、鍛え上げられている必要がある。

　思ったとおりに相場が進まなければ、直ちに手仕舞え。ひるむな。迷うな。すぐに撤退せよ。今すぐにだ！

　目の前にチャンスが訪れているのに、躊躇してしまうようなら、それは見送ったほうがいい。自分で納得できてこそトレードである。覚悟ができたときには、自分のやり方で売買できる場面が来るはずだ。疑問や見込みがあってはいけない。そのトレードに自分の名前が書いてある（自分のものである）様子がないようなら、そのままにしておこう。

　指値を設定したのにそれが執行されなかったとしよう。その後の相場展開があなたにとって、素晴らしいものになった場合でも、それで後悔する必要はない。立ち止まって過去のトレーディングを悔いている暇はないのだ。次のトレーディング、次のチャンスを目指して行こう。そして、何よりも、失敗したトレーディングを悔いて、それまでの自分のやり方を変えるようなまねはしないことだ。それは、危ない考え方だ。自分が有効だと考えてきた方法を、そのまま貫くのである。

　マーケットをコントロールするのが不可能なように、マーケットを自動化することも不可能だ。マーケットでコントロールできるのは、自分の投資行動、自分の反応だけであり、それを可能にするものこそ、

自分自身の自動化である。つまり、自動化できるのは、自分自身だけなのだ。

　よく考えてみよう。メカニカル・システムのトレーディングで成功するには、心から信頼できるトレーディングの基準を開発することである。つまり、これはシステムを盲信することにほかならない。

　だが、システムを盲信するくらいなら、なぜ自分の理性を信じないのだろう？　あなたの理性は、史上最強のコンピューターである人間の脳から発しているというのに。

　ほとんどの読者は信じないだろうが、システムによる機械的なトレーディングによって、感情的な要素が排除されることはない。システム売買が多様な経験の影響を逃れることはないのだ。感情的な部分は必ず残る。ただ、別の領域に移し変えられるだけである。システムが引き起こす恐しいドローダウンに、やはり苦しめられるのだ。トレーディングするときは自分のしていることがよく分からないだろう。システムが神のような存在になってしまい、ただ、ひれ伏すしかなくなるのだ。読者のシステムが日足チャートを使用していれば、トラブルが起きたときに、以前と同じ眠れない夜を過ごすだろう。読者がデイトレーダーであれば、不利な局面では胃が痛くなるような苦しみを感じるのだ。

　以前と同じように、あなたは歯を食いしばってがんばることになる。ひどい局面に出くわしても逃げるわけにはいかない。もしもシステムからイニシアティブを奪い、独自に行動しようとすれば、システムを壊すことになる。

　システムのせいで破産しそうになってまで、そのままシステムに従い続ける意味がどこにあるだろうか？　意味などないに違いない。読者が決心しさえすれば、効力を失っていくシステムを持ちこたえさせるために必要なのと同じ基準を、別の形で役立たせることができるのである。

われわれは全員、コンピューターを持っている。われわれ自身の頭脳がそれだ。あなたの頭の中身を超える仕掛けなど、いまだかつて存在したことはないのだ。

　覚えるべきことは、あなた自身の脳というコンピューターが告げるとおりに行動する方法である。このほうが、機械の奴隷になるよりずっとたやすいことだろう。

　あなたの両耳の間にある、そのコンピューターを超える機械があるだろうか？　いや、ありはしない！

　人間の理性に従おうとすることは、システムに従おうとするのに比べて、少しも難しくはない。どちらも、トレーディングのための基準と、宗教的とさえ言える誠実さに従うことが必要なのである。

　コンピューターが、トレーディングに必要な多くの事柄を、人間の脳以上に速く正確に関係づけられるなどということは、ほとんどあり得ない。コンピューターは、あなたが自分の目で物事を見る巧みさで、すべての関係を見ることなどけっしてできはしない。

　ほとんどのトレーダーは、自らの感情や人間的な行動をコントロールできないからといって、自分がマーケットで起きていることを認識する能力がないと思っているのだ。

　あなたは、何をすればいいか理解している。ただ、見たとおりに正しく行動することができないにすぎない。

　コンピューターは、あなた以上に優れたものの見方をしてくれるわけではない。したがって、システムを信頼しようと決心できるくらいなら、自分自身の人間的な論理や理性に従おうとすることもできるはずである。結局、システムというものが、あなた自身の、あるいはプログラム言語で伝達されただれかの論理や理性よりも優れているはずなどないのだ。

　トレードの方法を学ぼう。相場の読み方を学ぼう。そして、あなたが持っている頭脳という最良のシステムに従うのだ。自分自身の観察

←人間の頭脳

コンピューター→

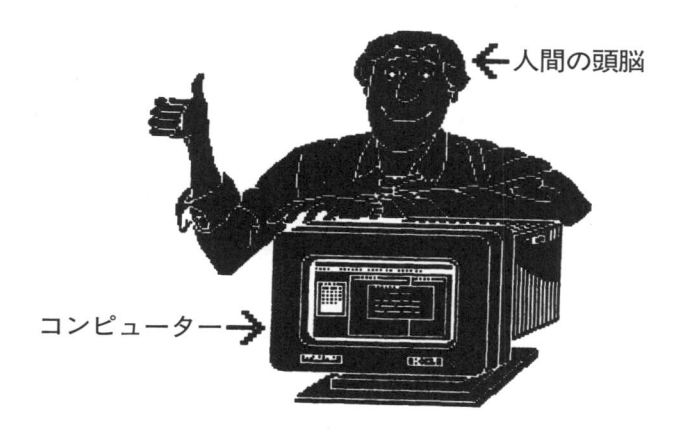

と知識に裏打ちされたシステムに。

　私の見方は次のようなものである。

　２つのコンピューターがここにはある。

　いずれのコンピューターも、買いシグナルや売りシグナルを出してくれる。ひとつは、市場での線型の関係を追いかけるようプログラムされたパソコン（PC）である。そしてもうひとつは、市場の複雑な関係性を見ることにたけている人間の頭脳である。PCは、マーケットを時系列でしか見ることができない。アイデアを多面化することができないのだ。どんなに気をつけてプログラムされたとしても、PCがマーケットで発生するさまざまな要素の組み合わせについて推論し、それを考慮することなど不可能だ。

　頭脳は、多面的に市場を見ることができる。瞬時に多数の関係を把握することが可能なのだ。市場の大勢を脈絡のなかや、市場で起きているほかのすべての事柄と関係づけて理解することができる。人間の頭脳は、市場で発生するすべての組み合わせについて記憶することができるわけではないが、実際に市場で発生しそうな複数の組み合わせについて考慮することができるのだ。頭脳は、ある種のフォーメーシ

ョンについて、必ずしも正確にその形状を定義できるわけではないのに、そのフォーメーションを言い当てることができるのだ。

　例えば、頭脳は中期的な高値や安値を特定し、それをその他の高値・安値と関連づけて判断することができる。ダブルトップやダブルボトムのフォーメーションについても、ヘッド・アンド・ショルダーやペナント、フラッグ、メガフォンなどとともに、考え得るありとあらゆるやり方で見ることができる。実際、人間の頭脳がPCとは比べ物にならないほど優れていることを特徴づけているのは、この判断するという能力なのである。

　前述のように、いずれのコンピューターも、買いシグナルと売りシグナルを出してくれる。

　人間の頭脳が出すシグナルに関して基準を設定するのは、PCのシグナルに基準を設定するより困難だろうか？　そんなことはないだろう。人間の頭脳の場合、基準を設定し、決定を下し、覚悟を決めて「頭脳が出したシグナルに従うぞ」などと表明する必要がないのだ。だが、PCの場合は、「パソコンのシグナルに従うことにする」という表明が必要になってくる。事実、PCが出すシグナルをそのまま使うのは、かえって難しいのである。より多くの基準を設定しなければならないからだ。

　PCに従うため、より多くの規律を決めることに何かいいことがあるだろうか？　いや、ない！　ただ、いいことがあるように見え、市場がそうすることに報いてくれそうな気がするため、多くの人々はそうしているだけなのだ。

　システムを機械的なものにしている要因は、そこから出るシグナルに対する盲従である。何かに盲従する行為は、成功するトレーディングにかかわる誠実さや規律を生じさせる。負けよりも勝ちのほうが多い手法やシステムを手に入れたら、あとはその手法やシステムに従うための気構えや勤勉さ、決心だけである。

注意してほしいのだが、私はここで、負けよりも勝ちのほうが多い手法やシステムと述べたのだ。勝った売買の回数が負けの回数より多い、という意味ではない。問題なのは、儲けの結果である。勝った金額が負けの金額を上回っていることが大事なのだ。

　勝てる方法を見つけてしまえば、シグナルを出しているのがどちらのコンピューターでも関係ない。ただ、個人的には、判断能力という点から、PCよりも人間の頭脳を選ぶだろう。

　前述のように、ストップの設定という作業は、知識のある成熟したトレーダーと設定方法もタイミングも場所も分からないアマチュアのトレーダーとの明確な分かれ目になるものだ。ストップの設定ができるかどうかは、「男の子」と「一人前の男」の差が出るところなのだ。

損失限定のストップを置く

　私は、損失限定のための逆指値注文を設定する技術について、これまで多くの例を見てきたが、何年間にもわたって継続的に成功を収めてきた手法は、わずか2つだった。使えるのは、たった2つだけだったのである。ひとつは、ストップとしてナチュラル・サポートとナチュラル・レジスタンスを利用する方法である。もうひとつは、ストップの設定に市場のボラティリティを利用する方法だ。いずれの場合も、設定位置はマーケットが教えてくれる。その後、われわれは自分たちの知識を財務面、精神面そして感情面での条件に照らし合わせて判断することとなる。

ナチュラル・サポートとナチュラル・レジスタンス

　ここで、「ナチュラル」サポートとレジスタンスについて説明する。きれいにトレンドを描いている原油のチャートを見てもらおう。

```
CL G DAILY
```

(チャート: ナチュラル・レジスタンス・ポイント、ナチュラル・サポート・ポイントの表示)

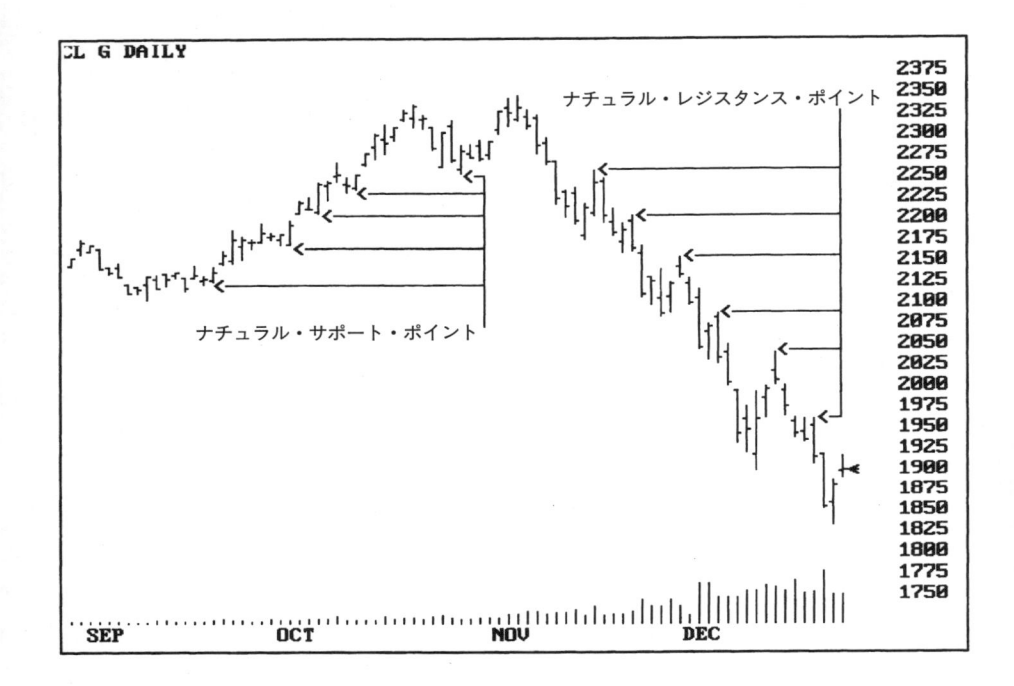

　ナチュラル・サポートとナチュラル・レジスタンスは、トレンドを形成している場面で、相場が一時横ばいになっていたり、バー数本分だけトレンドとは逆方向に修正しているポイントで見られる。

　これらのストップは通常、相場が以前の水準で維持されるため有効となる。最近の価格が高過ぎたり安過ぎたりした場合、近い将来に、相場は高過ぎまたは安過ぎとみなされるだろう。これらのストップは、ナチュラル・サポートとナチュラル・レジスタンスを利用している。

　ナチュラル・サポートとナチュラル・レジスタンスが維持されなければ、見通しが間違いだった可能性があり、ストップをはずして撤退したほうがいいだろう。

　私の場合、長期間の売買ではナチュラル・サポートとナチュラル・レジスタンスを利用する傾向がある。次のチャートでは、その場合の

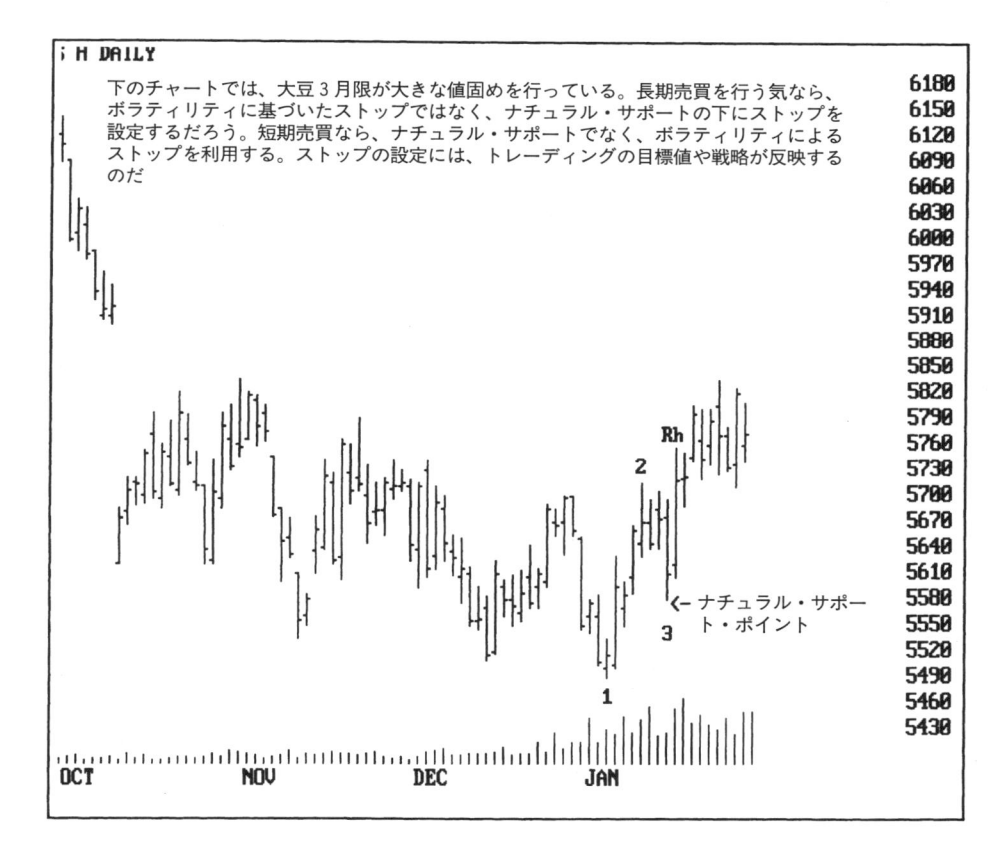

コンセプトが示されている。中心になるのは、目標値と戦略に照らして、ストップを設定することである。

ナチュラル・ストップの長所と欠点

ナチュラル・ストップが持っている唯一最大の欠点は、同時にその最大の長所でもある。つまり、ストップの水準が、現在の相場水準からあまりにも遠く離れる可能性がある、ということなのだ。

ナチュラル・ストップは、相場がその水準から離れている場合や、

非常に安全なことが確実なトレンド相場での場合は、チャート上で容易に見分けがつく。この場合、長期間の売買が可能だろう。

一方、欠点は、ストップが執行されるのを待っていると、それまでかなりの利益が出ていたものが、損失に転じてしまっている可能性がある、ということである。

ナチュラル・ストップは、トレンドを形成していない相場の場合、ほとんどあるいはまったく役に立たない。

次のチャートを見れば、ナチュラル・ストップの水準が、現在の相場水準からあまりにも遠く離れる可能性がある、ということがどういうことか理解できるだろう。

このトウモロコシ相場は、テクニカル面でしっかりと底値固めをしているため強気見通しを立て、ナチュラル・サポートのポイントを利用したいところだ。だが、最もナチュラルなサポート・ポイントでは、

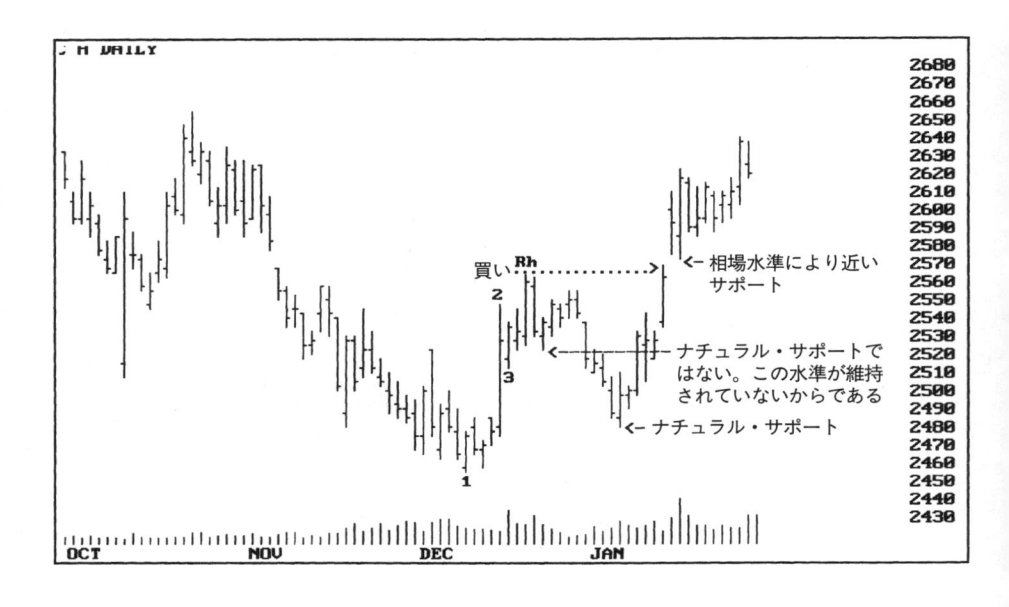

現在の相場水準とあまりにもかけ離れた水準にストップを設定することになってしまう。そのため、ここではこれに代わるストップのポイントを示してある。

ボラティリティ・ストップ

　私の経験では、ナチュラル・サポートとナチュラル・レジスタンス以外にストップの設定に役立つ要因がもうひとつある。ボラティリティである。

　ボラティリティの利用法を理解するには、まず、ボラティリティとはどういう概念なのか理解する必要がある。

　１本のバーの高値と安値の差が、そのバーの取引レンジである。１週間の高値と安値を取れば、週間のレンジを得ることができる。また、１営業日中で見れば、１時間、15分などどのような時間単位に関しても取引レンジを得ることができる。単純に、そのバーの高値から安値を引けばいいのだ。１本のバーの高値から安値までの長さが、そのバー（その期間）の取引レンジを表していることになる。

　一定期間のレンジが得られれば、その後、連続する期間がいくつになっても同様に計算し、平均を取ることができる。５本分のレンジを見たければ、各バーの高値から安値を引き、５本分のレンジすべてを加算した後、それを５で割れば平均が得られる。ただし、ここでやっかいな問題がある。

　寄り付きで上方にギャップを空けたうえ、そのバーの終値が前日の終値を上回っていたとしよう。バーの高値から安値を引いたものがレンジだとするなら、このギャップ、つまり、前日の終値から今日の安値までの間には何が起きたと考えるべきだろうか？

　本来のレンジには、前日の終値から今日の高値までの値幅が含まれなければならない。逆に、下方にギャップを空けた場合、今日の高値

が前日の終値を下回ってしまい、本来のレンジは前日の終値から今日の安値までの値幅と等しくなる。

また、このほかにも検討が必要な問題がある。ある銘柄が別の市場で取引されたり、別の市場の動きによって価格が影響され、その結果、前夜の相場から大きくギャップを空けることが多いような場合をどう扱うべきだろうか？

ボラティリティの計算をする場合、こうしたケースを考慮するかどうか、読者が自分自身で考えなければならない。ある場合にはギャップをカウントし、別の場合にはカウントしない、ということも必要かもしれない。

ギャップをカウントするにせよしないにせよ、レンジの計算法を覚えたら、一定の日数について実際の平均レンジを算定することができる。

平均レンジは、市場のボラティリティを直接計測する目安である。1日のレンジが拡大すれば、市場ではボラティリティの増大が見られる。レンジが縮小すれば、ボラティリティも同様に低下するのだ。

マーケットのボラティリティが非常に高い場合、そのボラティリティの水準をもとにしたストップを見ることが、設定のための優れた指標となる。

ボラティリティ・ストップの計算法はいくつも存在する。どの場合も、まず最初にボラティリティの統計を取る必要がある。

私自身の場合、過去5営業日のバーの長さが比較的均一であれば、その平均ボラティリティを取っている。突出して長かったり短かったりする長大線が入っている場合、過去10営業日の平均を取ることにしている。できるかぎり、逸脱したデータは排除したいと考えているのだ。

ギャップが多いマーケットでは、10営業日以上の日数を取って算定することにしている。

ある日数(N日間)の平均ボラティリティは、N日間の高値と安値の差を合算し、それをNで割って計算する。出た答えが、過去N日間の平均ボラティリティということになる。

債券を例にして説明してみよう。債券のボラティリティ計算ができれば、ほかのあらゆる銘柄に応用ができる。債券に関する計算の場合、まず最初に価格を小数に変換する。

各数値を32で割り、32進法表示する。

日数	高値	安値	変換値	差
1日目	103-20	103-08	3316-3304	12
2日目	103-16	103-02	3312-3298	14
3日目	103-14	102-19	3310-3283	27
4日目	102-27	101-29	3291-3261	30
5日目	101-29	100-28	3261-3228	33

合計 116/5=23.2(平均)

この後、エントリー価格から平均ボラティリティを引き、最初のプロテクティブ・ストップを入れるべき理論価格を得る。

103-14で買いを入れるとすれば、エントリー価格から23/32を引き、102-23にストップを設定する。

表示の統一や、小数から32進法への逆算法を示すため、次の等式を記しておく。

103-14=3310-23=3287.0

逆算するには、3287を32で割れば整数値が得られ、端数はNNN.xxxのように小数部分として表される。

そこから整数部分を引く。これが、注文に使用する対数の仮数（整数）となる。
　さらに今度は端数に32をかける。これが注文に使用する32進法の部分である。

　3287/32＝102.71875－102＝0.71875

　0.71875×32＝23

　答え　＝102-23

　ここで重要なのは、このボラティリティ計算法にも欠点があるので注意することだ。抜け落ちている部分があるのである。何がか、お分かりだろうか？

　ギャップが計算に入っていないのだ。通貨市場の場合、日足チャートであればなおさらだが、このギャップが非常に多くの場合に算入されなくなってしまう。

　だが、ギャップを付けた日の実際の価格は、前日の終値から今日の始値まで動いているのだ。

　これに関して、2通りの意見がある。ひとつは、相場はギャップの有無には関係なく、実際に売買されている時間帯の値動きの幅で動いているとする意見だ。もうひとつは、真のボラティリティを計算するには、「ネットで計った」ギャップの幅を入れるべきだとする意見である。上昇相場の場合でも、下落相場でも、今日の終値から明日の始値の間の距離がそれに相当する。1営業日中のチャートであれば、問題はない。

　2通りの方法でボラティリティを計算し、いずれが自分にとって最適か見てもらいたい。私自身の場合だと、ギャップを算入しないほうがいいようだ。ただ、いずれにせよ、ギャップがそこに存在するということと、マーケットによってはギャップがより大きな意味を持つ場合があるということを意識しておく必要がある。私は、このため、ギ

ャップを多く含む日足チャートに対しては、10日間以上のボラティリティを計算するようにしているのだ。

これまでの私のトレードでは、ナチュラル・サポートとナチュラル・レジスタンスによる方法と、ここで示したようなボラティリティの計算による方法の両方によってストップの設定を行ってきた。ただ、ハワード・アーリントン氏の業績であるエンサイン・プログラムの「ボラティリティ・ストップ・スタディ」を知ってから、これとはまた別の方法を考えるようになったのだ。

ボラティリティ・ストップ・スタディ

ボラティリティを利用したストップ設定法のうち、より大きな興味がかきたてられるのが「ボラティリティ・ストップ」と呼ばれる手法に関する研究である。

私は、この手法で通常使われている乗数を外すなど、好みによって調整を加えている。だが、この乗数は、よりボラティリティが大きいマーケットでは、この手法をよりボラティリティが大きな展開に適合させるため、有効な場合がある。

「ボラティリティ・ストップ・スタディ」では、平均ボラティリティに過去N日間で最も安い終値を加算する一方、N日間で最も高い終値から平均ボラティリティを引く。

ここから、2つの価格が算出される。ひとつはより高いボラティリティ、もうひとつは低いボラティリティに対するものである。通常、このうち一方が過去N日間の取引レンジ内に入っており、もう一方は、レンジの上方または下方に位置している。ストップ設定には、できるだけレンジから乖離した水準を使うことが望ましいだろう。

説明を続けるより、図示したほうがいいだろう。利用できるようなら、手数料を除いて乗数を1とするか、望ましい展開が見られるポイ

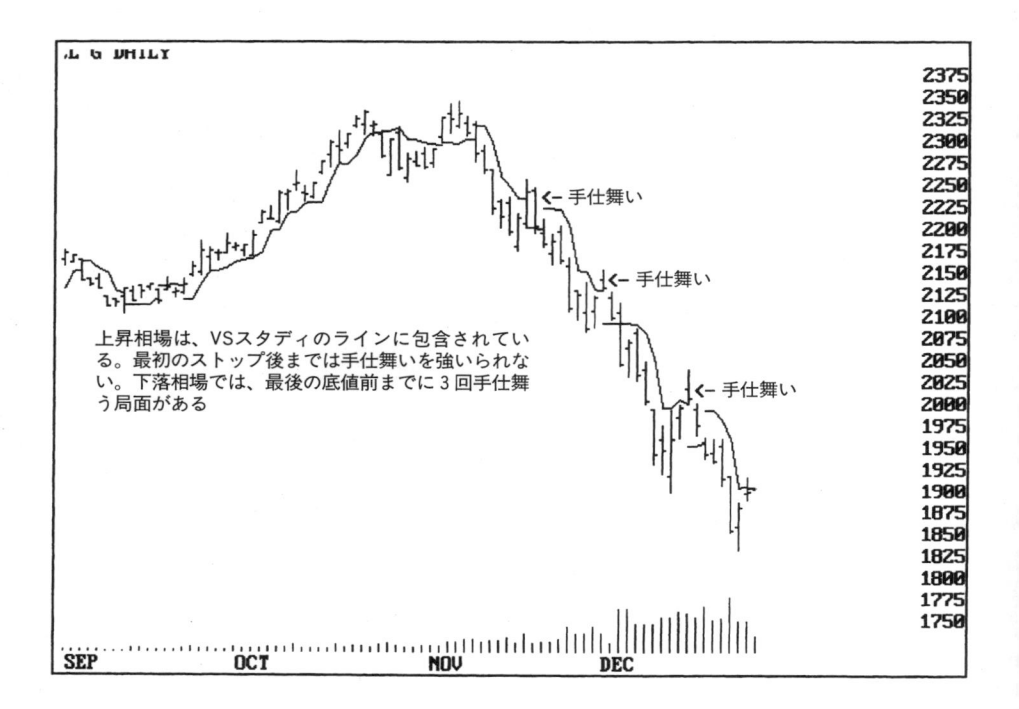

上昇相場は、VSスタディのラインに包含されている。最初のストップ後までは手仕舞いを強いられない。下落相場では、最後の底値前までに3回手仕舞う局面がある

ントが得られるまで、乗数の水準を試してみるよう勧める。

　次のチャートのボラティリティの設定は、5日間のボラティリティの1倍である。

　このボラティリティ・ストップ・スタディで興味深いのは、各バーの終わりの時点で計算や書き込みが行われているため、次のバーに関してストップを見極めることができる点である。つまり、事前に示されているのだ。

　平均ボラティリティ（AV）がレンジを貫通している場合、保ち合いでの取引を望んででもいないかぎり、売買は見送るべきだというサインである。

　ボラティリティ・ストップ（VS）スタディの使用法として、面白い例を挙げよう。

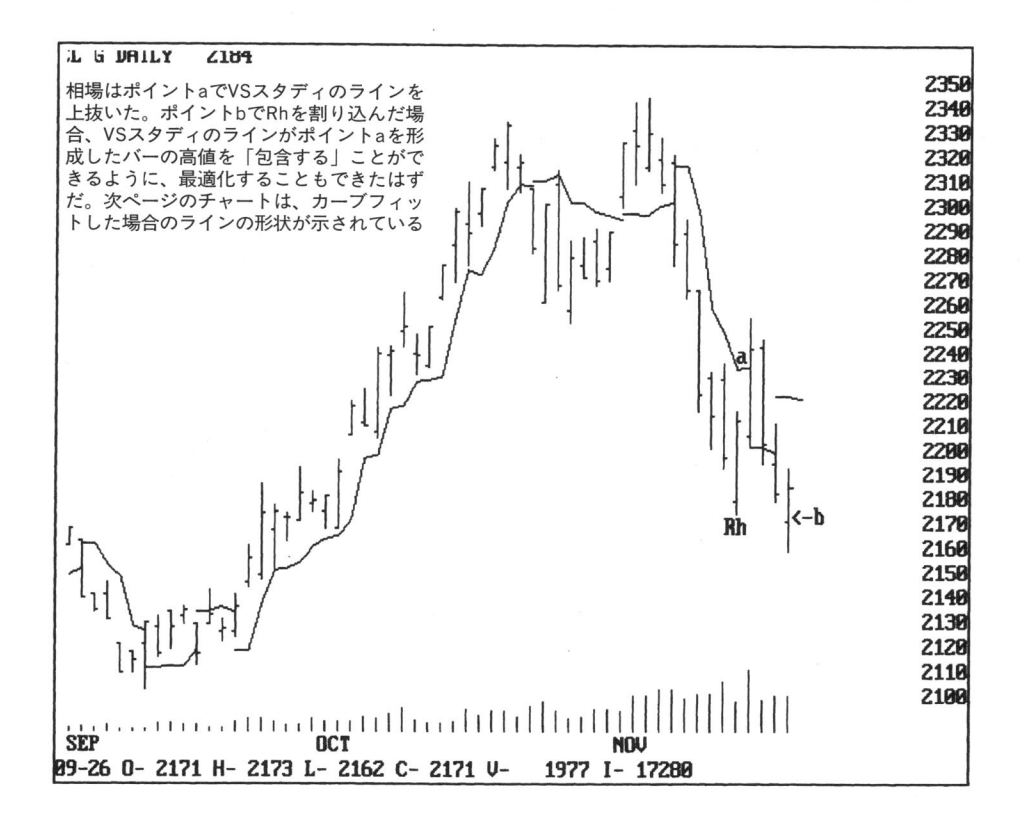

相場はポイントaでVSスタディのラインを上抜いた。ポイントbでRhを割り込んだ場合、VSスタディのラインがポイントaを形成したバーの高値を「包含する」ことができるように、最適化することもできたはずだ。次ページのチャートは、カーブフィットした場合のラインの形状が示されている

　上昇相場での適切なボラティリティ・ストップの設定が５日と１倍であるため、下落場面でもこれを維持したいところだ。

　しかし、下落場面ではこの設定が適切ではないと分かれば、乗数を１より大きくしたほうが良いかもしれない。

　こんなかんじである。

　このようなカーブ・フィッティングに何か問題があるだろうか？　私はないと考える。

　結局は、マーケットに従うことになったようだ。ボラティリティ・ストップの設定が５日と１倍であった場合、相場にうまく追従できな

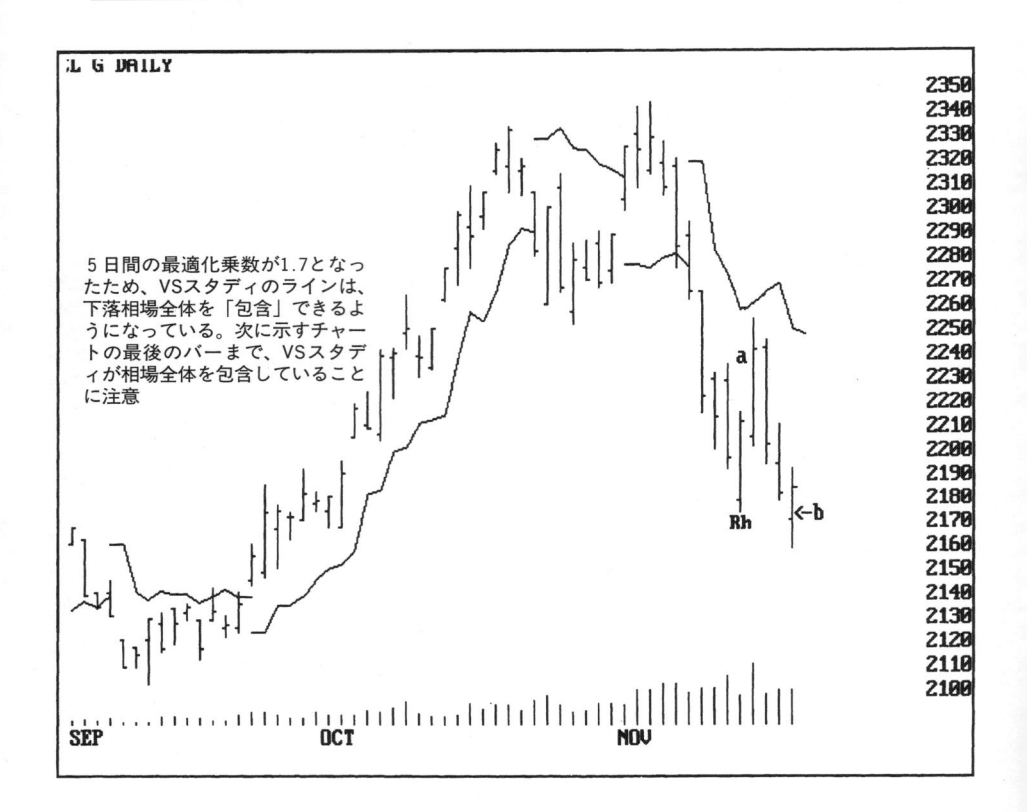

5日間の最適化乗数が1.7となったため、VSスタディのラインは、下落相場全体を「包含」できるようになっている。次に示すチャートの最後のバーまで、VSスタディが相場全体を包含していることに注意

　いため、値動きについていけるVSを設定する。マーケットは常に正しい。間違っているのはあなたのほうである！　あなたのほうがマーケットに合わせるのであり、マーケットのほうをあなたに合わせようとしてはいけない。

　高値とVSスタディの間には、少し余裕がほしい。

　ストップがあまりに遠いと、売買の必要がなくなってしまうことを思い出してほしい。だれも無理に売買させようなどとはしないのだ。

　私は、ある程度の利益を出したら設定をマーケットに合わせるようにしたい。

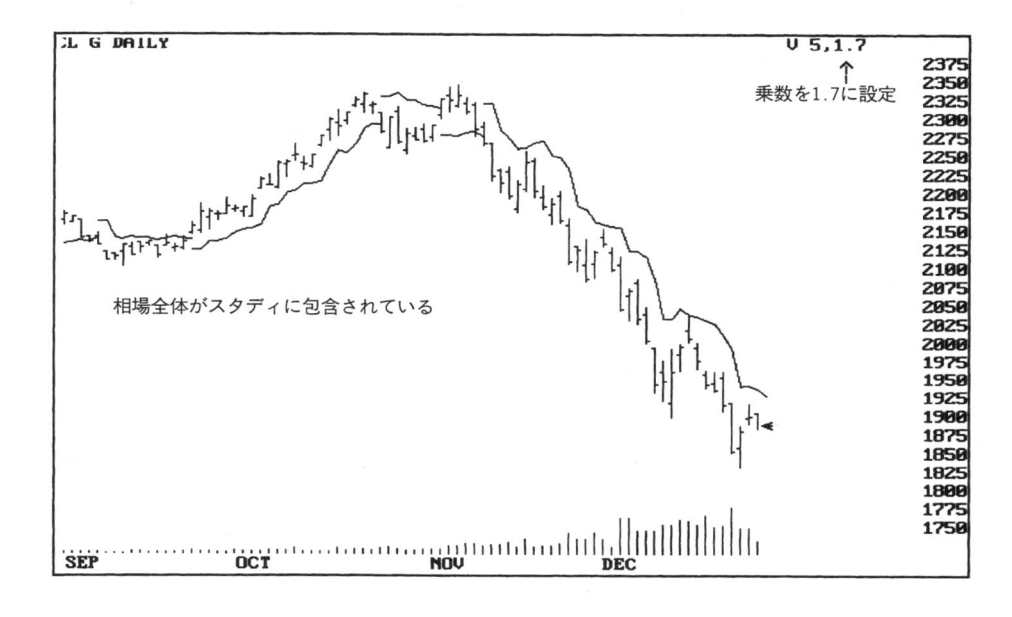

その後、これまでに出した利益をリスクにさらすかどうかは、自分の決心次第である。

　経験則で言うと、VSスタディによる損失が利益を上回る場合、スタディによって示された金額をリスクにさらしても大丈夫な状態になるまで、撤退したほうが賢明な可能性がある。

　ボラティリティに基づいてストップを設定することは、実際的な意味が何もないような固定のポイント数や金額、パーセンテージなどを指標として利用するよりも、ずっと知的な方法だと言えないだろうか？

　マーケットがすでにトレンドを確立しているときは、ただひたすらそのトレンドに乗ればいい。ここでのコンセプトは、マーケットの動きを待つことである。動きを捕まえたら、それに乗って放さないことだ。

こうしたタイプの取引は、いきなり仕掛けて行くようなものよりずっと好ましい。どこにストップを設定すればいいのか、マーケットに教えてもらうのだ。

　本書のイントロダクションで述べたが、デイトレーダーは、ポジショントレーダーより多くの資金を市場にさらしているものだ。きれいにトレンドを描いている相場では、デイトレーダーが毎日の売買で大変な思いをしなければならないのに、ポジショントレーダーは、トレンドに乗って利益を積み増していくのである。

　本章はストップに関する部分なので、こう言うことにしよう。マーケットに設定したストップによって手仕舞いを強いられたければ、純粋なデイトレーダーになれ、と。デイトレーディングだけでやっていくことは、ストップによる撤退を強いられることを決心したのと同じである。

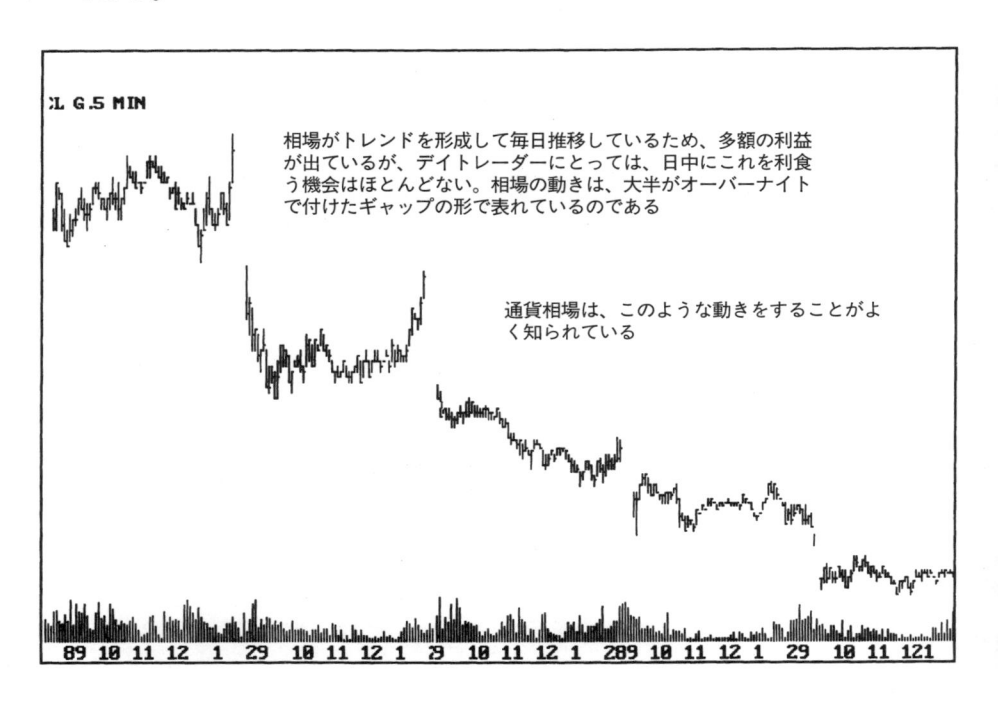

相場がトレンドを形成して毎日推移しているため、多額の利益が出ているが、デイトレーダーにとっては、日中にこれを利食う機会はほとんどない。相場の動きは、大半がオーバーナイトで付けたギャップの形で表れているのである

通貨相場は、このような動きをすることがよく知られている

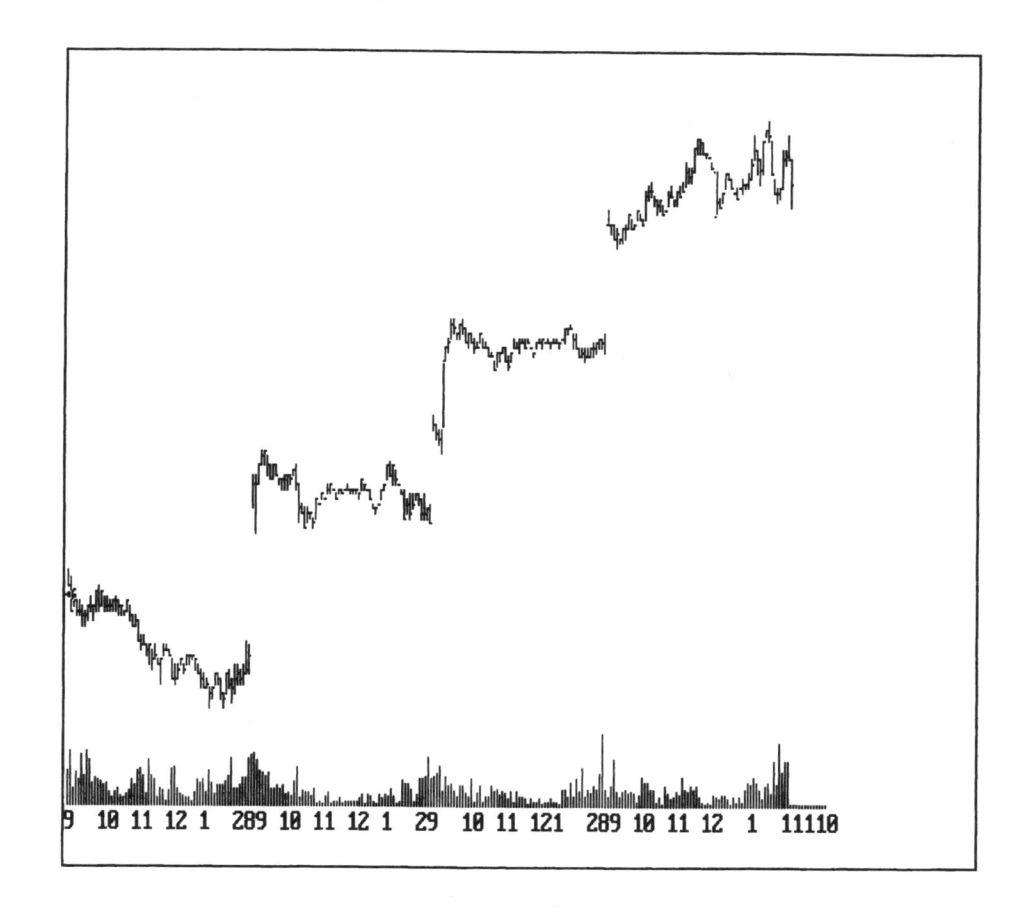

まるで、12月に店を閉めているおもちゃ屋のようなものである。
　本書では繰り返し原油相場のチャートを使っている。ポジショントレーダーは、巨額の利益を出しているが、１営業日ベースで見ると下のチャートのようになってしまう日もまた多いのである。
　今度は、ドイツ・マルクの営業日ベースのチャートである。ここでも相場の大きな動きは、ほとんどがギャップを大きく空けていることによるものだ。日足チャートで見た場合、このような相場は、強力な上昇相場で見られる。

ここで強調したいことは、手仕舞う必要がないにもかかわらず、ストップによって手仕舞いになってしまう場合が多い、ということだ。

　トレーディングにおいては、バランスの取れたアプローチが肝要だ。売買を開始した時点で、あなたはビジネスを始めている。そして、ストップで手仕舞った時点でビジネスは終わりである。自分が望んでいないのに、ビジネスをあきらめねばならないのは辛いに違いない。儲けさせてくれる相場からわざわざ撤退するなど、愚の骨頂のように思えてならない。

　このタイプの厳格さは、優れたトレーディングと無関係である。読者が自分自身に、「俺はデイトレーダーなんだから、今日の引けまでには手仕舞いしておかなければ」などと言い聞かせているとしたら、そうした厳しさは、成功の足を引っ張るものかもしれないのだ。大きな勝ちを上げられずに、どうして小さな損失をカバーすることなどできるだろうか？

　おそらく、この業界で最古の格言は「利食いはじっくり」だろう。ストップで手仕舞いばかりしているのなら、この最も基本的な格言の原理を無視していることになるのだ。

　もちろん、デイトレーダーにこだわることにも、大きな理由があるかもしれない。オーバーナイトでポジションを維持しておくことのプレッシャーに耐えられないなら、売買をどうにか制限し、引けまでに手仕舞うのがいいだろう。気持ちよくトレーディングすることは、おカネよりも大切なのだから。あなたがオーバーナイトでポジションを維持したくなければ、手に入ったかもしれないその利益は、私のために置いていってくれればいい。

　私が完全にデイトレーダーに徹するのは、S&P500だけである。この市場では、オーバーナイトでポジションを維持する妙味のためとはいえ、1枚当たりにさほど多額の資金を注ぎ込もうとは思わない（本稿執筆時点で2万2000ドルである）。S&Pなら、デイトレーディング

でも十分な利益が見込める。
　私は、債券市場でもオーバーナイトで相場を張ろうとは思わないが、この理由は別のところにある。債券市場ではたいていの場合、オーバーナイトでのポジションで妙味が出るほどのトレンドが形成されないのである。

第11章

オブジェクティブ・ストップの設定

Placing Objective Stops

　優れた投資計画を立てるには、少なくともポジションの一部について目標値(オブジェクティブ)を設定することが必要となる。私がオブジェクティブ・ストップを設定する場合は、3段階のステップを踏むことにしている。

取引コストをカバーするストップ

1. コスト・カバリング・オブジェクティブ・ストップ

　私にとって、コストのカバーは重要である。このたったひとつのシンプルな考えが、これまでずっと私のマーケットでの成功に関する重要なコンセプトだった。

　コストがカバーできないうちは、絶対に利益額を数えたりしなかった。この一点を守っているかぎり、利益は自然に生まれるものである。

　ここでの「コストをカバーする」とは、初期コスト、つまり、委託手数料と売買手数料だけを確保するようにすることである。

　私はこれを、マーケットのボラティリティを見ながら行っている。ボラティリティが少なくとも初期コストの2倍なければ、私は売買を見送ることにしているのだ。

　つまり、自分が建てようとしている半分のポジションだけで、コス

トがカバーできないようなら、取引しないということである。このルールで唯一の例外は、売買枚数が3枚の場合で、この場合は、1枚または2枚の売買によってコストをカバーすることが可能だ。

例えば、5分足チャートを使ったS&Pのデイトレードで買いを入れる場合、コストが1枚当たり25ドル、売買枚数は3枚だとしよう。

コストをカバーするには75ドルかかる。S&Pのティックは25ドル刻みなので、初期コストの2倍ボラティリティが必要というルールに従えば、平均ボラティリティは6ティックなければならない。

なぜ2倍でなければならないのか？ そもそも、何倍かになっていなければならない理由は何なのか？

基準を2倍と決める理由は、価格が2倍で重なる傾向があるためである。

次ページの図を見てほしい。

2倍というボラティリティ水準を売買開始の目安に設定することで、コスト・カバーできる可能性を高めているのだ。

これらのストップは、可能であれば「マーケット・イフ・タッチド」（MIT）注文で設定される。

スモール・プロフィット・ストップ

2．スモール・プロフィット・オブジェクティブ・ストップ

コストのカバーができたら、ある程度の利食いを試みてみる。相場の動き方をよく見てみないと分からないが、コストをカバーしたのと同じ水準で利食いを行うこともある。可能であれば、コストをカバーした水準よりもさらに高い水準での利食いを試そうとするが、いつもそれができるわけでもないのだ。どうやってそれが分かるのか？

市場にエントリーする前の相場が大きく動いていた場合、特に、自分がトレーディングしようとする時間枠よりも大きな単位でトレンド

第11章 ●オブジェクティブ・ストップの設定

Rhのブレイクアウトを待つ局面だとしたら、ブレイクアウトのポイントまで上げるだけで相場のモメンタムが終わっていることは明らかだ

Rh

←--- 使用されたモメンタム

相場は共通部分を持つ傾向がある

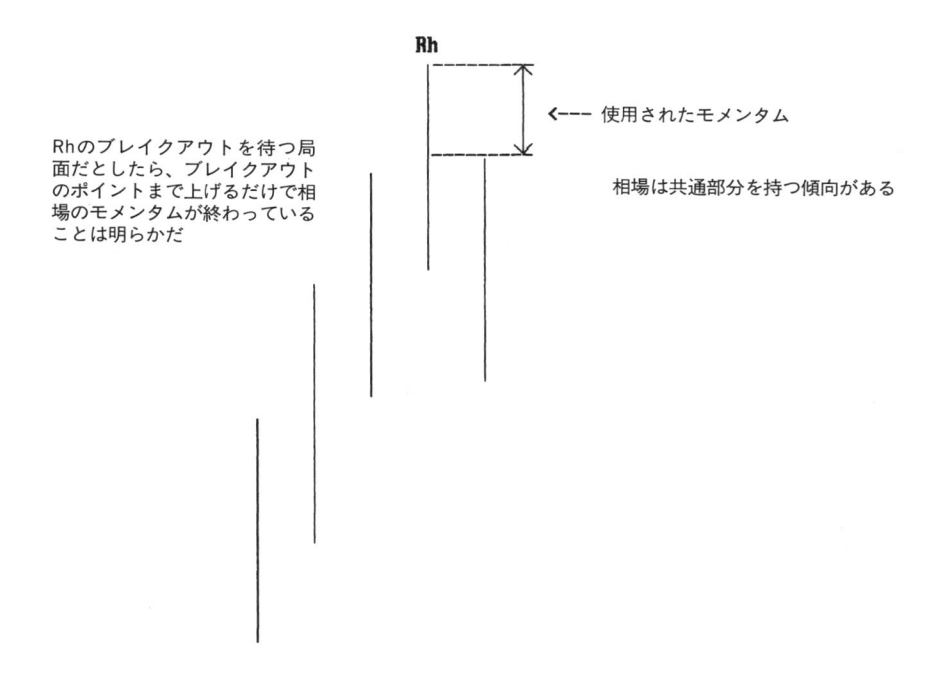

を形成していた場合など、コストがカバーできるだけの枚数をMIT注文で設定するだろう。最初のストップは、平均ボラティリティが示している水準に置く。例えば、コスト・カバーに6ティックが必要で、平均ボラティリティが13だった場合、まず、コストをカバーするためのMITを6ティックの水準に置き、さらに、少額の利益（スモール・プロフィット）を目的としたMITストップを、それより6または7ティック上に設定するだろう。

　ここで重要なのは、せっかくリスクを冒してエントリーするのに利益が得られない、という状況を避けることである。

フル・プロフィット・ストップ

3．フル・プロフィット・オブジェクティブ・ストップ

3番目の目標は、そのマーケットで許されるかぎりの利益を手にすることだ。これは、トレイリング・ストップによって実現される。言い換えれば、ストップで手仕舞うことが目的になるのだ。ここでは、2つの考え方がある。

A. マーケットがトレンドを形成しているか、今後明確なトレンドを描くと確信できた場合、利幅の50％の位置にストップを置き、トレイルさせる（その後も引き上げていく）だろう。強力なトレンドのある相場であることが確信できた場合には、トレイリング・ストップについて扱った次のセクションで説明するような行動を取ることになるだろう。

B. 多額の利益を得られたと納得し、その後大きな損害を受ける可能性がないと感じられた場合、居心地のいい状態で売買を続けることができるとみて、50％のトレイリング・ストップを手仕舞うだろう。

トレイリング・ストップ

前述のように私は、市場に多く利益を得られる余地があると確信できるまで、利幅の50％の位置でストップをトレイルさせることにしている。

方法としては、少なくとも3通りあり、気分によって使い分けることにしている。4番目の方法もあるにはあるのだが、それは私のセミナーでしか公開しないことにしている。ただ、3番目までの方法も非常に優れたもので、私は相場の動きを見極めつつこれを使っている。

1．ナチュラル・サポートとナチュラル・レジスタンス

　これは、異なる文脈上ではあるがすでに説明した。ナチュラル・サポートとナチュラル・レジスタンスは、急激なトレンドを形成しているマーケットでのストップ設定に威力を発揮する。これは、裁判で判決を下すようなものだ。マーケットの構造を見極め、過去あるいは現在のトレンドのなかで、それがきちんと機能しているかどうか判断しなくてはならない。もし、機能していれば、この手法が使用できる。最もシンプルで、最も煩わしさがない移動の方法である。自分がトレーディングしているマーケットのことを知っていることが必要とされる。マーケットを知るには、過去からの推移を学べばよい。

2．ボラティリティ・ストップ・スタディ

　これは、一部のトレーディング・プログラムで利用可能なうえ、手計算が非常に簡単にできる。ボラティリティ・ストップ・スタディとその計算法は、本書の他章で扱っている。

3．トレンドに伴う移動平均のカーブ・フィッティング

　これは、ボラティリティ・ストップ・スタディのカーブ・フィッティングと同様にできる。以下のチャートを研究してほしい。いくつか、学ぶべき重要な点があるはずだ。

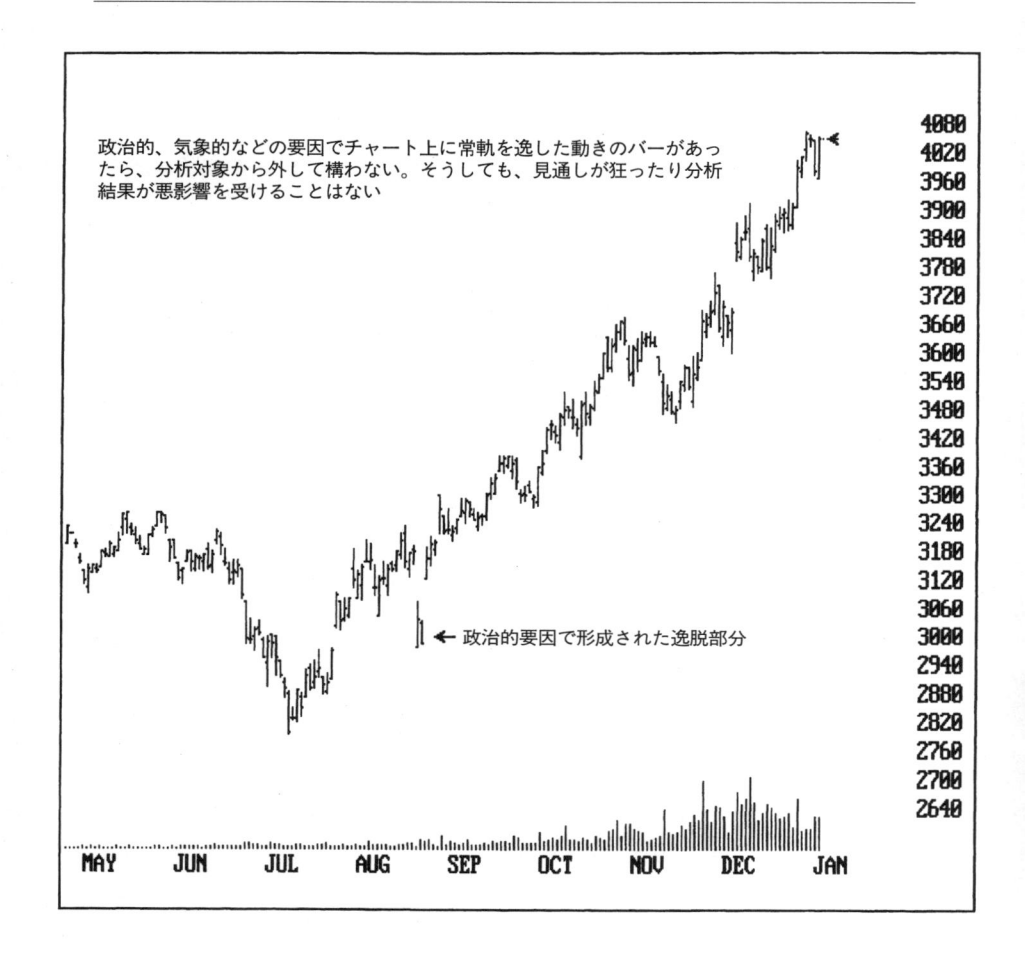

政治的、気象的などの要因でチャート上に常軌を逸した動きのバーがあったら、分析対象から外して構わない。そうしても、見通しが狂ったり分析結果が悪影響を受けることはない

← 政治的要因で形成された逸脱部分

　読者のチャート上で、それまでの流れからまったく逸脱しているバーがあったら、それは無視していい。マーケット本来の全体像を反映したものではなく、いかなるテクニカル分析に対しても誤りを誘う要因だからだ。

　次のチャートで、この意味が分かるだろう。

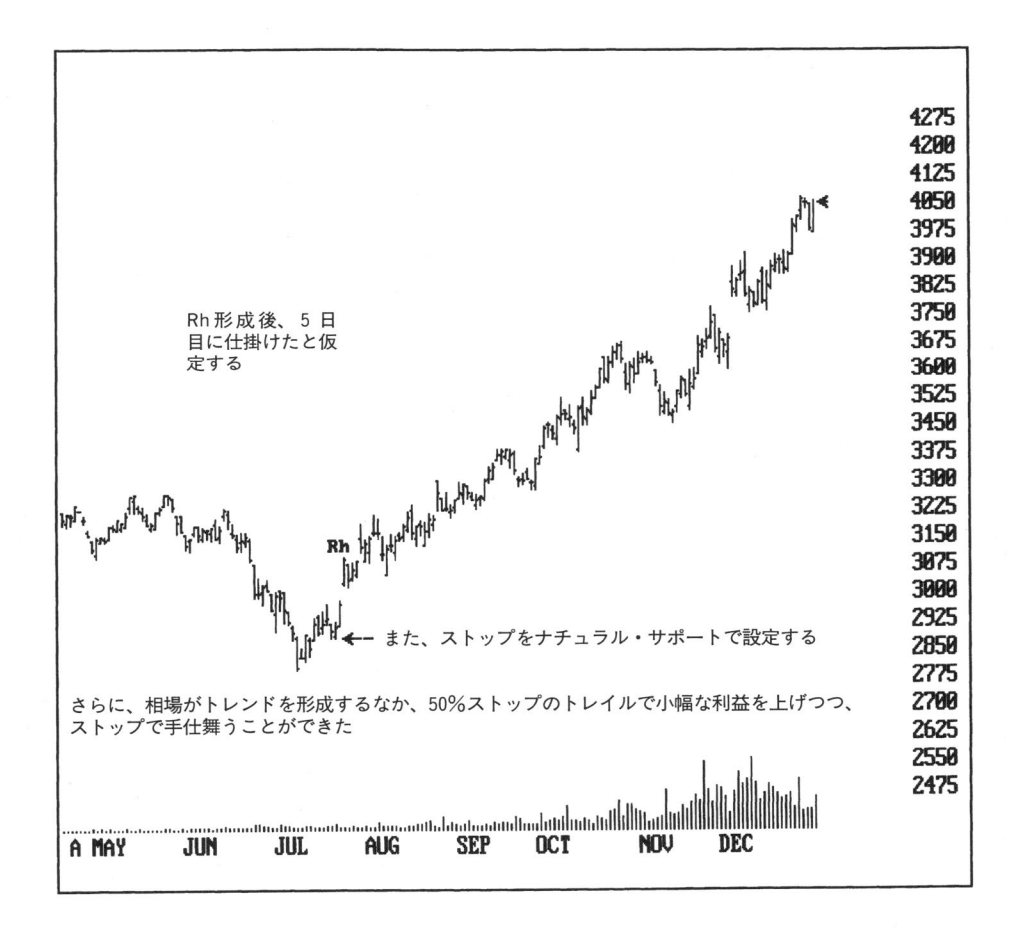

(図中のテキスト)

Rh形成後、5日目に仕掛けたと仮定する

← また、ストップをナチュラル・サポートで設定する

さらに、相場がトレンドを形成するなか、50%ストップのトレイルで小幅な利益を上げつつ、ストップで手仕舞うことができた

　上に示した架空のケースでは、相場が、急ではないが着実なトレンドを描いている。ナチュラル・サポートで最初のストップを設定する可能性もあるが、その場合、50%のトレイリング・ストップを使用することになるだろう。

　つまり、これは一気に上げていくのではなく、徐々に上げていく相場なのだ。

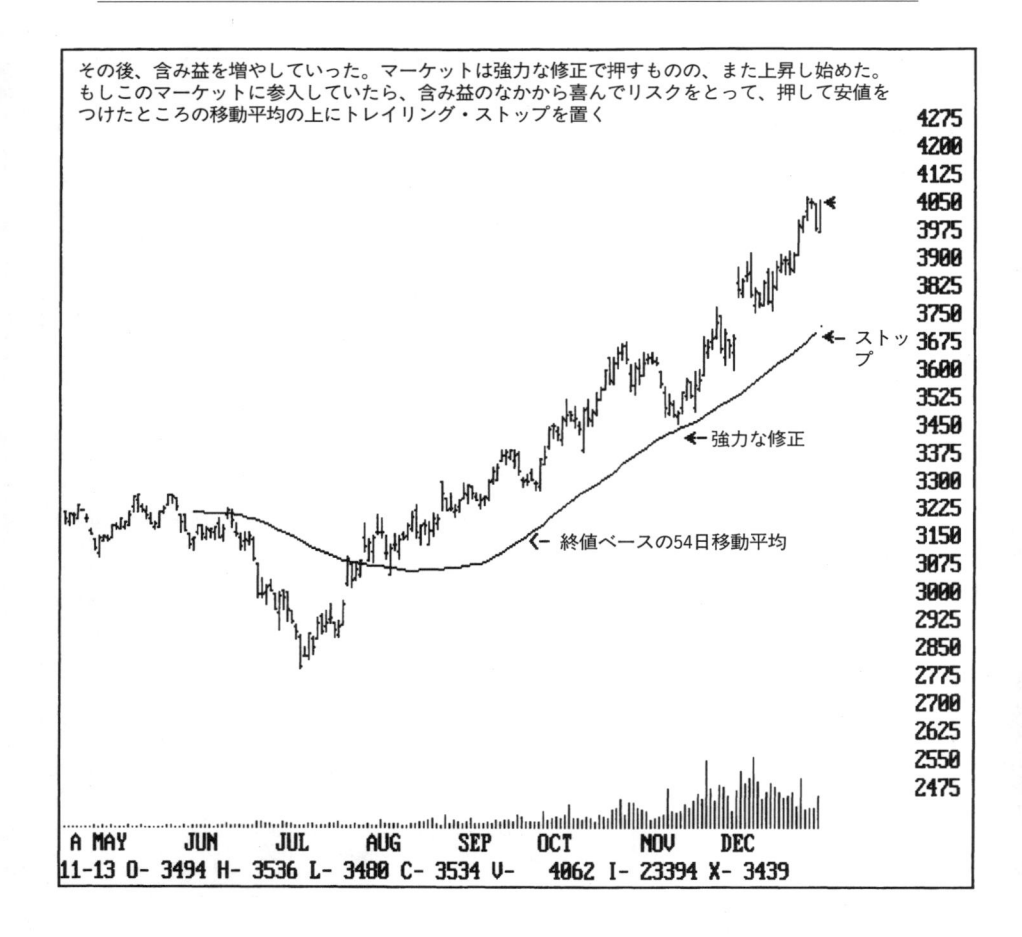

その後、含み益を増やしていった。マーケットは強力な修正で押すものの、また上昇し始めた。もしこのマーケットに参入していたら、含み益のなかから喜んでリスクをとって、押して安値をつけたところの移動平均の上にトレイリング・ストップを置く

← ストップ
← 強力な修正
終値ベースの54日移動平均

　ここでは、54日間の終値ベースの移動平均（MAC）を使用したが、このほかにも似たような結果をもたらすMACはいくつもあるだろう。また、ここでは、上昇トレンドにあるため、安値ベースの移動平均を使用することも可能だ。逆に、下降トレンドの場面であれば、高値ベースの移動平均が使えたところである。
　これらの移動平均に、特別な意味は何もない。トレンドが発生していることを示すために使ったにすぎない。

おそらく、トレンドが発生していることを示すためには、高い倍率をかけたボラティリティ・ストップを使用することもできたはずだ。オフセット移動平均も使用が可能だっただろうし、昔ながらのトレンド・ラインを引くこともできたかもしれない！

その他の考察

ポイントを利用した利食い目標

ポジションの3分の1でコストをカバーできたら、一定の数のポイントに基づきつつ利食いを行う場合が多い。例えば、1営業日中の取引で5ポイントを付けてコストをカバーしたら、さらにもう5ポイントが見えたらポジションの一部を手仕舞う。この時、MIT注文を利用することもあるだろう。

また、短期のスキャルピングを目的とした売買をする場合もあり、それをもとにした利食い目標を設定することが非常に多い。

また、目標値の設定に向いている市場というのもある。S&P500の場合、5分足チャート上で1営業日内でのフックを突破した場合、50ポイントもの上昇を見せることも多いのだ。同市場で50ポイントあれば、ある程度利食いを実施したあと、プロテクティブ・ストップを損益分岐点にまで移動することができる。相場がその後も動き続けるようなら、さらに利食いを出せるが、私の場合、ほとんど常に50ポイントを得ることができる。

目標値の時間枠を5分足より大きく修正することも可能だが、実際に売買しているマーケットのボラティリティと時間枠を常に意識するようにすべきだ。大豆油相場の日足チャートで50ポイントを目標とすることなどできない。大豆油市場で50ポイント動くには、2～3日余

計にかかるに違いない。

フィボナッチ拡張目標値の利用

近年、この種の目標値の使用は極めて頻繁に見られるようになった。これについては、繰り返し書かれている。この利用法については、拙著『トレーディング・バイ・ザ・ブック』のパート１でも解説している。

私は、フィボナッチ級数による目標値を、相場が取引レンジからどう拡大するか予想するために使用している。また、これはトレンドを形成している場面でも利用が可能だ。オブジェクティブ・ストップは、マーケットに十分な参加者がいれば当たる確率が高くなる傾向があるため、この水準での目標値として設定することができる。

その存在自体が、その場所を知ることのできる理由となっている。十分な人数が使用していれば、マーケットでの反応が予想できるのである。

例えば、フィボナッチを使ったトレーダーは、米国債とS&P500に多く見られる。特に、１営業日内での取引ではこれが顕著である。これらのトレーダーがどこで利食おうとしているのか、すぐに分かるはずだ。フィボナッチ比率に従って相場が動いているようなら、これを利用することが可能である。かなりの確率で、動きを予想することができるだろう。利食いができるばかりか、逆張りのポジションを取ることも、目先のスキャルピングをすることもできるはずだ。

次ページの図がその方法である。

私は金額での目標値を設定しない。売買では、ポイントで目標値を考えるようにしてきたのだ。そうすれば、金額はついてくるものである。売買が終了するまで、金額を数えたりしないほうがいい。

また、パーセンテージによる目標値も設定しない。相場が一定の割

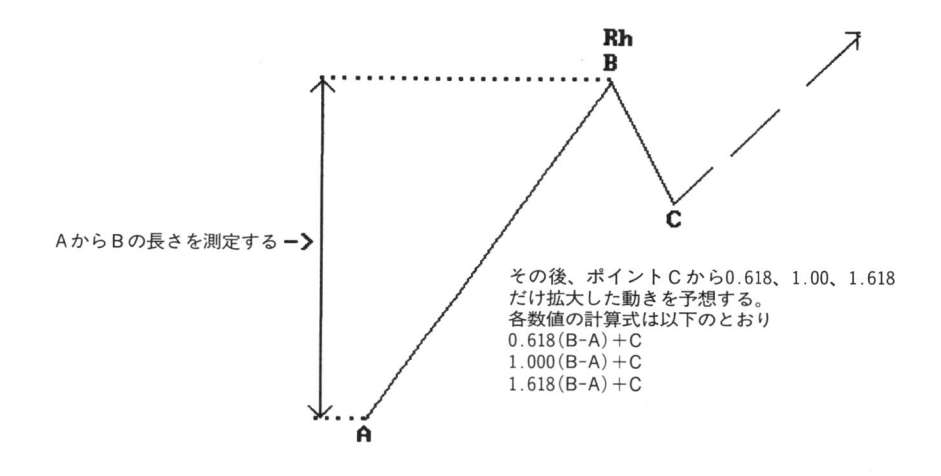

第11章 ●オブジェクティブ・ストップの設定

AからBの長さを測定する →

その後、ポイントCから0.618、1.00、1.618だけ拡大した動きを予想する。
各数値の計算式は以下のとおり
0.618(B-A)+C
1.000(B-A)+C
1.618(B-A)+C

合で動くと確信したがるなど、バカげていると思っている。だが、フィボナッチ比率をパーセンテージとして解釈することができるなら、これを使っているトレーダーが多数いる市場で、スキャルピングのために利用することは可能である。

利益確定のストップ

　私がロスフックでトレーディングする場合、チャンスをとらえて利食いをすることこそが、資金管理という意味で極めて重要である。
　トレイリング・ストップの手法は、どんなものであれ使用可能だ。ここで考えるべきことは、確実に利食ったことを確認して手仕舞うことである。利益確定のストップによって、利益が消え、損失が発生するワナに陥らずにすむだろう。当初は50％ストップをトレイリングして、たいていの場合、大きな利益を得ることが可能なのだ。
　そして、50％トレイリング・ストップを手仕舞うときが来る。例え

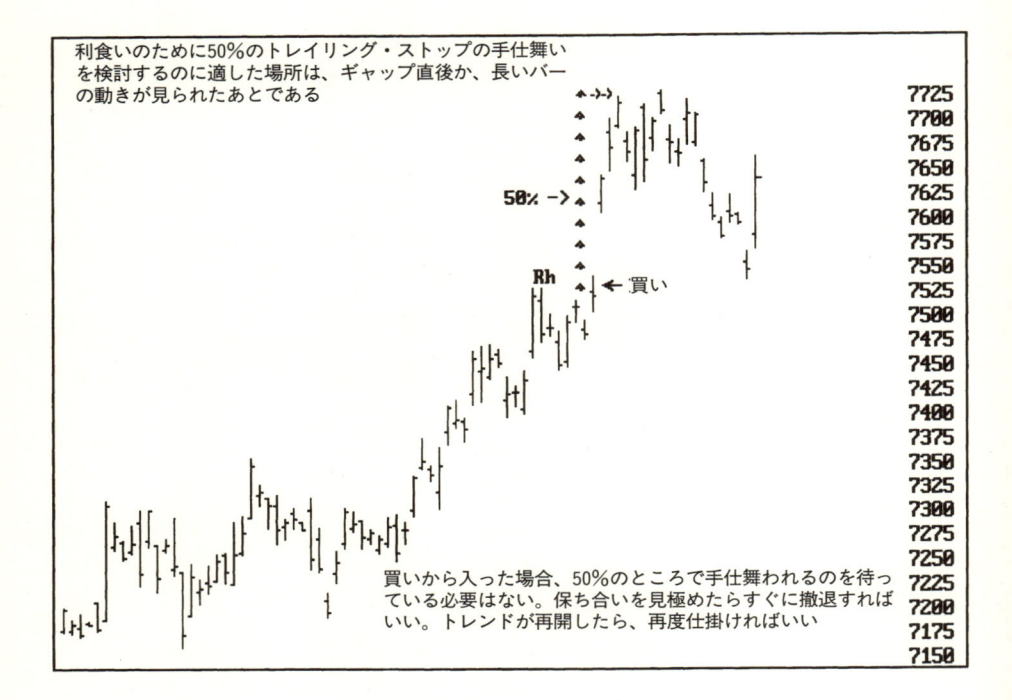

```
利食いのために50％のトレイリング・ストップの手仕舞い
を検討するのに適した場所は、ギャップ直後か、長いバー
の動きが見られたあとである
```

```
                                    →→        7725
                                  ↑  ┃        7700
                                  ↑ ┃┃        7675
                                  ↑┃┃┃        7650
              50％ →               ↑┃┃┃       7625
                                  ↑ ┃ ┃       7600
                                  ↑   ┃       7575
                                  ↑  ┃        7550
              Rh   ┃ ← 買い                    7525
                   ┃                           7500
                  ┃                            7475
                ┃┃                             7450
                ┃                              7425
               ┃                               7400
              ┃                                7375
             ┃                                 7350
            ┃                                  7325
           ┃                                   7300
          ┃                                    7275
    買いから入った場合、50％のところで手仕舞われるのを待っ  7250
    ている必要はない。保ち合いを見極めたらすぐに撤退すれば  7225
    いい。トレンドが再開したら、再度仕掛ければいい         7200
                                               7175
                                               7150
```

ば、相場の上昇後、すでに本書で述べたトレイリング・ストップの手
法を使って、高値よりかなり下に設定する。あるいは、相場の動きに
よって50％ストップが実行される前に手仕舞いしてしまうような場合
もあるだろう。

　こうした決定は通常、短期または中期の場面で下される。

　言い換えれば、序盤や中盤では保ち合いになることに注意しなくて
はいけない。保ち合い終了時、あるいは場合によってはその最中にも、
相場が50％ストップに達して、必要もないのに手仕舞いを強いられる
場合があるのだ。

　義務を感じて、そこにとどまっていることはない。つまり、トレイ
リング・ストップを維持したままでいることが無意味だと感じたら、
そのままでいなければならない理由などないのだ。利食うべきであ

ここでは長いバーの動きが見られる。50％ストップが手仕舞われる前に、保ち合いを確認したら撤退すべきだ。保ち合い(ここでは4番目のバーの終わりまで)を発見したら、4番目のバー(2番目の同事線)高値より1ティック上までストップを移動すべきだ

動きの大きなバー直後に見られる保ち合いは、「高一安、安一高」の値動きが交互に出ることや、4営業日連続で終値がメジャリング・バー(長いバー)のレンジ内に収まることなどで判断できる

← 売り
← 長いバー

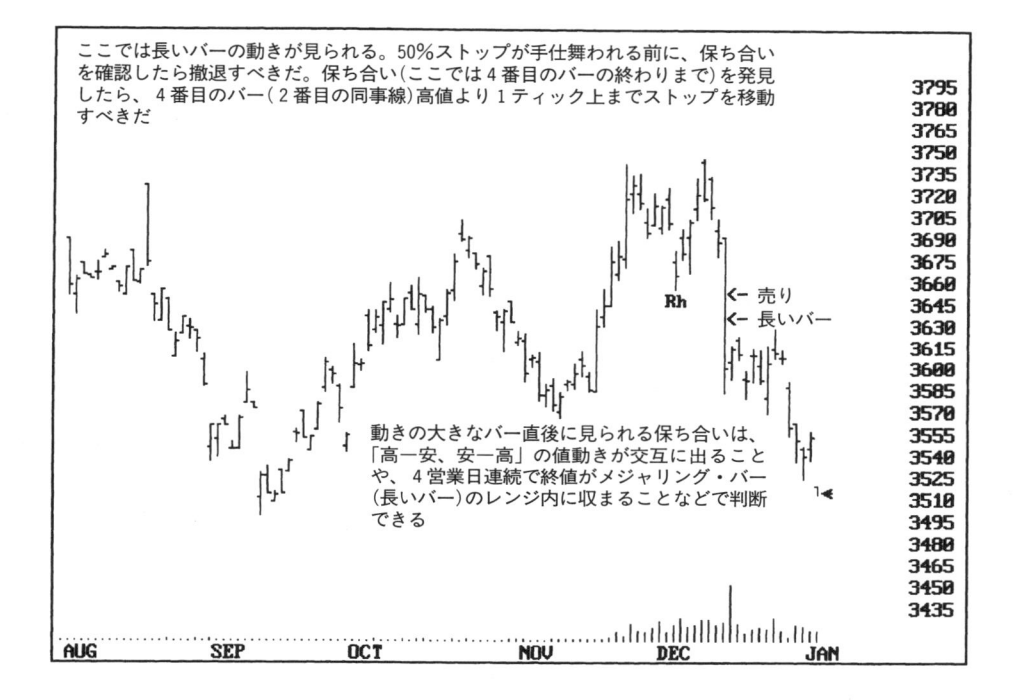

る！

　50％ストップを設定するときに重要なもうひとつのことは、相場がプラスにもマイナスにも、半値戻しや半値押しをすることがよくある、という事実である。この予言はよく当たる。なぜなら、これを信じている人が多いからだ。相場の動きが開始した場所に注意すべきだ。相場の修正は、トレンド開始位置から修正が始まった位置までの値幅に基づくことが多く、あなたが売買を開始した地点からではない。

　50％トレイリング・ストップが半値水準の途中に位置していた場合、このストップは確実に実行されることになるだろう。このため、相場が現在の足から修正の動きとなるのを待って、50％ストップをトレイルし始めるのがいいだろう。

第12章
ロスフックが使用できない場合
Filtering the Ross Hook

　売買を制限（フィルタリング）するパラメーターには、さまざまなものがある。その多くは、ストップを設定する際に考慮するのと同じようなものである。

　そのうちのいくつかをここで簡単に見てみよう。

1. ストップ・リミット・オーダー（指値条件付逆指値注文）は、実行されずにいつの間にかエントリーの機会を逃す場合があり得る。

2. ボラティリティは、大きすぎても小さすぎても売買に適さない場合がある。大きすぎると、本来ストップを置きたい水準から遠く離れた水準に設定せざるを得なくなる。逆に、ボラティリティが小さすぎるということは、値動きが非常に小幅だということになり、コストをカバーしたり利食ったりできるだけの値動きがほとんど、あるいはまったく望めない可能性がある。

3. ナチュラル・サポートとナチュラル・レジスタンスでストップを設定しようとすることも難しい。距離が近すぎたり、遠すぎたりする可能性があるからだ。

4. ボラティリティ・ストップ・スタディのようなテクニカル的手法を使用したために、売買が成立しなくなる場合もある。設定しようとしたストップが、望んだ水準から離れすぎたり、近す

ぎたりする場合である。ボラティリティ・ストップ・スタディを使用していて、そのときのレンジ外の水準を付けることができなければ、ボラティリティはほとんど得られないことになる。
5．3×3 MACを使っている場合も、売買ができないことがある。ブレイクアウトを確認できない可能性があるからだ。
6．売買しようとするマーケットと時間枠の選択によって売買できないことがある。ロスフックは、トレンドを形成しているマーケットでの使用を意図したものであるため、トレンドが形成されていなければ、売買は開始できないだろう。そのため、保ち合いを見極めることが極めて重要になってくる。保ち合いもまた、売買を行えなくなる要因である。

　これらのパラメーターはいずれも、本書ですでに説明すみだ。売買が排除される理由となるものである。適切な対処法によれば、望んだ水準で望みの売買を行うことは可能だ。そのような売買のチャンスは、トレンドのなかで、手ごろなストップ・プロテクションとともに見られる。また、コストをカバーしたうえに利益を出すことも期待できる。
　トレーディングの際、心に留めるべきことは数多くある。作業と検討の繰り返しである。この売買は大丈夫か、常に自分に問い掛け、ベストの選択を行うことが必要なのだ。私の場合、ここまで述べたようなフィルタリング要因は、良い売買をするために必ず付いて回るものである。つまり、マーケットではすべての売買チャンスを自分のものにできるとは限らないということだ。そして、同時に多くのマーケットで売買することにも限界がある。4～6市場がほとんど限界だろう。これ以上は手を広げすぎというものである。よくあるフィルタリングの対策としてしなければならない作業は、それ自体がすでにフィルタリングである。最良のなかの最良というべきトレーディングを選び抜くことが必要だ。

つまり、毎日腰を据えて取り組み、相場観を養うため日足や週足のチャートと首っ引きになる、ということである。デイトレーダーにとってさえ、これは必須事項なのだ。相場の全体像が把握できれば、デイトレーディングの多くはフィルタリングされてしまうだろう。もっとほかに勝てそうな場面がいくらでも見つかってしまうからである。

　読者には、私がこれまで提示したような疑問に関するチェックリストを、自分で作成するよう勧めたい。そして、そのリストをフィルターにして、それぞれの売買についてじっくりと検討するといい。例えば、こんな風にである。

　「トレンドは形成されているか？」
　「保ち合いは特定できるか？」
　「この水準にストップを設定するとして、実際に実行されたらどう感じるだろうか？」「精神的な苦痛と資金的な損失のいずれか、またはその両方に耐えることができるだろうか？」
　「これまでと同程度のボラティリティで推移するとして、コストをカバーできるだろうか？」「コストをカバーしたうえに、利益を得ることができるだけのモメンタムが市場にあるのだろうか？」
　「このマーケットでは、別の時間枠のほうがよりよいシグナルが出るのではないだろうか？」「別の時間枠で売買したほうが、より流動性が高いのではないか？」
　「最も近いナチュラル・サポートとナチュラル・レジスタンスはどこにあるのか？」「望みの水準に近すぎたり離れすぎたりしていないか？」

確認のためのフィルター

　「**物事は完璧にはっきりさせたい！**」――私はこれまで、本章やこ

のあとの数章で紹介するあらゆるテクニカル指標を使って相場に勝ってきたが、できれば、バーチャート上で見える動きだけをもとにして勝ちたいのだ。私は普段、テクニカル指標を使用しない。バニラフックについて書いた章を読めば、読者は、私がバーチャートだけでどのようにフィルタリングしているのかが分かるはずだ。

こうした研究の大半は、自分が得た知識や、試した実験の結果を分かち合いたいという、私の生徒たちからヒントをもらっている。本書に収録したもので、継続して成果を出すことができなかったテクニックはひとつもない。ただ、あらかじめ警告しておくと、ある人が特定のテクニカル指標を使って成功したとしても、別のだれかがやったら失敗だったというのはよくあることだ。勝者と敗者の分かれ目となるのは、注文の置き方や売買の基準、管理法などである。

また、テクニカル指標のなかにも、確認のフィルターとして機能するものが確かにある。

「3×3MACを使えば、売買のポイントの場所が分かるだろうか」

3×3MACは、仕掛けるのに重要な役割を果たすことが多い。方向を変えたあとにトレンドが示される際の角度によって、その相場のモメンタムを推測することができる。3×3MACの角度が45〜65度のときに相場のコンテインメントを仮定すると、強力なトレンドが形成されている可能性が高いのである。

ただし、これよりも優れた確認フィルターはいくつか存在する。そのひとつが、「商品チャネル指数（CCI）」である。

あなたが何か本を書こうとした場合、だれも見たことのないような部分を必ず入れたいと思うだろう。その本をユニークなものにする何かを、である。今からお見せするのがまさにそれだ。これから紹介するのは、ほとんどだれも見たことのないようなCCIの利用法である。少しずつ進めていくので、読者はしっかりとついてきてほしい。まずは、順を追って見ていこう。

CCIは、ドナルド・ランバートが最初に導入し、開発した。その時点では、マーケットのサイクルを映し出すのが目的だったと思われる。

CCIは、N日間のティピカル・プライス（TTP）に対する、その営業日のティピカル・プライスの平均偏差を示すものだ。ティピカル・プライスは、高値、安値、終値を足して3で割ることで得られる。これは、終値の加重ティピカル・プライスである。

使用されるバーの本数（N本）は、将来のサイクルやハーフ・サイクルによって選ばれる。

私にCCIを教えてくれたのは、友人のサンディ・スティスだった。彼は、何年もの間、これを試し続けていたのだ。ほかにもCCIを試していた者はいたが、使えないとみてあきらめてしまっていたのである。

私はコントラリアン（反対論者）なもので、他人が使えなかったものを使えるようになりたいと思ったのだ。

まず、私が思ったことは、CCIの計算法に誤りがあるということだった。ティピカル・プライスの計算において、ギャップの存在が無視されていたのである。ほとんどのケースでは、それでも問題なかったのだが、一部には、売買を決断するうえで分かれ目となるような場合があった。

次に、CCIを構成する要素には、もうひとつ誤りが含まれている可能性があった。CCIは、その先物市場のサイクル内で買われ過ぎや売られ過ぎのサインを出すものとされていた。3つのラインがそこにはあった。プラス100、ゼロ、マイナス100である。ただし、実際上はともかく、理論的には限りなく拡大することが可能なものだったのだ。売られ過ぎや買われ過ぎとは、どの水準のことを言うのだろうか？

このスケールには、ひとつ大きな利点がある。CCIは徐々に、大きく極端な動きを示さないようになる傾向がある。CCIがスケールアウトするためには、より大きなモメンタムを必要とするようになるのだ。

以前、ある著書で、CCIがプラス100を超えた時点でどうやって買

いを入れ、マイナス100を割り込んだ時点でどう売りを出すかということについて、読んだことがある。

　サンディ・スティスの著書だが、これはとても役になった。彼によると30バーのCCIを指標として使うということだ。私も、50バーまで試してみたが、結局、30がベストとの結論で一致した。

　また、「マーケット・ディテクティブ」というソフトウエアをプログラムした友人のジョージ・ダミュシスにも、手助けしてもらった。彼は、CCIがギャップも含めた値動きを反映するよう、構築してくれたのだ。

　そして、私は彼にある特別な注文を付けた。CCIがその翌日の値動きを前もって示してくれるようにしてくれ、と頼んだのである。

　彼はこの注文に、次の2通りの方法を用意してくれた。①CCIがある一定の数値を示した場合、価格水準はいくらになるのかが分かる。②翌日のティピカル・プライスがある数値（X）だった場合、そのときのCCIがいくらになるかが分かる。

　翌日の値動きを予想するソフトを持っていないなら、「マーケット・ディテクティブ」か「インベストグラフ・プラス・スペシャル・エディション／RT」をお勧めする。私の知るかぎり、予想用として使えるただ2つのソフトである。これらは「ロス・トレーディング」で独占発売している。

　どちらも買う気がしない読者には、もうひとつ別のCCI利用法を紹介しよう。翌日のティピカル・プライスにインサートすることができるソフトをお持ちなら、手持ちのソフトをそのまま利用することが可能だ。インサートした時点で、期待どおりになったらバーを消すことを忘れないようにしないといけない。

　翌日の価格に割り込むには、翌日分の仮説上のバーを作り出し、データベースに組み入れられることが必要だ。仮説上のバーを組み入れたら、そのバーによってCCIを使い、CCIの数値を読めばいい。

仮説上のバーの価格は、どれか1種類だけでいい。始値、高値、安値、終値のいずれも、ティピカル・プライスになり得るのだ。ただ、より多くを望むなら高値と安値の両方をインサートすることも可能だ。

翌日のティピカル・プライスを予想するにはどうすればいいか？

ここでは2つの方法を紹介する。その後、CCIとロスフックを併用する方法を示そう。

フロアトレーディングの始まり以来、TTP予想は、基本的に次のような方法で行われてきた。フロアトレーダーたちは毎日、数字を書いた紙を手にピットへとやって来る。売りは、ティピカル・プライスの高値またはこれに近い水準で、また、買いは、ティピカル・プライスの安値またはこれに近い水準で行う傾向がある。高値または安値が数ティックを超える荒い値動きをしていた場合、フロアトレーダーたちは手仕舞いして、見送りを決め込むだろう。こうした日のバーは、チャート上でかなり長いものとなる。

保ち合い場面でのTTP

（始値＋高値＋安値＋2×終値）÷5＝X
2X－高値＝翌日の予想安値
2X－安値＝翌日の予想高値

例
（6023＋6054＋6000＋2×6040）÷5＝6031
2×6031－6054＝6008＝翌日の予想安値
2×6031－6000＝6062＝翌日の予想高値

翌日のTTP＝（翌日の予想安値＋翌日の予想高値）÷2
　　　　　　（6008＋6062）÷2＝6035

トレンド場面でのTTP

上昇トレンドでのTTP

　上昇トレンド中のTTPを計算する場合、平均上昇率を確定することが必要だ。この計算では、3本のバーを使用することが重要である。
　割り出す必要があるのは、相場が上昇トレンドの方向にいくら動いたかという平均値である。このため、安値から高値までを計測する。

翌日のティピカル・プライス ＝ **96-18**

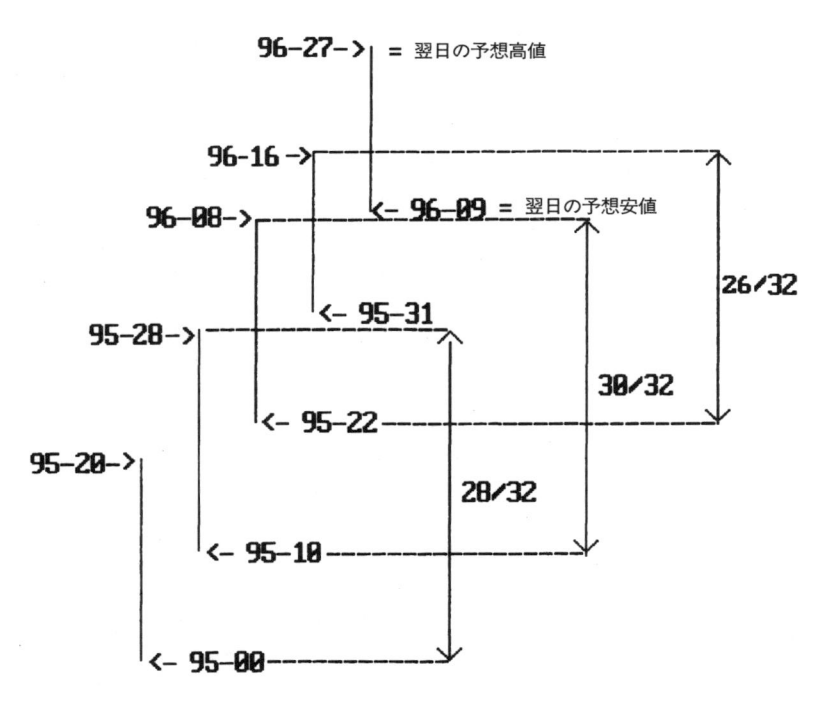

```
                    96-27->|  = 翌日の予想高値
        96-16 ->         |
96-08 ->     |   <- 96-09 = 翌日の予想安値
        |    |       |                    26/32
        |    <- 95-31↑
95-28 ->             |
        <- 95-22              30/32
95-20 ->                      
        <- 95-10              28/32
        <- 95-00
```

手順は以下のとおりである。

1．2営業日間での値動きをつかむため、1日目の安値から2日目の高値までを計る。これを3セット分繰り返す。例の場合は、28/32、30/32、そして26/32である。

次にこの3つの数値を足して3で割る。

28＋30＋26＝84

84÷3＝28/32（平均値）

28/32を最後の日の安値に足すと翌日の予想高値、96-27が得られる。つまり、95-31＋28＝96-27である。

次にすべきなのは、翌日の予想安値を算出することだ。

2．過去3営業日の平均ボラティリティを計算する。平均ボラティリティは、高値と安値の差の合計を3で割ったものに等しい。

つまり、96-10〜95-31、96-08〜95-22、そして、95-28〜95-10である。

それぞれの差は、17、18、そして18となった。

この合計を3で割ると、53÷3＝17.6666＝18（四捨五入した値）

翌日の予想高値から18/32を引くと、翌日の予想安値96-09が得られる。つまり、96-27－18＝96-09である。

最後に、予想安値と予想高値を足して2で割れば、ティピカル・プライスになる。この場合なら、(96-09＋96-27)÷2＝96-18となる。

大切なことは、この算出法が厳密な意味での科学的なものではないにもかかわらず、1〜2ティック程度の誤差の範囲内で、驚くほどよく当たるということである。

また、高値から高値を計って予想高値を出し、ティピカル・プライスを導く方法もある。

予想安値を得るには、これまでに示した方法を使い、3営業日間の平均ボラティリティを予想高値から引けばよい。

3番目の方法は、終値から終値を計って予想終値を算出することだ。その後、予想高値、予想安値、そして、予想終値を足して3で割れば、加重ティピカル・プライスが得られる。
　最後は始値を予想する計算だが、これも同様に行うことができる。これで、保ち合いでのティピカル・プライスの計算式で、4本値すべてを置き換えることができるようになった。
　あとは、読者の皆さんの選択次第である。現在、流通しているソフトウエアは、多くの場合、自分でプログラムすることが可能なため、あらゆる方法で計算し、その中から自分で選択することができる。

下降トレンドでのTTP

　下降トレンド中のTTPを計算する場合、平均下落率を確定することが必要だ。この計算では、3本のバーを使用することが重要である。
　割り出す必要があるのは、相場が下降トレンドの方向にいくら動いたかという平均値である。このため、高値から安値までを計測する。
　手順は以下のとおりである。
1．2営業日間での値動きをつかむため、1日目の高値から2日目の安値までを計る。これを3セット分繰り返す。例の場合は、80、60、そして65である。

次にこの3つの数値を足して3で割る。
80＋60＋65＝205÷3＝68.3333＝70（四捨五入）が平均値である。
70を最後の日の高値から引くと翌日の予想安値、40580が得られる。つまり、40650－70＝40580となる。
次にすべきなのは、翌日の予想高値を算出することだ。

2．過去3営業日の平均ボラティリティを計算する。平均ボラティリティは、高値と安値の差の合計を3で割ったものに等しい。

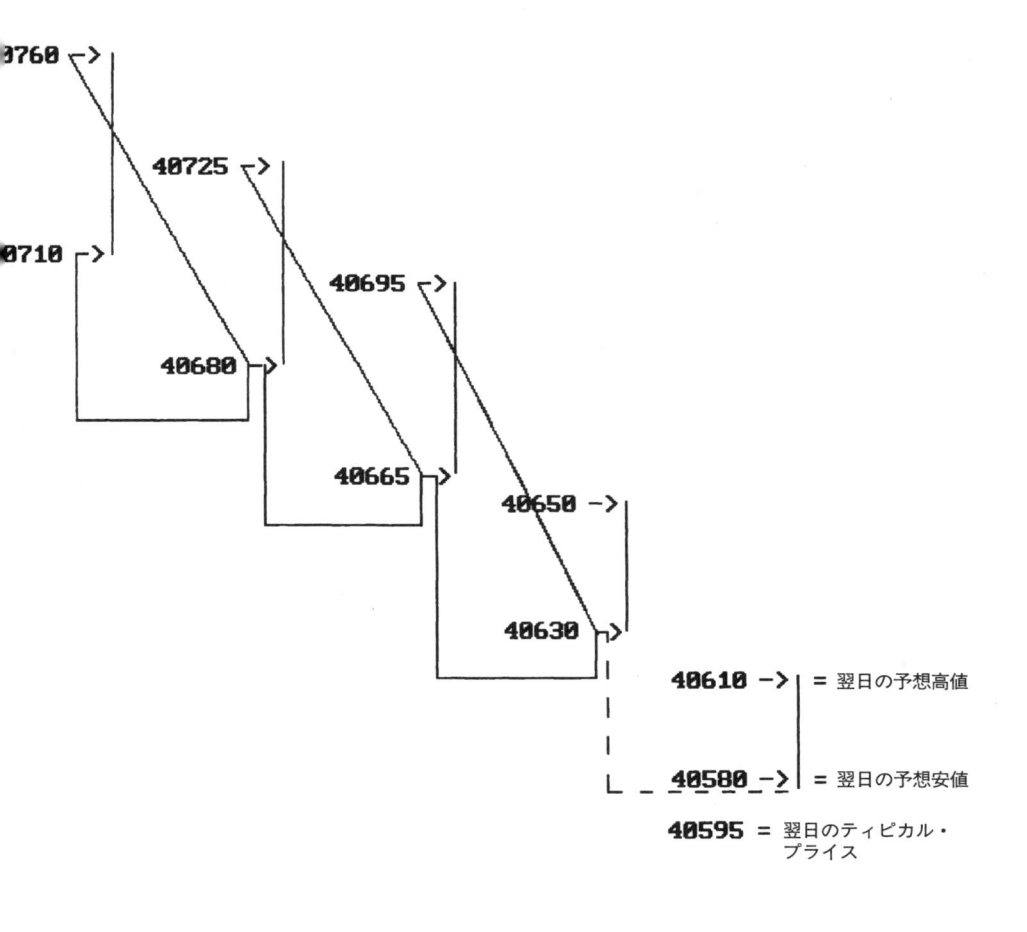

```
0760 ┐>
    │
    │  40725 ┐>
    │      │
0710 ┐>    │
    │      │  40695 ┐>
    │      │      │
    │  40680 ┐>   │
    │         │   │
    │         │ 40665 ┐>
    │         │     │
    │         │     │ 40650 ->
    │         │     │    │
    │         │     │    │
    │         │     │ 40630 ┐>
                              │
                         40610 -> | = 翌日の予想高値
                              │
                              │
                      └ _ 40580_-> | = 翌日の予想安値

                         40595 = 翌日のティピカル・
                                  プライス
```

　つまり、40725－40680、40695－40665、そして、40650－40630である。

　それぞれの差は、45、30、そして20となった。

　この合計を3で割ると、95÷3＝31.6666＝30（四捨五入した値）

　翌日の予想安値に30を足すと、翌日の予想高値40610が得られる。つまり、40580＋30＝40610である。

　そして、予想安値と予想高値を足して2で割れば、ティピカル・プライスになる。この場合なら、(40580＋40610)÷2＝40595となる。

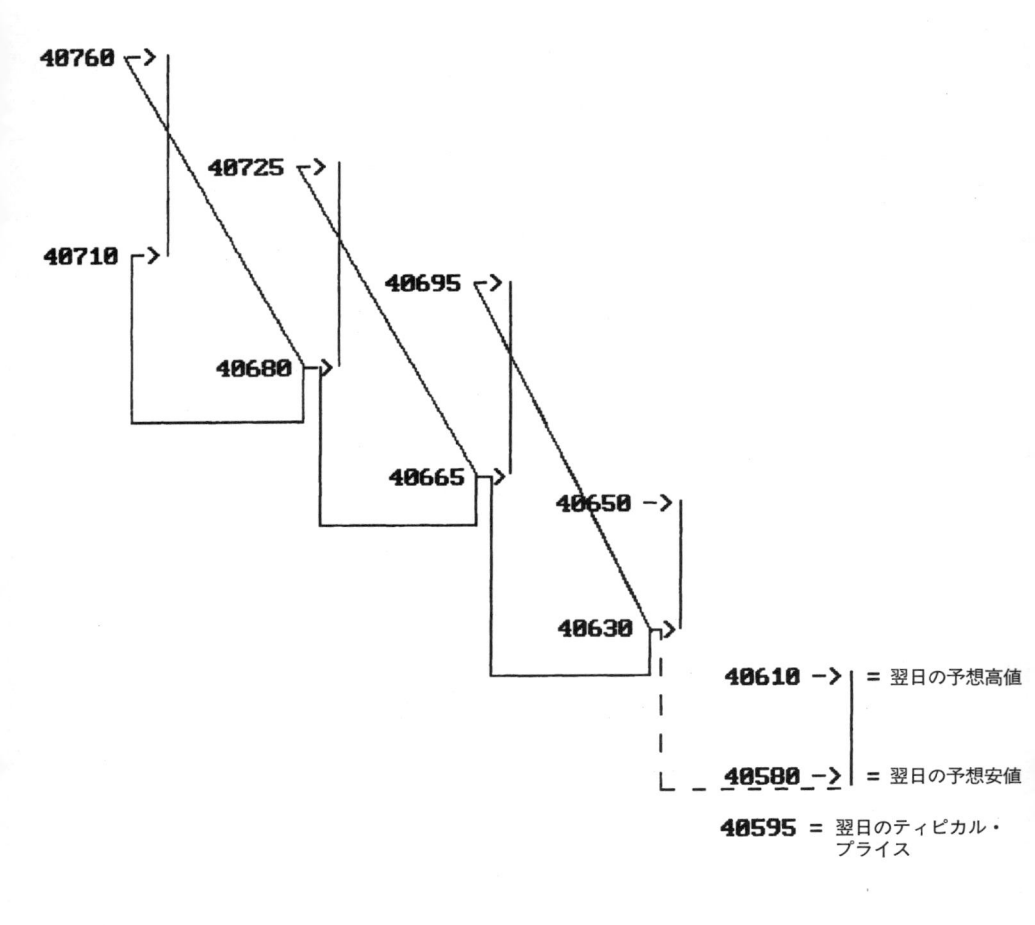

```
40760 ->
      40725 ->
40710 ->
           40680 ->
                40695 ->
                  40665 ->
                       40650 ->
                         40630 ->
                              40610 ->  = 翌日の予想高値

                              40580 ->  = 翌日の予想安値
                              40595  = 翌日のティピカル・
                                       プライス
```

　最後に、CCIの計算式を知りたい読者のために、次ページに記すことにしよう。

　もし読者がこれらの数式について、私がその意味するところを理解していると思っていたなら、それは間違いだ。そうだったら確かに素晴らしいだろうが、実際は私も、数学の専門家に各数式の意味を教えてもらわなければならないのである。私に分かることといえば、CCIはその営業日のTTPと、TTPの移動平均の間にある（平均偏差として表された）関係を教えてくれる、ということぐらいである。

CCI計算の4ステップ

1. 高値、安値、終値から当日のティピカル・プライスを計算する。
   X1＝1/3(高値＋安値＋終値)

2. 直近N日間のティピカル・プライスの移動平均を計算する。

$$\overline{X} = \frac{1}{N} \sum_{i=1}^{N} X_i$$

3. 直近N日間のティピカル・プライスの平均偏差を計算する。

$$MD = \frac{1}{N} \sum_{i=1}^{N} |X_i - \overline{X}|$$

4. 商品チャネル指数を計算する。

$$CCI = \frac{(X1 - \overline{X})}{1.5 * MD}$$

ただし、

N ＝データの日数
X1＝当日のティピカル・プライス
X2＝前日のティピカル・プライス
X3＝一昨日のティピカル・プライス
XN＝データ中で最初のプライス

$$\sum_{i=1}^{N}$$ この記号の意味は、記号の後の式を1からNまで合計する、である。例えば、

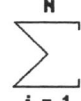

$$\sum_{i=1}^{N} Xi = X1 + X2 + X3 + \cdots\cdots + XN$$

$| \quad |$ これは、「絶対値」を表す。数値の差は、すべて正の数のように加算される。

さて、いよいよこのコンセプトで利益を出す方法について書く時がきた。ここからは、マーケット・ディテクティブのソフトウエアを使用するので、チャートの見かけがこれまでとやや違うものとなる。

ルール

1. CCIを使ってロスフックをフィルターするときのルールを解説しよう。CCIは、フックを突破する前に、プラス100、ゼロ、マイナス100の水平線（VH）のうち2本を通過しているか、または、明らかに通過すると予想されることが必要である。通過するのは、どの2本であっても構わない。±100のラインを超えた場合、形成されたロスフックをすべてがルール3〜6による修正で、売買の目安となる。

2. ロスフックを目安にするということは、可能な場合いつでも、フックの前の大幅な修正局面で注文を入れることができるということである。ここで、トレーダーズ・トリックを利用することも可能だ。

3. フックを突破したにもかかわらず、CCIがトレーディングに適した水準を示さない場合、フックのブレイクアウトは実現しないだろう。トレーディングに適したCCIの水準は以下のとおりである。
ゼロから±100の間
±100から±150の間
　±150から±175の間、または、これ以降25ポイントずつの刻みで±175から±200、±200から±225など、無限に続く。±100を超えたラインはここでは見ることはできない。

4．CCIが±150以上の場合、いずれか1本の水平線を超えていれば、戻ってきて同一のラインを再度超えさえすれば、トレーディングに適していると判断される。

5．±150に達しない場合、いずれか1本の水平線を超えていても、2本のライン（1本は可視、もう1本は不可視）を超えなければトレードできない。

6．CCIがいずれか2本の可視水平線を超えているなら、最初に戻って、CCIが2本の可視水平線を超えるまで待つ必要がある。

次ページの図表は、これらのルールを明確にするためのものである。

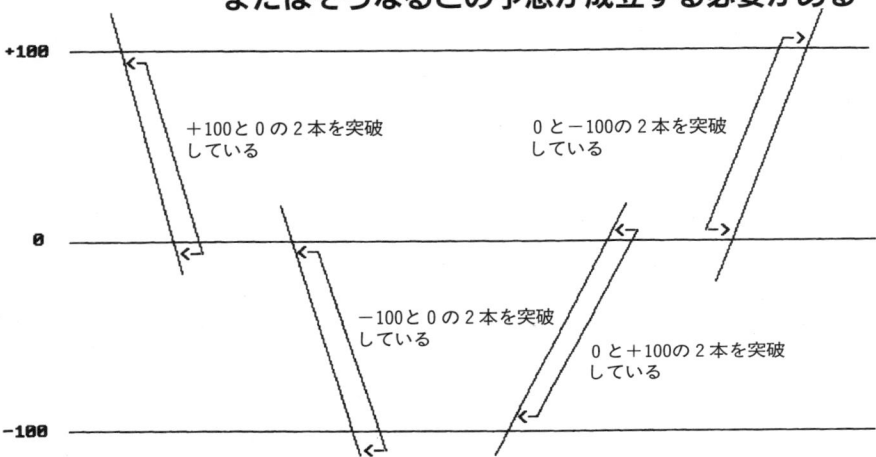

ルール1　CCIはフックの前にVHを突破しているか、またはそうなるとの予想が成立する必要がある

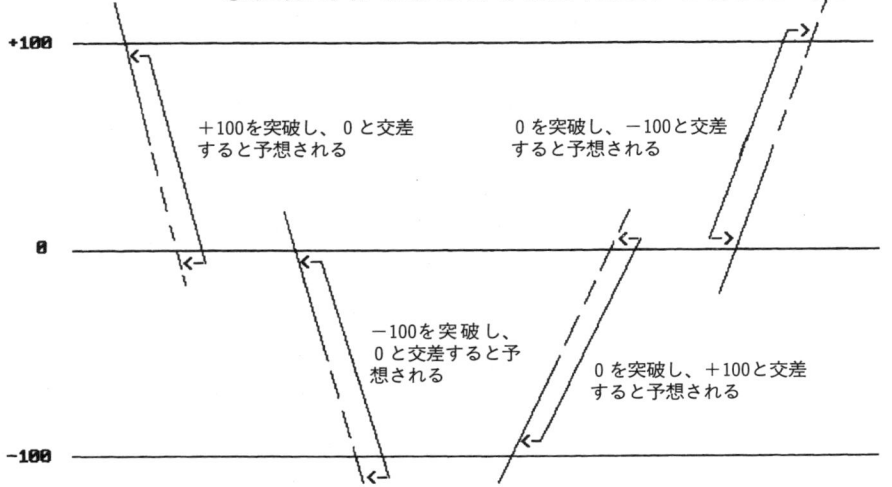

+100と0の2本を突破している

0と−100の2本を突破している

−100と0の2本を突破している

0と+100の2本を突破している

ルール1　CCIはフックの前にVHを突破しているか、またはそうなるとの予想が成立する必要がある

+100を突破し、0と交差すると予想される

0を突破し、−100と交差すると予想される

−100を突破し、0と交差すると予想される

0を突破し、+100と交差すると予想される

第12章 ●ロスフックが使用できない場合

ルール5　CCIが1本のVHラインと再度クロスしているなら、2本のライン(可視と不可視)を超える必要がある

+100 ← トレーディングする
には+150とクロス
するか、またはその
見通しであることが
必要

0

トレーディングする
には−150とクロス
するか、またはその
見通しであることが
−100 ← 必要

ルール6　CCIが+100(a)と再度クロスしているなら、+100(b)+150(c)とクロスする必要がある

+150 ------- c -------
+100 ---- a ---- b ----

いずれか2本と再度クロスしているなら、最初に戻り、CCIが2本の可視水平線を超えるまで待つ必要がある

0

CCIが−100(d)と再度クロスしているなら、−100(e)−150(f)とクロスする必要がある

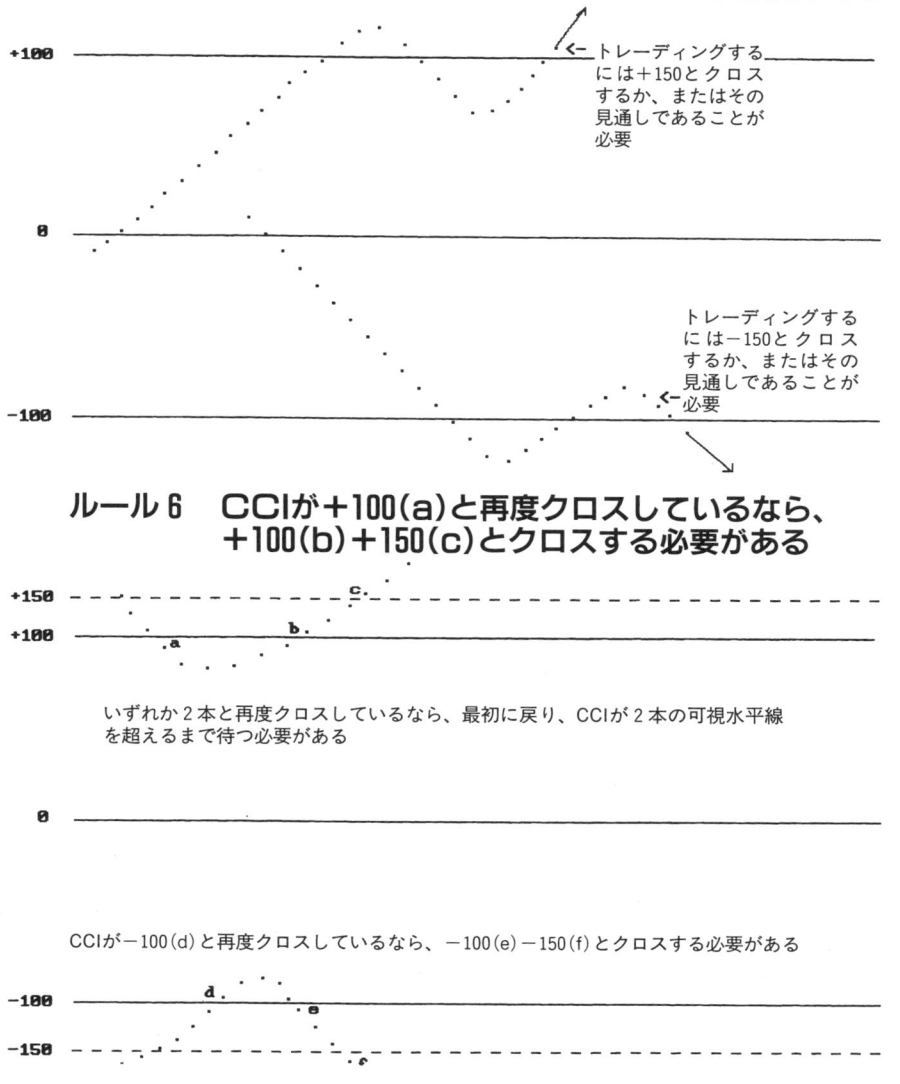

−100 ---- d ---- e ----
−150 ------- f -------

警告

　ここに掲げたCCIのチャートは、マーケット・ディテクティブで作成したものである。

　CCIをほかのプログラムで試した場合、シグナルはかなり異なったものとなった。ただ、ほかのプログラムで示されたシグナルも、それぞれのプログラムのコンテクスト内では有効であることが実証されている。

　次のチャートは5分足チャートである。

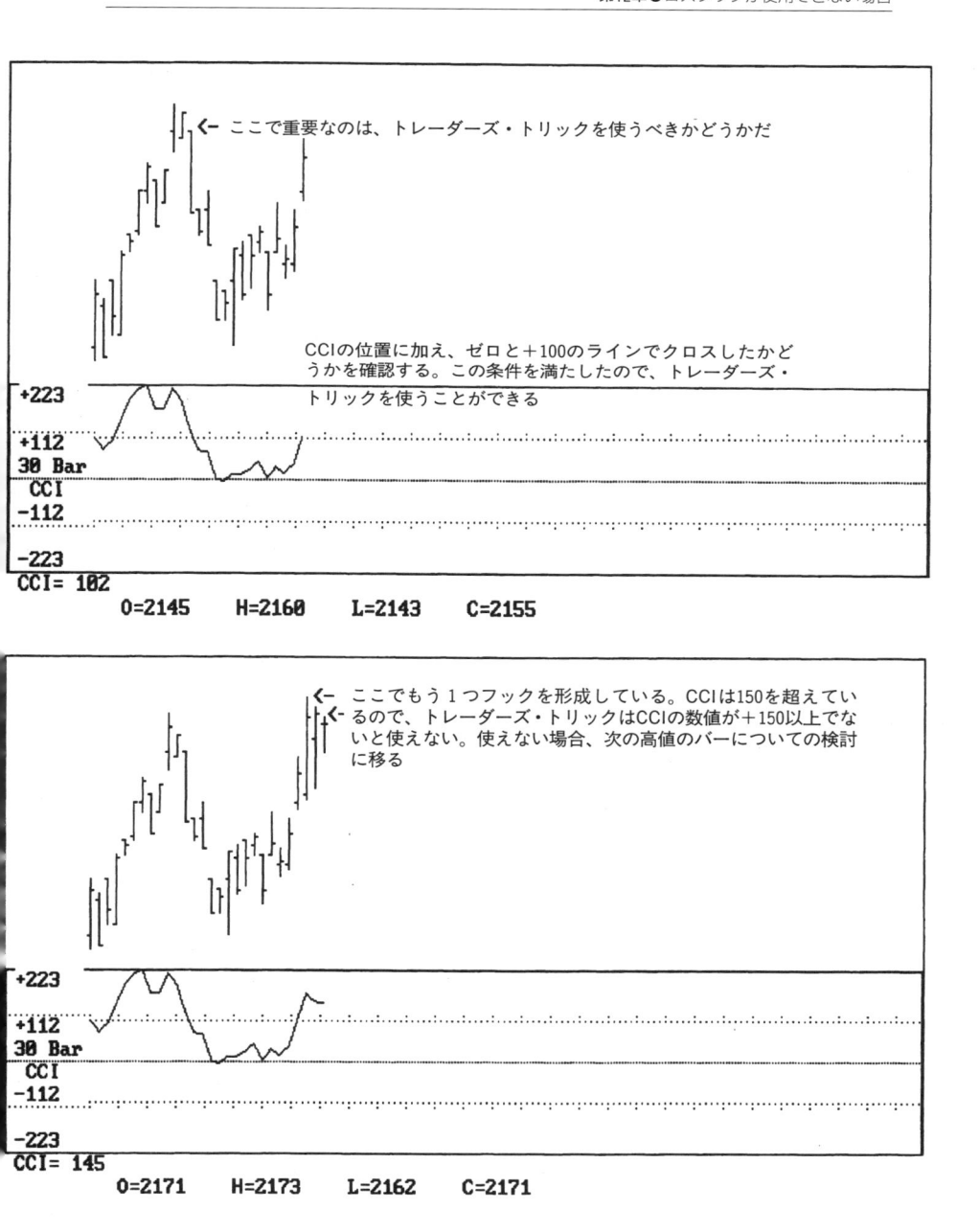

第12章 ●ロスフックが使用できない場合

←ここで重要なのは、トレーダーズ・トリックを使うべきかどうかだ

CCIの位置に加え、ゼロと＋100のラインでクロスしたかどうかを確認する。この条件を満たしたので、トレーダーズ・トリックを使うことができる

+223
+112
30 Bar
CCI
-112
-223
CCI= 102   O=2145   H=2160   L=2143   C=2155

←ここでもう１つフックを形成している。CCIは150を超えているので、トレーダーズ・トリックはCCIの数値が＋150以上でないと使えない。使えない場合、次の高値のバーについての検討に移る

+223
+112
30 Bar
CCI
-112
-223
CCI= 145   O=2171   H=2173   L=2162   C=2171

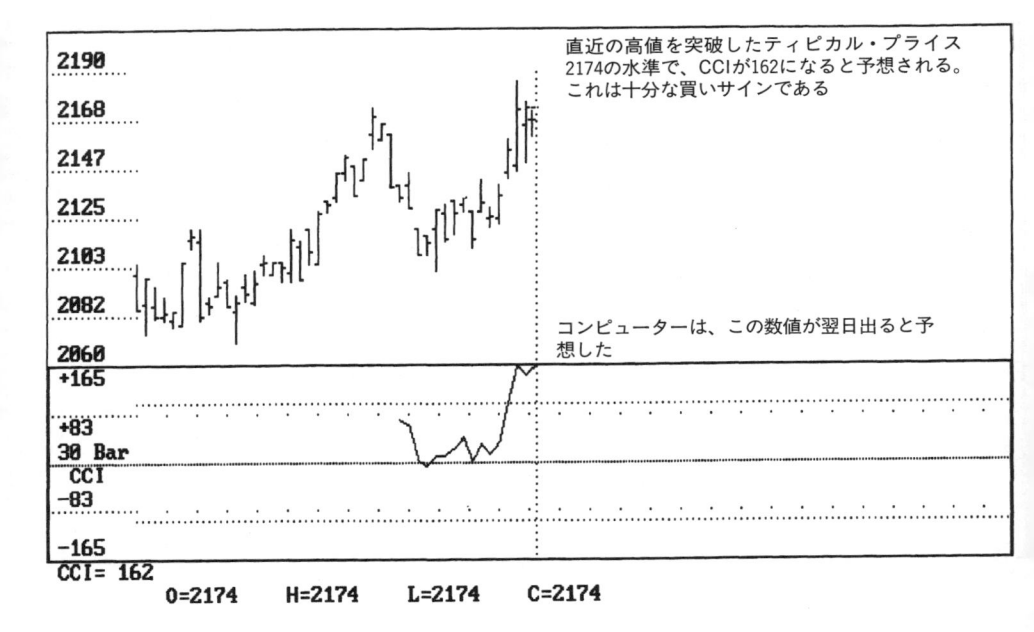

直近の高値を突破したティピカル・プライス2174の水準で、CCIが162になると予想される。これは十分な買いサインである

コンピューターは、この数値が翌日出ると予想した

O=2174　H=2174　L=2174　C=2174

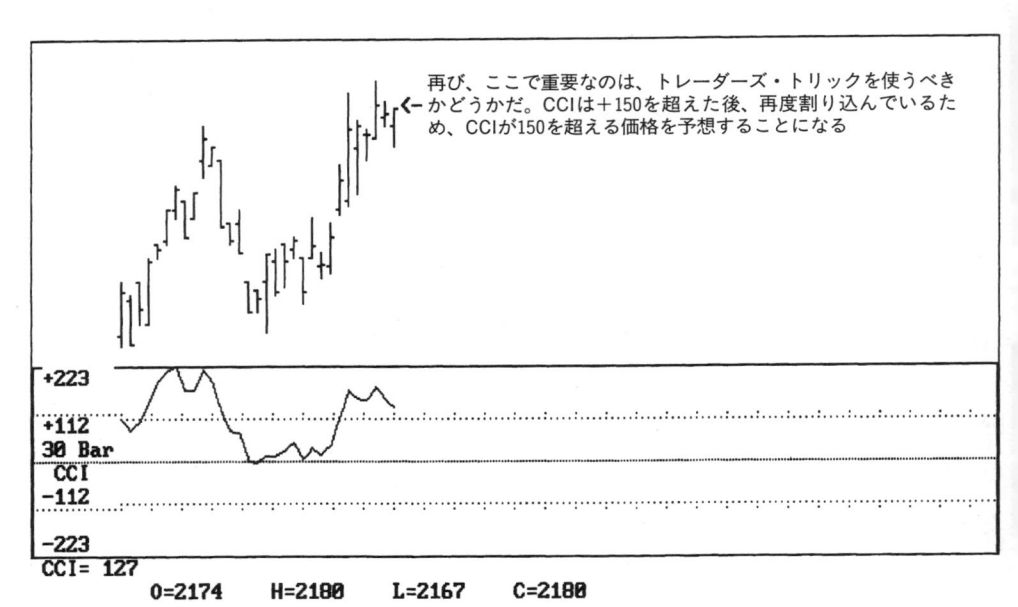

再び、ここで重要なのは、トレーダーズ・トリックを使うべきかどうかだ。CCIは＋150を超えた後、再度割り込んでいるため、CCIが150を超える価格を予想することになる

O=2174　H=2180　L=2167　C=2180

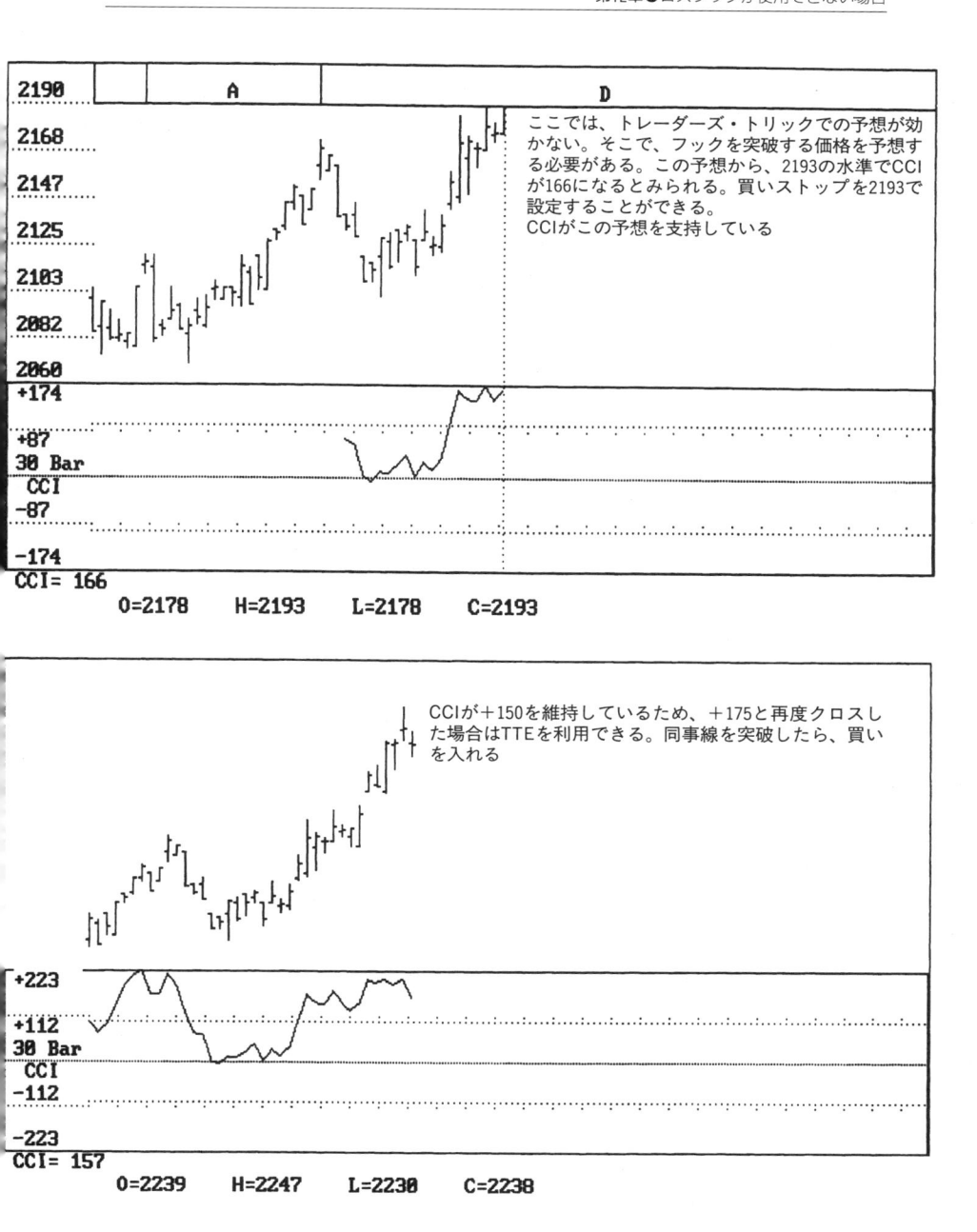

第12章●ロスフックが使用できない場合

ここでは、トレーダーズ・トリックでの予想が効かない。そこで、フックを突破する価格を予想する必要がある。この予想から、2193の水準でCCIが166になるとみられる。買いストップを2193で設定することができる。
CCIがこの予想を支持している

CCIが＋150を維持しているため、＋175と再度クロスした場合はTTEを利用できる。同事線を突破したら、買いを入れる

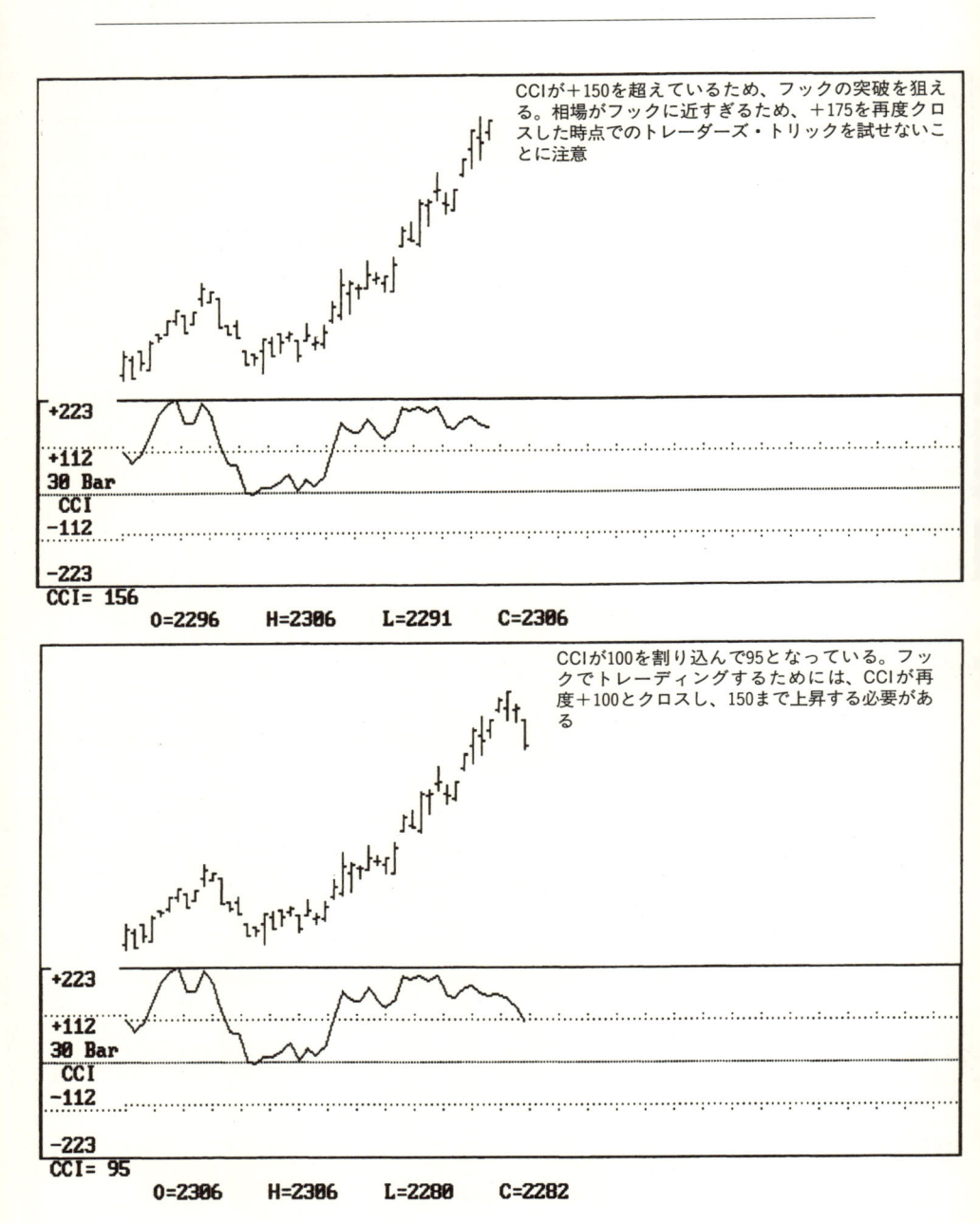

CCIが＋150を超えているため、フックの突破を狙える。相場がフックに近すぎるため、＋175を再度クロスした時点でのトレーダーズ・トリックを試せないことに注意

CCI= 156　　O=2296　　H=2306　　L=2291　　C=2306

CCIが100を割り込んで95となっている。フックでトレーディングするためには、CCIが再度＋100とクロスし、150まで上昇する必要がある

CCI= 95　　O=2306　　H=2306　　L=2280　　C=2282

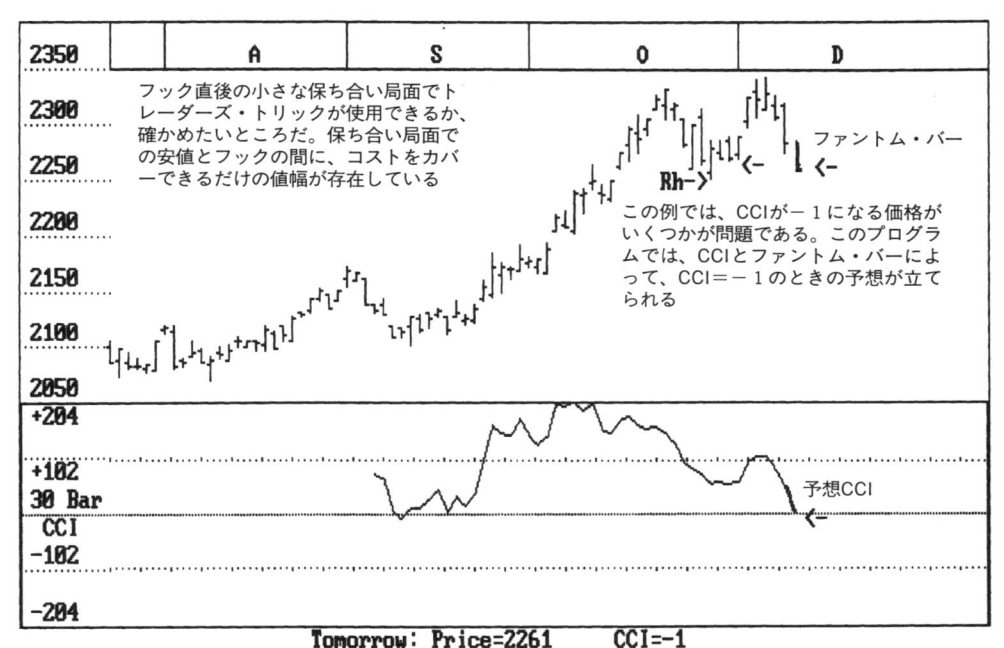

第12章 ●ロスフックが使用できない場合

フック直後の小さな保ち合い局面でトレーダーズ・トリックが使用できるか、確かめたいところだ。保ち合い局面での安値とフックの間に、コストをカバーできるだけの値幅が存在している

Rh->

ファントム・バー <-

この例では、CCIが-1になる価格がいくつかが問題である。このプログラムでは、CCIとファントム・バーによって、CCI=-1のときの予想が立てられる

予想CCI

Tomorrow: Price=2261   CCI=-1

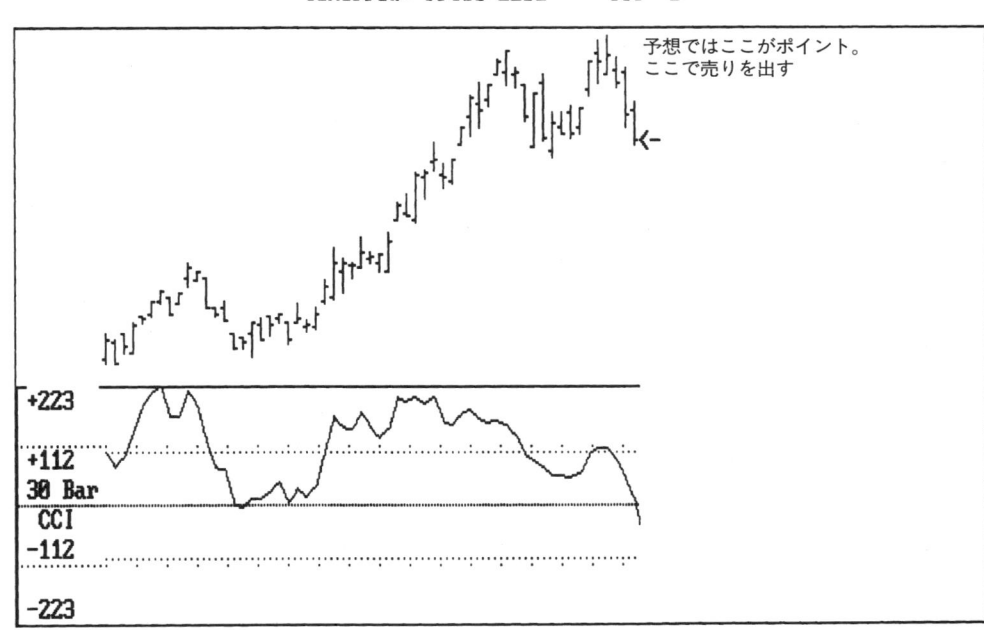

予想ではここがポイント。ここで売りを出す

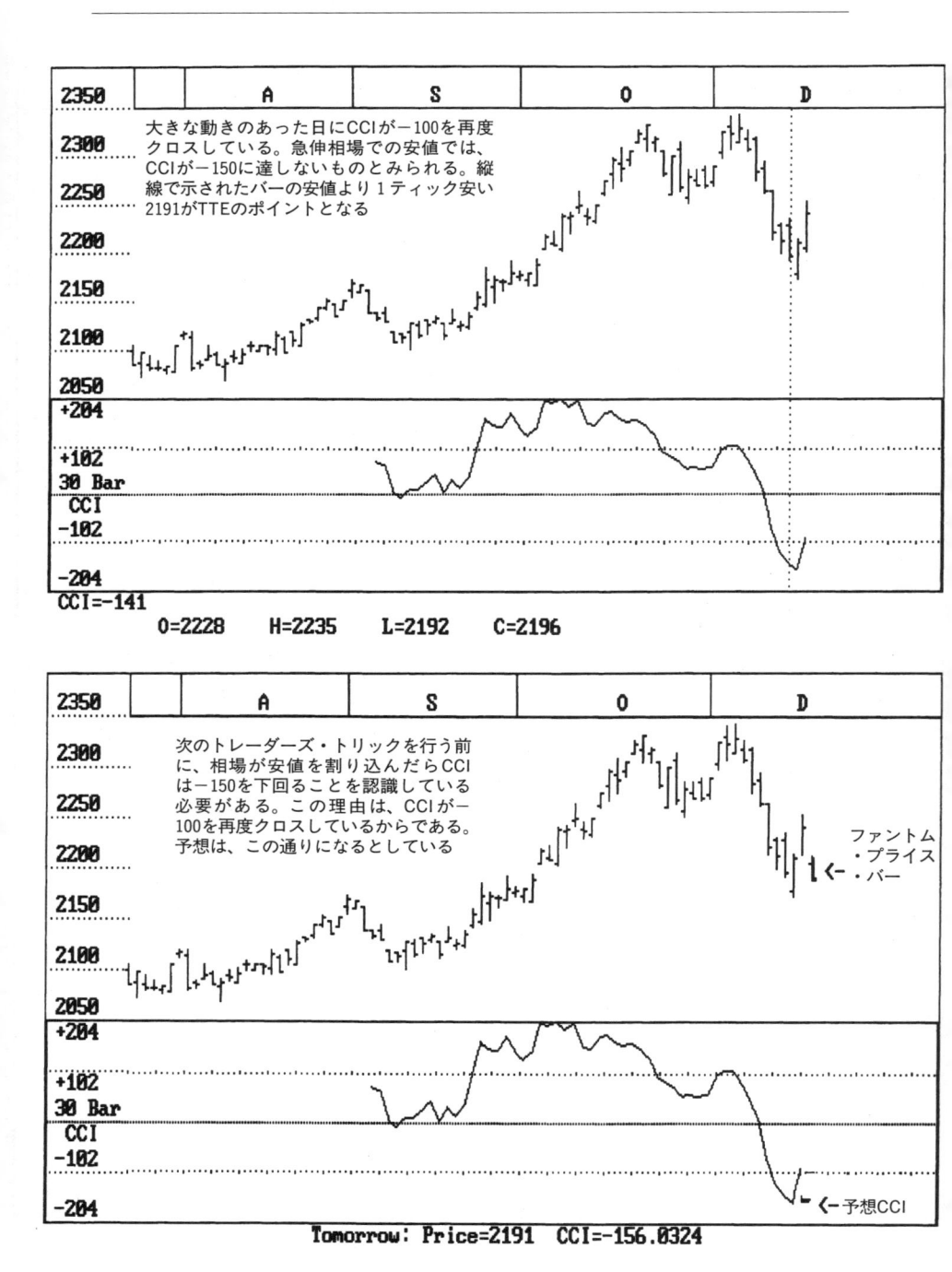

大きな動きのあった日にCCIが−100を再度クロスしている。急伸相場での安値では、CCIが−150に達しないものとみられる。縦線で示されたバーの安値より1ティック安い2191がTTEのポイントとなる

CCI=−141
O=2228 H=2235 L=2192 C=2196

次のトレーダーズ・トリックを行う前に、相場が安値を割り込んだらCCIは−150を下回ることを認識している必要がある。この理由は、CCIが−100を再度クロスしているからである。予想は、この通りになるとしている

ファントム・プライス・バー

←予想CCI

Tomorrow: Price=2191 CCI=−156.0324

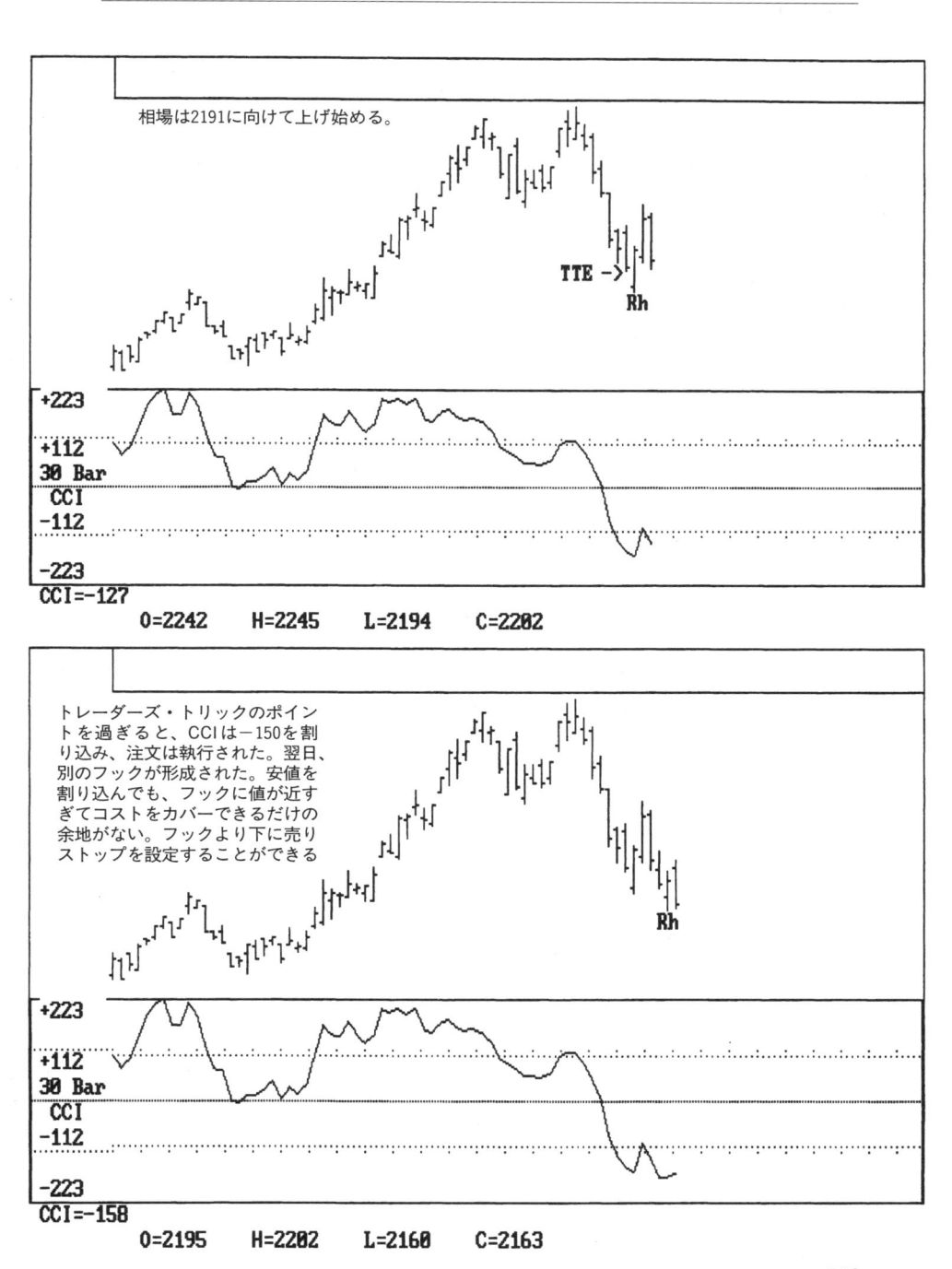

第12章●ロスフックが使用できない場合

相場は2191に向けて上げ始める。

TTE ->
Rh

+223
+112
30 Bar
CCI
-112
-223
CCI=-127

O=2242　　H=2245　　L=2194　　C=2202

トレーダーズ・トリックのポイントを過ぎると、CCIは-150を割り込み、注文は執行された。翌日、別のフックが形成された。安値を割り込んでも、フックに値が近すぎてコストをカバーできるだけの余地がない。フックより下に売りストップを設定することができる

Rh

+223
+112
30 Bar
CCI
-112
-223
CCI=-158

O=2195　　H=2202　　L=2160　　C=2163

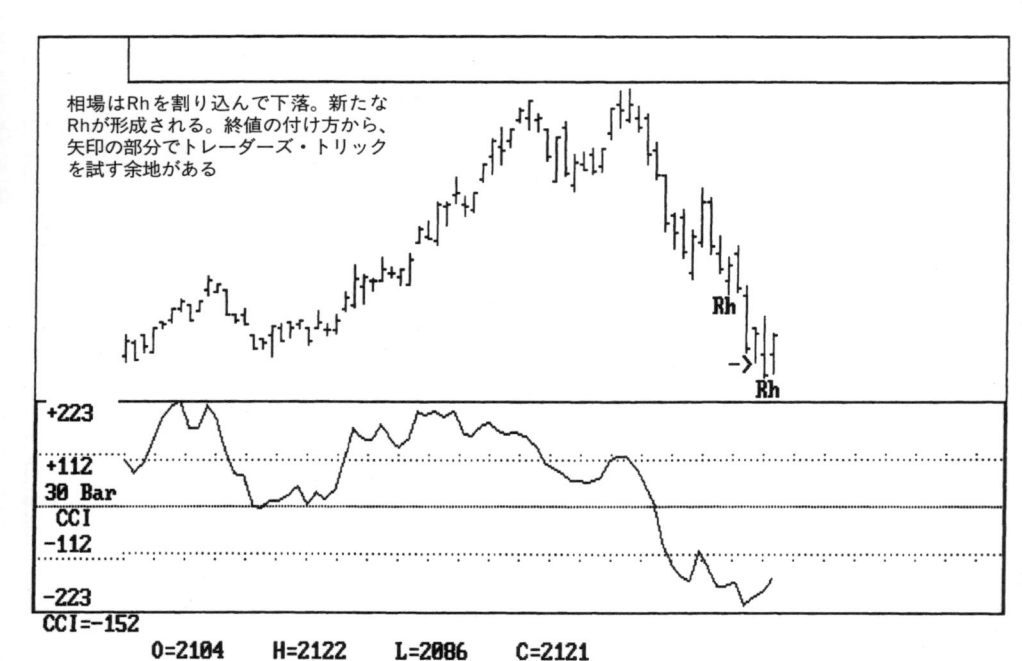

相場はRhを割り込んで下落。新たな
Rhが形成される。終値の付け方から、
矢印の部分でトレーダーズ・トリック
を試す余地がある

CCI=-152 O=2104 H=2122 L=2086 C=2121

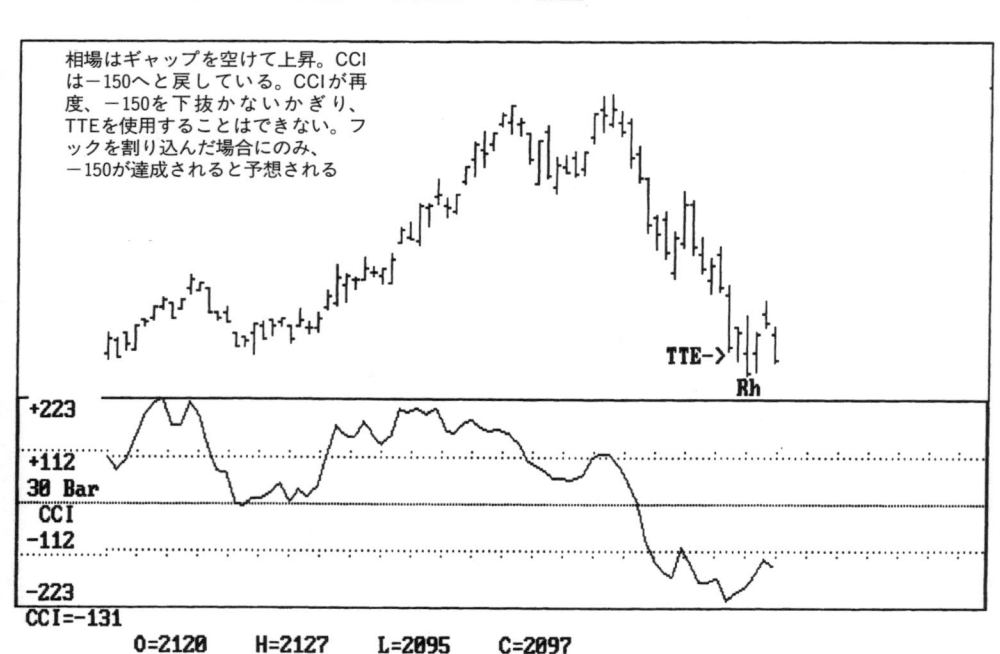

相場はギャップを空けて上昇。CCI
は-150へと戻している。CCIが再
度、-150を下抜かないかぎり、
TTEを使用することはできない。フ
ックを割り込んだ場合にのみ、
-150が達成されると予想される

CCI=-131 O=2120 H=2127 L=2095 C=2097

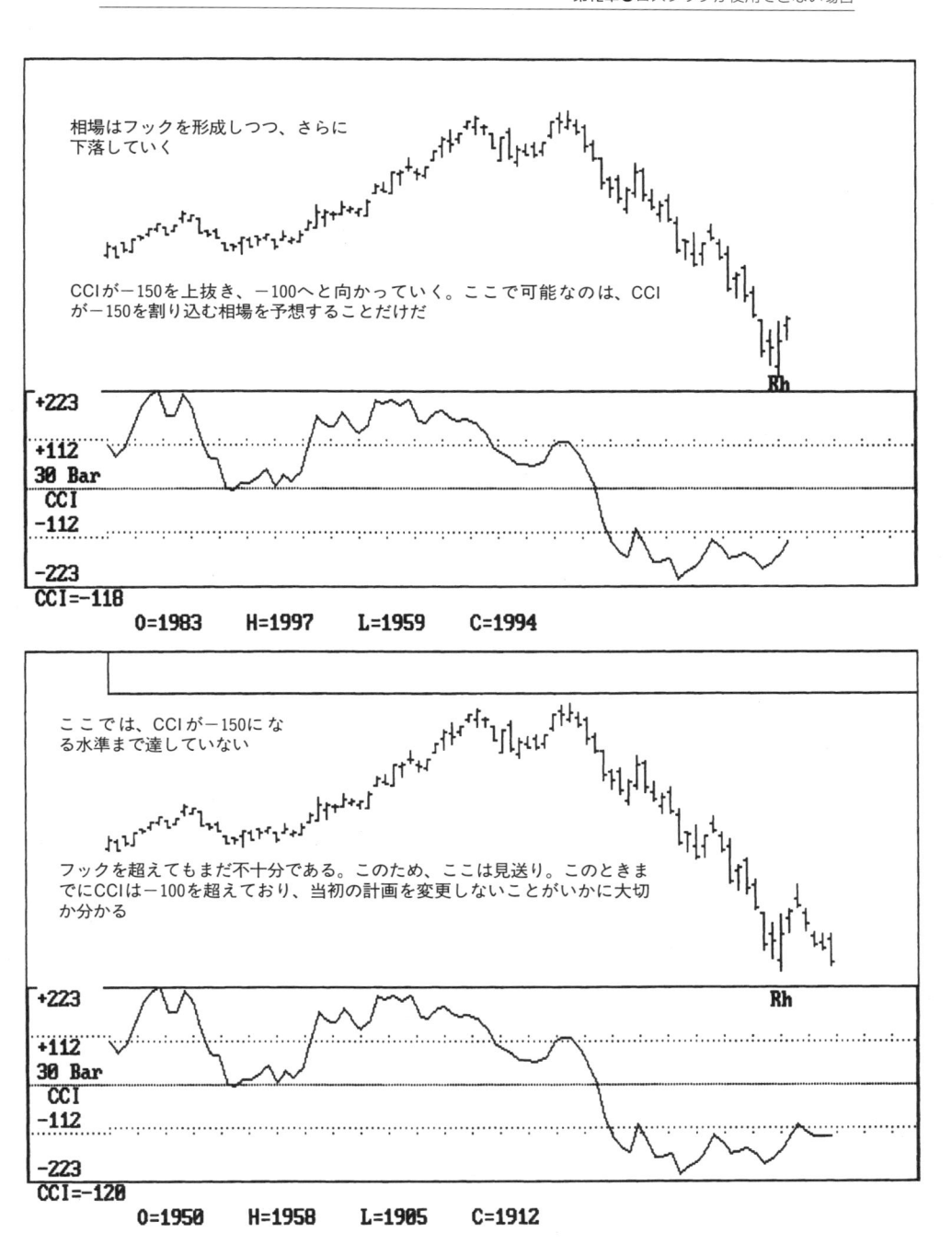

相場はフックを形成しつつ、さらに
下落していく

CCIが−150を上抜き、−100へと向かっていく。ここで可能なのは、CCI
が−150を割り込む相場を予想することだけだ

```
+223
+112
30 Bar
 CCI
-112
-223
```
CCI=−118
O=1983　　H=1997　　L=1959　　C=1994

ここでは、CCIが−150にな
る水準まで達していない

フックを超えてもまだ不十分である。このため、ここは見送り。このとき
までにCCIは−100を超えており、当初の計画を変更しないことがいかに大切
か分かる

```
+223
+112
30 Bar
 CCI
-112
-223
```
CCI=−120
O=1950　　H=1958　　L=1905　　C=1912

相場はこのように終了した。ご覧のとおり、フックを超えた直後にレンジ取引に突入した。CCIは-150を再度クロスすることはなかった。1830の安値でも、-144が精いっぱいだったのだ

第13章

ストキャスティクスによる
フィルタリング
Stochastics Filtering

あらゆるテクニカル分析法のなかで、ストキャスティクスほどその原形を歪められてしまったものもないだろう。

命名が不正確なだけでなく、本来の形式や使用法まですっかり忘却されてしまったのだから。この語のつづりも、「stocastics」とされることもあれば、「stochastics」の場合もある。

だが、わが同輩のひとり、リチャード・レッドモントは私に真実を教えてくれた。つまり、彼は私よりもさらに長く生きており、それだけ長い間トレーディングをしてきた、ということなのだが。実際にこの手法を目の当たりにしたら、読者はうれしい驚きのために声を上げるだろう。これを本書に収録したのは、トレーダーズ・トリックを使ったロスフックのフィルターとしてよく機能するからである。

まず、オリジナルの計算式とその計算法を確かめておこう。

Dt	Hi	Lo	Hi-5	Lo-5	Cl	R-5	U-5	D-5	K	R-3	U-3	D-3	D	D-T	D-S
1	2	3	4	5	6	7	8	9	10	11	12	13	14	15	16

　列1＝当日の日付

　列2＝当日の高値

　列3＝当日の安値

列6＝当日の終値

列2の当日を含む過去5営業日での最高値を列4に入れる。
列3の当日を含む過去5営業日での最安値を列5に入れる。
列4と列5の差を列7に入れる。
列4と列6の差を列8に入れる。
列7と列8の差を列9に入れる。
列7の当日を含む過去3営業日の数値を合計し、列11に入れる。
列8の当日を含む過去3営業日の数値を合計し、列12に入れる。
列9の当日を含む過去3営業日の数値を合計し、列13に入れる。
列9の合計を列7の合計で割り、列10に入れる。
列13の合計を列11の合計で割り、列14に入れる。
列14の当日を含む過去3営業日の数値を合計し、列15に入れる。
列15の数値を3で割り、その値を列16に入れる。
列14の数値が「D」となる。
列16の数値は、3日間のスムージングをかけた「D」となる。

　計算用ソフトがあれば、パラメーターを5、1、3または、5、3、1に設定していただきたい。どちらの設定になるかは、読者が持っているソフト次第で変わってくる。私の場合は5、1、3である。プログラムが変われば、使用する数値も明らかに違うものとなる。プロットが2つでなく、ひとつしか見られない場合は、パラメーターを変えてみることを勧める。「K」プロットと「D」プロットが必要である。
　私が知るかぎり、列15と列16の数値は、オリジナルの計算式では算出されない。
　著書『テクニカル・アナリシス・オブ・ザ・フューチャーズ・マーケッツ（Technical Analysis of the Futures Markets）』で、著者のジョン・J・マーフィーは、「ストキャスティクスは、かなり以前に

ジョージ・レーン（イリノイ州デプレインのインベスト・エデュケーター社社長）が発明した」と述べている。

　だが、私の調べによるとこれは事実ではない。レーンの著書『ユージング・ストキャスティクス・サイクルズ・アンド・RSI・トゥ・ザ・モーメント・オブ・ディシジョン（Using Stochastics, Cycles, & RSI to the Moment of Decision)』では、自ら「レーン版ストキャスティクス」という言葉を使っており、これ以前に別の「ストキャスティクス」が存在したことが示唆されている。

　確実に言えることは、ジョージ・レーンは、ここで取り上げているバージョンのストキャスティクスを発明したのではない、ということだ。こうした研究は、彼よりもずっと以前から行われてきたのである。また、「ストキャスティクス・プロセス」も彼が発明したものではない。ストキャスティクスの定義からして、プロセスを発明することは不可能だったはずだ。ランダムに推移する複数の変数は、時間とともに消滅してしまうからである。

　実際は、いわゆる「ストキャスティクス・プロセス」の起源を知っているトレーダーのほとんどが、現在、故人となってしまっている。レーン以前にも、C・ラルフ・ディスタントがインベストメント・エデュケーター社を所有し、％Dに関する教育活動を行っていた。私は彼のことを1966年、友人のリック・レッドモントから教えてもらった。ディスタントは、本書でこれから紹介する新たなアイデアを使い、何年もかけてこの方法論を改良していったのだ。彼は1972〜73年にかけて、スロー・バージョンの教育活動を始めたが、当時は、「熟考派」のためだけの教育を標榜していた。現在、コンピュテック社社長のティム・スレーターは、％Dを「ストキャスティクス」と命名した。％Dよりもそのほうがいい名前だと感じたのだ。初期の著書ですでに、「ストキャスティクス・プロセス」の言葉が見える。

　ディスタントは1978年、心臓マヒのためこの世を去った。

レーンの「ストキャスティクス」はコンピューターで使用する場合、5、3、1でなく、5、3、3の設定が必要となる。次に示すレーンによる計算法を、オリジナルのバージョンと比較してみてほしい。

コンピューターがなくても、以下の方法でレーンのストキャスティクスは計算できる。

$$100 \times \frac{当日の終値 - 過去5日間の最安値}{過去5日間の最高値 - 過去5日間の最安値} = \%K$$

$$(3日間の\%K合計) \div 3 = \%D$$

$$(3日間の\%D合計) \div 3 = スロー\%D$$

当日の高値を列1に入れる。
当日の安値を列2に入れる。
過去5日間の最高値を列3に入れる。
過去5日間の最安値を列4に入れる。
当日の終値を列5に入れる。
当日の終値から過去5日間の安値を引き、列6に入れる。
過去5日間の高値から過去5日間の安値を引き、列7に入れる。
列6の数値を列7の数値で割り、100倍する。これが%Kである。%Kを列8に入れる。
過去3日間の%Kを合計し、その値を3で割る。これが%D。%Dを列9に入れる。
過去3日間の%Dを合計し、その値を3で割る。これがスロー%D。スロー%Dを列10に入れる。

1	2	3	4	5	6	7	8	9	10
H	L	H5	L5	C	C-L5	H5-L5	%K	%D	%D-S

もし構わなければ、このオリジナル・スタディを「ストキャスティクス」と呼ぶことをやめたいと思う。実態とかけ離れた名称を使うのが不愉快なので、今後は、「スタディ」と呼ぶことにしよう。
　それでは、オリジナルのスタディの使用法を見ていこう。
　このスタディ使用法は、相場の観察に基づいている。つまり、相場が上昇するにつれ、日々の終値はレンジ上限に向けて進んでいく。逆もまた真である。相場が下落するにつれ、終値はレンジ下限に向かっていくのだ。これは、日々の終値をモニターすることで得ることができるが、どの時間枠でも有効である。
　スタディとロスフックを併用した場合、2種類の有効なシグナルが得られる。
　1．買いまたは売りのシグナルは、KラインがDラインとクロスしたところになる。
　2．ダイバージェンスを見せた場合、トレンドの終了が近い可能性があるため、フックでの売買は行うべきでない。

　例えば、相場がいったん高値を付けたあとで反落し、その後新高値へ上昇しているにもかかわらず、これに対応するDラインがピークを付けたものの、この次に付けたピークがより低い水準にとどまってしまったとしたら、「弱気のダイバージェンスが発生している」ことになる。この場合の上昇トレンドは、ほぼ終わりかけている可能性が高い。
　逆に、相場がいったん安値を付けたあとで反発し、その後新安値へ下落しているにもかかわらず、これに対応するDラインが底を付けたものの、この次に付けた底値がより高い水準までしか下げなかったとしたら、「強気のダイバージェンスが発生している」ことになる。この場合の下降トレンドは、ほぼ終わりかけている可能性が高い。
　ここで、非常に重要度の高い微妙なポイントがある。このシグナル

は、Kラインが天井圏でDラインが付けた高値より右側でクロスするか、あるいは底値圏でDラインが付けた安値より右側でクロスした場合、ダイバージェンスに対して影響を与えるのだ。

また、このコンセプトは保ち合い局面でも機能する。ただし、ロスフックで売買を行っている場合には、スタディがトレンドのなかでどうなっているかだけが問題となる。

ロスフックを使っている場合には、KラインがDラインとクロスしているかどうかだけに気を付けていればいいのである。フックによる仕掛けをフィルタリングするとき、クロスの位置が右側であろうが左側であろうが問題ではない。クロスの水準には十分注意する必要がある。上昇では75を超えた水準、下降では25を割った水準は好ましくないが、「買われ過ぎ」とか「売られ過ぎ」といったくだらないことにはとらわれなくてよい。

ここで、クロスとはどういうことかを見ておこう。私がクロスという言葉で言おうとしていることが分かるはずだ。ここでは、実際のトレーディングに使える道具でなく、情報として理解することでよしとするべきだろう。

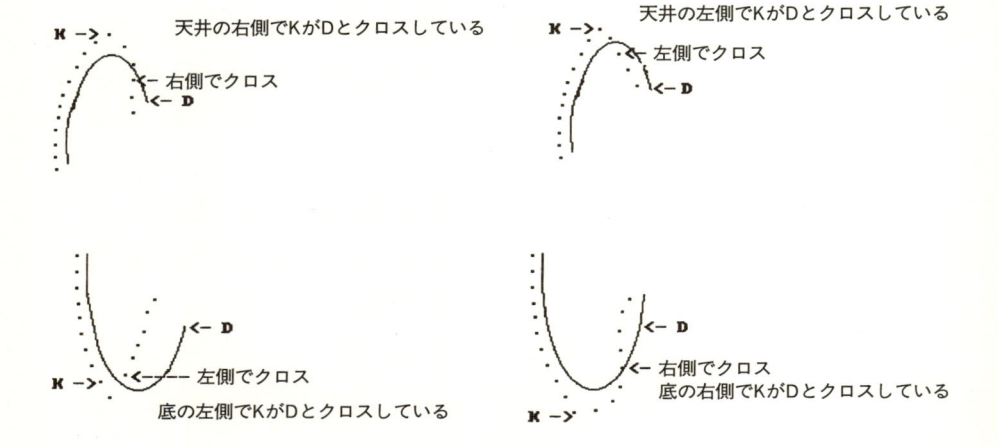

天井の右側でKがDとクロスしている
← 右側でクロス
←－D

天井の左側でKがDとクロスしている
← 左側でクロス
←－D

←－D
←－左側でクロス
底の左側でKがDとクロスしている

←－D
←－右側でクロス
底の右側でKがDとクロスしている

第13章●ストキャスティクスによるフィルタリング

　さて、それでは、実際に原油市場でこれがロスフックに与える影響を見てみよう。

　より振れの大きいのがKラインで、振れの小さいほうがDラインである。ときどき、ちょうど真ん中あたりでクロスしている。Dラインがややダイバージェンス気味となっているうえ、KラインがDラインを上抜いていることから、ロスフックを突破した時点がシグナルである可能性が強いとみてよさそうだ。

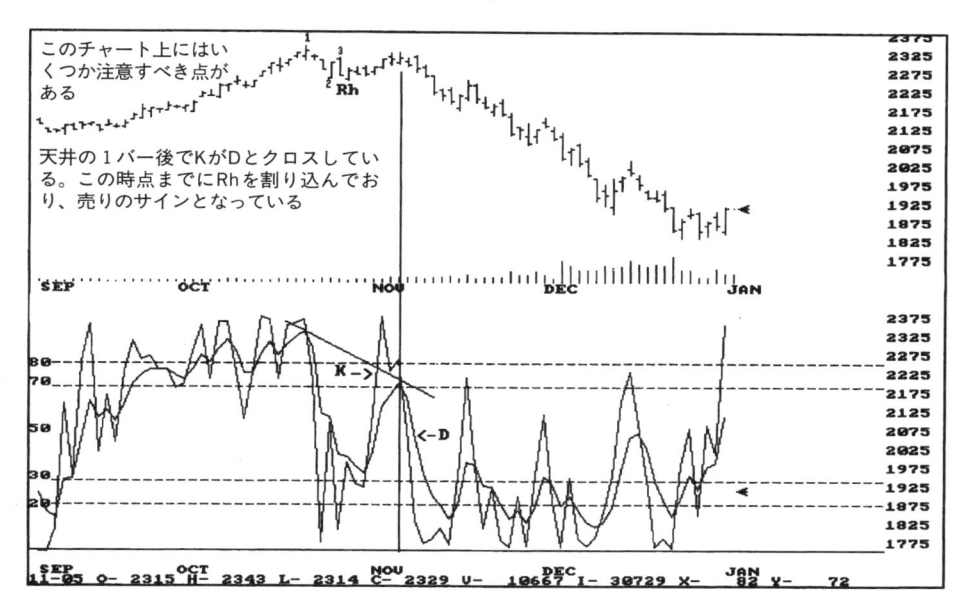

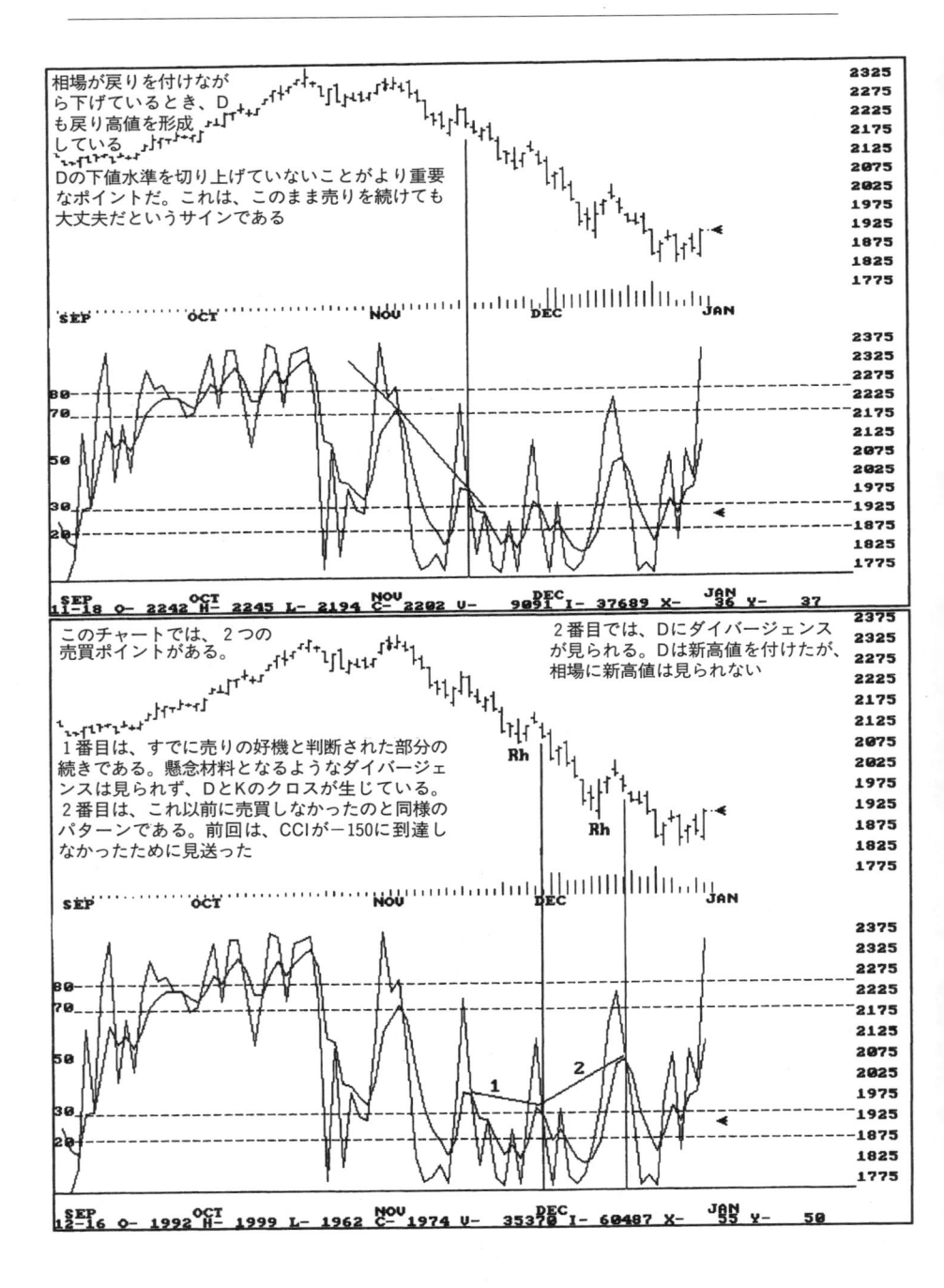

相場が戻りを付けなが
ら下げているとき、D
も戻り高値を形成
している

Dの下値水準を切り上げていないことがより重要
なポイントだ。これは、このまま売りを続けても
大丈夫だというサインである

このチャートでは、2つの
売買ポイントがある。

2番目では、Dにダイバージェンス
が見られる。Dは新高値を付けたが、
相場に新高値は見られない

1番目は、すでに売りの好機と判断された部分の
続きである。懸念材料となるようなダイバージェ
ンスは見られず、DとKのクロスが生じている。
2番目は、これ以前に売買しなかったのと同様の
パターンである。前回は、CCIが-150に到達し
なかったために見送った

左のチャートでは、通常と異なるような形になっている部分がある。普通なら、Ｄラインの安値でダイバージェンスを探そうとするところだが、私がフックで売買する場合、Ｄラインの高値と安値の双方に注意を払う。ダイバージェンスに加えて、CCIが150に達していない事実を考えれば、ここの最後のRhではエントリーできない。

　時間的により最近の部分を見ると、相場は保ち合いを形成しており、力を貯め込み始めているように見える。

さて、この5分足チャートの最後のバーに注目していただきたい。

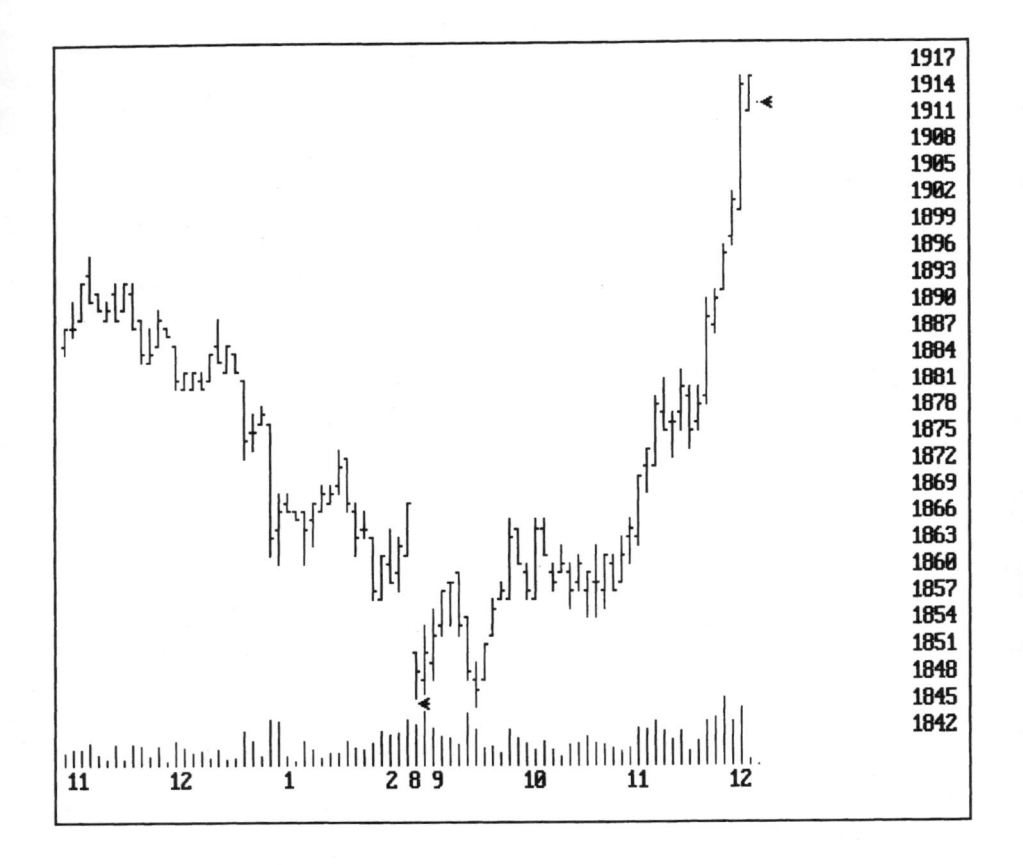

ほかのマーケットも見るため、さらに数枚のチャートを見てみよう。
次の日足チャートに注意していただきたい。読者に見てほしい、非常に重要なコンセプトが含まれているのだ。

第13章●ストキャスティクスによるフィルタリング

　ここで、ロスフックによるトレーディングが可能なのは、マーケットがトレンドを形成しているときであることを思い出そう。このコンセプトに従えば、下図では、仕掛けは1回である。
　相場は小幅なトレンドを形成する直前に、非常に微妙な形で1-2-3を形成していることに注目してほしい。この後、スタディが底から上昇に転じている。これが今後の展開を予言しているのだ。

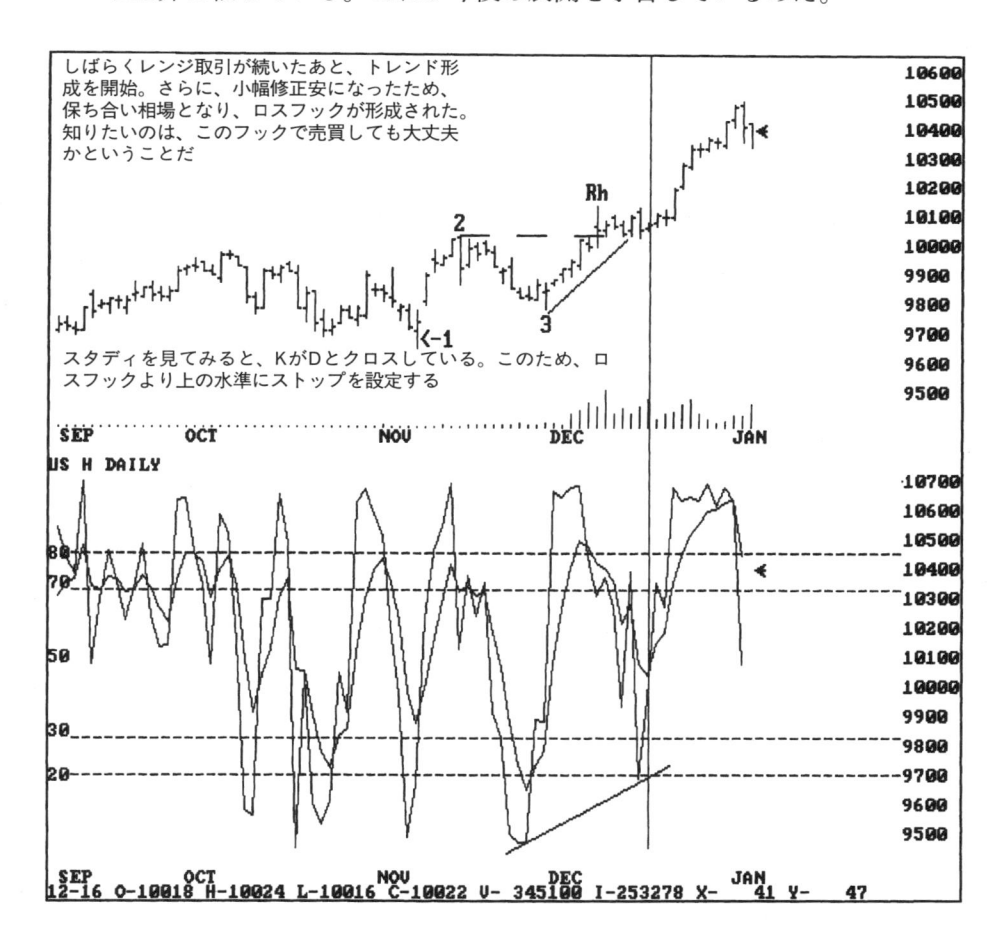

しばらくレンジ取引が続いたあと、トレンド形成を開始。さらに、小幅修正安になったため、保ち合い相場となり、ロスフックが形成された。知りたいのは、このフックで売買しても大丈夫かということだ

スタディを見てみると、KがDとクロスしている。このため、ロスフックより上の水準にストップを設定する

233

次に示す一連のチャートでは、これまで解説してきた事項を総合して見てみよう。

これはユーロドル市場のチャートで、トレンド開始からデータの続くところまで収録してある。

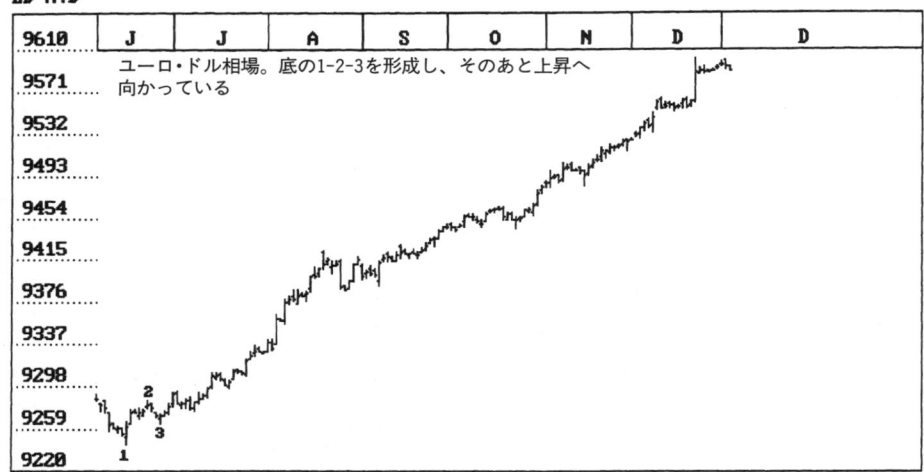

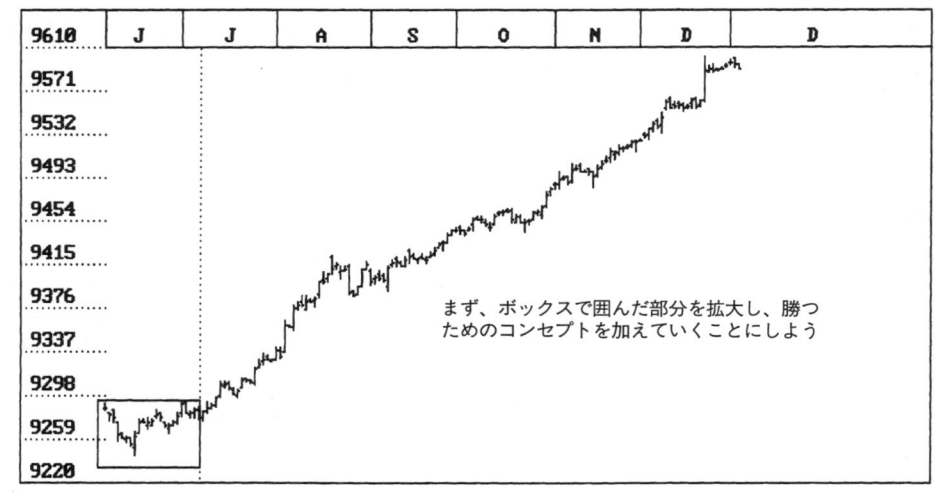

ED H.D

ユーロ・ドル相場。底の1-2-3を形成し、そのあと上昇へ向かっている

ED H.D

まず、ボックスで囲んだ部分を拡大し、勝つためのコンセプトを加えていくことにしよう

O=9286　H=9288　L=9277　C=9278

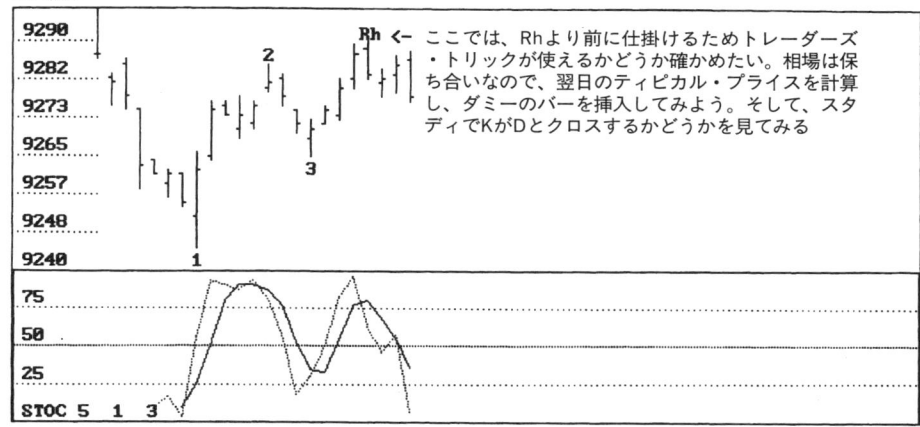

ここでは、Rhより前に仕掛けるためトレーダーズ・トリックが使えるかどうか確かめたい。相場は保ち合いなので、翌日のティピカル・プライスを計算し、ダミーのバーを挿入してみよう。そして、スタディでKがDとクロスするかどうかを見てみる

最後のバーの値は以下のとおりである。始値＝9286、高値＝9288、安値＝9277、終値＝9278。TTPの計算式は、（始値＋高値＋安値＋2×終値）÷5＝TTPである。

代入すると、
$$\frac{9286+9288+9277+2\times9278}{5}=9281$$

翌日の予想高値＝2×9281－当日の安値9277＝9285

翌日の予想安値＝2×9281－当日の高値9288＝9274

翌日の始値と終値に9280を挿入する。

以上によって、スタディを使って次ページのようなチャートが得られる。

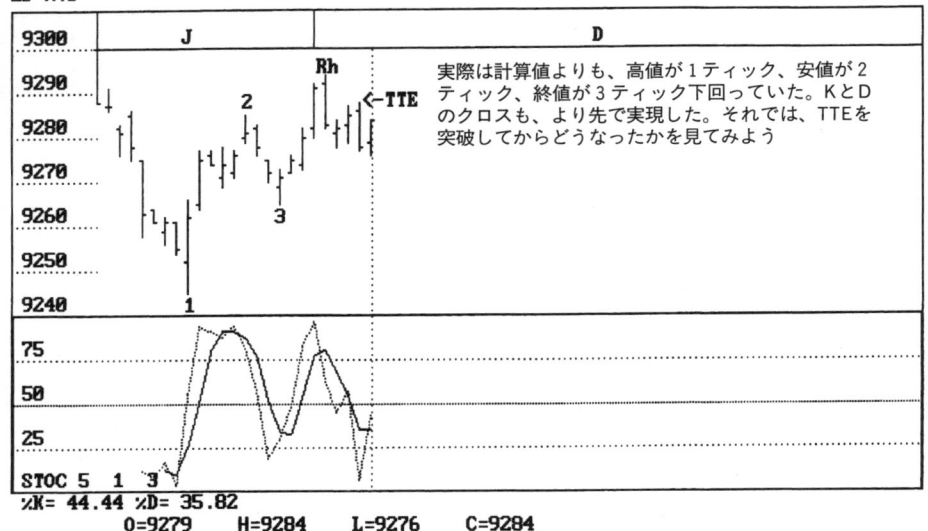

実際は計算値よりも、高値が1ティック、安値が2ティック、終値が3ティック下回っていた。KとDのクロスも、より先で実現した。それでは、TTEを突破してからどうなったかを見てみよう

チャートの下段には、予想価格が示されている。実際の値動きと比べてほしい。

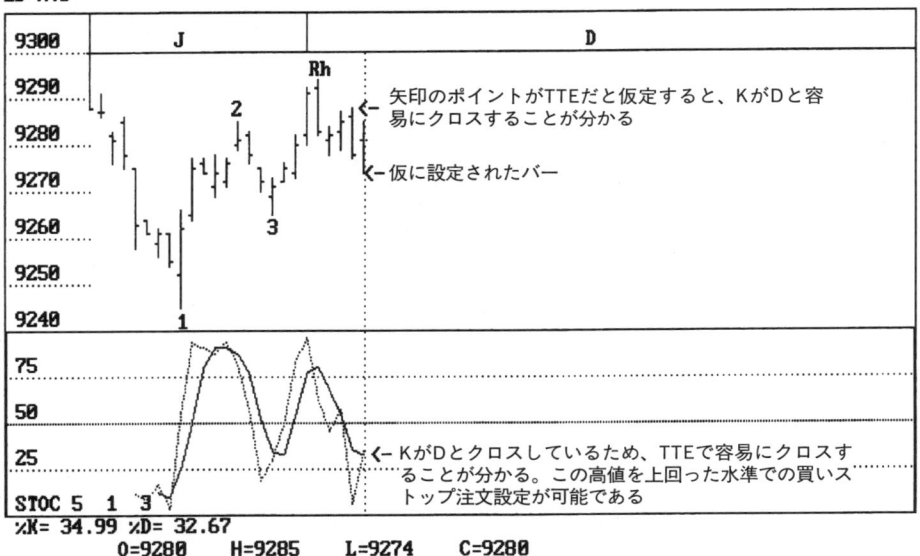

矢印のポイントがTTEだと仮定すると、KがDと容易にクロスすることが分かる

仮に設定されたバー

KがDとクロスしているため、TTEで容易にクロスすることが分かる。この高値を上回った水準での買いストップ注文設定が可能である

第13章●ストキャスティクスによるフィルタリング

ED H.D

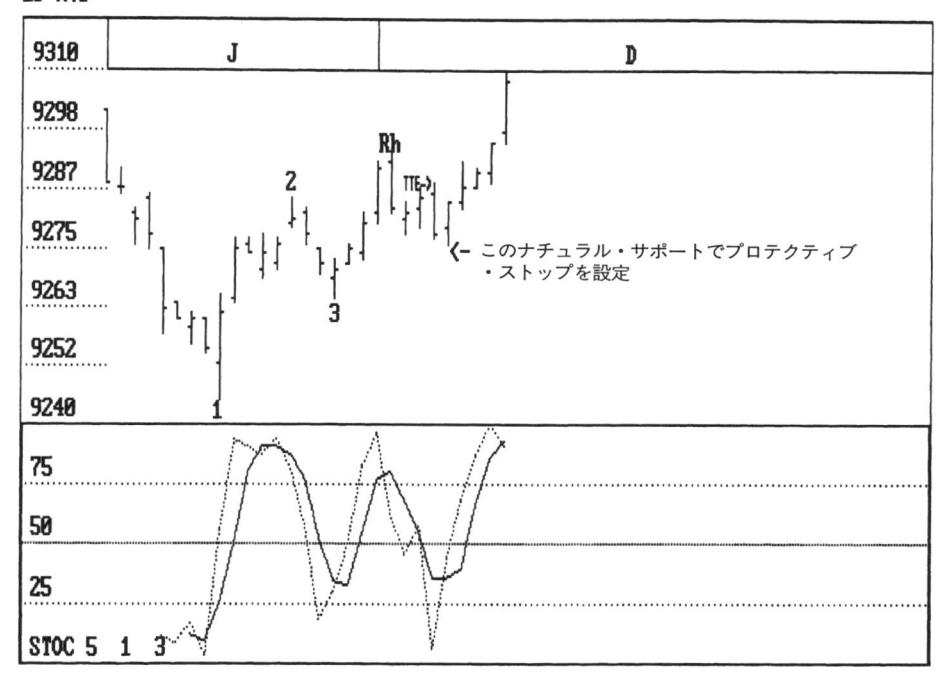

← このナチュラル・サポートでプロテクティブ
　・ストップを設定

　このトレーディングに対するスタディの適用結果は以上のようになる。

　次のチャートでは、いかにして新たなトレンドに対してVS（ボラティリティ・ストップ）を最適化させたかを示す。

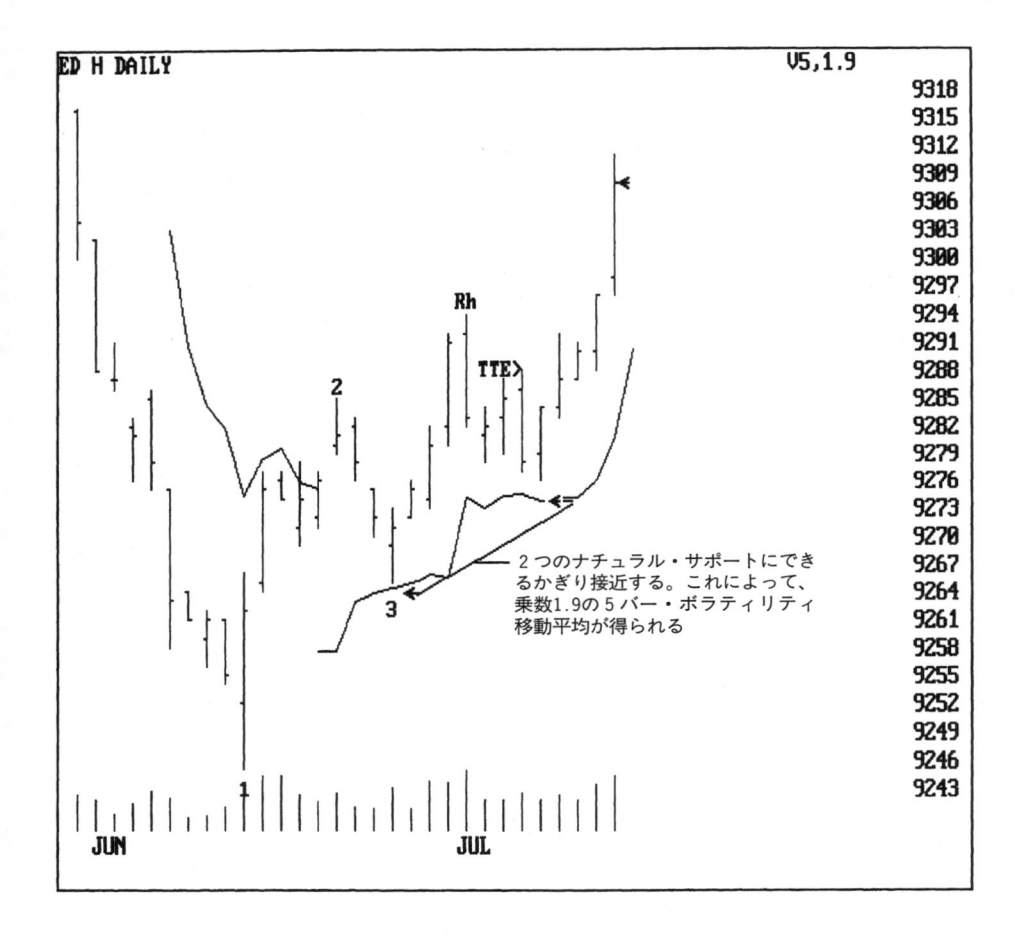

では、この急激な上昇トレンドを描いたユーロドルのチャートを見ていこう。

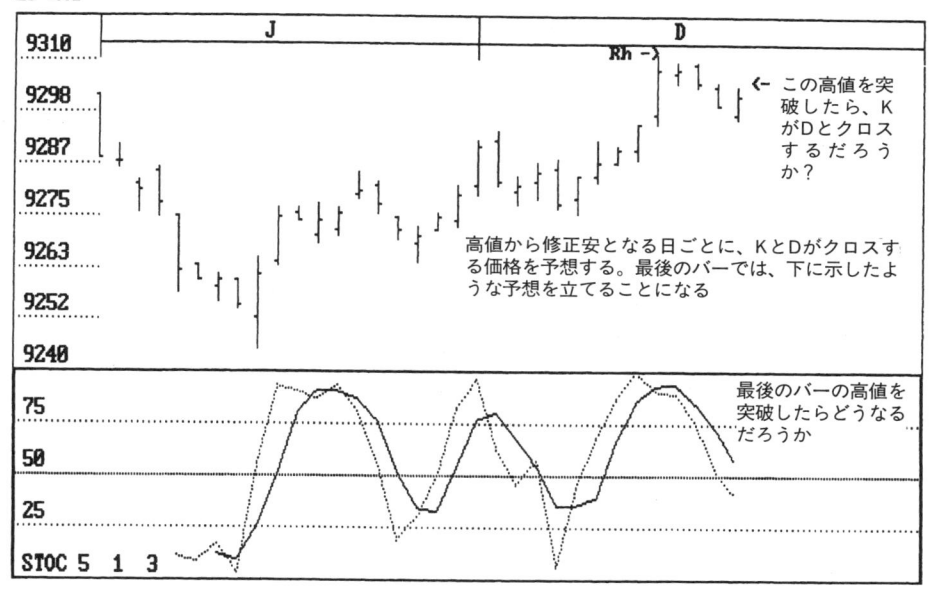

定義上、この修正期間は保ち合い局面となっている。この4営業日すべての終値（と始値）が、フックを形成したバーのレンジ内に収まっている。それぞれのバーについて、予想レンジを設け、高値が更新された場合にKラインがDラインとクロスするかどうか確認しよう。その価格で十分にコストがカバーでき、KラインがDラインとクロスする場合には、高値を突破する水準に買い注文（ストップ・リミットを使用するべきである）を置くことになるだろう。

現在のバーのレンジは始値＝9298、高値＝9304、安値＝9297、終値＝9302である。ティピカル・プライスの計算式である（始値＋高値＋安値＋2×終値）÷5を使えば、9301の値が得られる。ティピカル・プライスこそが常に、始まりであり、終わりである。

2×9301－9304＝9298＝翌日の予想安値
  2×9301－9297＝9305＝翌日の予想高値

　翌日の予想をする際に、このレンジのバーを利用することが可能である。確度を高めるために最後の2本のバーを除外し、ブレイクアウトのポイントを9305の代わりに9306に設定した。次ページのチャートで分かるように、「K」が「D」とのクロスをやすやすと実現している。

ED H.D

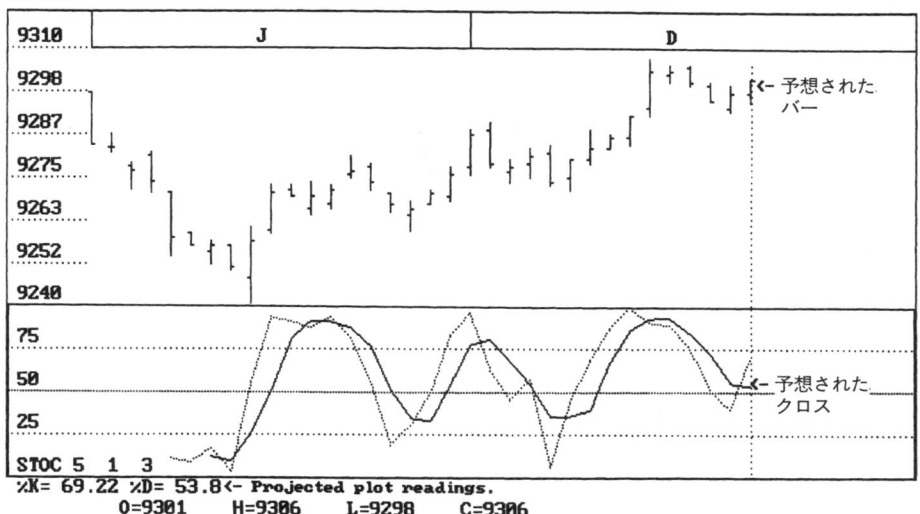

（チャート：予想されたバー、予想されたクロスを示す）

STOC 5 1 3
%K= 69.22 %D= 53.8 <- Projected plot readings.
O=9301   H=9306   L=9298   C=9306

それでは、実際の展開がどうなったか見てみよう。

ED H.D

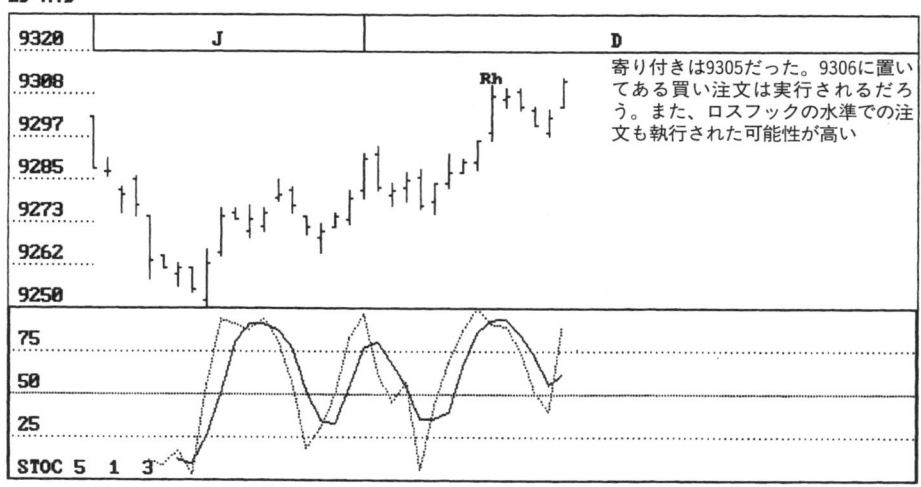

寄り付きは9305だった。9306に置いてある買い注文は実行されるだろう。また、ロスフックの水準での注文も執行された可能性が高い

STOC 5 1 3

これで、この手法がいかに有効か分かるだろう。この後も、スタディを使用したチャートで予想がどれだけ的中したかを見ていこう。

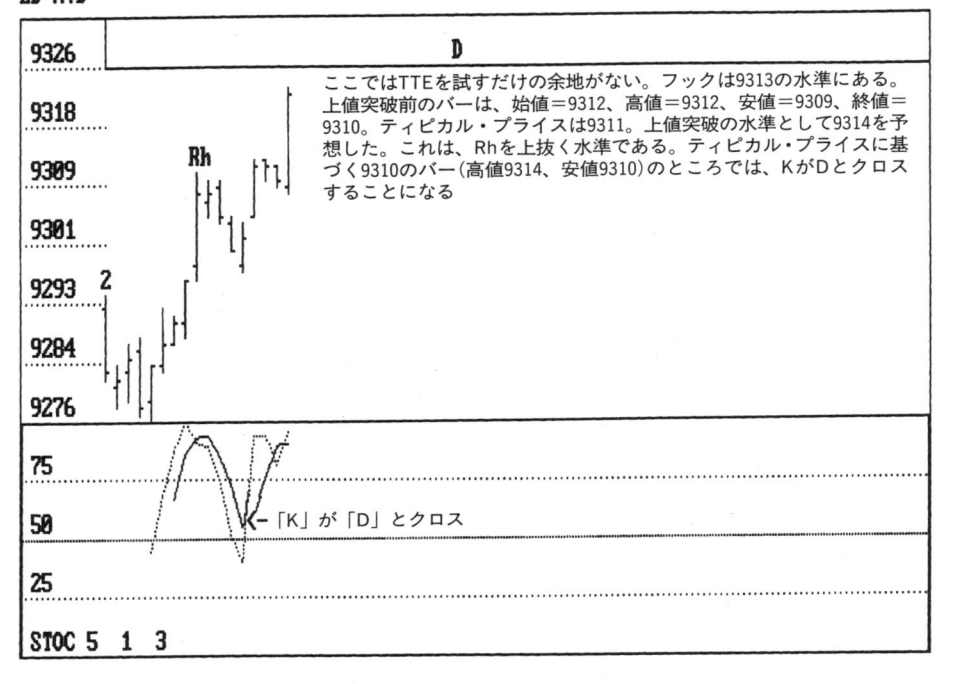

```
ED H.D
                              D
9326 ┤
        ┌──────────────────────────────────────────────────────
9318 ┤           ここではTTEを試すだけの余地がない。フックは9313の水準にある。
                 上値突破前のバーは、始値＝9312、高値＝9312、安値＝9309、終値＝
9309 ┤    Rh     9310。ティピカル・プライスは9311。上値突破の水準として9314を予
                 想した。これは、Rhを上抜く水準である。ティピカル・プライスに基
9301 ┤           づく9310のバー（高値9314、安値9310）のところでは、KがDとクロス
                 することになる
9293 ┤ 2
9284 ┤
9276 ┤

 75
 50              ―「K」が「D」とクロス
 25
STOC 5 1 3
```

ユーロドルのチャートだが、Rhをブレイクアウトしてからもさらに上昇している。ストップは、ナチュラル・サポートの水準か、最適化されたVSの水準でしっかりと実行されたはずである。最適化された安値の移動平均も、ここでは有効になっている。

これ以降の部分についても、KラインがDラインとクロスしていることから、ほぼすべてを予想することが可能だ。次のチャートで、その予想を見ることができる。その後、実際の展開が面白い結果になったことをお見せしよう。

第13章 ●ストキャスティクスによるフィルタリング

ED H.D

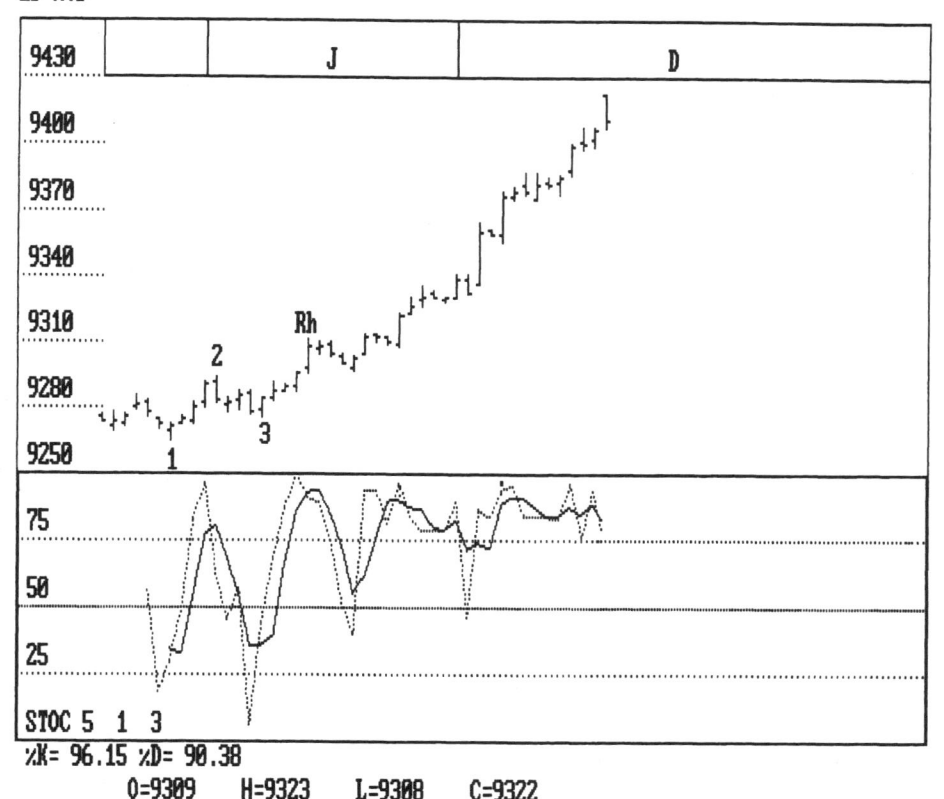

```
  9430 |         |    J    |         D         |
  9400 |                                  ┤├┤├  |
  9370 |                            ┤├┤├┤├      |
  9340 |                      ┤├┤├┤├            |
  9310 |              Rh  ┤├┤├                  |
       |         2   ┤├┤├                       |
  9280 | ┤├┤├┤├┤├ ┤├┤├                          |
  9250 |      1  3                              |
```

STOC 5 1 3
%K= 96.15 %D= 90.38
O=9309 H=9323 L=9308 C=9322

　上記チャートの時点までは、着実に上昇を続けていた。
　この後、相場は大きな修正局面を迎えた。この修正は、Dラインが相場とは離れて方向性を失い始めた時点で警告が出ているものだった。この修正期間中に、ダマシでストップが執行されてしまう可能性がある、重要な場面が見られた。
　次の3枚のチャートでそれを示していこう。

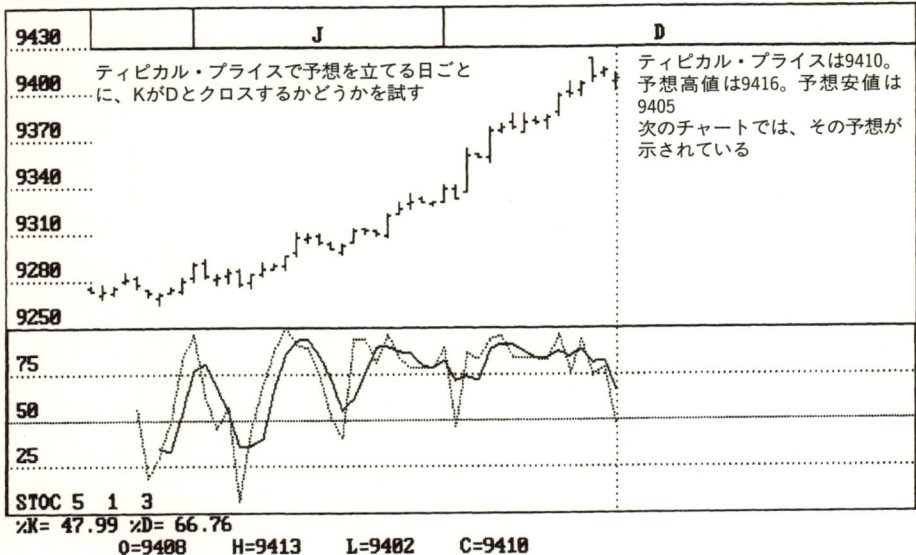

ティピカル・プライスで予想を立てる日ごとに、KがDとクロスするかどうかを試す

ティピカル・プライスは9410。予想高値は9416。予想安値は9405
次のチャートでは、その予想が示されている

%K= 47.99 %D= 66.76
O=9408 H=9413 L=9402 C=9410

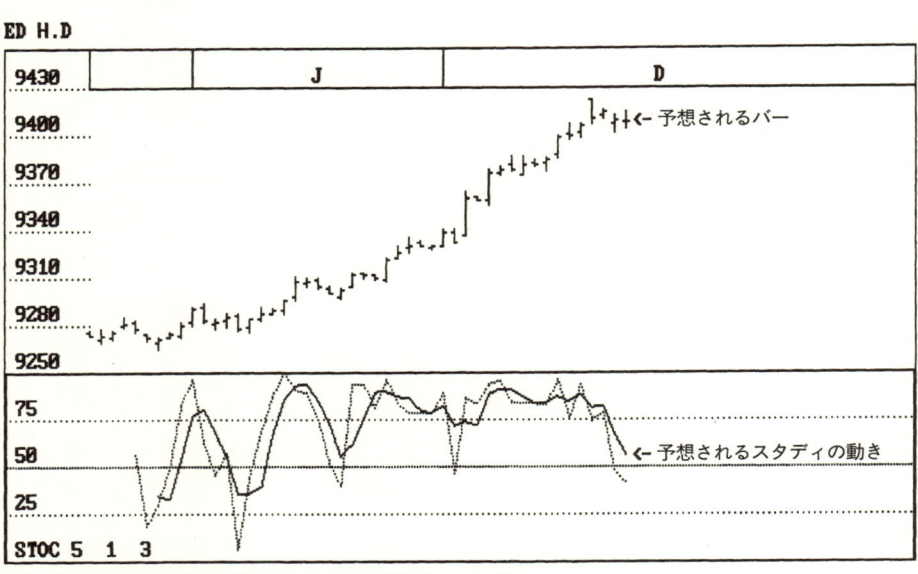

<- 予想されるバー

<- 予想されるスタディの動き

On the next chart, we'll see what really happened.

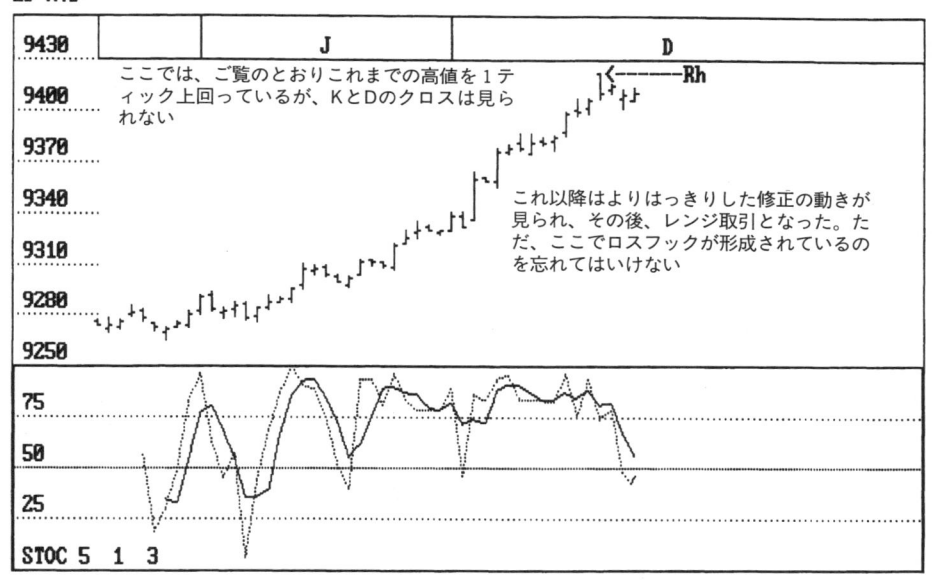

第13章●ストキャスティクスによるフィルタリング

ここでは、ご覧のとおりこれまでの高値を1ティック上回っているが、KとDのクロスは見られない

これ以降はよりはっきりした修正の動きが見られ、その後、レンジ取引となった。ただ、ここでロスフックが形成されているのを忘れてはいけない

相場はしばらくの間、横ばいで推移。フックが試されるが、いずれも追随買いは見られない。この場合には、フックの高値を試す以前にクロスが実現している

← KがDとクロスしている

Dが高値・安値ともに切り上げてきていることに注目

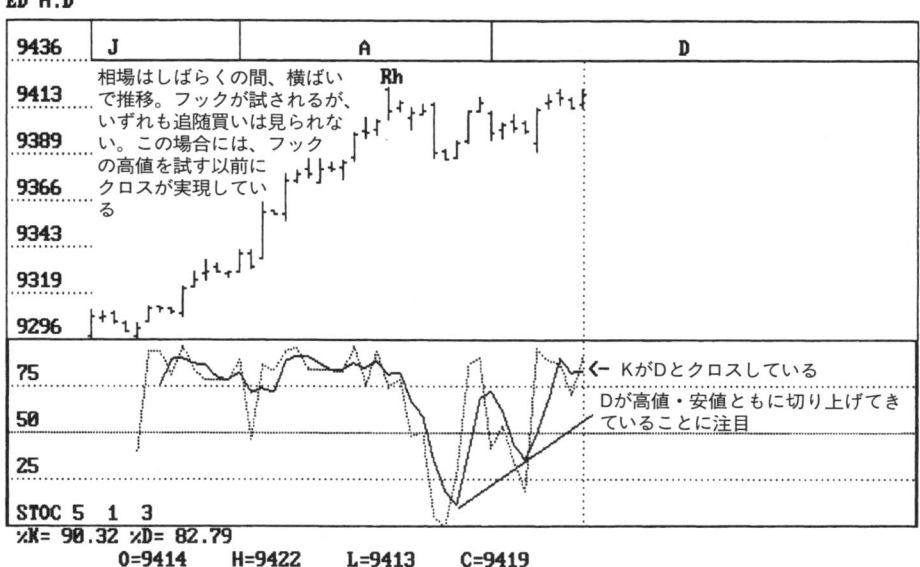

%K= 90.32 %D= 82.79
O=9414 H=9422 L=9413 C=9419

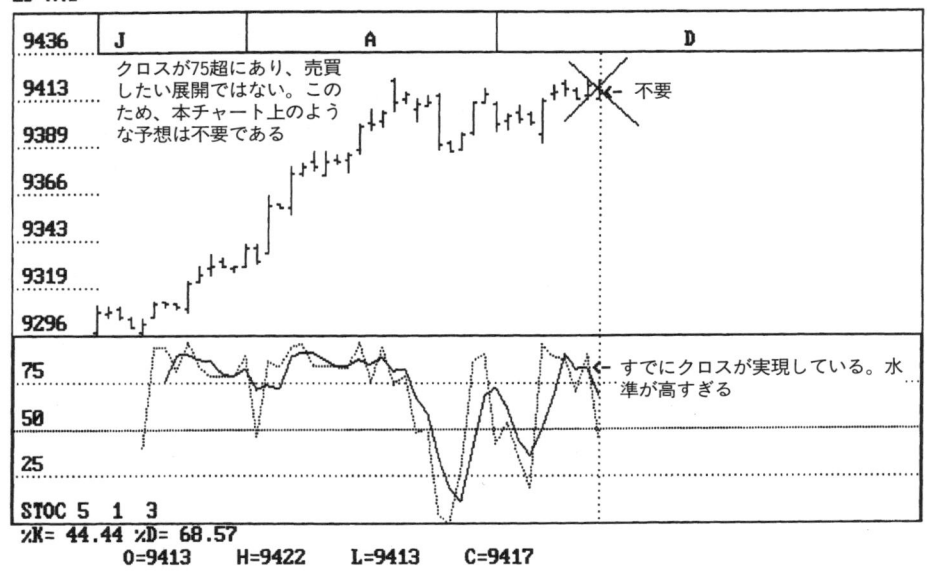

ED H.D

9436	J	A	D
9413	クロスが75超にあり、売買したい展開ではない。このため、本チャート上のような予想は不要である		不要
9389			
9366			
9343			
9319			
9296			
75			すでにクロスが実現している。水準が高すぎる
50			
25			
STOC 5 1 3			

%K= 44.44 %D= 68.57
O=9413　H=9422　L=9413　C=9417

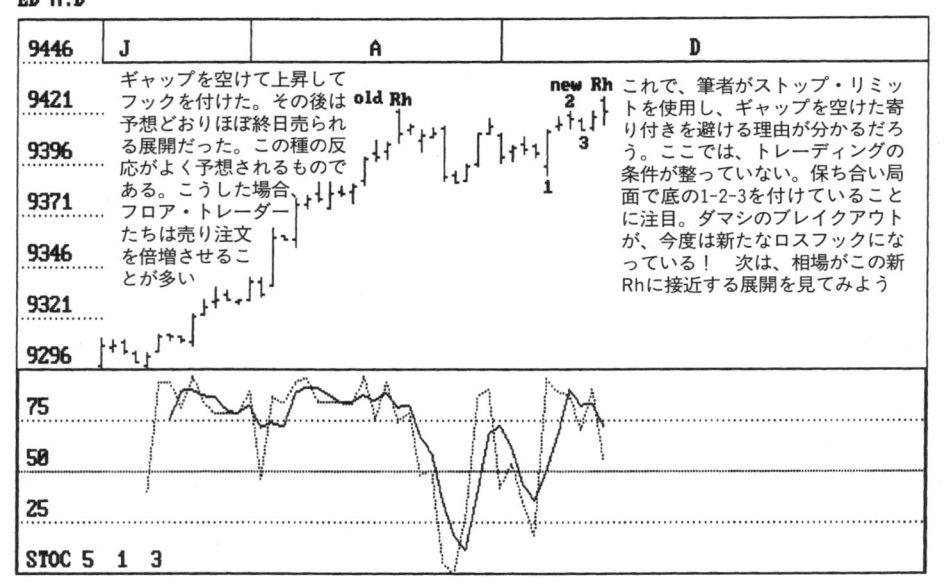

ED H.D

9446	J	A	D
9421	ギャップを空けて上昇してフックを付けた。その後は予想どおりほぼ終日売られる展開だった。この種の反応がよく予想されるものである。こうした場合、フロア・トレーダーたちは売り注文を倍増させることが多い	old Rh	new Rh　これで、筆者がストップ・リミットを使用し、ギャップを空けた寄り付きを避ける理由が分かるだろう。ここでは、トレーディングの条件が整っていない。保ち合い局面で底の1-2-3を付けていることに注目。ダマシのブレイクアウトが、今度は新たなロスフックになっている！　次は、相場がこの新Rhに接近する展開を見てみよう
9396			
9371			
9346			
9321			
9296			
75			
50			
25			
STOC 5 1 3			

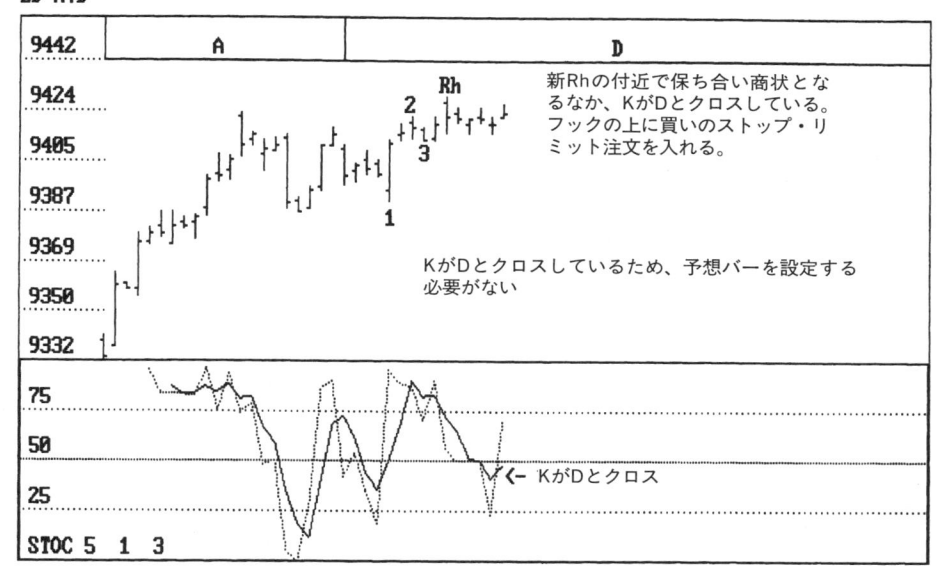

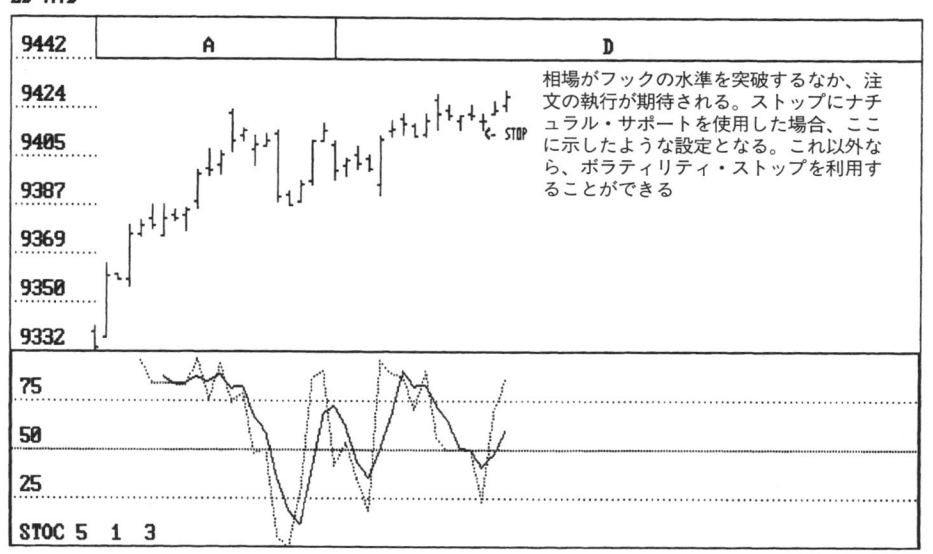

第13章 ●ストキャスティクスによるフィルタリング

新Rhの付近で保ち合い商状となるなか、KがDとクロスしている。フックの上に買いのストップ・リミット注文を入れる。

KがDとクロスしているため、予想バーを設定する必要がない

← KがDとクロス

相場がフックの水準を突破するなか、注文の執行が期待される。ストップにナチュラル・サポートを使用した場合、ここに示したような設定となる。これ以外なら、ボラティリティ・ストップを利用することができる

相場の推移や、その次の意思決定エリアがどう示されているかがよく分かる。

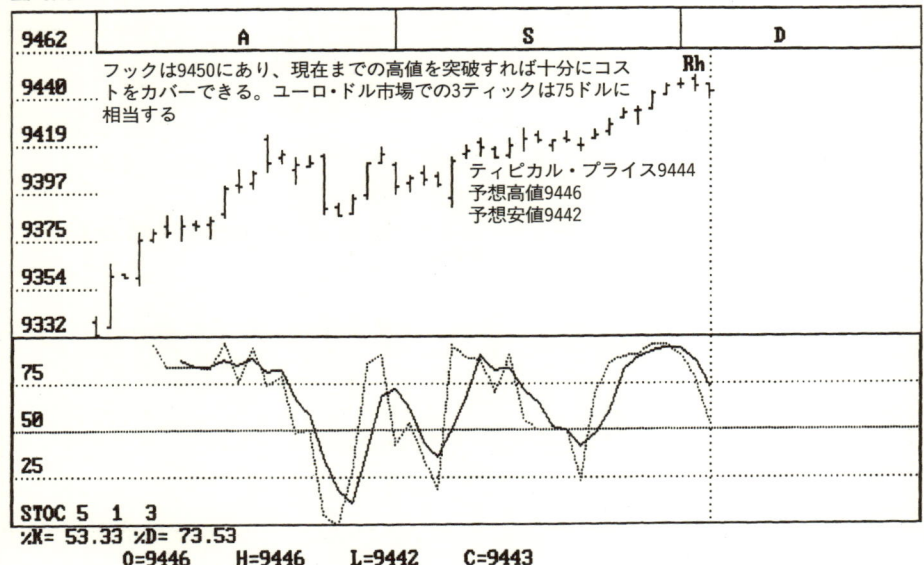

```
ED H.D
9462 │    A         S         D
9440 │ フックは9450にあり、現在までの高値を突破すれば十分にコス
9419 │ トをカバーできる。ユーロ・ドル市場での3ティックは75ドルに
9397 │ 相当する
9375 │                    ティピカル・プライス9444
9354 │                    予想高値9446
9332 │                    予想安値9442
```

STOC 5 1 3
%K= 53.33 %D= 73.53
O=9446   H=9446   L=9442   C=9443

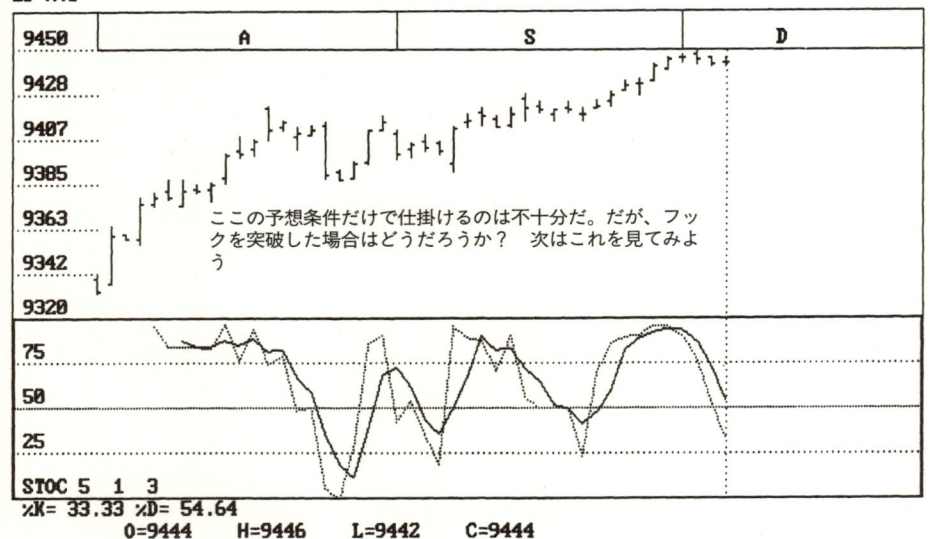

```
ED H.D
9450 │    A         S         D
9428 │
9407 │
9385 │
9363 │   ここの予想条件だけで仕掛けるのは不十分だ。だが、フッ
9342 │   クを突破した場合はどうだろうか？ 次はこれを見てみよ
9320 │   う
```

STOC 5 1 3
%K= 33.33 %D= 54.64
O=9444   H=9446   L=9442   C=9444

ED H.D

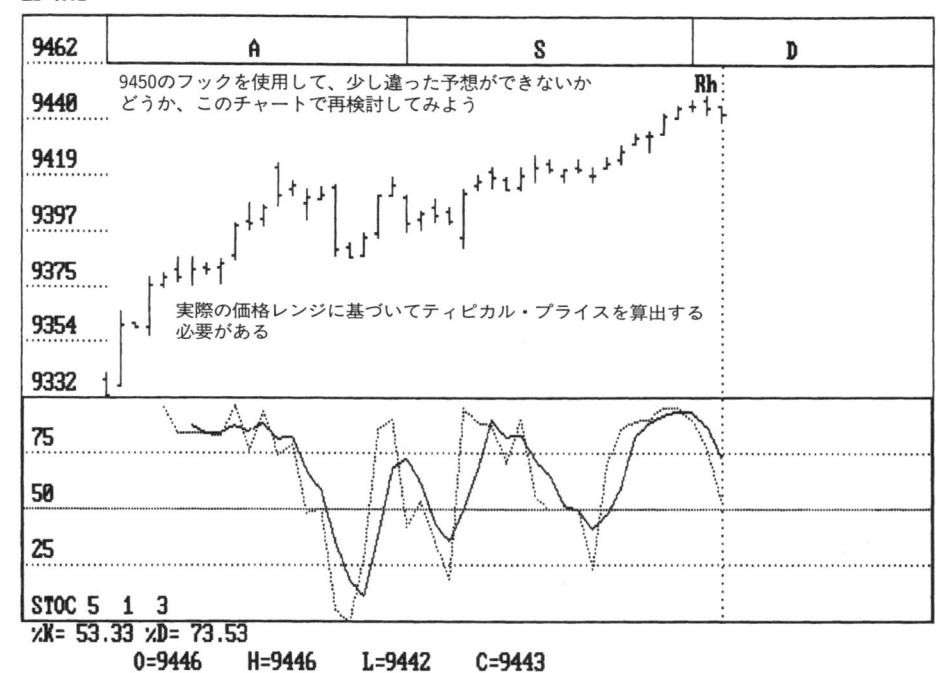

チャート中のテキスト:
- 9450のフックを使用して、少し違った予想ができないかどうか、このチャートで再検討してみよう
- 実際の価格レンジに基づいてティピカル・プライスを算出する必要がある

STOC 5 1 3
%K= 53.33 %D= 73.53
O=9446　H=9446　L=9442　C=9443

　真のレンジは、当日の終値9443から、フックより1ティック上の9451までである。当日のティピカル・プライスは、(9443+9451)÷2＝9447となる。これにより、翌日の予想をインサートするバーの値が得られる。

この予想では、「K」と「D」をクロスしているかどうかをチェックしてみよう。

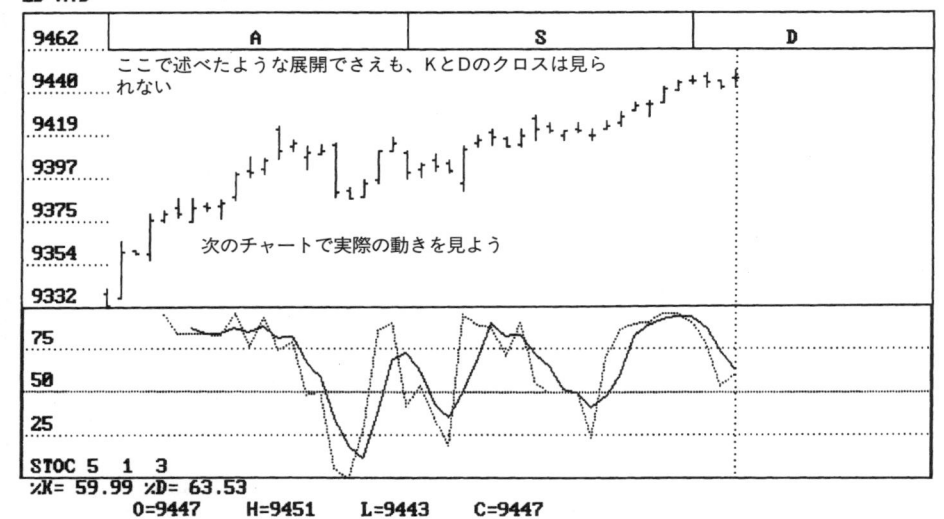

```
ED H.D
9462
9448  ここで述べたような展開でさえも、KとDのクロスは見ら
9419  れない
9397
9375
9354           次のチャートで実際の動きを見よう
9332
75
50
25
STOC 5  1  3
%K= 59.99  %D= 63.53
           O=9447    H=9451    L=9443    C=9447
```

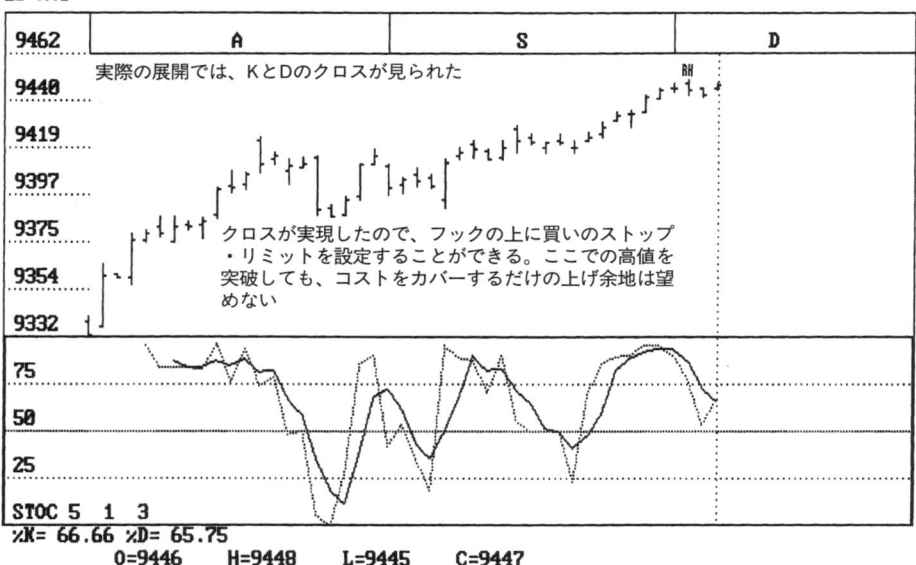

```
ED H.D
9462
9440  実際の展開では、KとDのクロスが見られた          RH
9419
9397
9375
9354       クロスが実現したので、フックの上に買いのストップ
9332       ・リミットを設定することができる。ここでの高値を
           突破しても、コストをカバーするだけの上げ余地は望
           めない
75
50
25
STOC 5  1  3
%K= 66.66  %D= 65.75
           O=9446    H=9448    L=9445    C=9447
```

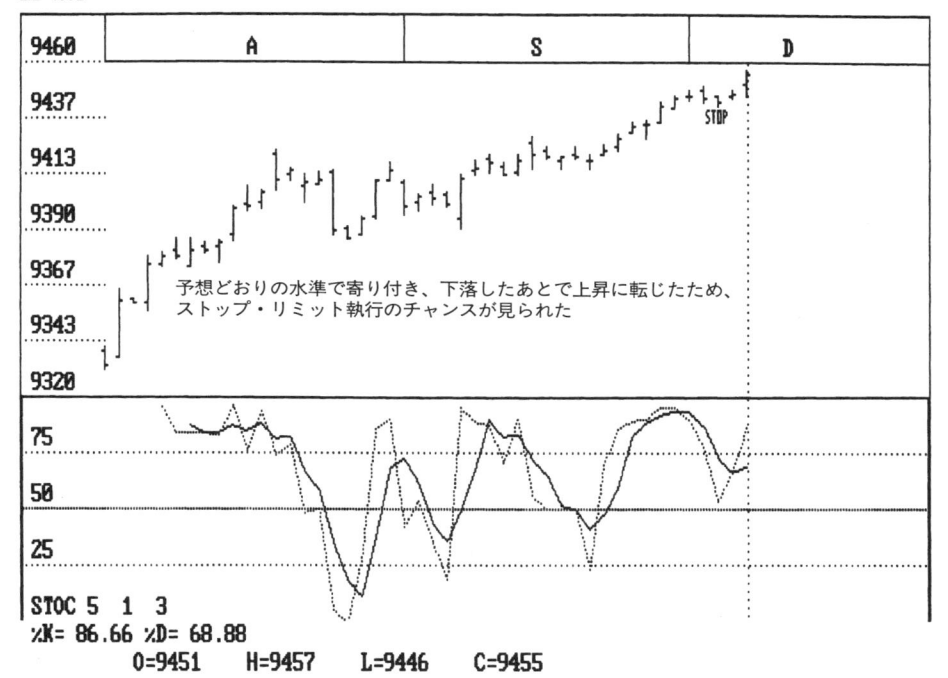

```
ED H.D
9460  |    A    |    S    |    D
9437                              +++
                              +++⁺STOP
9413          ++           +++
          +++   +      +++
9390    +     +  +  +++
       + +     ++ ++
9367  +           +
        予想どおりの水準で寄り付き、下落したあとで上昇に転じたため、
9343  +  ストップ・リミット執行のチャンスが見られた
     +
9320
75
50
25
STOC 5 1 3
%K= 86.66 %D= 68.88
       O=9451   H=9457   L=9446   C=9455
```

次の売買チャンスはひとつ前のものと非常によく似ており、違いはナチュラル・サポートに設定されたストップが実行されないとみられることである。

これこそ、できるだけ早くにコストをカバーし、利益を出しておくことが重要な理由である。次のチャートでは、読者がその内容を知りたくなるような、あるコンセプトが示されている。

ED H.D

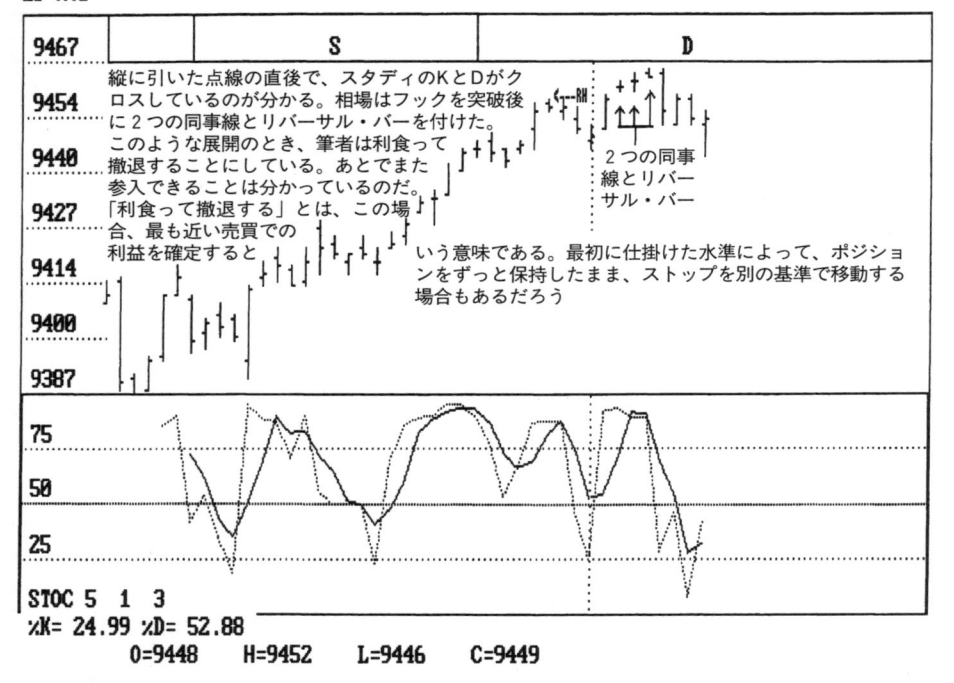

```
9467 |           |      S       |         D
9454    縦に引いた点線の直後で、スタディのKとDがク
        ロスしているのが分かる。相場はフックを突破後
9440    に2つの同事線とリバーサル・バーを付けた。
        このような展開のとき、筆者は利食って        2つの同事
9427    撤退することにしている。あとでまた          線とリバー
        参入できることは分かっているのだ。          サル・バー
9414    「利食って撤退する」とは、この場
        合、最も近い売買での         いう意味である。最初に仕掛けた水準によって、ポジショ
9400    利益を確定すると           ンをずっと保持したまま、ストップを別の基準で移動する
                                 場合もあるだろう
9387

75
50
25

STOC 5 1 3
%K= 24.99 %D= 52.88
         O=9448   H=9452   L=9446   C=9449
```

　もう待つ必要はない。相場はいろいろなことを教えようとしている。同事線が出ており、相場の方向性の後退がうかがえる。こうした同事線の一部は、相場の水準から離れて推移しており、基調の転換が近いことを知らせている。こうした場合は、いつでも基調が転換するというわけでもないが、表面からはうかがうことができない、強気と弱気の葛藤がこのような相場となって表れているのである。

　同事線がひとつ現れたら、ストップをタイトにすべき場所である可能性があるため、検討すべき重要なポイントとなる。同事線が2つ出たら、常にストップをタイトにすべきである。リバーサル・バー（始値が高く、終値が安い）による加重が、ポジション手仕舞いの理由である。これが出ている間が利食いのチャンスだ。リバーサルの当日は、弱気筋が勝った展開である。このようなポイントでは、特に同事線が

２つ出た場合、基調転換の可能性が極めて高くなる。

　後講釈ではあるが、時としてこれが正しくないことが分かる場合もある。ただ、ほとんどの場合、正しいと言っていいだろう。

　私は、各ポジションをそのメリットに従って扱うことにしている。コストをカバーしたうえに少し利食いを行い、それ以前のトレンド内でそのまま売買することが可能なら、異なる基準に従ってストップを設定するだろう。

　私の目的は、初期のポジションが最適化した移動平均、もしくはVSに達することで仕切られることである。場合によっては、その両方かもしれない。

　私はもう何年もの間マーケットを研究してきた。そして、異なるストップを別々の仕掛けのため同時に使うということをやってきた。そうやって、どちらがより有効なのかを比較することができたのだ。結果として、気がついてみるとかなりの儲けを上げていたのである。

```
ED H DAILY                                    V5,2.4
```

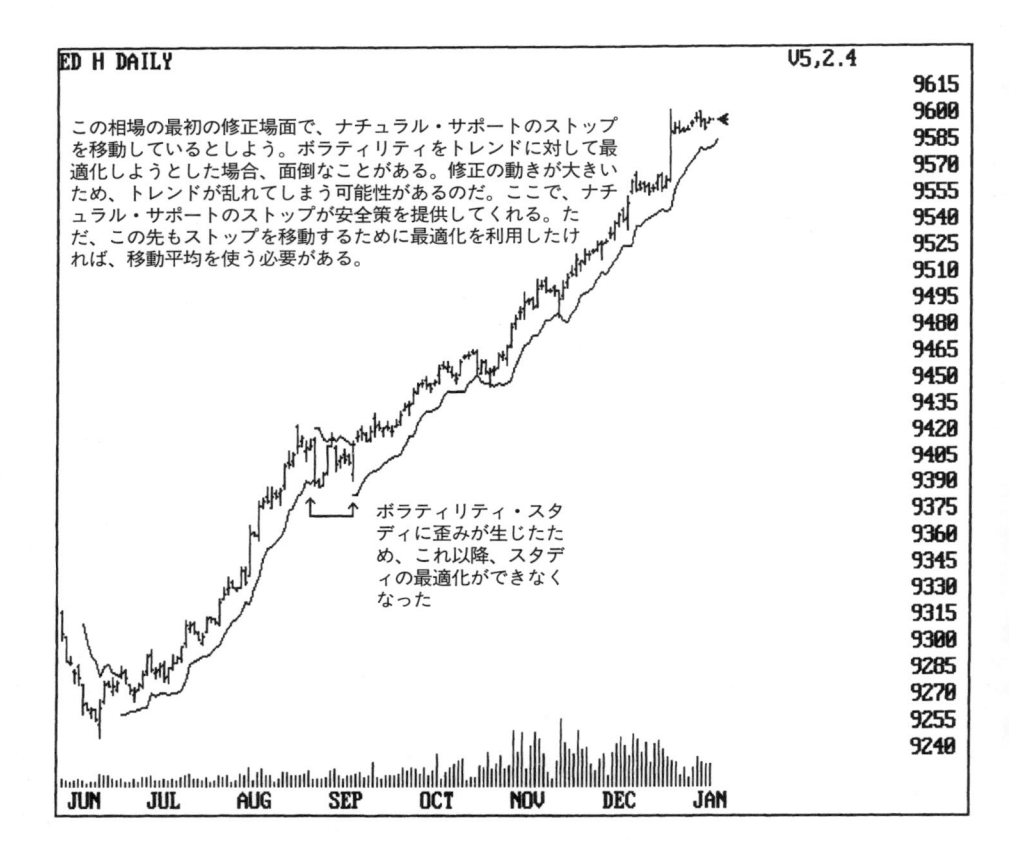

この相場の最初の修正場面で、ナチュラル・サポートのストップを移動しているとしよう。ボラティリティをトレンドに対して最適化しようとした場合、面倒なことがある。修正の動きが大きいため、トレンドが乱れてしまう可能性があるのだ。ここで、ナチュラル・サポートのストップが安全策を提供してくれる。ただ、この先もストップを移動するために最適化を利用したければ、移動平均を使う必要がある。

ボラティリティ・スタディに歪みが生じたため、これ以降、スタディの最適化ができなくなった

　移動平均の組み合わせは、どんなものでも構わない。次のチャートで使っている終値ベースの25日間移動平均だが、これは、5バーごとに相殺されるか、さらに前へと移動されることになる。
　これらの移動平均は、手計算でも算出できる。細かい仕事になるが、実際やってみれば毎日の動きを表の形で手軽に持っておくことができるようになる。古い日付のデータから捨てていき、新しいものを付け加えればいいだけだ。
　コンピューターやデイトレードの手法がまだない時代は、手書きで毎日数字を入れていたものだ。当然ながら、かなり懸命にやろうとし

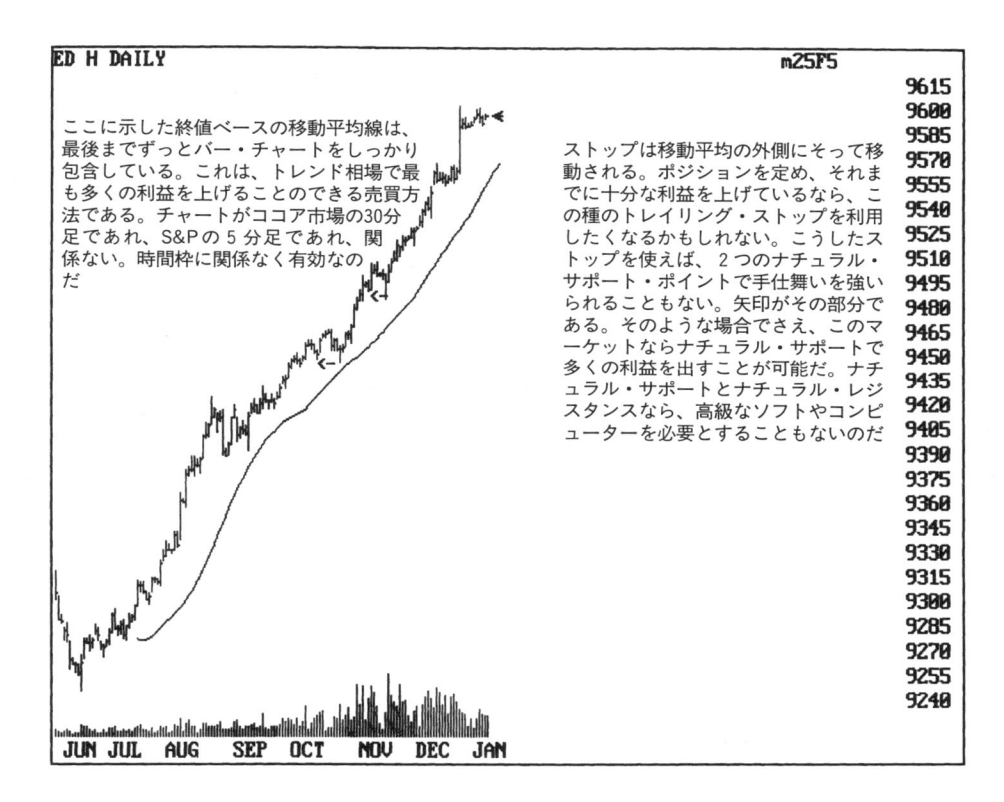

第13章●ストキャスティクスによるフィルタリング

ここに示した終値ベースの移動平均線は、最後までずっとバー・チャートをしっかり包含している。これは、トレンド相場で最も多くの利益を上げることのできる売買方法である。チャートがココア市場の30分足であれ、S&Pの5分足であれ、関係ない。時間枠に関係なく有効なのだ

ストップは移動平均の外側にそって移動される。ポジションを定め、それまでに十分な利益を上げているなら、この種のトレイリング・ストップを利用したくなるかもしれない。こうしたストップを使えば、2つのナチュラル・サポート・ポイントで手仕舞いを強いられることもない。矢印がその部分である。そのような場合でさえ、このマーケットならナチュラル・サポートで多くの利益を出すことが可能だ。ナチュラル・サポートとナチュラル・レジスタンスなら、高級なソフトやコンピューターを必要とすることもないのだ

ないと、見ることができる市場の数はほんのいくつかに限られてしまう。

その後、さまざまなチャートや指標が描けるコンピューターの時代が到来した。

これはまさに、目からうろこが落ちるような体験だった。私はほとんど隠遁生活を送っていたようなものだったのだ。長い間、ひとりきりでひっそりとトレードをして、外には別の世界があることなど忘れ去っていた。

コンピューターのおかげで、自分が何年もかけて学んだことを多く

の人々と分かち合えるようになったのだ。

　これまで紹介したユーロドル相場の例によって、読者はスタディがロスフックのフィルタリングに対して、いかに役立つかを十分理解できたことと思う。

　そろそろ次の話題に移ってもいいころだろう。

　次章では、ボラティリティ・バンドによるフィルタリングについて解説しよう。

　その人に適したマーケットというものが必ずある。その人に適した時間枠というものも必ず存在する。また、トレーディングする者にとって、その人の好みに適した研究方法というものが必ずある。

　次で紹介する方法が、もし読者の気質に合うなら、それが勝者になるための必要にして十分な条件かもしれない。これは、複数のトレーダーの実体験から得られた研究成果である。このコンセプトによって、多くの利益を得ることができたのだ。あなたのスタイルに合うかどうか、見てみていただきたい。

第14章

エンベロープによる
フィルタリング
Envelope Filtering

　私はこれまで長い間、エンベロープとそのブレイクアウトをトレーディングの指標として使用してきた。コンピューターの出現で、正確にマーケットの動きを反映するよう多様な形で、こうした作業をすることが非常に簡単になった。

　本章以降は、エンベロープとロスフックの併用に関して、まったく異なる2通りのコンセプトを紹介しよう。

　1枚のチャートを見ていただこう。ここで使用されている手法とともに、ロスフックをどう使ったらいいかを考えてみてほしい。前章で挙げた石油市場の5分足チャートである。

　ここで示されているのは、「ケルトナー・チャネル」（KC）という手法である。この手法に関して私が知っているのは、以下のとおりだ。「ケルトナー・チャネルはバーのレンジに表されたボラティリティを基に算出される。チャネルは、移動平均の上下それぞれに形成され、各バーの実際の移動レンジに定数をかけたあと合計し、これを移動平均から引けば得られる」

　中央のラインは指数移動平均で、この場合は、39期間のボラティリティ移動平均の指数である。

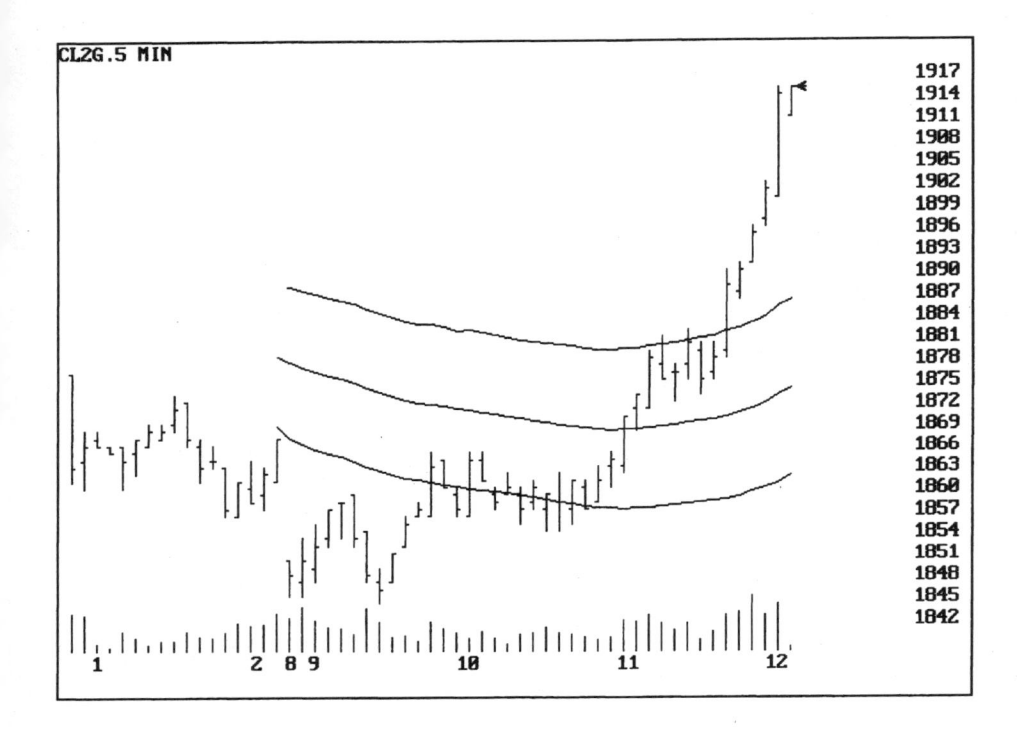

計算式

センターライン　XMAC＝（AV×（N－1）＋価格）÷N

AVレンジ　AVレンジ＝（レンジ×（N－1）＋高値－安値）÷N

チャネル　上方チャネル＝XMAC＋レンジ×C
　　　　　下方チャネル＝XMAC－レンジ×C

パラメーター

　　　第1パラメーター：N＝指数平均中のバーの本数
　　　第2パラメーター：C＝乗数（私は1.618を使用）

上方チャネルを上抜いたら買い、下方チャネルを割り込んだら売り、

というのが最も通常のパターンである。

　指数移動平均の代わりに、終値ベースの単純移動平均を使用しても大きな違いはない。手計算でやりたければ、終値の39期間移動平均と、ボラティリティ（毎日の高値から安値を引いた値）の単純移動平均のデータを取っておけばそれでいい。

　上方チャネルは、ボラティリティの移動平均を1.618倍したものに終値の移動平均を足せば得られる。

　下方チャネルは、ボラティリティの移動平均を1.618倍したものを、終値の移動平均から引けば得られる。

　もっと詳しく紹介できるといいのだが、私がケルトナー・チャネルについて知っているのは、これだけである。そして、最も大事なのは、私が知りたいこともこれに尽きているということだ。

　ここで、思い出してもらえるだろうか。ロスフックはトレンドを形成したマーケットでのみ、見られるのだということを——。トレンドを形成しているマーケット以外でなら、われわれは最善を尽くして、フックと見間違いそうなまがい物を排除したいのである。

　ケルトナー・チャネル（KC）は、この作業を正確に実践することができる。39期間のKCを使えば、長期トレンドでのトレーディングを余儀なくされる。

　チャネルの外側でフックが見られた場合か、あるいは、フックを突破した水準で売買したらそれがチャネルの外側にあたる場合にのみ、トレーディングを行うのである。

　マーケットが本当にトレンドを形作っているかどうかを確信することが必要なため、相場がチャネルを突破する可能性があると予想したなら、チャネルの段階からトレンドの始まりをしっかり見ていなければならない。すでに、相場がチャネル外にあった場合は、スタディによるフィルタリングが必要になる。

　KCについて言えば、相場がある程度横ばいで推移しているなら、

その相場は完全にチャネルから外れている可能性がある。チャネルから外れている保ち合い相場で、「とがった」ポイントのトレードをすることは避けたい。このケースの例については後述するが、こうしたときに、スタディをフィルターとして使用することになる。
　つまり、KCをロスフックでトレードするときのフィルターとして利用したいのである。チャネルがトレンドの方向に形成されている場合に限って、フックによるトレードを行うようにしたいのだ。相場がチャネルの上方にあれば、買いを入れることになる。逆に下方にあれば、売りから入ることになるだろう。
　チャネルのなかでは、どんなにフックのように見えるバーがあってもすべて無視する。これは、オーバートレードにならず、長期のトレンドに沿って売買していることを確信するために支払う代償のようなものである。
　チャネル外のフックでトレードする場合、マーケットには必ずしも天井や底の１－２－３が存在しなくても構わない。
　また、ナンバー２のポイントがチャネル外であったり、ナンバー２を突破する水準がチャネル外であれば、１－２－３をブレイクアウトした時点でトレードすることも可能だ。
　ただし、保ち合い相場にあるとき、そしてトレンド上にあるとき、それぞれ見極めのための基準を使用するようにしたい。ロスフックのトレーディングのためのルールは、ここでもすべて有効なのだ。チャネルは、その相場がトレンドを形成していると教えてくれるためにあるにすぎない。
　場合によっては、相場がKCの外部にある間に保ち合いが始まってしまうことがある。そのときには２つの選択肢がある。ひとつ目は、KCが保ち合いに追いつき、その後、再びチャネル外でフックを形成するまでじっと待つことである。２つ目は、適切なバージョンのスタディによってフィルタリングを行うことだ。

われわれの売買基準に照らせば、これまで示したルールに合致することが求められるはずだ。

注意深くトレードをしたいからこそ、トレードにフィルターをかけるのである。売買候補を絞り込むために、スタディを使うのだ。あとで分かるだろうが、こうしたやり方は非常に保守的な手法と言っていい。

このようなトレード手法を、「忍耐」と呼ぶ。S&P500の市場で5分足チャートを使って取引する場合、相場がチャネルを突破するまで1週間以上も待つこともないわけではない。

こうしたことを頭に入れて、原油の5分足チャートとそれに続くいくつかのチャートで、このコンセプトを概観してみよう。いずれのチャートも、3日間以内のものである。売買チャンスは豊富にある。

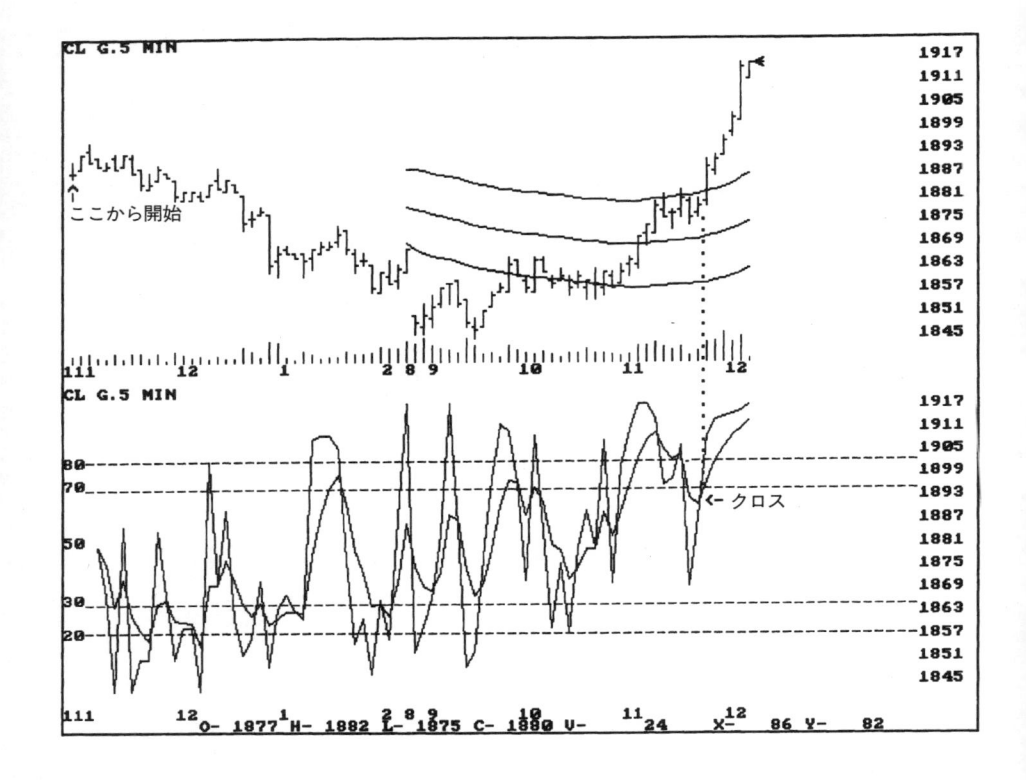

チャート上には3つのロスフックがある。読者はこれが見分けられるだろうか。最初のフックはトレード可能だが、損失に終わっている。2番目は翌日がギャップを空けた寄り付きになっているため、トレードに適さない。3番目はトレード可能なうえ、かなり大きな動きを見せたため多くの利益が出た。

さて、ストップはどこに設定すればいいのだろうか？　よく見てほしい。最初のトレードのところまでチャートをさかのぼってみよう。

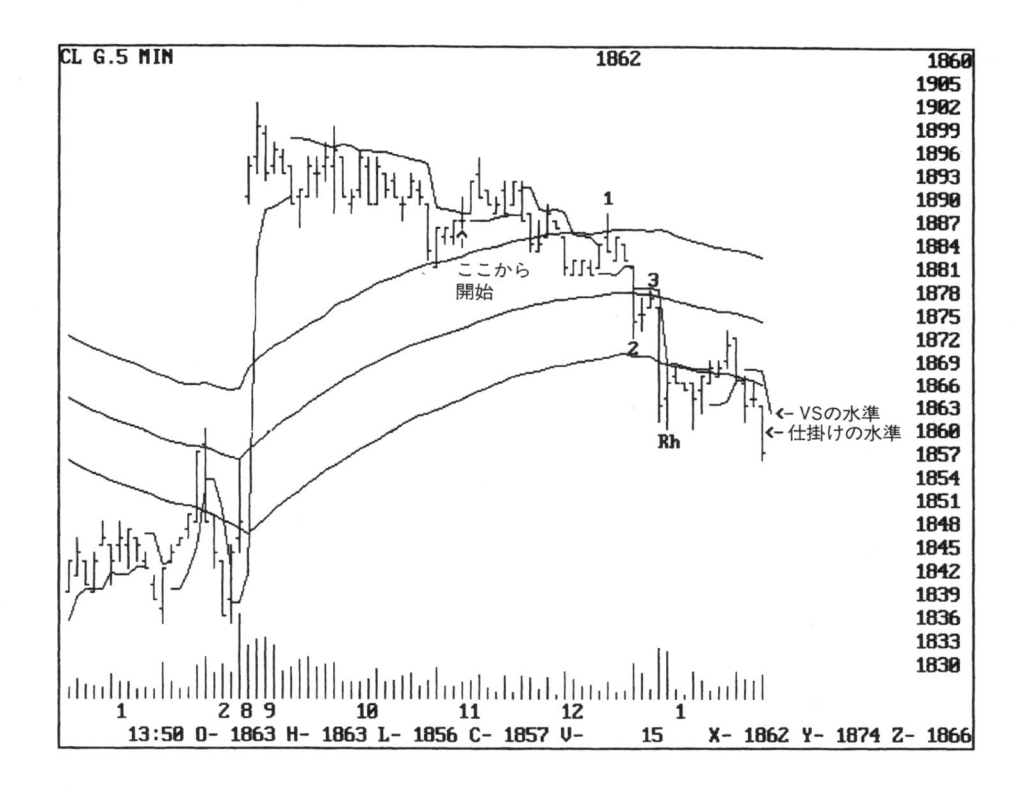

ここではボラティリティ・ストップ・スタディが利用できる。上記チャートでは、1861の水準にフックがある。1860（チャート上では右上の隅）で仕掛けたとすれば、ストップは1862（チャート上部真ん中の右側）に設定することになる。

矢印がボラティリティ・ストップの水準である。ご覧のとおり、1本のバーが引かれるたびにVSがアップデートされ、次のバーの始値に向かって伸ばされる。もうひとつの矢印は、仕掛けの水準を表している。

このトレードは、2ティック分の損失を出して終わった。

次の例を見てみよう。

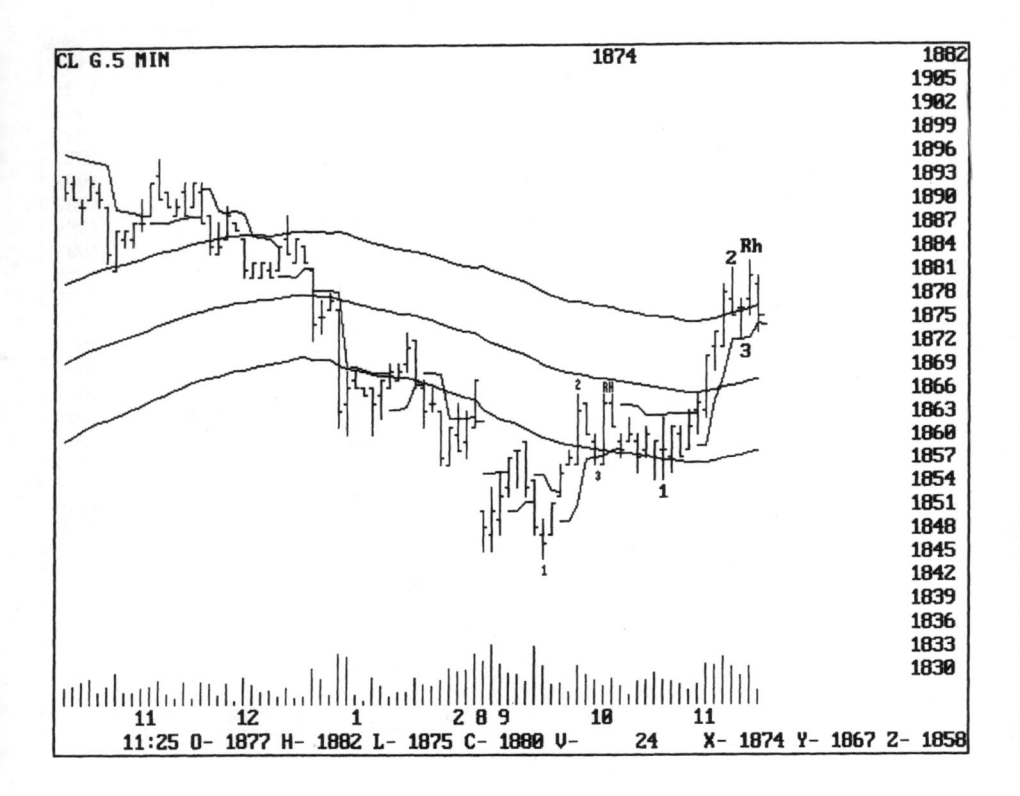

チャネルの底から高値までの上昇局面が見られ、これがナンバー２とナンバー３への修正局面、そしてRhのポイントを形成している。Rhを超えれば、買いを建てたいところだ。
　これより以前の１－２－３は、ナンバー２ポイントがチャネルの外側にないことに注意しよう。

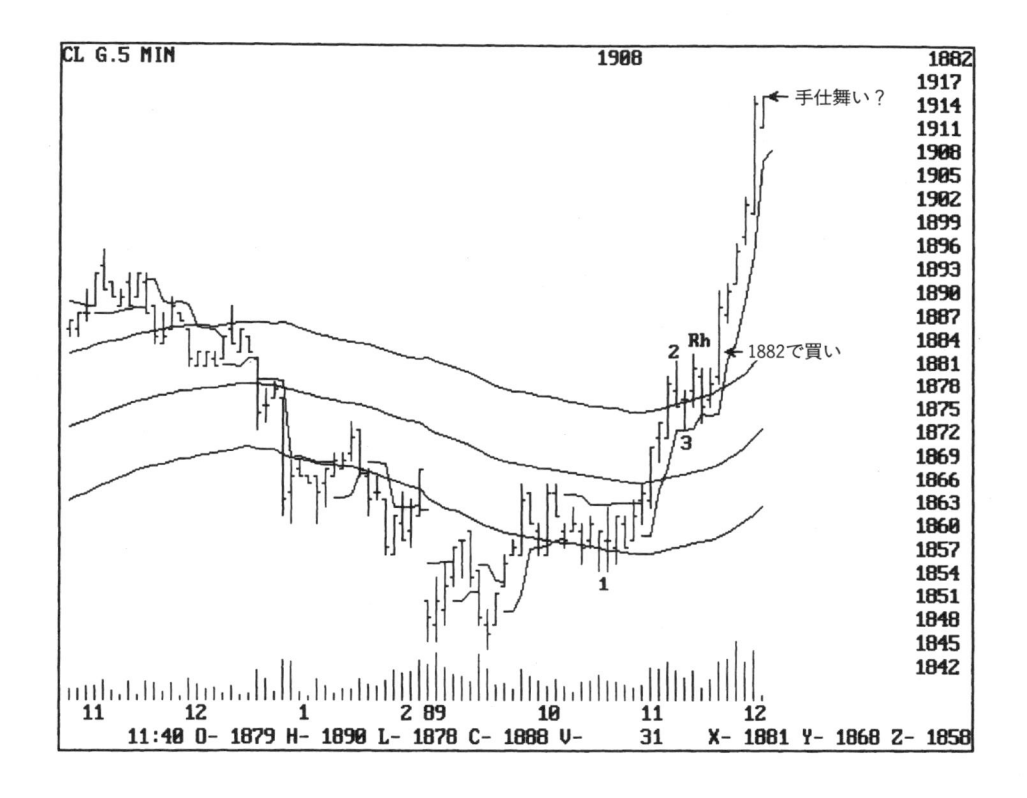

素天井で手仕舞いした場合、最大32ポイントの利益となっていた可能性がある。ただ、実際にこうなる可能性は低いが、もし実現していれば、このトレードの結果はどうなっていただろうか？

　往復の手数料込み、25ドルで3枚売買していたとすると、60ドルの損失＋75ドルのコストがかかり、最初のトレードで135ドルの損失を出していたことになる。

　勝てるトレードでも、75ドルのコストはかかる。コストをカバーするため8ティック相場が動いたあと、1枚を手仕舞うことにし、残りの2枚はブレイクイーブンを維持するためにストップを引き上げることになるだろう。この時点で、このトレードのコストはあと5ドルで

ある。用心深くことを進めるなら、実行されなかった50％水準のストップを移動することも可能だ。残りの２枚では、各320ドルもの純利益が出ることになるだろう。

　これをセンセーショナルなトレードと言えるだろうか？　いや、そうは言えないだろう。むしろ、ケルトナー・チャネルをフィルタリングのエンベロープとして利用する場合、こうした例は実によく見受けられるのだ。

　次は、同様のチャネルに関するコンセプトを別のマーケット、別の時間枠で見てみよう。

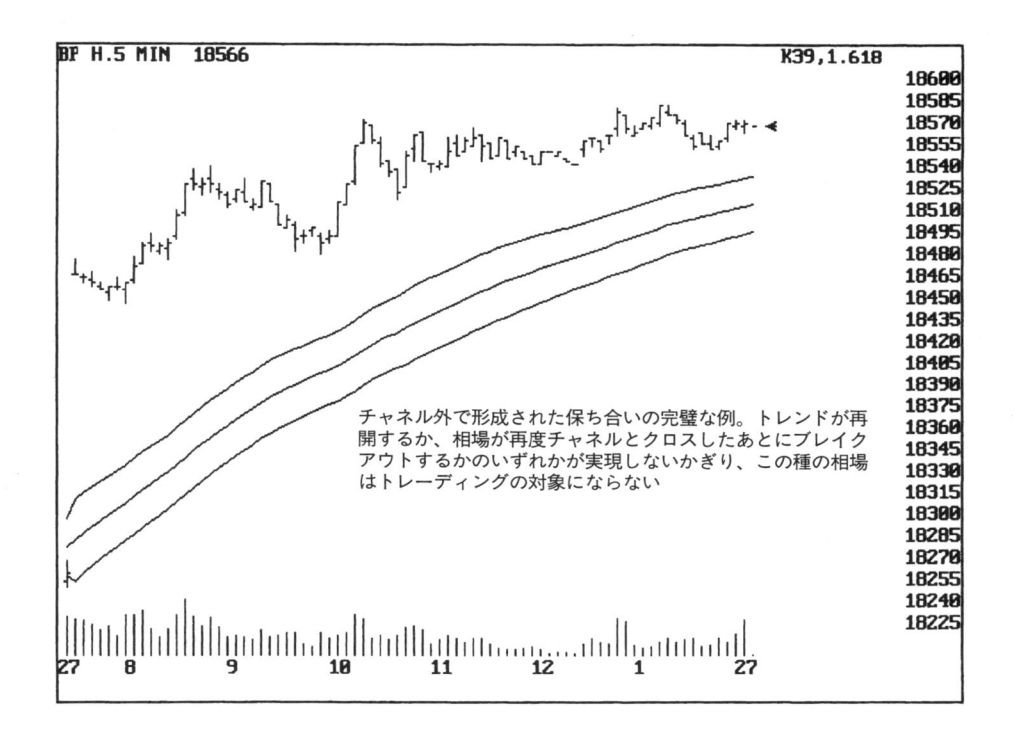

チャネル外で形成された保ち合いの完璧な例。トレンドが再開するか、相場が再度チャネルとクロスしたあとにブレイクアウトするかのいずれかが実現しないかぎり、この種の相場はトレーディングの対象にならない

　ここでは、スタディを使った通常のやり方でフィルタリングしている。つまり、相場が完全にチャネル外にあるとき、チャネルを利用しないのである。この時点で、以下の２つのうちひとつが示されていると考えるべきだ。①相場が39期間で保ち合っていること、②相場が39期間で、チャネル外でのトレンドを形成していること。

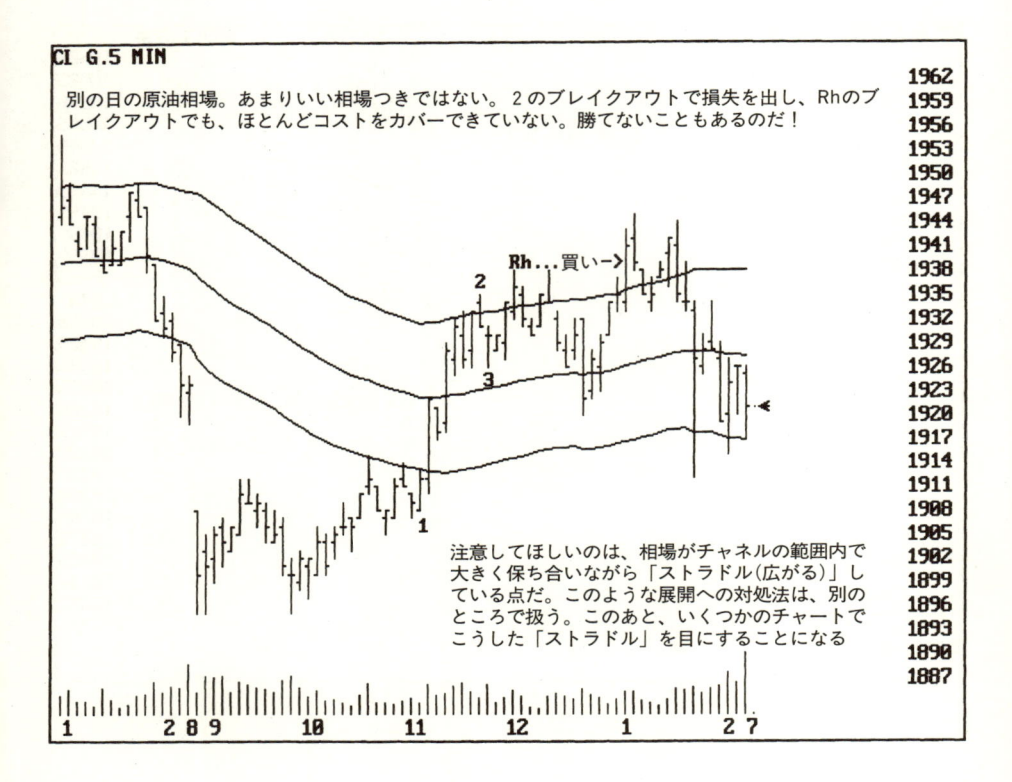

```
CI G.5 MIN                                              1962
                                                        1959
別の日の原油相場。あまりいい相場つきではない。2のブレイクアウトで損失を出し、Rhのブ  1956
レイクアウトでも、ほとんどコストをカバーできていない。勝てないこともあるのだ！     1953
                                                        1950
                                                        1947
                        Rh...買い→                        1944
                                                        1941
                    2                                    1938
                                                        1935
                    3                                    1932
...
```

(チャート図：CI G.5 MIN の原油相場)

注意してほしいのは、相場がチャネルの範囲内で大きく保ち合いながら「ストラドル(広がる)」している点だ。このような展開への対処法は、別のところで扱う。このあと、いくつかのチャートでこうした「ストラドル」を目にすることになる。

デイトレードを行っているときは、ひとつのマーケットで3回より多くは売買を試すことはしない。つまり、ひとつのマーケットでは3回までである。通常、そのマーケットではその日にそれ以上深追いをすることはない。

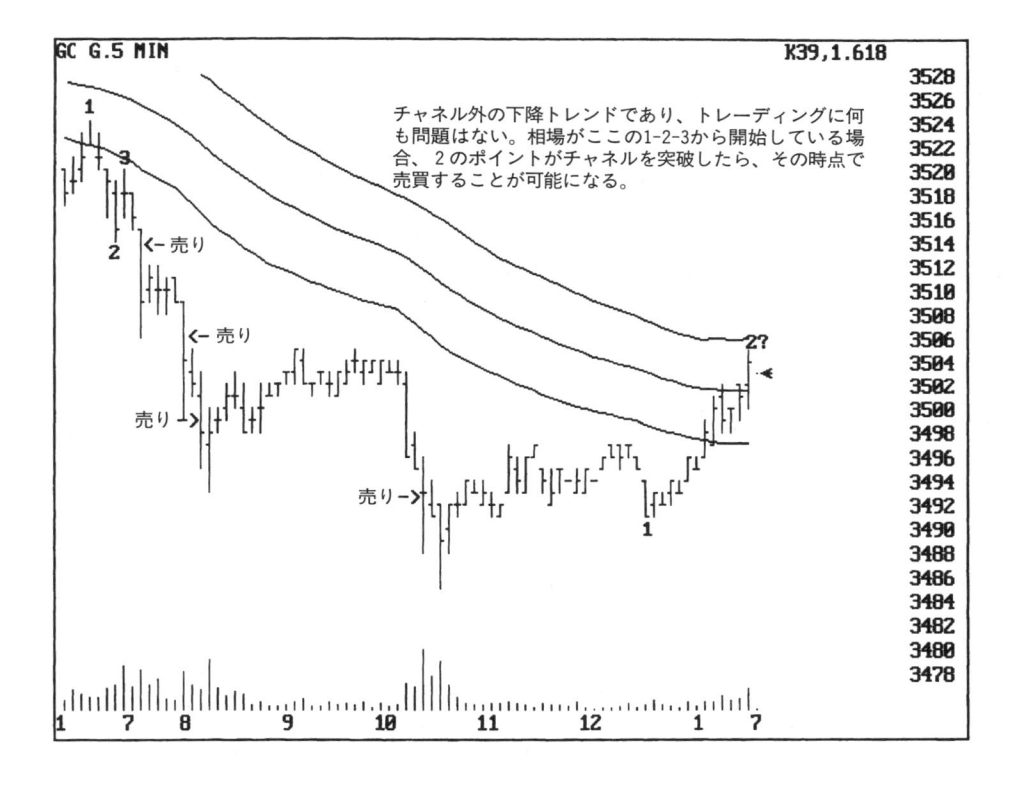

第14章●エンベロープによるフィルタリング

チャネル外の下降トレンドであり、トレーディングに何も問題はない。相場がここの1-2-3から開始している場合、2のポイントがチャネルを突破したら、その時点で売買することが可能になる。

　一部のチャートでは、可能性のある売買シグナルを数多く記してあるが、これはこのすべてを試そうということではない。このシグナルひとつひとつについて、ほかの多くの条件を考慮しつつ選択するという意味である。ただ、ある特定のマーケットだけに特化して売買するなら、示されたすべてのシグナルを試すことになるだろう。そのためには、トレーディング自体を厳しく管理することが求められる。手数料が安いことや、注文がきちんと実行されること、また、ストップがしっかりと設定されることなどにこだわらなければならない。さらに、自分を律する厳格な基準を持っている必要があるのだ。

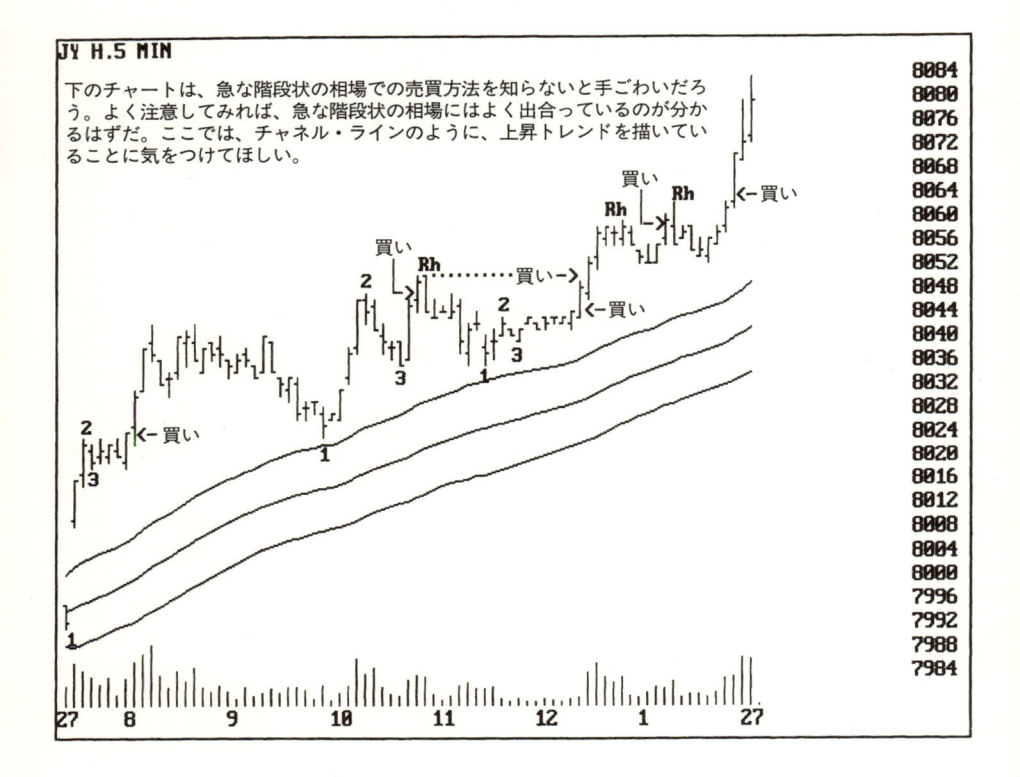

1－2－3と記した最初の部分は、実際には底の1－2－3ではない可能性もある。ただ、これは必ずしも重要ではない。なぜなら、最も重要なことはナンバー2として記した「とがった」部分だからである。ナンバー2を突破したところで、買いを入れることこそが目的なのである。

2番目と3番目の売買チャンスはそれぞれ1－2－3の後にあり、一方は損失、もう一方はまずまずの結果だ。ストップの位置がすべてを左右すると言っていいだろう。

ここで注目してほしいのは、すべてのケースについて、ナチュラル・サポートの下でストップが設定されていることだ。また、上方チャ

ネル・ラインのすぐ下に設定する場合にも、トレンドを追いかけるのが簡単なことに注意していただきたい。

　4、5、6番目のトレードも、ストップの位置によって成功に終わった。

　デイトレーダーであれば、この日は総じて動きが鈍かった円相場でかなり稼げただろう。

　ポジショントレーダーなら、あまり長くなりすぎない範囲で同様の日足チャートによって同じように稼げたと思われる。

　次のチャートはS&P500だが、どれだけ忍耐強く待たねばならないかがよく分かるだろう。

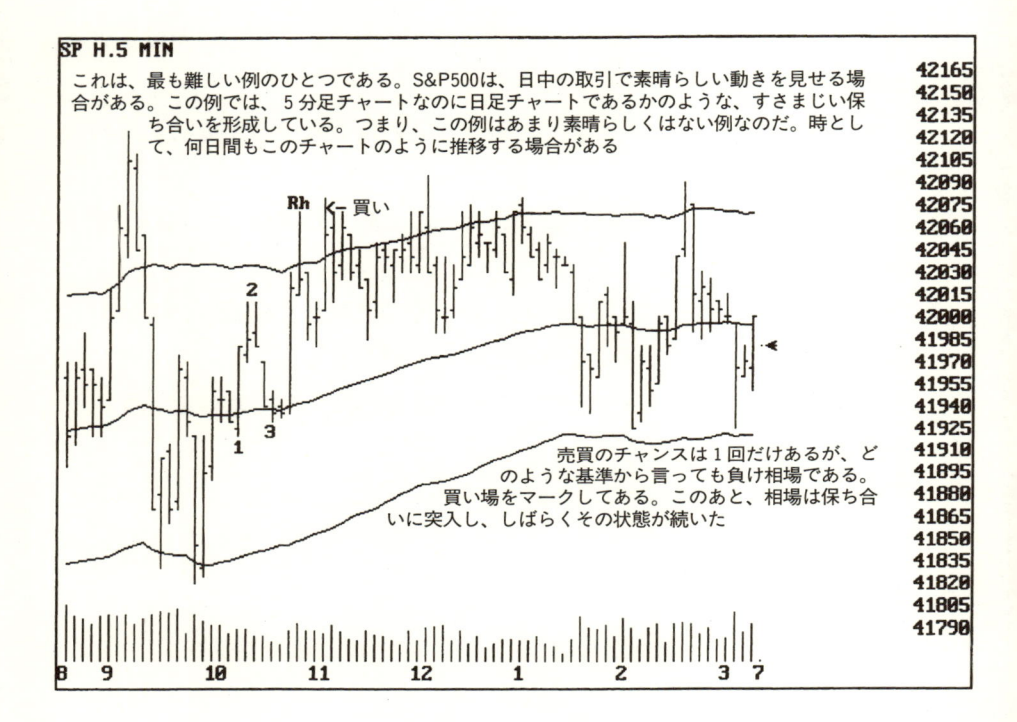

```
SP H.5 MIN                                                    42165
これは、最も難しい例のひとつである。S&P500は、日中の取引で素晴らしい動きを見せる場  42150
合がある。この例では、5分足チャートなのに日足チャートであるかのような、すさまじい保  42135
ち合いを形成している。つまり、この例はあまり素晴らしくはない例なのだ。時とし        42120
て、何日間もこのチャートのように推移する場合がある                              42105
```

(チャート図：買いマーク、Rh、売買のチャンスは1回だけあるが、どのような基準から言っても負け相場である。買い場をマークしてある。このあと、相場は保ち合いに突入し、しばらくその状態が続いた)

　保ち合い後のトレードでは、方向性の乱れが大きいため、スタディによるフィルタリングが必要となる。この後は、トレンドを形成しているチャートのほか、このようにトレンドが乱れたチャートも登場する。そこでは、保ち合い場面でケルトナー・チャネルと関連づけながらトレードする方法について見ることにしよう。あと少しだけ、示しておきたいチャートがあるので、我慢してほしい。

BO H DAILY

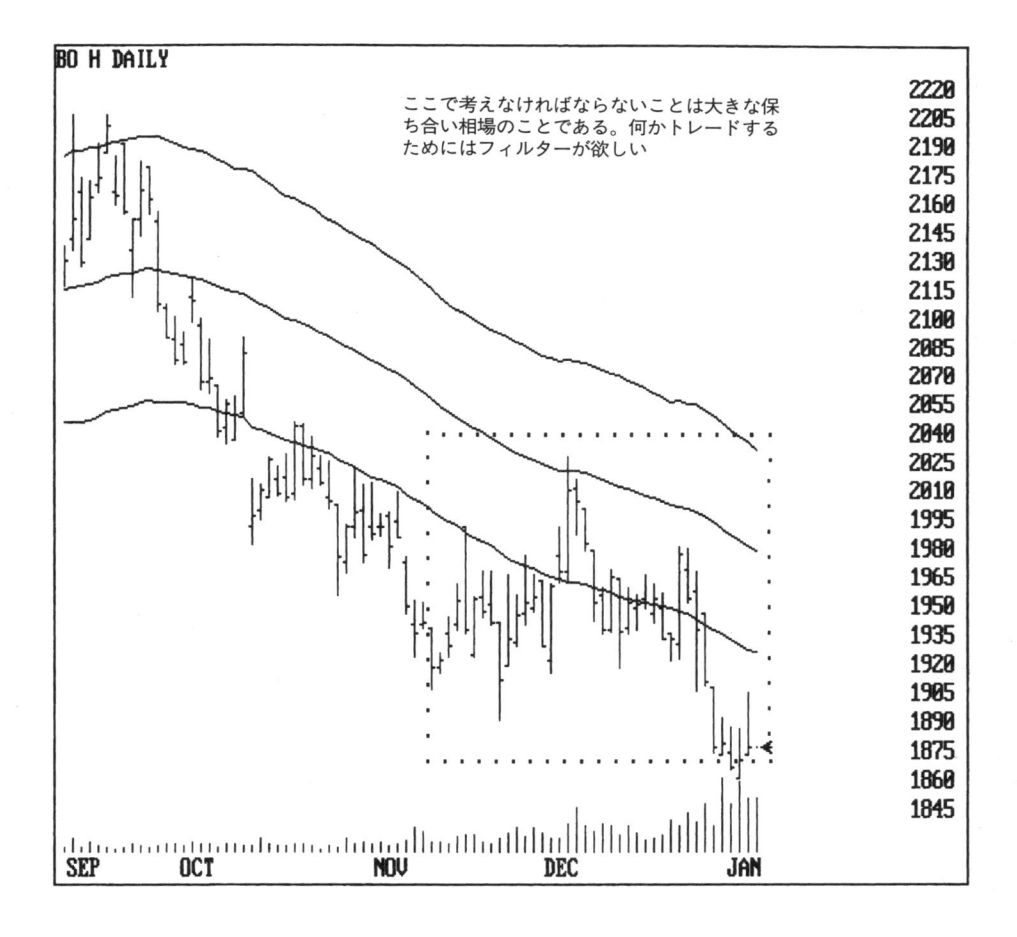

ここで考えなければならないことは大きな保ち合い相場のことである。何かトレードするためにはフィルターが欲しい

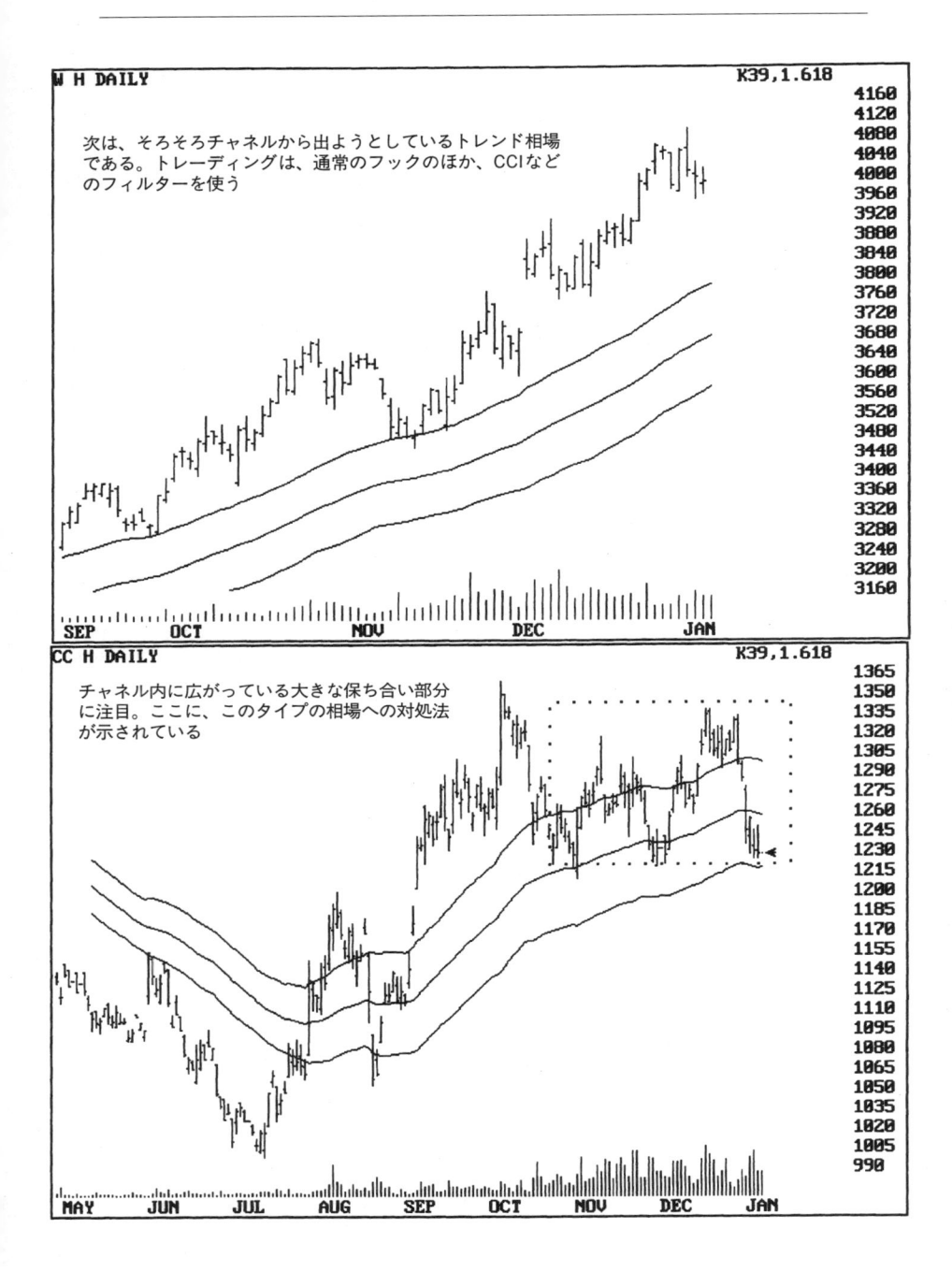

次は、そろそろチャネルから出ようとしているトレンド相場である。トレーディングは、通常のフックのほか、CCIなどのフィルターを使う

チャネル内に広がっている大きな保ち合い部分に注目。ここに、このタイプの相場への対処法が示されている

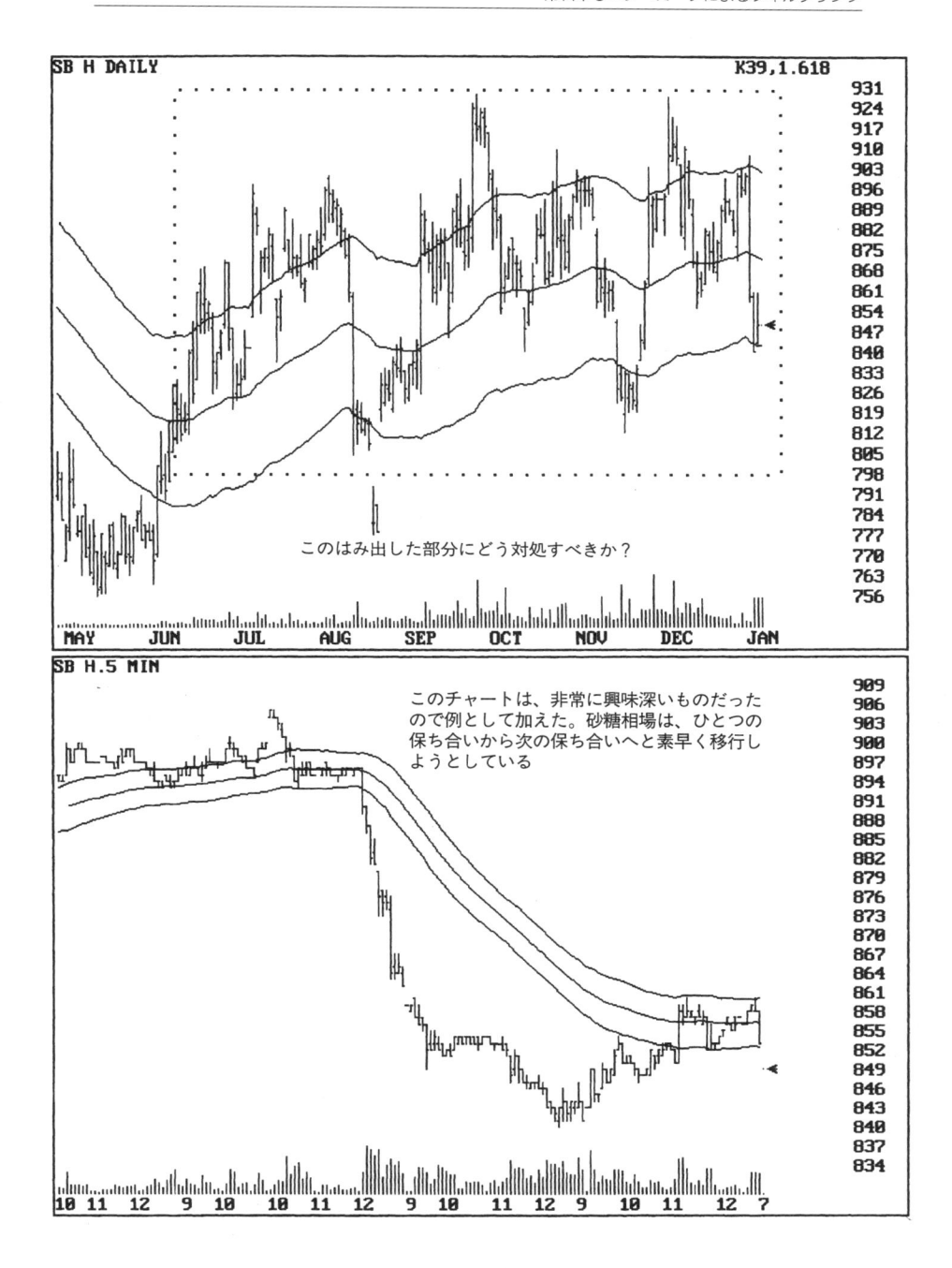

第14章●エンベロープによるフィルタリング

このはみ出した部分にどう対処すべきか？

このチャートは、非常に興味深いものだったので例として加えた。砂糖相場は、ひとつの保ち合いから次の保ち合いへと素早く移行しようとしている

BO H DAILY

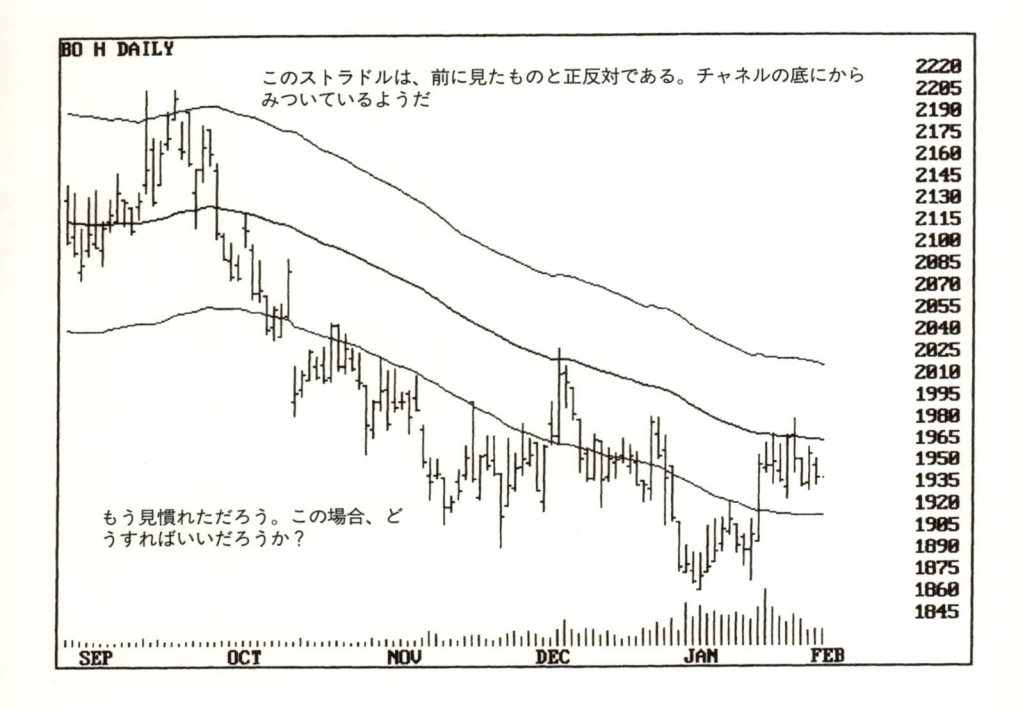

このストラドルは、前に見たものと正反対である。チャネルの底にからみついているようだ

もう見慣れただろう。この場合、どうすればいいだろうか？

　相場が保ち合い局面になった場合に最も簡単で安全な対策は、しばらく売買を休むことである。実際、これが最良の対処法なのではないだろうか。

　ただ、大半のトレーダーの状況を見てみると、そのとき保ち合いで売買を見送っていたとしても、相場がチャネルを外れたときにはどうやって売買を再開したらいいのか、あるいは、再開するべきなのかどうかを知りたがっているのだ。

　では、保ち合いを伴ったこのようなチャネルのストラドルで、どのような売買が可能だったのか確かめてみよう。

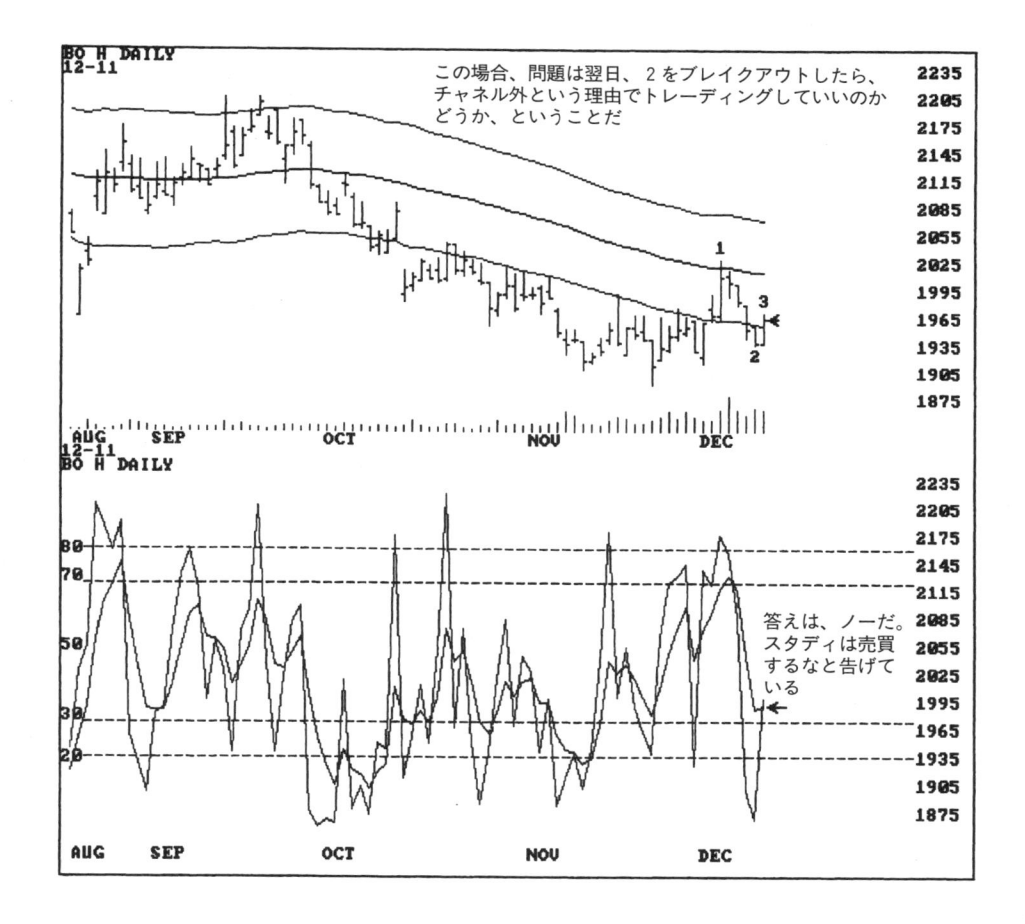

このチャート上には、判断を必要とするような場面がいくつか含まれている。ナンバー2のポイントを割り込んだ場合、KのラインがDとクロスする可能性が高い。ただ、個人的にはもう少し余裕がほしいところである。

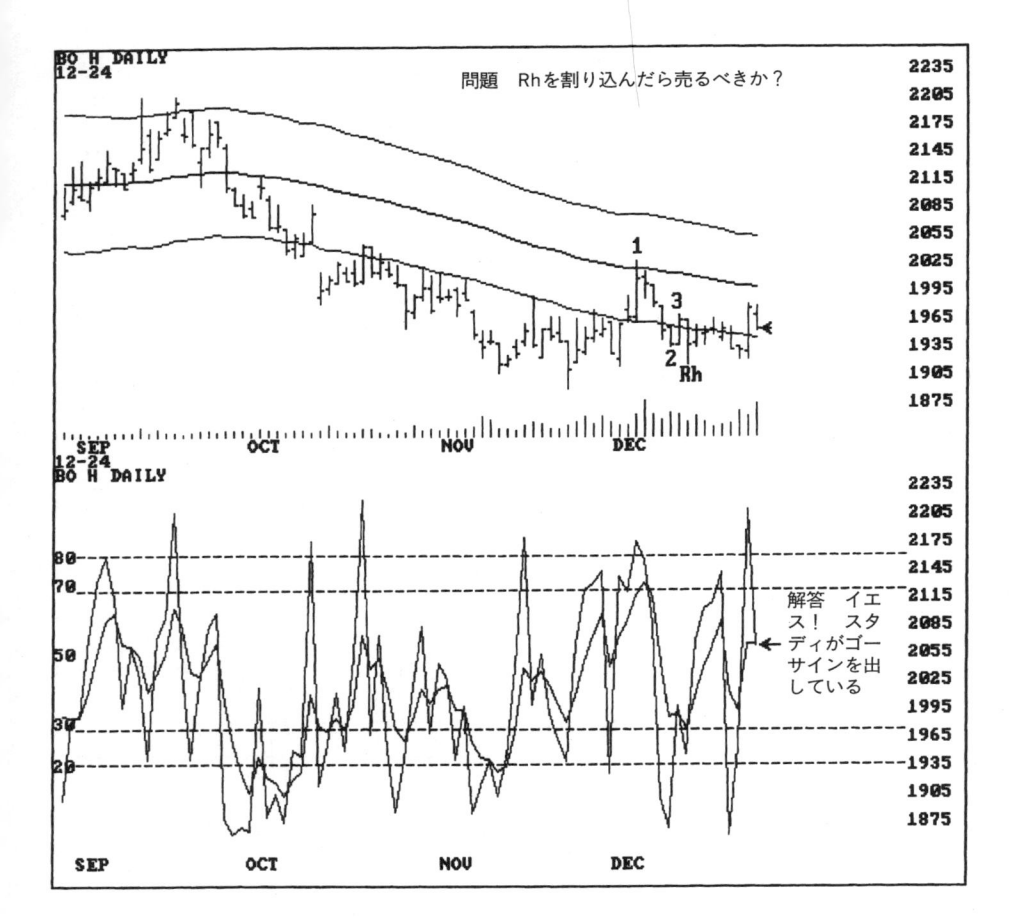

問題　Rhを割り込んだら売るべきか？

解答　イエス！スタディがゴーサインを出している

数枚前のチャートで示した砂糖の大相場について、これから2つの決断をする必要がある。簡単にするため、バーの本数を減らしてある。

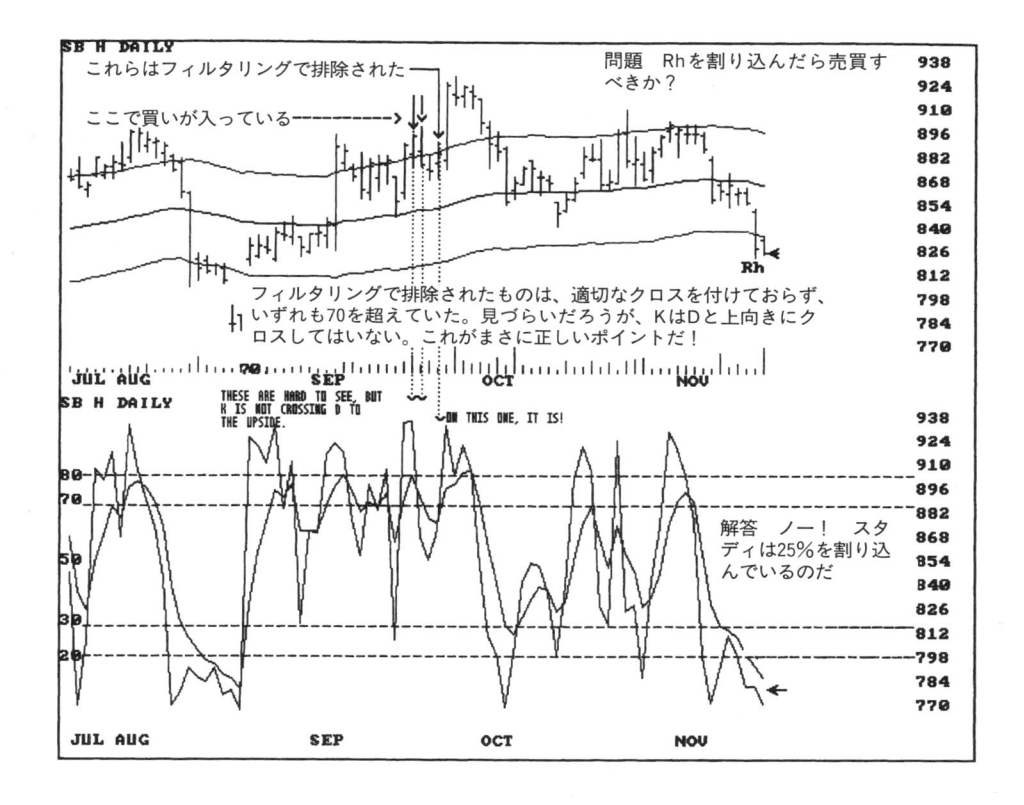

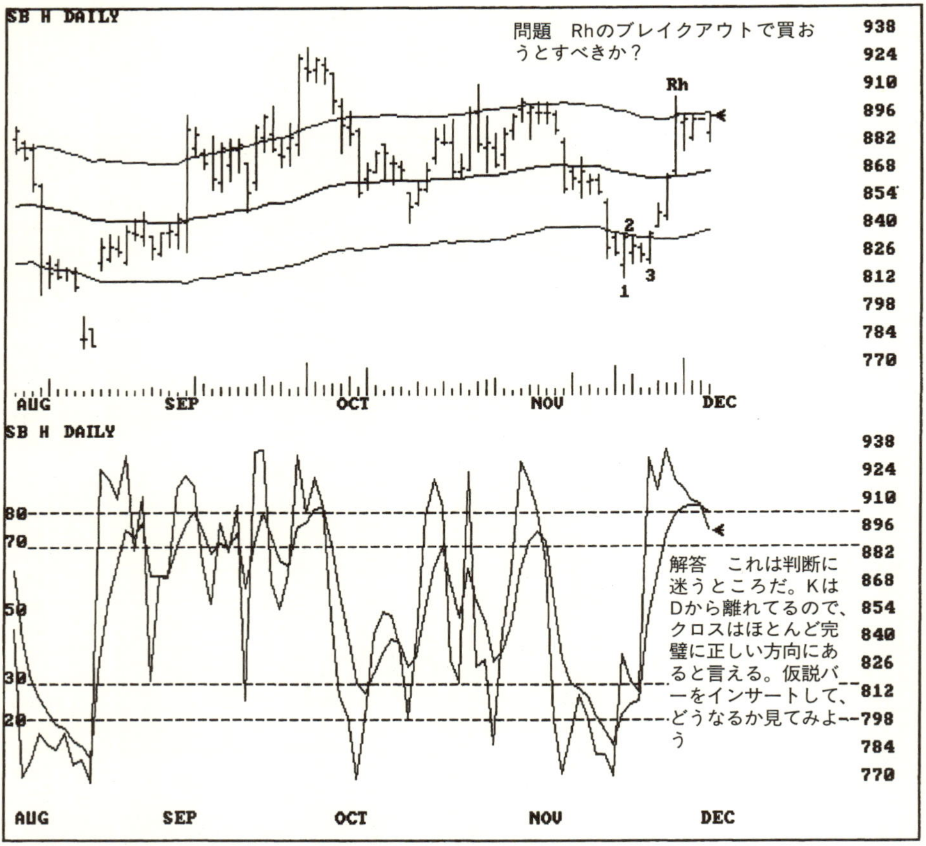
SB H DAILY
問題　Rhのブレイクアウトで買おうとすべきか？
Rh
2
1
3
938
924
910
896
882
868
854
840
826
812
798
784
770
AUG
SEP
OCT
NOV
DEC
SB H DAILY
80
70
50
30
20
解答　これは判断に迷うところだ。KはDから離れてるので、クロスはほとんど完璧に正しい方向にあると言える。仮説バーをインサートして、どうなるか見てみよう
AUG
SEP
OCT
NOV
DEC

ただ、クロスは75より下の水準で起きる必要があるのだが、これは実現しなかった。

もしもこのトレードを行ったとすれば、大きな利益を上げ、12月の高値まで上昇したはずである。

われわれはまだ、「聖杯」を見つけるには至っていないようだ。

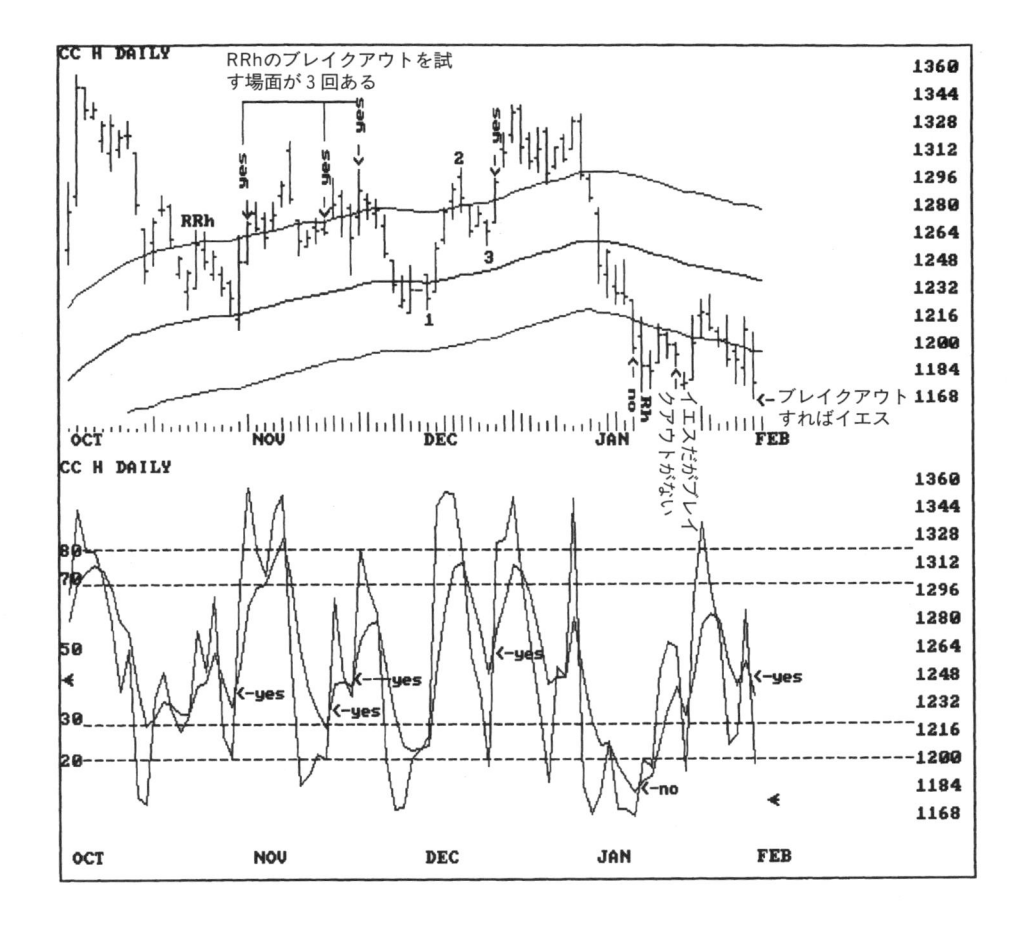

このようなトレードのスタイルは、時間枠に関係なく非常に面白いものとなる可能性が高い。売買のチャンスを逃すことも多いが、やらないほうがいい取引から逃れる場合もたくさんあるのだ。スタディを使ったフィルタリングのテクニックを駆使することが大切になってくる。

 この手法は、39期間の移動平均が示す方向で売買することを余儀なくされるため、数多くのトレードを抱えている向きには必ず勧めてい

る方法である。

　次章では、ニートトリックについて紹介しよう。これは、それが相場の天井または底で見られるときに、利用することができるテクニックである。

ケルトナー・チャネル・バリエーション

　これまで素晴らしい実績を上げてきたものとして、3分足チャートで3－1－3バージョンのスタディ、40期間のケルトナー・チャネル（乗数5）、そしてトレーディングレンジ外のフックによるフィルタリングを使ったS&P500のトレードという組み合わせがある。もう一度確認しておきたいが、大事なことは、過剰トレードを避けて最適な売買だけを選ぶことである。

　このようにS&P500を売買する場合、適正な資金管理のテクニックとは、利益が40ポイントを超えそうになったら注意深く相場を見ることである。

　50に達したら利食いをし、残っているポジションについては、ストップの位置を損益分岐点まで移動することが必要だ。もし、急伸してこの水準を突破し、その後も50ポイント台で推移し続けるようなら、そのまま売買を継続するため、ストップの位置は変えなくてもいいかもしれない。

　9割近くの確率でストップは必要でさえないが、最低でもメンタル・ストップは使用するべきだ。たいていの場合、50ポイントの利益を出すことができるだろう。相場を動かす巨大なモメンタムでも乗らないかぎり、利食って撤退するべきなのだ。

　40〜50の範囲で相場が方向性を失っているようなら、手仕舞いし、残りすべてのストップを損益分岐点に移動するべきだ。

　このタイプのトレードでは、相場がチャネル外で推移している場合

に大きな動きが見られる。チャネル外でのトレーディングレンジに注意することが必要だ。1－2－3の後でフックが形成されるまでは、相場がチャネル外にあるからといって仕掛けようとしてはいけない。

このテクニックがS&P市場以外でも有効かどうかは、保証のかぎりでない。ただ、確かにどのマーケットでも通用するように思われる。40期間のケルトナー・チャネルであれば、マーケットがトレンドを形成している場合はたいてい、フックによるトレードを行うことができるだろう。

移動平均バンド

このスタイルのトレードはしたいが、ケルトナー・チャネルを使うことができない向きには、別の方法がある。

「ユニ・チャネル」という移動平均バンドを計算できるソフトがあれば、ケルトナー・チャネルとほぼ同様の効果を得ることができる。

終値ベースで39または40期間を選択し、バンドのレンジ設定を約0.15％にすればいい。ただ、適正な数値を見つけるまで試行錯誤が必要かもしれない。

では、「適正」な値だと判断できるのは、どんなときだろうか？ 相場が40本のバーにわたってバンド外にあった場合、バンドの設定を改めてやり直すべきだろう。

ケルトナー・チャネルと移動平均バンドは、まったく同じではないにせよ、トレーディングの目的からすれば相当に近いものと言えるだろう。いずれを選ぶにしても、チャネルの大きさを自分の好みに応じて調整すればいい。あまりバンドの幅を狭くすれば売買回数が増えすぎてしまい、逆に広く取りすぎると、ほとんど売買が成立しなくなってしまう。

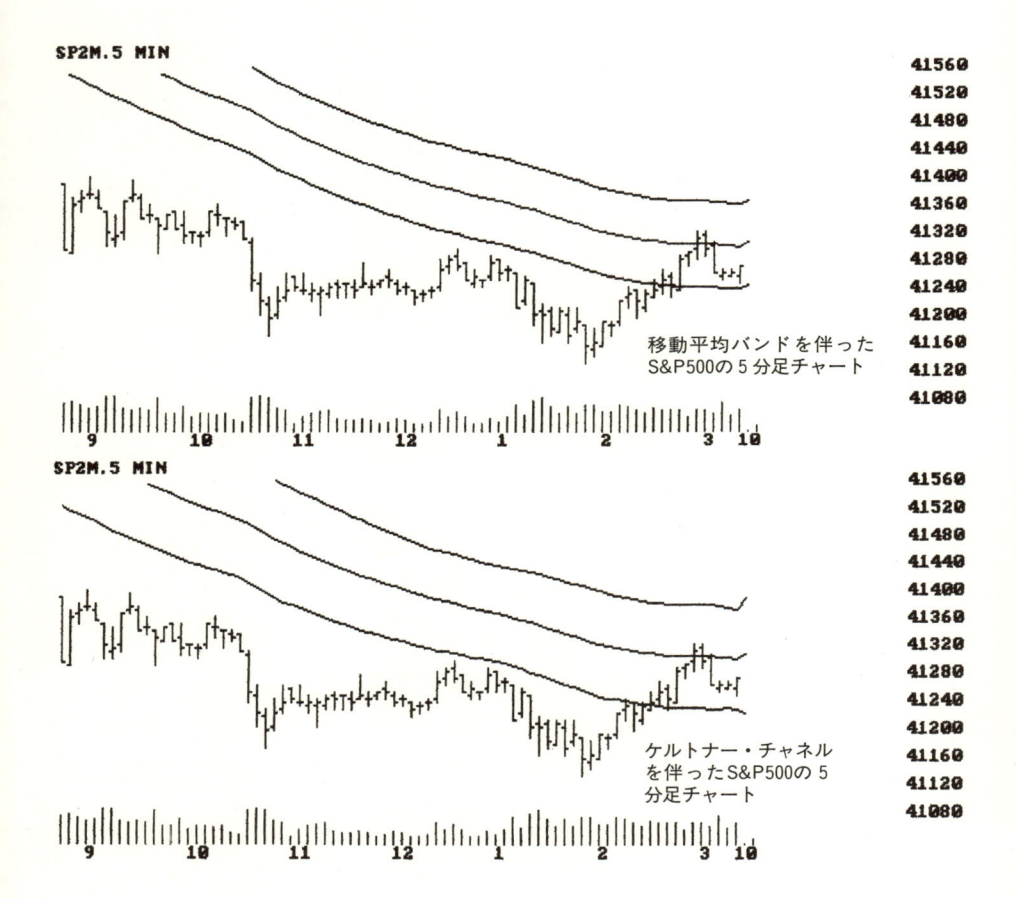

移動平均バンドを伴った
S&P500の5分足チャート

ケルトナー・チャネル
を伴ったS&P500の5
分足チャート

　いずれにしても、マーケットのボラティリティはそのときどきで変わるため、設定はそのたび変更しなければならなくなる可能性がある。
　読者はまた、トレーディングがさらにやりやすくなるように設定や時間枠を変えたくなるかもしれない。

第15章

ニートトリック
A Neat Trick

　本章では、売買の余地を拡大するニートトリックを紹介する。これによって、ある意味では自由なストップを設定することができる。

　ニートトリックを使った戦略は、天井や底の1－2－3の識別と深い関係がある。

　本書でこの手法を紹介するのは、これがロスフックによるトレードと相性が良いからである。

　次の大豆ミールのチャートのような典型的底値固めの局面では、通常、底の1－2－3が形成される。こうしたフォーメーションを形成するファンダメンタルズ要因については、すでに本書で説明したとおりだ。ここで、その知識を活用するチャンスが訪れたわけである。

　1のポイントが形成されるのは、市場で売り手が見当たらないときだということを思い出していただきたい。このチャートの場合も、価格が安過ぎて供給者が売りを出そうとしない。

　この結果、低価格のうえに売りが後退したため、市場では買いが入るようになった。市場に残ったのは、買い手だけである。買い手の一部は、安値での買いを望んでいる実需筋であるため、ファンダメンタルズ要因に基づいて買いを入れている。一方、テクニカル要因に従って買いを入れた向きもいる。彼らは相場が上昇し始めた段階で、これを弱気相場での修正高とみて参入してくるのである。

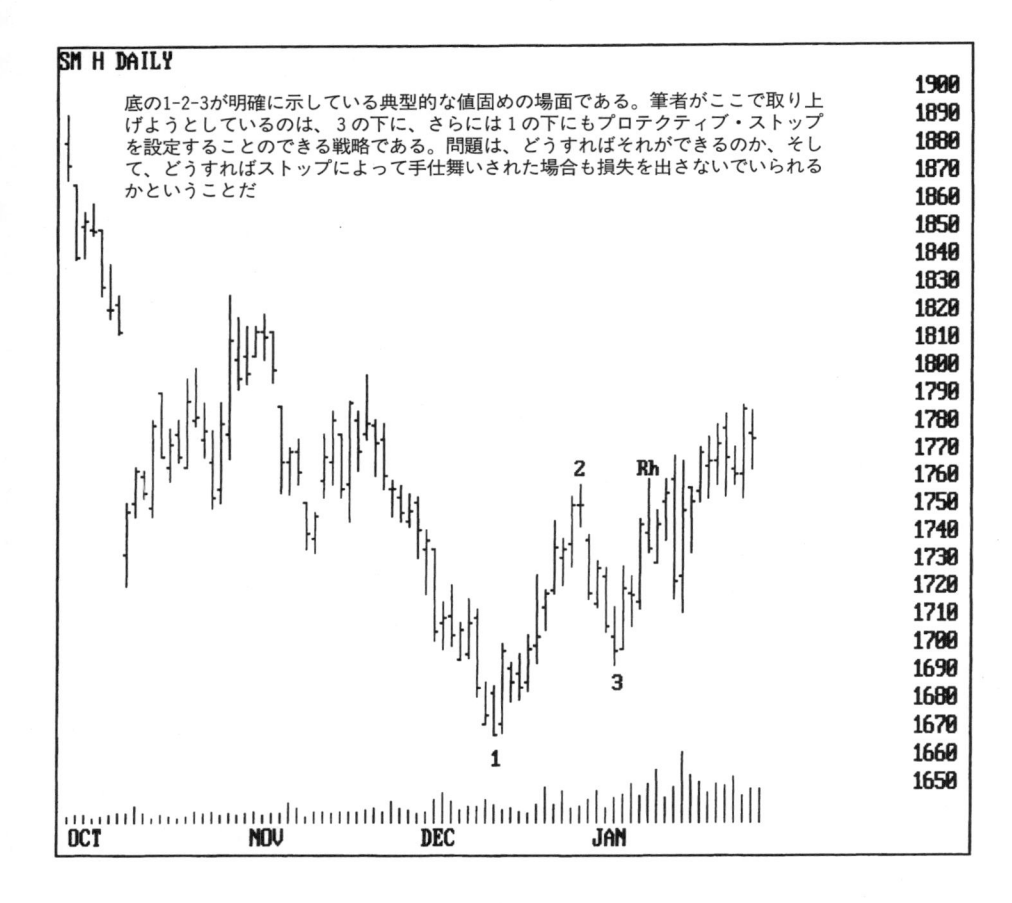

```
SM H DAILY                                                    1900
    底の1-2-3が明確に示している典型的な値固めの場面である。筆者がここで取り上  1890
    げようとしているのは、3の下に、さらには1の下にもプロテクティブ・ストップ  1880
    を設定することのできる戦略である。問題は、どうすればそれができるのか、そし  1870
    て、どうすればストップによって手仕舞いされた場合も損失を出さないでいられる  1860
    かということだ                                              1850
```

（チャート：10月〜1月の日足。2, Rh, 3, 1 のラベル付き）

　このあと、買いに支えられて相場は、2まで上昇することになる。
　われわれは賢いトレーダーなので（？）、相場が最初の1から上昇したあと、テクニカルで買いを入れたトレーダーや目先筋がすぐに利食いを実行すると知っている。彼らはこのために売りを出さざるを得ない。
　このとき、弱気の姿勢を維持していたり、この上昇局面が弱気相場の戻りだとみている向きも売り手として参入してくるだろう。これによって、相場は下落することになる。

さて、ここでやるべきことはこうだ。最初の上昇局面が一服して3に向けて下落（このあと、さらに下降トレンドにつながる可能性もある）を始めたら、売りを出すのである。そして、そのまま売りポジションを維持して、最初の上昇幅の50％の水準を目標値としてスキャルピングをすることにしよう。

この方法は結果としてトレンドに逆らったトレーディングをすることになるが、売買と資金の管理に成功すれば、損失を出すことはほとんどないだろう。

これまでと同様に、1枚の売買によってコストのカバーをする必要がある。これが完了するまでは、利食いのことを考えるわけにいかない。カバーができれば、最初の上げ幅の3分の1でさらに小さな利益を出すことができる。フィボナッチ級数を利用したトレーディングをするつもりなら、最初の上げ幅1に対して0.382の水準で小幅な利食いを実施できるだろう。損益分岐点までの水準を確保したら、上げ幅の50％のところまで下げたときに最後の利食いを行うことができる。

予算的に2枚しか売買できない場合は、コストのカバーをしたあとで50％の修正局面を待つことになる。できるだけ早く、ストップを当初上げ幅の3分の1の水準に移動することが必要だ。

このトレーディングは、大きな利益を上げられるものではない。相場が1を割り込んだ場合には、損失が生じるのを覚悟しなければならない。75％以上の戻りがあった場合、1で形成されたフック以前に売りを出すことができる。

利益が得られればその資金を使って、相場よりさらに離れた水準にストップを設定することができる。

なぜ、このような売買が望ましいのだろうか？　それは、大型の底の1－2－3の底値が形成されようとしている場合、長期的な上昇トレンドが予想されるからである。スキャルピングで稼いだ利益をこの売買への投資額に加算し、ナチュラル・サポートによるトレーディン

グをより好ましい形で実行することができるのだ。

　この手法がどのように機能するのか、いくつかのチャートで見てみよう。

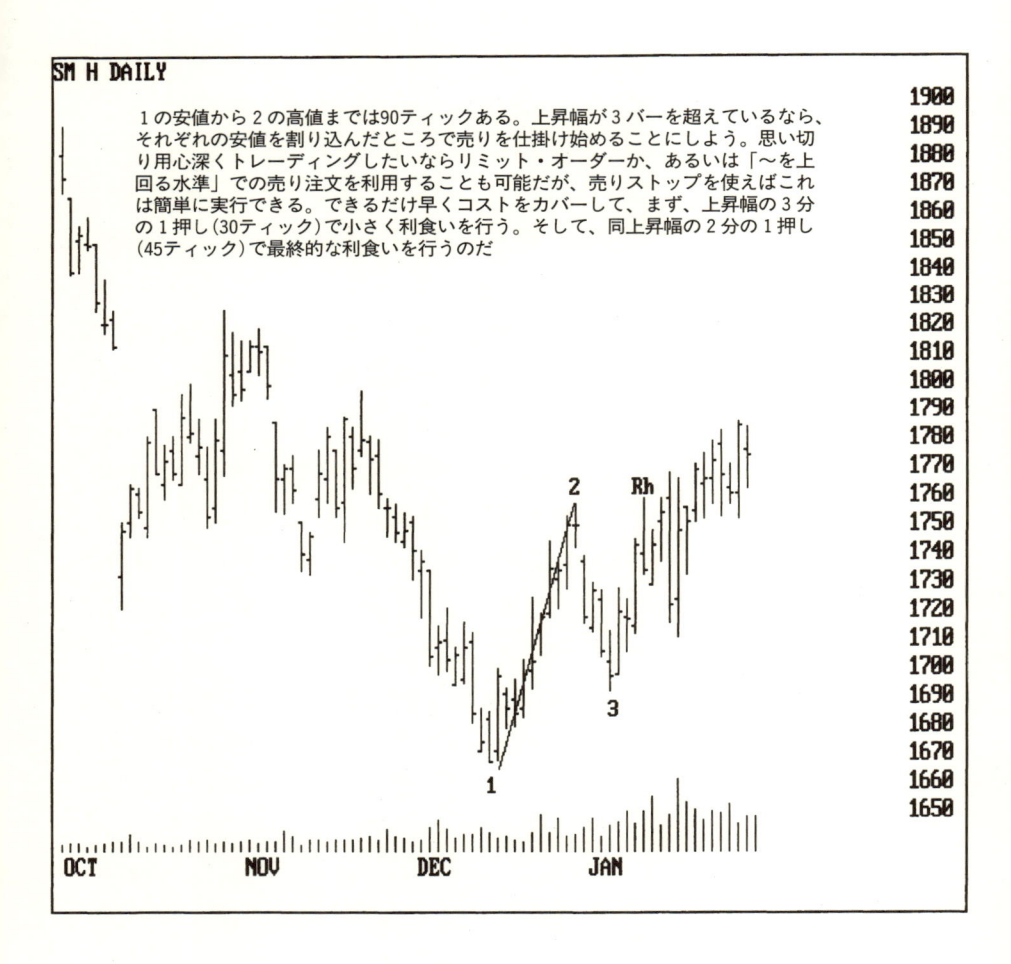

```
SM H DAILY
```

1の安値から2の高値までは90ティックある。上昇幅が3バーを超えているなら、それぞれの安値を割り込んだところで売りを仕掛け始めることにしよう。思い切り用心深くトレーディングしたいならリミット・オーダーか、あるいは「〜を上回る水準」での売り注文を利用することも可能だが、売りストップを使えばこれは簡単に実行できる。できるだけ早くコストをカバーして、まず、上昇幅の3分の1押し（30ティック）で小さく利食いを行う。そして、同上昇幅の2分の1押し（45ティック）で最終的な利食いを行うのだ

これまでの例では、実際に反落した水準は65ティックだった。予定の数値は約75ティックのはずだった。ということは、長期的なストップの設定には、自由な資金のうち75ティック分が使われるということになる。

それでは、実際の相場ではどうなったのかを見ていこう。

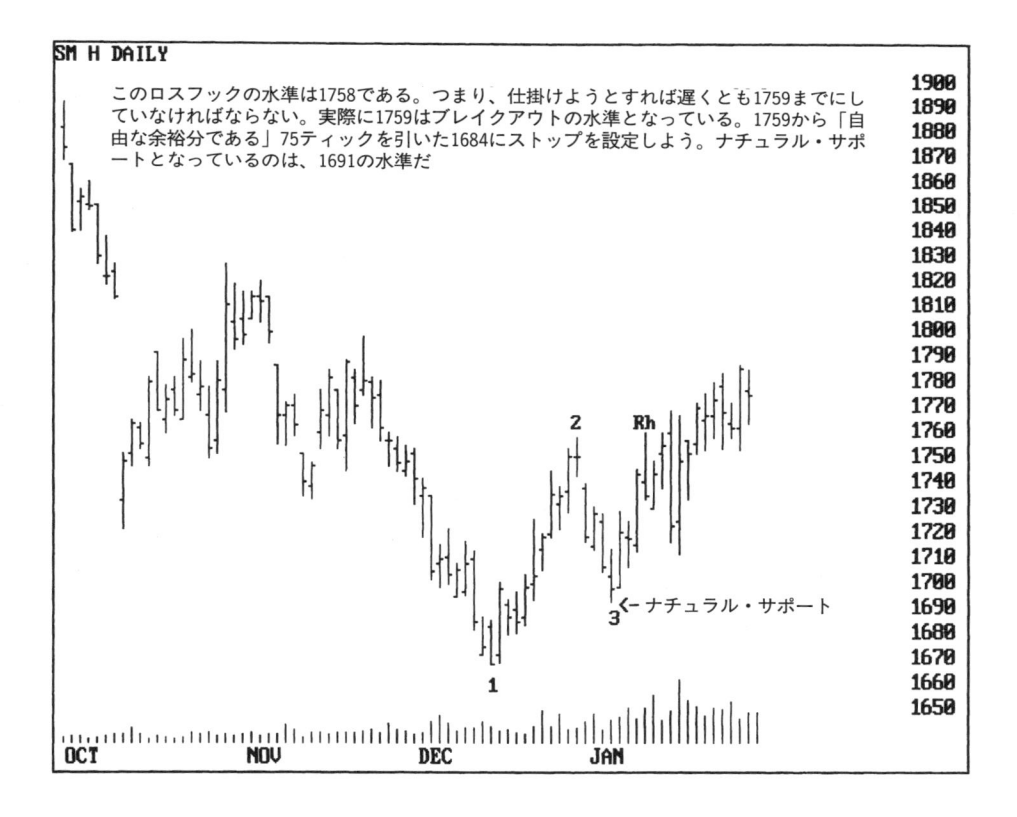

SM H DAILY

このロスフックの水準は1758である。つまり、仕掛けようとすれば遅くとも1759までにしていなければならない。実際に1759はブレイクアウトの水準となっている。1759から「自由な余裕分である」75ティックを引いた1684にストップを設定しよう。ナチュラル・サポートとなっているのは、1691の水準だ

←ナチュラル・サポート

ボラティリティの水準プラス「自由な」資金のティック数の水準でストップを設定したければ、1684よりもさらにさかのぼって設定することも可能になるだろう。

この場合だと、ナチュラル・サポートより1ティック下の1690で十分設定ができる。ここで手仕舞いとなった場合、損失はまったく生じない。やや期待外れにはなるかもしれないが、実質的な損失がないのだ。

　同様の状況について、もう少し見ていこう。

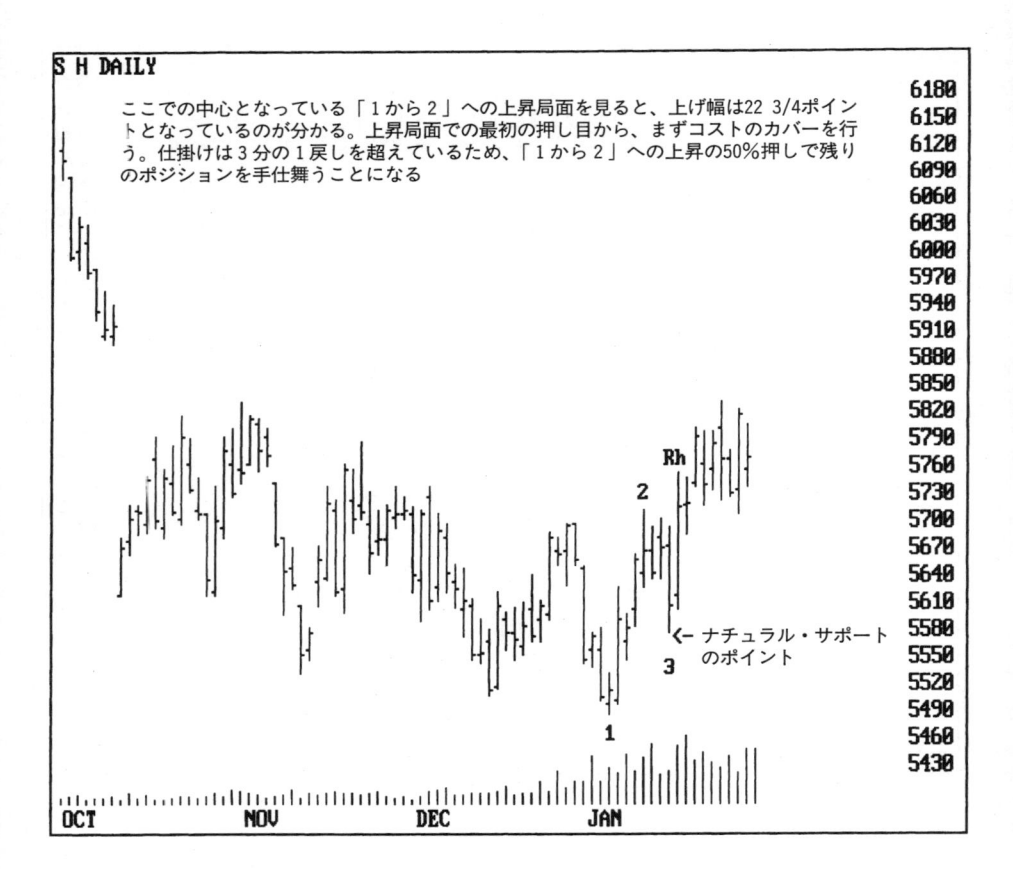

ここでの中心となっている「1から2」への上昇局面を見ると、上げ幅は22 3/4ポイントとなっているのが分かる。上昇局面での最初の押し目から、まずコストのカバーを行う。仕掛けは3分の1戻しを超えているため、「1から2」への上昇の50％押しで残りのポジションを手仕舞うことになる

第15章●ニートトリック

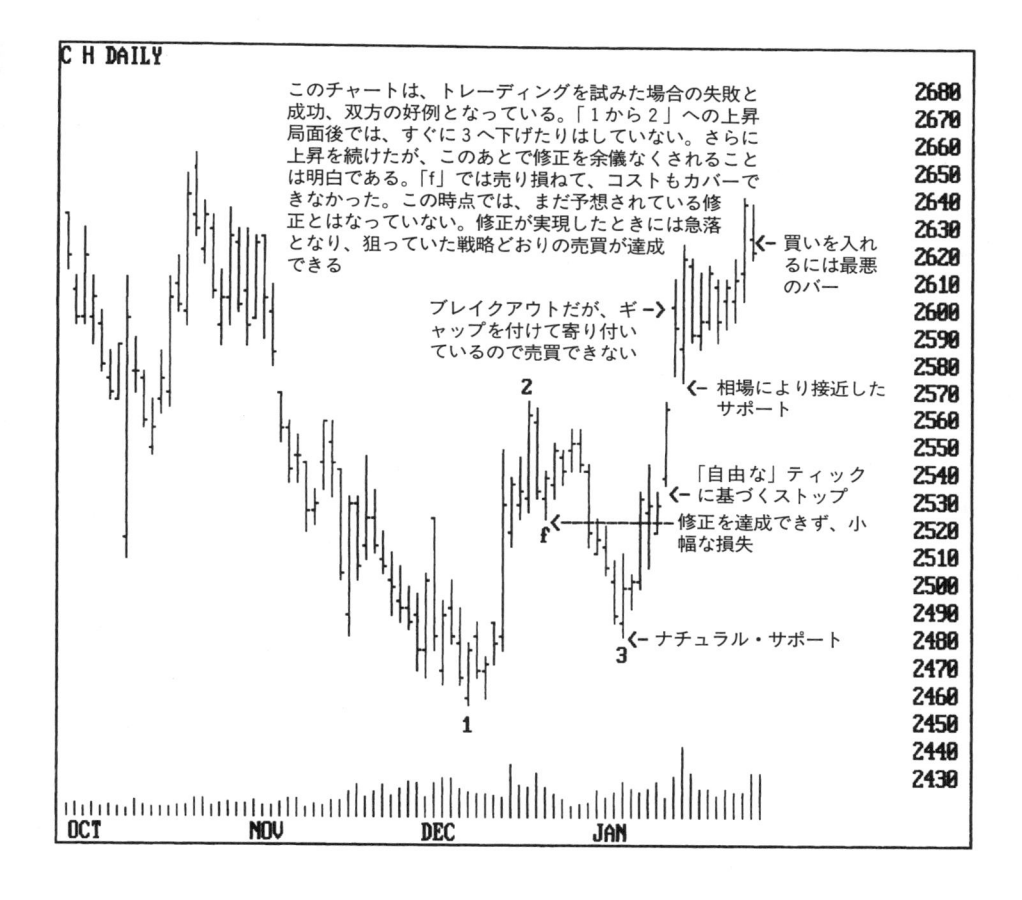

[チャート注釈:
- このチャートは、トレーディングを試みた場合の失敗と成功、双方の好例となっている。「1から2」への上昇局面後では、すぐに3へ下げたりはしていない。さらに上昇を続けたが、このあとで修正を余儀なくされることは明白である。「f」では売り損ねて、コストもカバーできなかった。この時点では、まだ予想されている修正とはなっていない。修正が実現したときには急落となり、狙っていた戦略どおりの売買が達成できる
- ブレイクアウトだが、ギャップを付けて寄り付いているので売買できない
- 買いを入れるには最悪のバー
- 相場により接近したサポート
- 「自由な」ティックに基づくストップ
- 修正を達成できず、小幅な損失
- ナチュラル・サポート]

　1から2までは11ポイント、つまり44ティックある。fのバーでやや下げたあと、3まで8と2分の1ポイント（34ティック）反落した。コストをカバーしたうえで、3分の1下げ（15ティック）ではやや利益が出る。その後、最後の利食いを22ティックの水準で行うことになる。これによって、ストップを設定する際の「ただの」余裕マージンが37ティック得られたことになる。

　ここで、日中のチャートも使えるだろうか？　答えはイエスだが、必要な値幅を得られるだけの十分なボラティリティがあることを確認

する必要がある。

　最初は、120分足チャートから始めて、徐々に短縮していくのがいいだろう。60分、30分、そしてさらに短い単位へと移行するのである。S&P500の売買で、値幅の余裕を貯め込んでいく戦略を使うなら、5分足チャートでも十分である。ただ、この場合、非常に動きが早いので注意が必要だ。

第16章

ボリンジャーバンドによる
フィルタリング
Bollinger Bands for Filtering Hooks

　本章では、ロスフックをフィルタリングするときのボリンジャーバンドの利用法について紹介しよう。もしも読者がまだパソコンを持っていないなら、ボリンジャーバンドのためだけにでも購入する価値は十分にある。パソコンはすでにあるが、手持ちのソフトにボリンジャーが入っていないなら、次回のアップデート時に入れてもらうよう販売店に強く求めるべきだ。

　ここで紹介する手法はあまりに優秀なため、お教えするのが惜しいくらいだが、紹介する目的はともかく、見ていくことにしよう。

　ボリンジャーバンドとは、ボラティリティの程度に応じて移動平均から上下に開いた価格ラインである。単純な20日間の移動平均線が、センターラインとして使用される。バンドの計算は、移動平均から計算される。一定期間の標準偏差を取って、これを移動平均に足し引きするのだ。

　ボリンジャーバンドは、これまで長い間使用されてきたテクニカル手法のなかで、最も有効なコンセプトだと思われる。

　ボリンジャーバンドの計算式は以下のようなものである。

　AV（平均）＝過去N日間の終値合計÷日数

　DEV（偏差）＝（終値－AV）の２乗

　MD（分散）＝DEVの合計÷日数

SD（標準偏差）＝MDの平方根
ボリンジャーバンド＝AV±2（SD）

　通常は、ボリンジャーバンドがセンターラインに向かって収束する場合、マーケットは急激な動きを見せる傾向があるとされる。
　相場がバンド外で推移しているときには、トレンドが継続していることを意味している（私自身は、この見方にやや懐疑的なのだが）。
　バンド外で底を付けたあと、バンドのなかでも底を形成した場合、上昇トレンドへの転換の兆しとなる。逆にバンド外で天井を付けたあと、バンドのなかでも天井を形成した場合、下降トレンドへの転換の兆しとなる。
　一方のバンドで発生した動きは、もう一方のバンドへと波及する傾向がある。この傾向によって、こうした動きによる目標水準を予想することが可能になるのだ。
　それでは、ロスフックによるトレーディングでのボリンジャーバンドの使用法を見ていこう。
　ここから紹介する一連のチャートによって、目からウロコが落ちるような思いをするだろう。

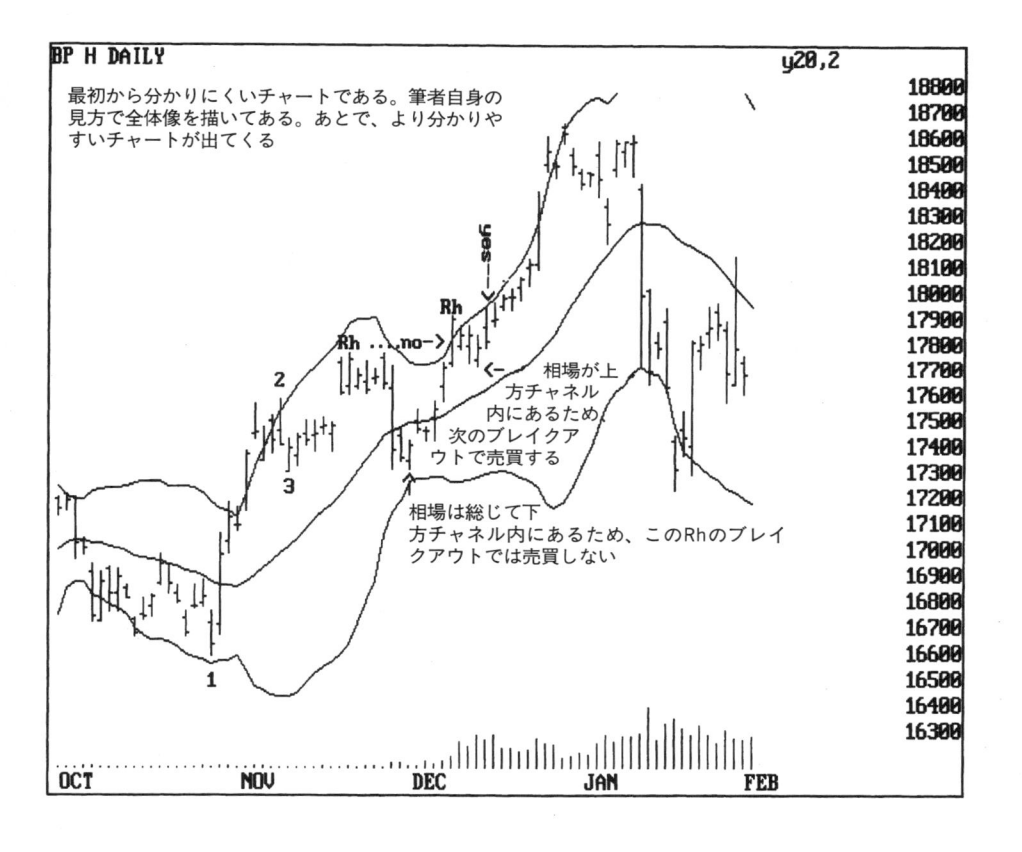

ここでは大枠での1-2-3フォーメーションに続いてブレイクアウトが見られ、ロスフックが形成されている。その後、相場はロスフックを上抜いている。ここでトレーディングを開始すべきだろうか？ 答えはノーだ！ 理由は？ トレーディングを開始する前に、相場がほぼ上方チャネルの圏内に入っている必要があるからである。

その後、もうひとつのフックが形成された。ここではどうだろうか？ 今度はイエス？ 理由は？ 相場全体が上方チャネル圏にあるからである。

ここで思い出してほしいのは、早期に売買を開始したい場合、トレ

ーダーズ・トリックが利用できることだ。また、ここでは示していないが、さらに確認をするためにスタディやCCIを利用することも可能である。しばらく我慢していれば、そのうちバンドの流れをたどることに慣れてくるだろう。

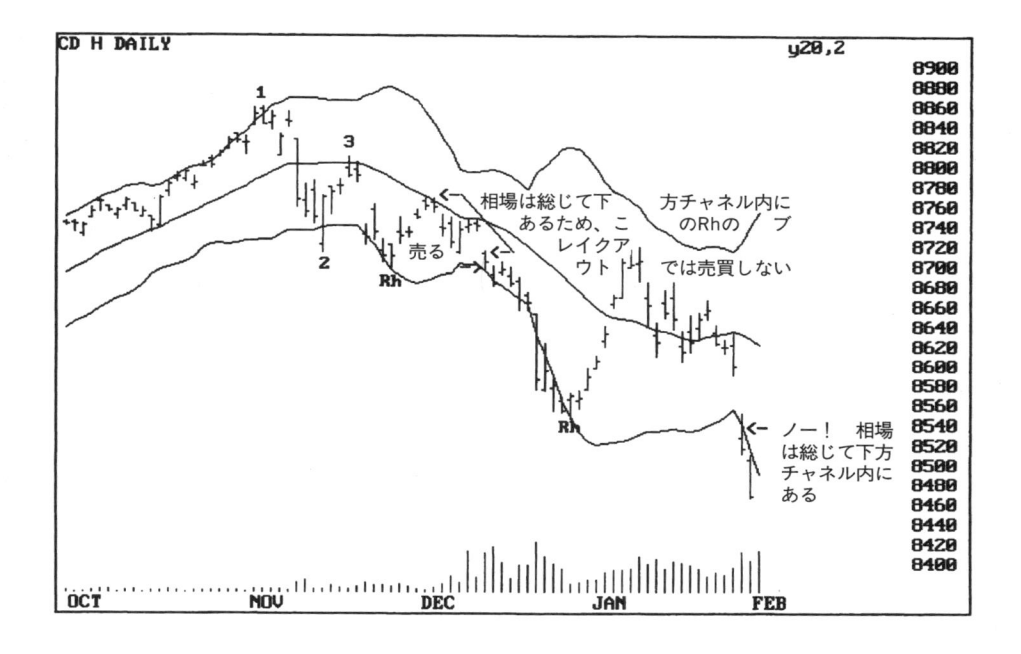

第16章 ●ボリンジャーバンドによるフィルタリング

 フックによってトレーディングを開始するには、趨勢として相場がほぼひとつのチャネル圏で推移している状態が必要となる。センターラインを交差しつつ、反対側のバンドへと向かってしまうような動きは好ましくないのだ。

 このチャート上最後のフックはギャップを空けて寄り付いており、ここで売買を開始することはできない。だが、このギャップ以前に相場が総じて上方チャネルとセンターライン付近を推移していたことも、ここで売買しない理由である。

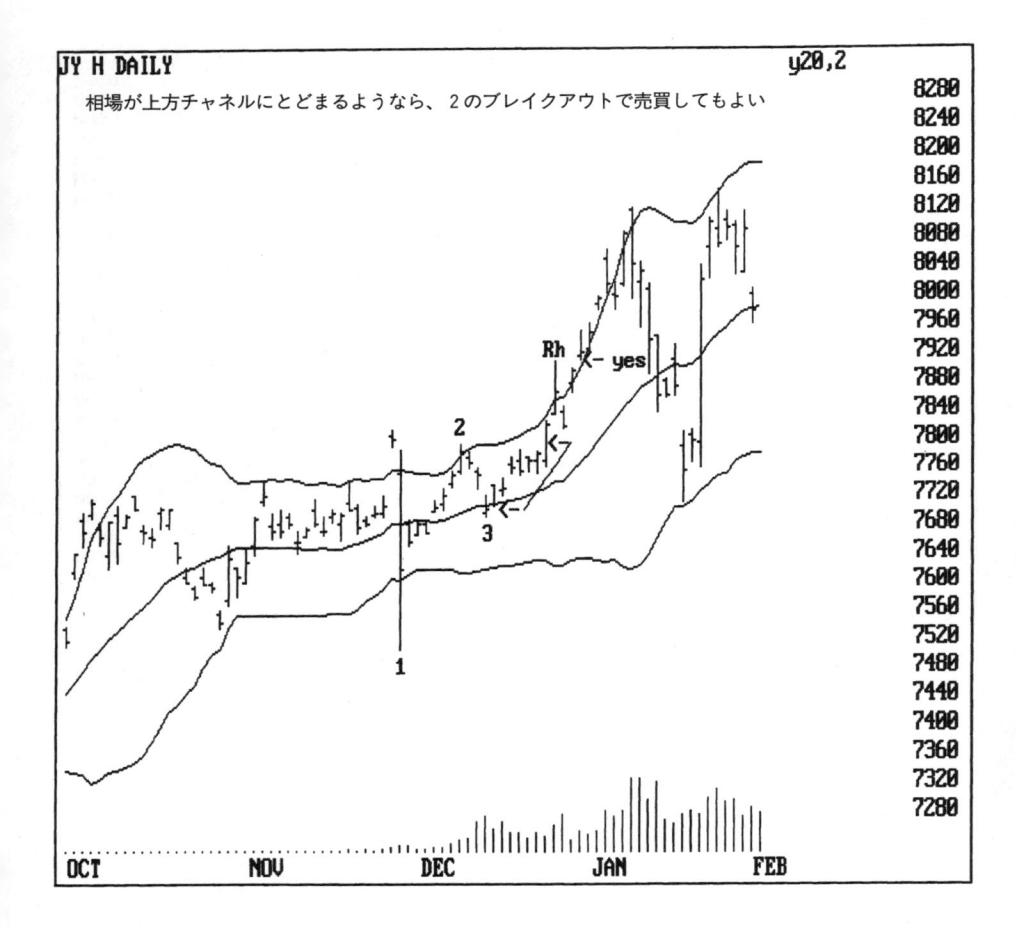

ここでは、フックの前で2をブレイクアウトした段階でトレーディングを開始するのもオーケーだ。相場が全体として上方チャネルで推移しているのを確認しておくことが必要だ。

私自身の場合、ロスフックによるトレーディングの場合、1－2－3を売買サインとすることはしていない。

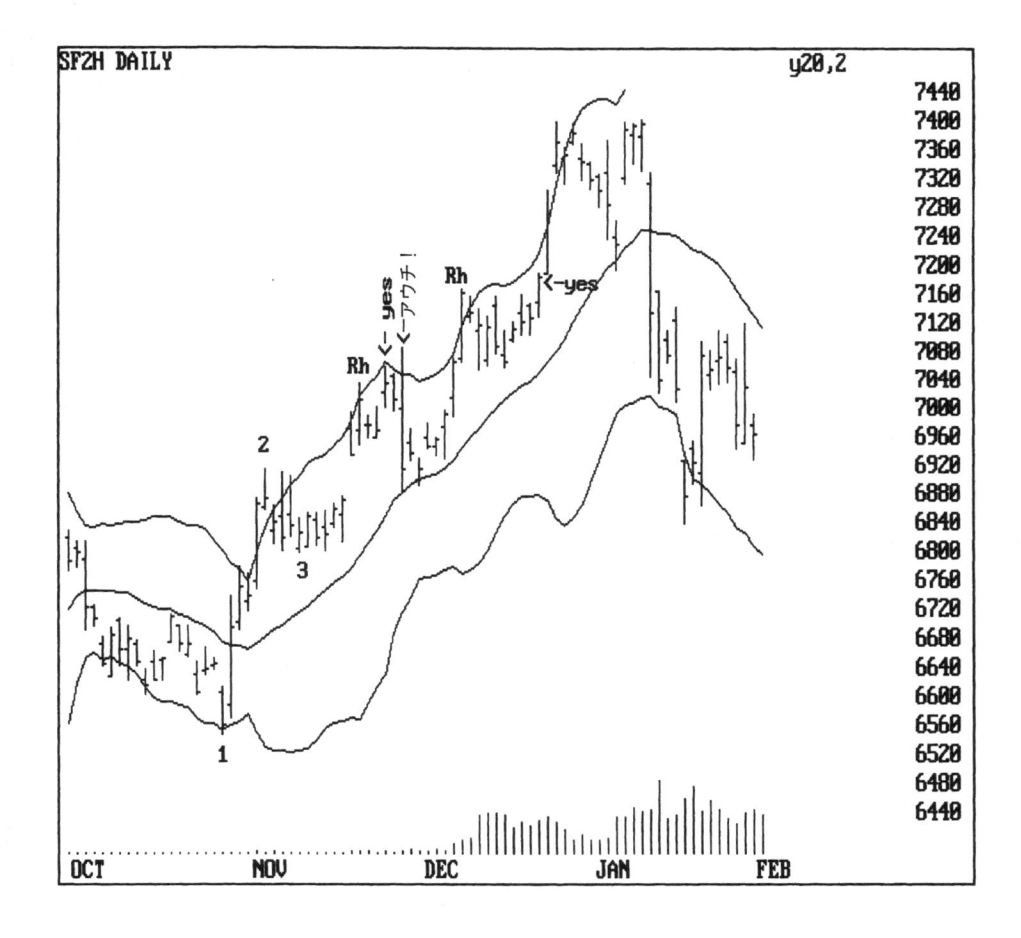

場合によっては、全体の流れから1－2－3を見る必要も出てくる。これは流れが読みづらい例だ。「OUCH！」と記されたバーはRh（記されていない）を上抜いている。ストップの設定水準や最後のRhでエントリーしたかどうかによって、損失の規模が左右されることになる。

トレーディングはつねに勝てるというものではない。この例の場合、リアルタイムでトレードしているデイトレーダーなら、よりうまく売買ができたはずだ。

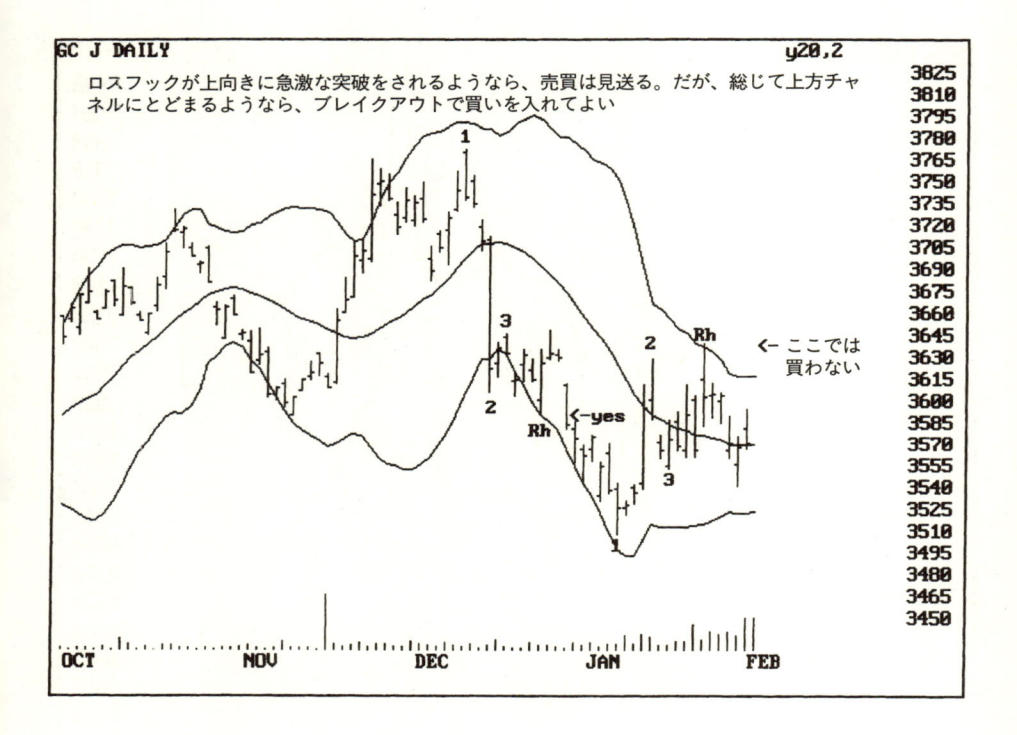

この局面で、いますぐに売買することはない。上方チャネルでの値固めが足りないからだ。ここで売買すれば、トレンドに逆行することになる。成功する確率は極めて低いのだ。相場はチャネルの上半分にあり、上方バンドのトレンドは急降下している。上方チャネルでの値固めが行われれば、上方バンドが上昇し始めるはずである。もう1本か2本のバーが上方チャネルで見られれば、売買の好機となるだろう。この段階でRhから売買を開始しても、これが保ち合い相場だったことを改めて知らされるのがせいぜいである。

HG H DAILY　　　　　　　　　　　　　　　　　　　y20,2

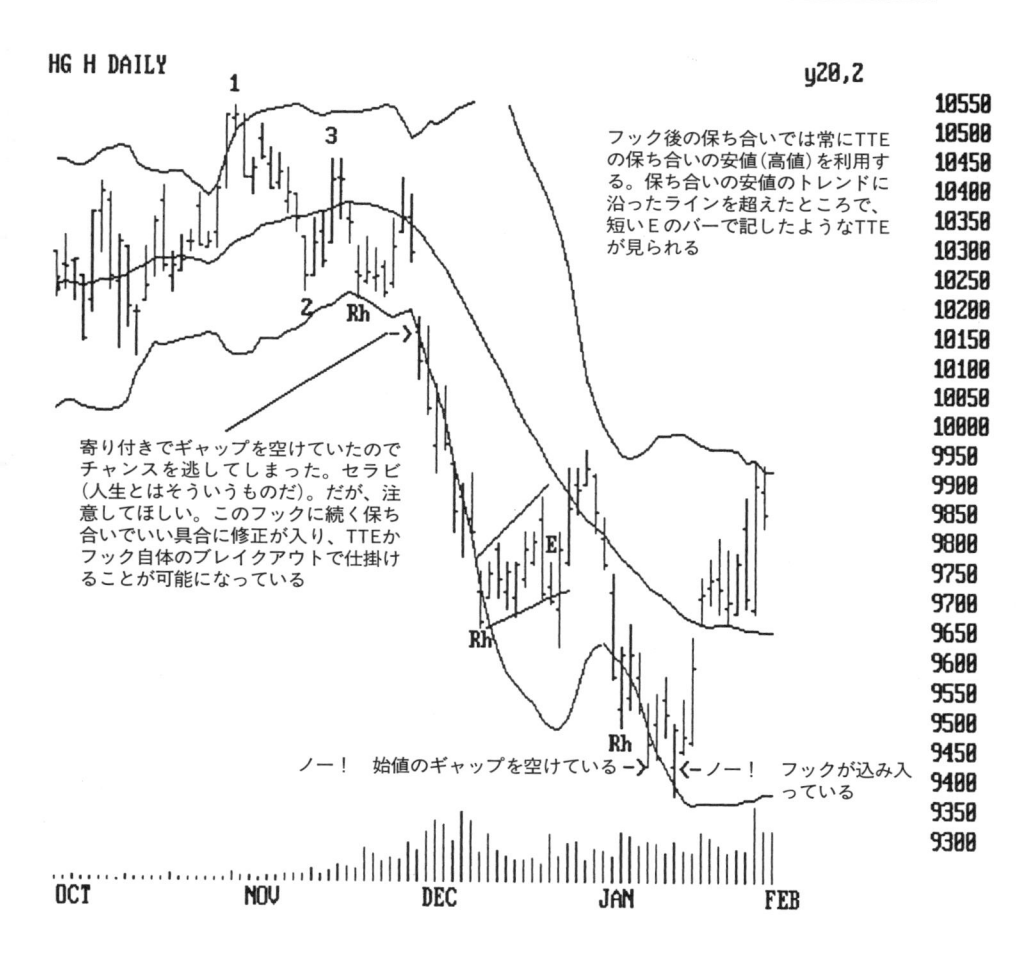

フック後の保ち合いでは常にTTEの保ち合いの安値(高値)を利用する。保ち合いの安値のトレンドに沿ったラインを超えたところで、短いEのバーで記したようなTTEが見られる

寄り付きでギャップを空けていたのでチャンスを逃してしまった。セラビ(人生とはそういうものだ)。だが、注意してほしい。このフックに続く保ち合いでいい具合に修正が入り、TTEかフック自体のブレイクアウトで仕掛けることが可能になっている

ノー！　始値のギャップを空けている→　←ノー！　フックが込み入っている

上記のチャートでは、保ち合い部分の範囲を上向きの直線2本で示してある。この部分はオルタネーティング・バー(安値寄り高値引け、または高値寄り安値引けのバー)が見られることから、保ち合い相場なのは明らかである。

注──ロスフックが非常に接近して現れた場合、大きな保ち合い相場か、トレンドの転換が迫っている場合が多い。

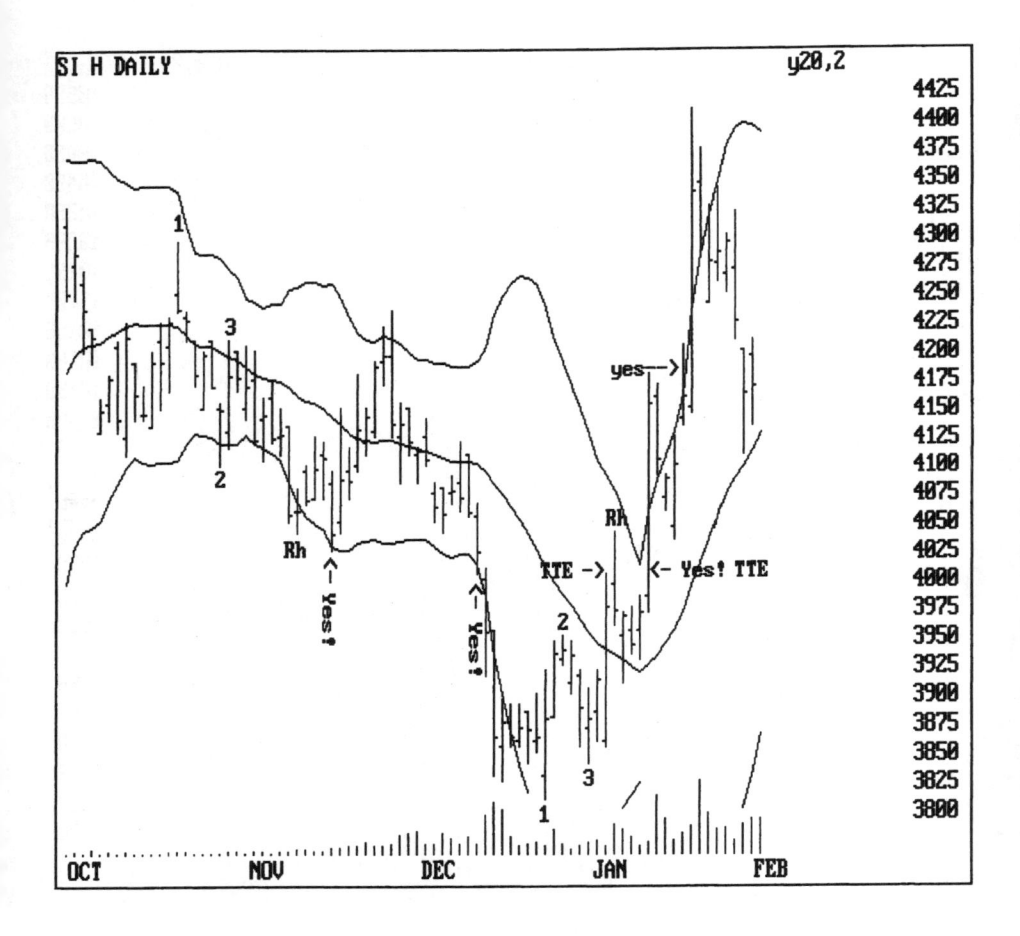

ボリンジャーバンドによるトレーディングで重要なことは、相場の動きはバンドより先行していることを理解することだ。バンド内で売買可能なフォーメーションが見られたら、すぐに売買することである。

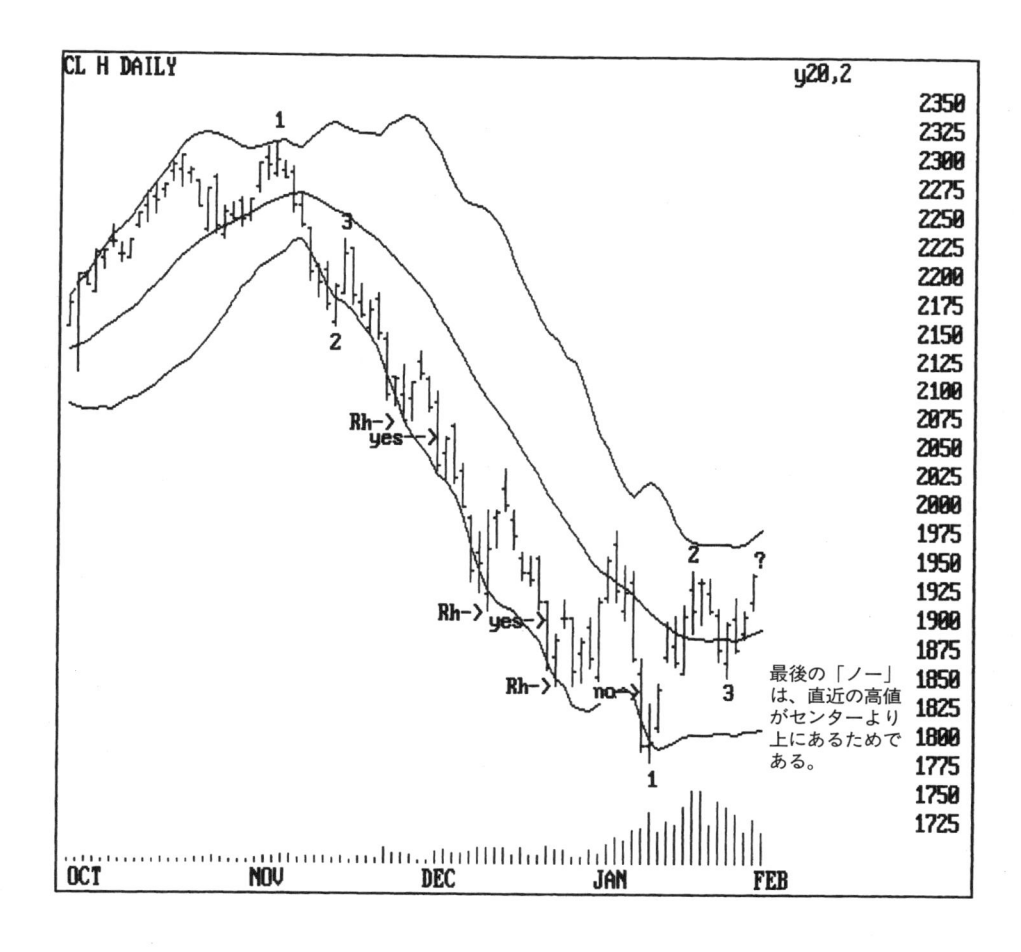

忘れていけないのは、Rhをシグナルとして売りたい場合、相場が売買可能なフォーメーションを形成しないのであれば、相場がセンターラインをほぼ下回って推移していることが必要となる。このチャート上、最後の「NO」では売買可能なフォーメーションになっていない。

SP H DAILY　　　　　　　　　　　　　　y20,2

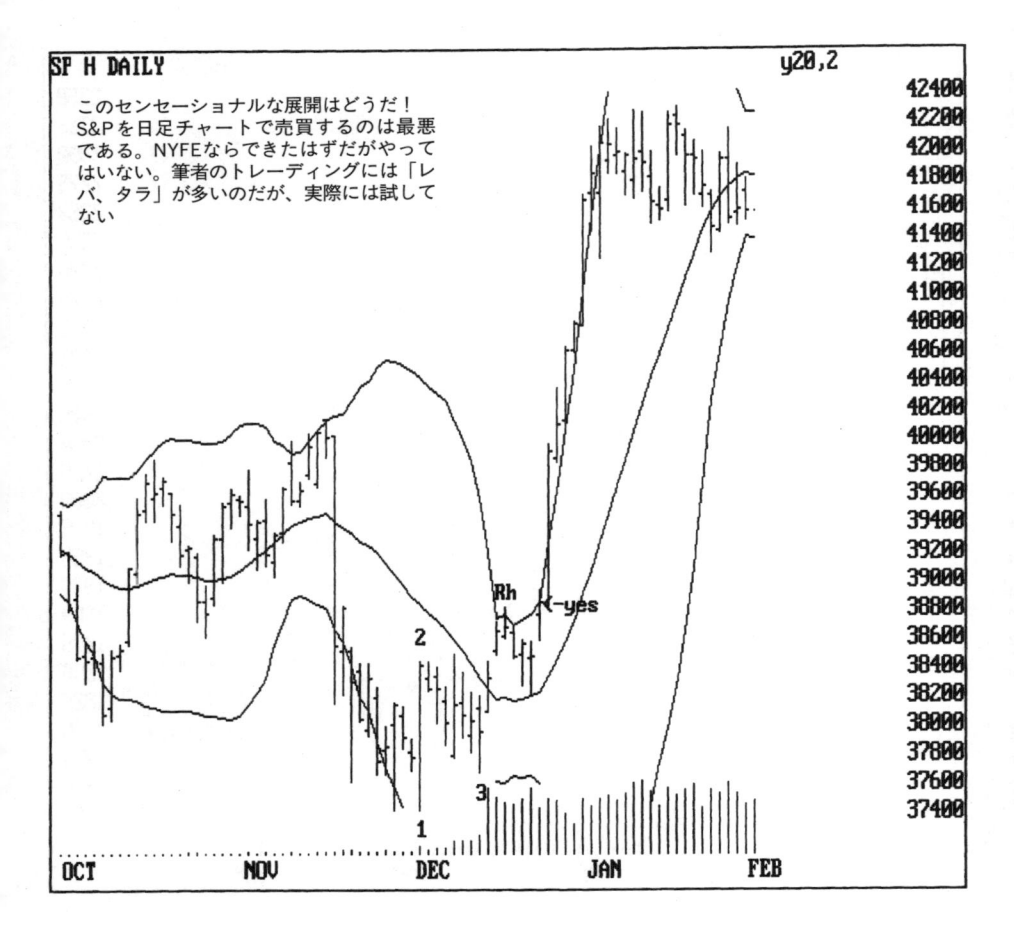

このセンセーショナルな展開はどうだ！S&Pを日足チャートで売買するのは最悪である。NYFEならできたはずだがやってはいない。筆者のトレーディングには「レバ、タラ」が多いのだが、実際には試してない

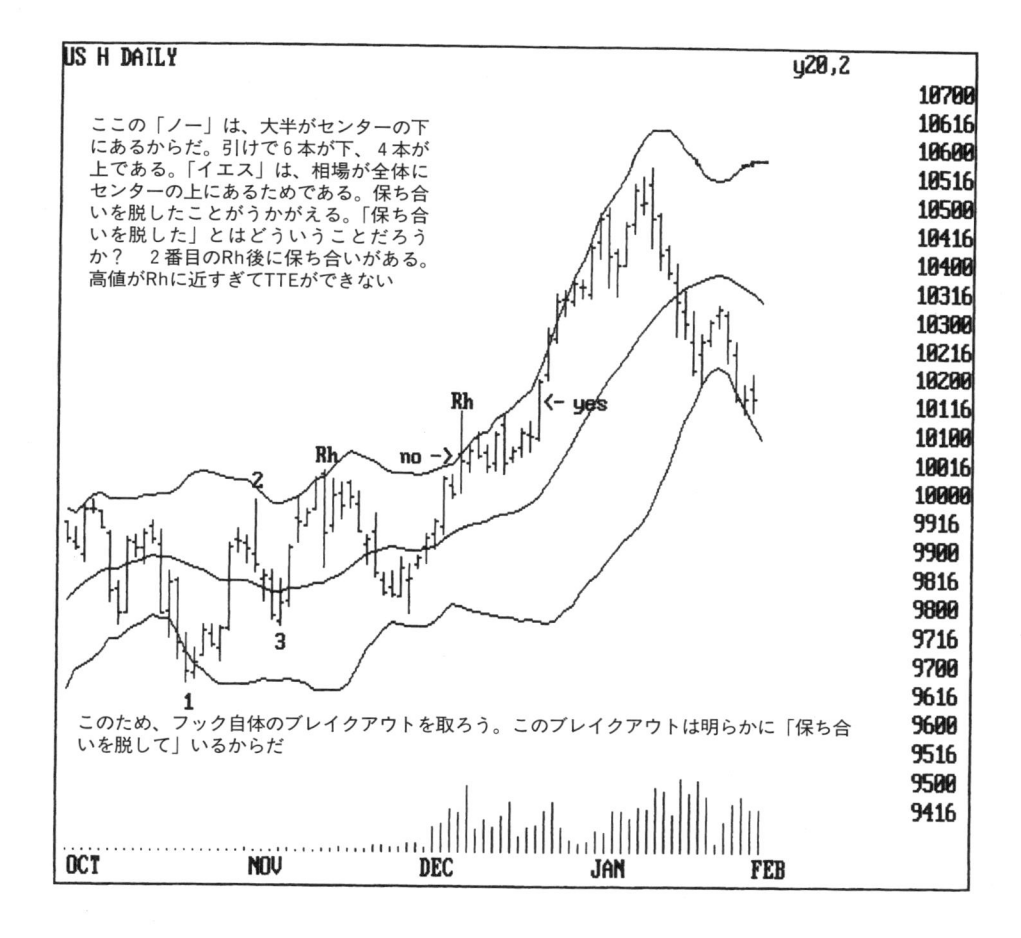

ここの「ノー」は、大半がセンターの下にあるからだ。引けで6本が下、4本が上である。「イエス」は、相場が全体にセンターの上にあるためである。保ち合いを脱したことがうかがえる。「保ち合いを脱した」とはどういうことだろうか？ 2番目のRh後に保ち合いがある。高値がRhに近すぎてTTEができない

このため、フック自体のブレイクアウトを取ろう。このブレイクアウトは明らかに「保ち合いを脱して」いるからだ

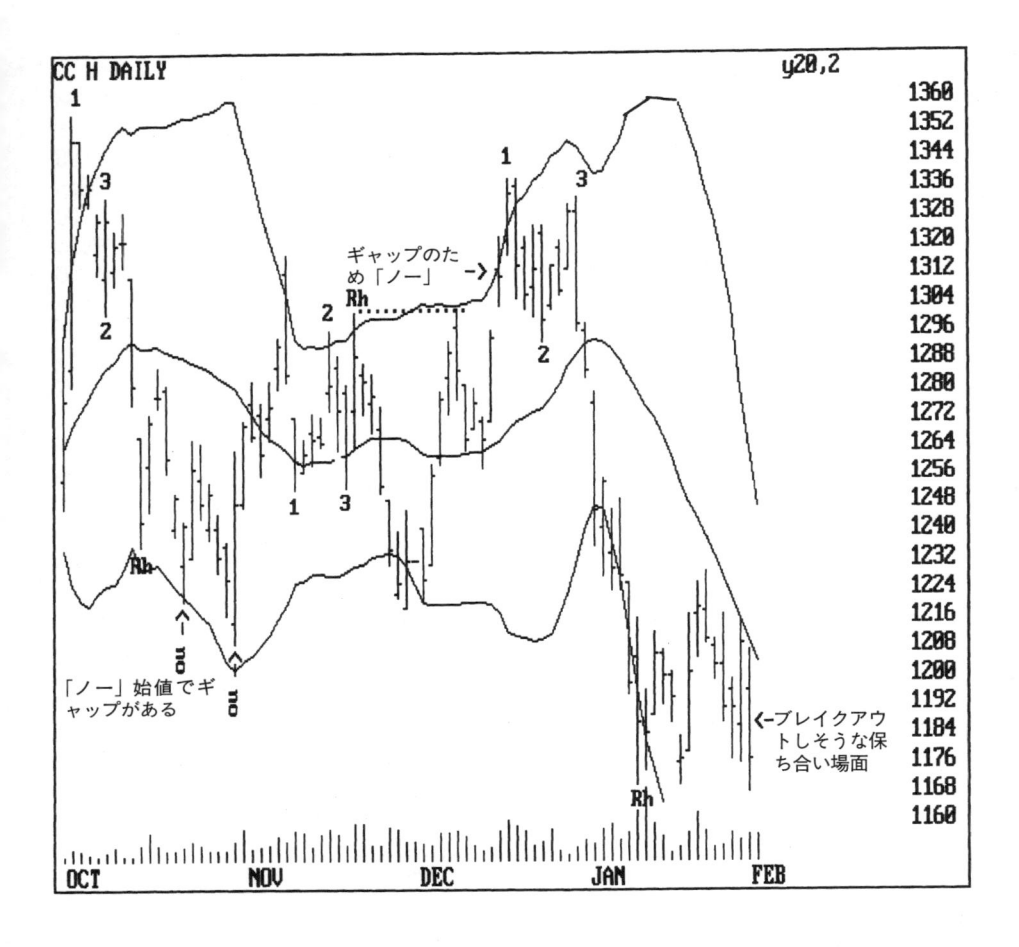

チャート上部で、上方バンドがまったく平らな状態から上昇に向かっていることに注意してほしい。上方バンドは下降トレンドにはないのだ。最後のほうの相場はほぼ上方チャネル内で推移している。Rhをブレイクアウトしたら、修正ではなく上昇に向かうことが示されているのだ。
　ここは我慢のしどころである。チャート右側の安値を割り込むまで待つのだ。最安値（Rhのポイント）のブレイクアウトを確実にする

ため、3ティック程度は割り込むことが必要だろう。さらに下降トレンドが継続するかどうかを判断するもうひとつの方法は、ブレイクアウトの前に急落局面か、ギャップを空けた下げがあるかどうかに注目することだ。

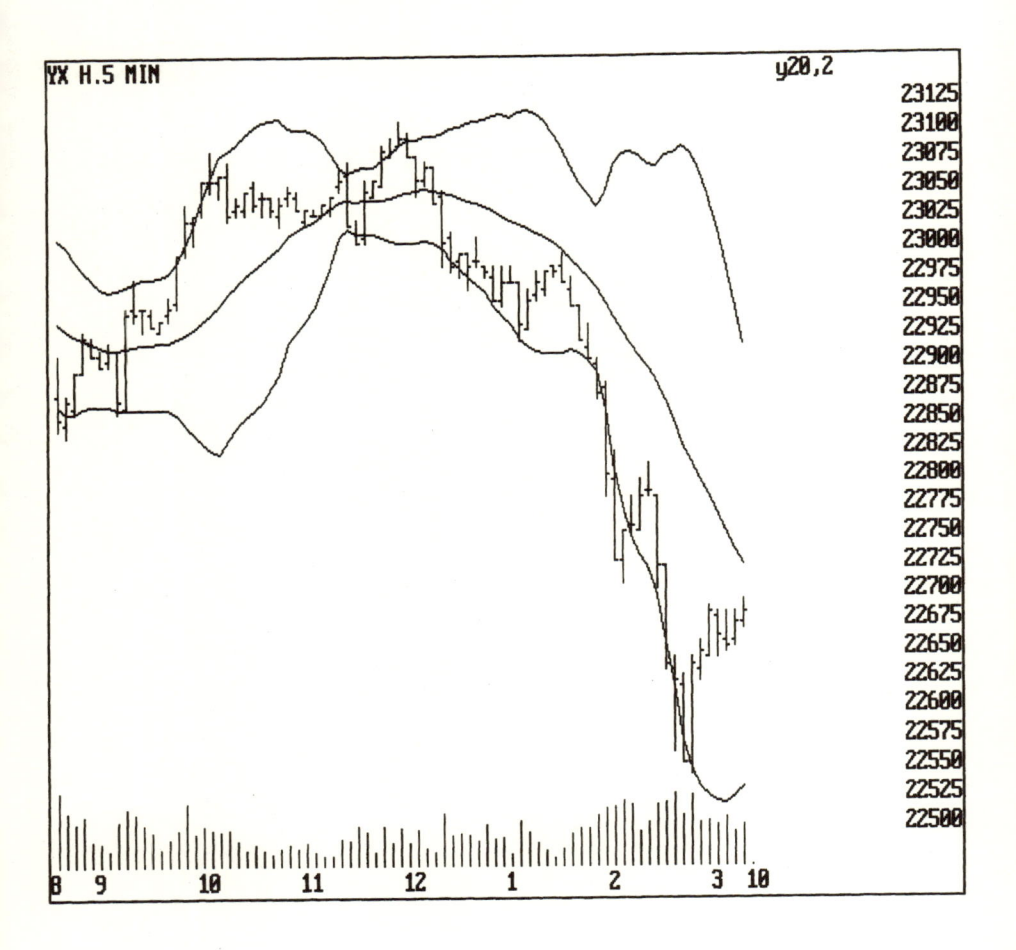

このチャートの場合、天井の1-2-3が最初のロスフック以前に見られる。急落相場の早い段階で売買を開始してしまったような場合を除き、ほとんどのトレーディング・テクニックに関して、こうした場面は避けたほうが賢明である。
　もしすでに仕掛けてしまっていたなら、離れた水準にストップを設定し、そのまま流れに任せるのがいいだろう。こうした場合、予想以上に長期間にわたって相場が動くのが普通である。

1987〜1991年の銀市場では、このような形で急落する相場が見られた。『トレーディング・イン・ザ・ブック』では、このようながけ崩れのような展開について説明している。

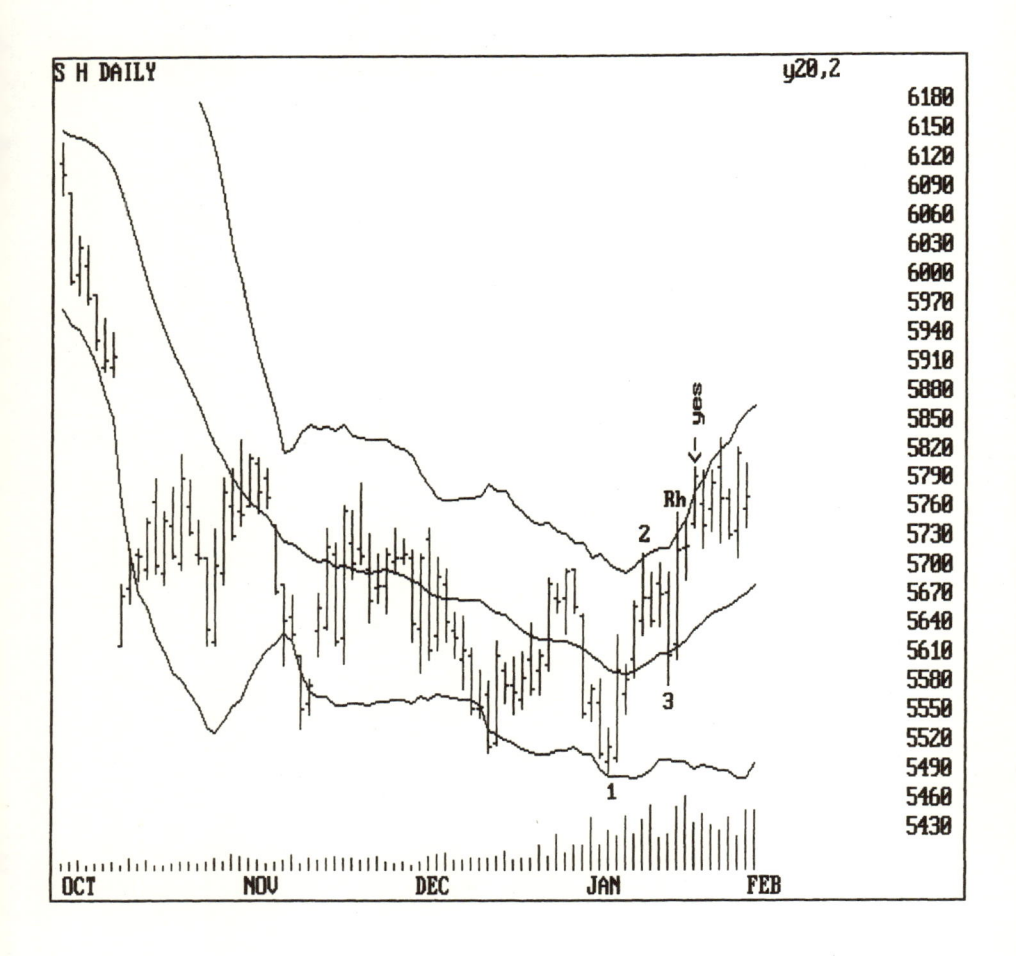

このチャートでは、ここに示した以外の売買機会は見られないと思うが、どうだろうか？
　フックは、トレンド相場のなかでこそ最も望ましい形で売買されるのだ。

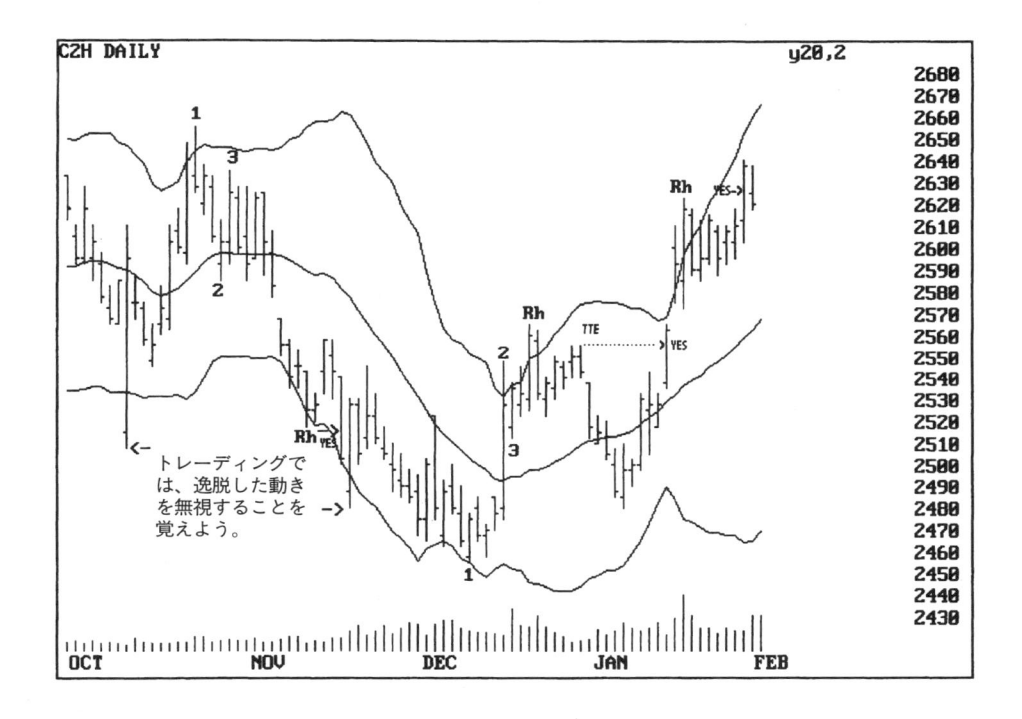

これまで私が得た最良の教訓のひとつが、いかにして逸脱した相場の動きを無視するかということだった。政治的事件や発表、ニュース、うわさなどによって1カ所や2カ所の異常な動きが見られた場合でも、実質的な相場の動向をしっかりと見極め、その実質的な動きからトレーディングを計画するのである。

　次は、日中のチャートを見てみよう。これまでS&P500市場ばかりで飽きたので、気分を変えてNYSE（ニューヨーク証券取引所）指数を見ることにしよう。

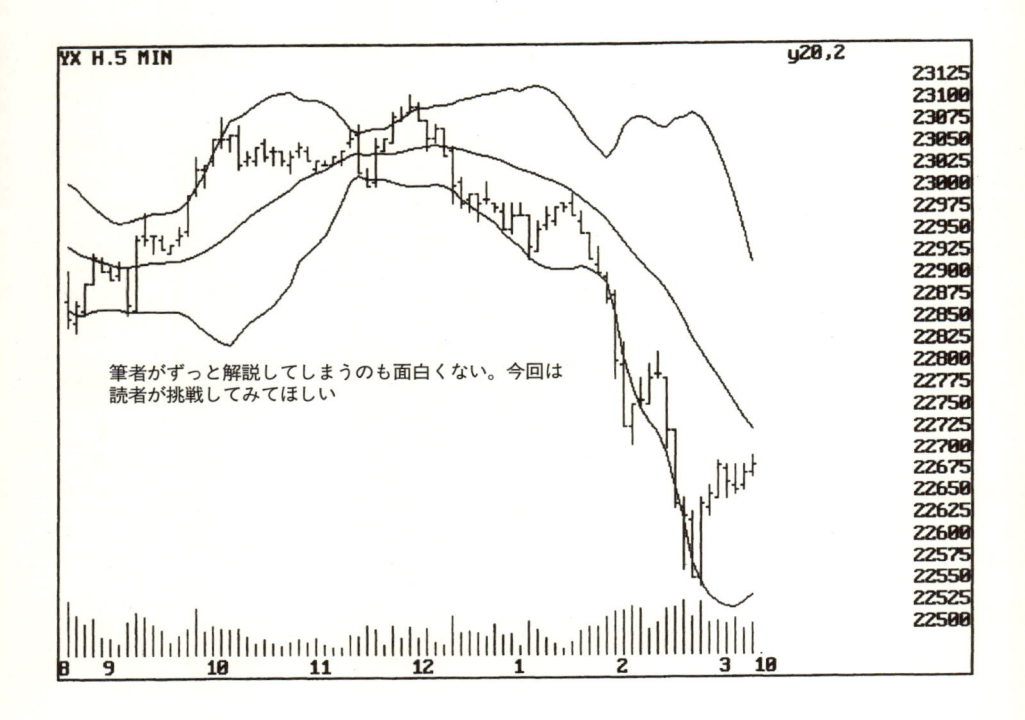

筆者がずっと解説してしまうのも面白くない。今回は
読者が挑戦してみてほしい

　このチャートから少なくともひとつは素晴らしい売買機会を見いだ
すことができるだろう。
　ボリンジャーバンドでトレードするときは多くのルールのお膳立て
がそろうよりも、全般的なアプローチで望んだほうがいいように私に
は思える。
　ここから見つけだそうとしていることは、まさにこれから始まろう
としているトレンドを捕まえるということである。
　マーケットがトレーディングレンジで動くと予想されるなら、それ
をブレイクアウトするときか、その後の動きを捕まえたい。
　バンドがトレンドを形成しだしたら、しばらくトレンド相場が続く
とみていいだろう。

まず最初に探すのは保ち合い局面だ。その次は、センターラインの一方にクラスター（塊）を形作って推移し始める部分を探す。クラスターが見られるようなら、相場自体もその方向にトレンドを形成するとみていいだろう。クラスターがセンターラインより上で形成された場合、買い場が予想される。下なら売り場が見込まれる。

　通常はこのあとの過程のどこかでロスフックが形成されるが、その場所はクラスターのでき始めであることが非常に多い。相場がセンターラインの上下いずれかにとどまり続けたうえで、フックを突破したら、そのときはトレーディングのチャンスだ。

　これまでの例では、すでにトレンドができている相場を意図的に選んである。見れば分かるとおり、いったん相場がトレンドを形成してしまえば、ボリンジャーバンドはあまり役に立ってはくれない。

　これまでの例で私は、できるかぎりの売買機会を示し、売買を仕掛けていることに注意してほしい。私は通常、このようなやり方では売買しない。実際、例のとおりならトレーディングのしすぎである。

　例では、それぞれの市場がまるで唯一のものであるかのように示してある。もちろん、ひとつのマーケットだけで恒常的に売買するなら、自分の売買に合ったフィルターを追加する必要がある。

　上記の例ではバンド以外のフィルターは使用していないが、実際は、スタディ、CCIなどを利用することができる。

　さらに言えば、本章で示したような状況で実際に私がトレーディングすることは、ほとんどないということを理解していただきたい。

　これまで私はストップの設定位置を特定してはこなかった。読者は、ストップについて書いた別章と次の章で示されている内容をくみ取らなければならない。

第17章

バニラフック
Vanilla Hooks

　ここまで、私の生徒たちも使っている、よりポピュラーな指標とともにロスフックを利用したトレーディング方法について長いこと述べてきた。

　本章では、ほかの指標やオシレーターなどを一切使わずにロスフックで売買する方法を紹介したい。

　私はこれまで、そして現在でも、ここで紹介するような方法でロスフックによるトレーディングを行っている。これが私の好みであり、最良の結果をもたらしてくれる方法なのだ。必要なものは、シンプルなチャートだけでいい。実際には新聞さえ手に入ればいいのである！ チャートは、マーケットで見つけることができる真実を目で確かめるものにすぎない。

　それでは、私の手法がいかに有効かをご覧に入れよう。この手法は、私のトレーディングキャリアにおいて、実質的にすべて有効だったと言っていい。望むなら、100年以上昔にさかのぼってこの手法が正しく機能していたことを証明することもできる。

　私がトレーディングをしてきた時代は、市場が多くの変化を体験した時代でもあった。私が駆け出しのころ、先物取引と言えば上場商品は、合板、石油、食肉、食料品など一般消費財に限られていた。

　その後、金属、通貨、金融先物、株式指数などが導入されるように

なった。新規上場はその後も続いており、現在では過剰気味となっている。

　上場廃止となってしまったものには、ポテト、玉ねぎ、船舶運賃などがある。また、再上場されたものの、売買が低迷しているものとしてブロイラー、ソルガム（サトウモロコシ）、ポテトが挙げられる。

　私は市場の隆盛と衰退を見てきた。また、トレーダーたちの盛衰も見てきた。だが、私に利益をもたらし続けてくれた手法の数々は今でも健在である。これらの手法に裏切られることはなかった。

　私は、トレードの世界が数千のトレーダーからなるときから、その後、大きく拡大して現在では世界中の数百万人がトレードするようになるまでを目にしてきた。

　こうした変化によってマーケットの性質も変わったが、私がロスフックによってトレードする手法には何らの変化もない。

　この間、市場モデルやプログラム売買、自宅からのパソコンによるデイトレード、ティック単位で相場の動きを追えるチャートの活用など、コンピュータートレードの手法が次々と導入されてきた。だが、そのためにこれまで私が信じてきたトレード手法や、ロスフックに秘められた真実に背を向けることはまったくなかった。

　また、こうした新手法の導入によって、それまで整然とトレンドを形成していたマーケットが過熱気味の神経質な展開に変わることもあったが、そんなときにもプレーンバニラによるシンプルなロスフックによるトレードは、まったく影響を受けることがなかったのだ。

　（私と同じく）煩雑な売買が嫌いなら、読者はここで紹介する手法が気に入るにちがいない。

　「この指標がどうした」とか「あのオシレーターがこうした」といった、真偽のほどが疑わしいコメントに飽き飽きしているなら、本章はそうした読者のためにあるようなものである。

　システムの検証やパラメーター修正、複雑なテクニカル分析にくた

びれたなら、読者は本章で探していたものを見つけることができるにちがいない。

エリオット・ウエーブ、サイクルズ、季節性、占星術、アンドリューのピッチフォーク、ギャン理論、フィボナッチ級数、フラクタル、カオス、スケールトレーディングなどなどの無数のアプローチについて、何を意味しているか分からず、そのために怒りや、あるいは涙が出るほど退屈、不満を感じたりしているなら、ロスフックでのトレードを学ぶ必要がある。

これから私は、読者に「聖杯」を与えようとしていると思われるだろうか？　いや、そうではない！　私はこれまで、市場で自らの分析手法を売り歩くような、「テクニカルの天才」と言われている人々に嘲笑されてきた。

あるフィボナッチ分析の大家にロスフックの単純明快さを説明したら、鼻で笑われてしまった。この大家は、フィボナッチ・リトレースメントが持つ魔法のような効果について、実に尊大な態度で説明してくれたものだ。

また、資金が３倍に増えることを売り物とする有名なトレーディングシステムの販売業者に対して説明をしたときも大笑いされたあと、現代の洗練されたマーケットで、どうしてそんなナンセンスが成り立つのか、と本気で聞かれたものである。

私は、自分の売買手法の簡単明瞭さについて繰り返し書いてきたが、私の教え子たちですら、ここから先の章で説明する内容について、何の修正もなしに受け入れることは難しいらしい。本書がこれまでの間、いろいろなコンセプトについて章を割いてきたのにはこうした理由がある。各種のテクニカル分析とロスフックを組み合わせるというアイデアは、私によるものではない。確かにこうしたアイデアやコンセプトは役に立つが、私自身は余計なものだと考えている。

こんなことを言うのは、私のトレード手法において、こうしたフィ

ルターが(仮に必要だとしても)単なる補助的、手助け的な意味合いしか持っていないからである。確かに私は、テクニカルが読めないため、ほかの多くの人々と異なる相場の見方をしているだろう。どうすればテクニカルを読めなくなるか、などということはお教えできないため、ここまでの章で私の教え子たちがやってきた方法を示してきた。だが、教え子のなかにはテクニカルを読むことができるうえに、「プレーンバニラ」を使って私と同じくらい大成功している例があるのだ。

　私がロスフックを活用して行う売買は、実際にうまくいっている。フックの適用が可能だと選定した状況では常に機能してきた。時の試練に耐えたのである。試した時間枠すべてについて使うことができた。ただ、あらゆるマーケットについてすべての時間枠で使えたわけではない。日中のインターバルがより短いと、フックでの売買を見極めるのに必要なだけチャートが形成されない場合があるためである。

　債券やトウモロコシ市場の5分足チャートがこの例である。これらは、同じ価格を繰り返し付けるだけの、「ボクシー」と呼ばれる平坦なチャートしか形成しないことが多い。

　こうした場合、私は単純により大きな時間枠で売買することにしている。

　ロスフックが機能しないただひとつのケースがある。マーケットがトレンドを形成していない場合だ。定義上、フックは相場がトレンドを描いていないときは形成されないため、これが問題になることはない。ロスフックはその性質上、保ち合い相場では機能することが不可能だし、実際にすることはない。なぜなら、保ち合い局面でフックが存在することはあり得ないからである。保ち合い相場での売買については、本書が扱う範囲を超えている。

　ロスフックは、マーケットがトレンドを形成している、または、形成しようとしている場合でなければ、その存在が確認されることはないのだ。つまり、ロスフックの存在が確認されるということは、すな

わち、トレンドが確立していることを確認することにほかならない。
　より詳細に見てみよう。

　まず、天井または底の1－2－3を確認する必要がある。チャートが日中、週足、月足のいずれであっても、1－2－3は3本のバーのみで構成される。日足チャートの場合、3つのポイントすべてを形作るため、最低でも4本のバーがあったほうがいい。
　この後、ロスフックが形成されなければならない。
　マーケットがどうなろうとも、1－2－3が現在のトレンドと逆方向に形成されないかぎり、トレンド・リバーサルはあり得ない。
　いったんトレンド・リバーサルしてしまえば、そのリバーサルが新たなトレンドであることを示すロスフック、そしてそのあとに形成されるあらゆるフックでトレーディングを開始することができる。これまで述べたことを、レビューの形で示しておくことにする。

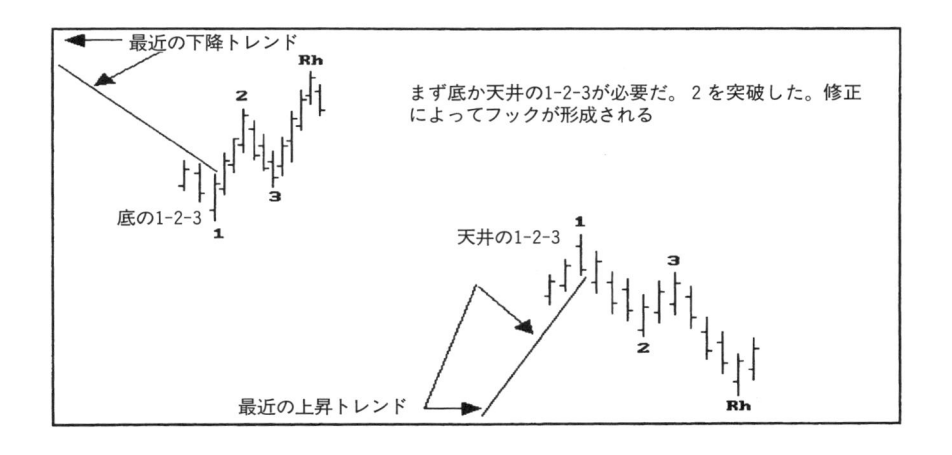

まず底か天井の1-2-3が必要だ。2を突破した。修正によってフックが形成される

さて、ここでいくつかの簡単な質問に答えることにしよう。

どこにストップを置いたらいいのか？

　ボラティリティ・ストップ・スタディのようなテクニカル指標を使わない場合、ナチュラル・サポートとナチュラル・レジスタンスのポイントだけを利用することにしている。ここから示す数枚のチャートで、ストップの設定場所と資金管理の計画をお見せすることにしよう。

　時間枠は月足から5分足までである。

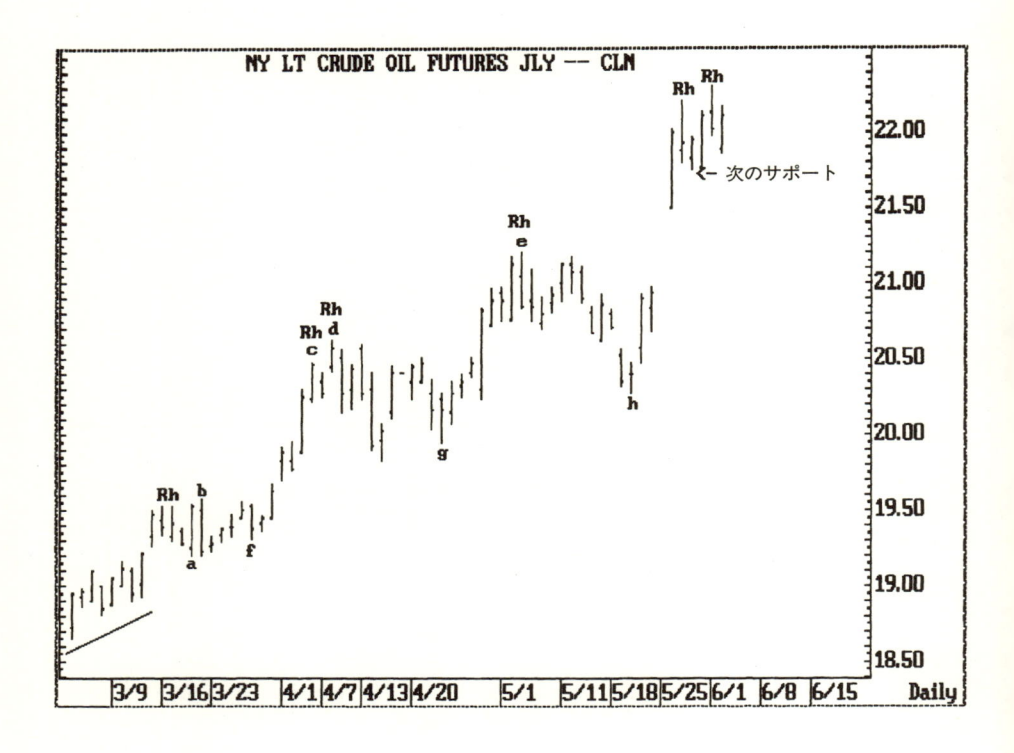

仕掛けたあと、できるだけ早い時点で1枚を手仕舞いしてコストをカバーする。

　その後の推移を見ていこう。bのバーがロスフックを上抜いた時点で、aより1ティック下にストップを設定する。aでは新安値を付けたあと、反発に転じているため、ここは新たなサポート水準となる。

　ストップの移動時期については、あとでより詳細に説明しよう。ここでは、ナチュラル・サポートとナチュラル・レジスタンスの位置について集中して考えることにしたい。

　bのバーは2つの役割を持っている。ひとつは、フックを突破したこと。もうひとつは、安値がaの安値と同水準であるため、ダブルサポートになっているということである。

　次のRhがcを突破した時点で、このストップをfの1ティック下まで移動する。

　その次のRhがdを突破した時点で、このストップをgの1ティック下まで移動する。

　さらに次のRhがeを突破した時点で、このストップをhの1ティック下まで移動する。

GC MONTHLY

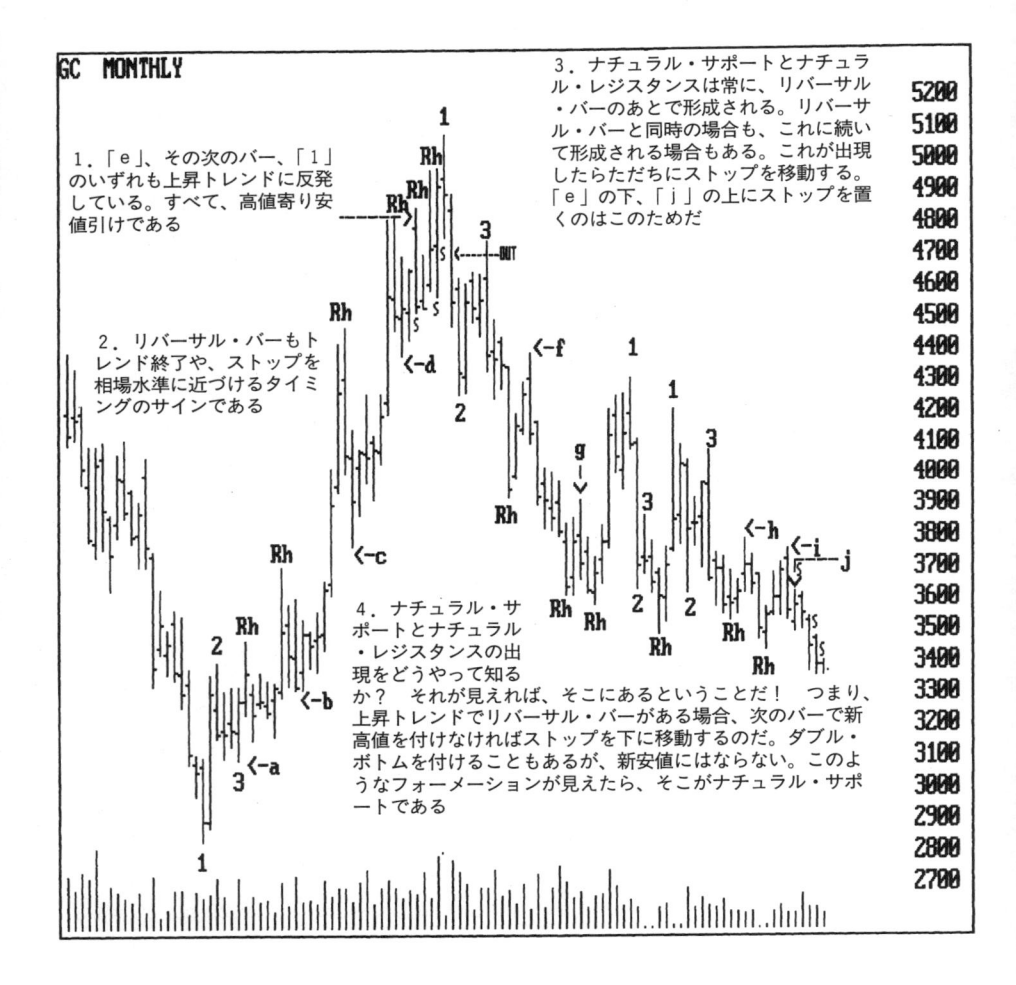

1. 「e」、その次のバー、「1」のいずれも上昇トレンドに反発している。すべて、高値寄り安値引けである

2. リバーサル・バーもトレンド終了や、ストップを相場水準に近づけるタイミングのサインである

3. ナチュラル・サポートとナチュラル・レジスタンスは常に、リバーサル・バーのあとで形成される。リバーサル・バーと同時の場合も、これに続いて形成される場合もある。これが出現したらただちにストップを移動する。「e」の下、「j」の上にストップを置くのはこのためだ

4. ナチュラル・サポートとナチュラル・レジスタンスの出現をどうやって知るか？ それが見えれば、そこにあるということだ！ つまり、上昇トレンドでリバーサル・バーがある場合、次のバーで新高値を付けなければストップを下に移動するのだ。ダブル・ボトムを付けることもあるが、新安値にはならない。このようなフォーメーションが見えたら、そこがナチュラル・サポートである

　次は上の金市場の月足チャートを詳細に見ることにしよう。まず、底の1－2－3から始めよう。これに続いてロスフックが見られる。フックが上抜かれたら、同水準の安値が並んでナチュラル・サポートを形成しているaにストップを置く。
　次に、もうひとつロスフックが形成される。これが上抜かれた時点で、bにストップを置き換える。これと同じことがcとdについても

繰り返される。

　気を付けてほしいのは、ｅのリバーサル・バーのあとにフックを形成する回数が急に多くなっている点だ。相場は上げ局面の終盤を迎えている。つまり、現在のトレンドが一巡しようとしているのだ。市場には買い手がいなくなりつつある。

　このため、ｓで記した複数のストップを注意深く動かし始めることにしよう。手仕舞いになるまで、各ストップを各月の安値のすぐ下まで動かすのだ。

　これに続いて、相場はロスフック、さらには天井の１－２－３を付けることになる。ナチュラル・レジスタンスにあるストップはｆからｊに至るまでの間を移動する。

　この後、フックはより接近して次から次へと形成されるようになり、相場の下げ方も急速に平坦になっていく。典型的な底入れや天井打ちの保ち合い場面である。少なくとも、この局面では売りがいなくなりつつある。ここから、ｓのストップを各月の高値に移動し始める。

　さて、ナチュラル・サポートとナチュラル・レジスタンスについては、こんな質問がある。

なぜこのチャートは月足なのか？

月足を使う理由としては、以下のようなものが挙げられる。
1. 読者の（そして私の教え子の）一部は、月足でトレーディングする余裕があるだろう。彼らは年季の入った忍耐強いトレーダーであり、月足チャートによる売買を自分たちのトレードに加えることができる。３分足チャートでS&Pのデイトレードをやっている教え子でさえ、月足チャートにくっきりと描かれたトレンドを見つけることができるだろう。
2. 私は、資金にあまり余裕がないトレーダーのほうが、潤沢な資

金を有するトレーダーより不利だとは思わない。
3．相場見通しの期間を長く取れば、ロスフックによる売買機会はそれだけ多くなる。
4．トレーディングの世界では、月足チャートに見切りをつけ、デイトレーディングへと走る向きがあまりにも多い。月足で売買する余裕があるのに、そうしていないとしたら、多くの利益を得られるチャンスをみすみす逃していることになる。
5．デイトレーダーは気づいてほしい。金の月足チャートは、売買代金を除けばS&Pの5分足チャートと全然違わないのだ。

どうすればストップを相場からあれほど遠くに維持していられるのか？

月足チャートでの売買に見合った資金を忍耐強く貯めることである。

ナチュラル・サポートやナチュラル・レジスタンスでのストップをどうすれば維持できるのか？

トレーディングの時間枠を自分の売買可能な範囲内まで縮小すればいい。つまり、資金が非常に少ない場合、1分足や2分足のチャートを使わなければならないかもしれない。

1分足チャートで売買することに、何か問題はあるか？

ポジション・トレードであれば、何の問題もない。問題が生じるのは、スキャルピングをしようとする場合のみである。この場合、トレードの建玉期間が重要になってくる。

フックの間に優劣はあるのか？　もしあるなら、どれが最良のフックなのか？

あるフックがほかのフックよりも良いということはあるが、これまでに、あらかじめそれを言い当てられたことはない。押しや戻りが浅いほうが良い場合もあれば、深いほうが最適なこともあるのだ。

ブレイクアウトの前に売買を開始する方法は？

1．すでに本書でテクニックのひとつを紹介した。トレーダーズ・トリックである。
2．友人のスティーブ・スローターベック博士は、大きな有効性が統計的に証明された別の手法を考案している。次にはこれを紹介しよう。この手法は、何千回ものテストを経て実効性が確かめられている。

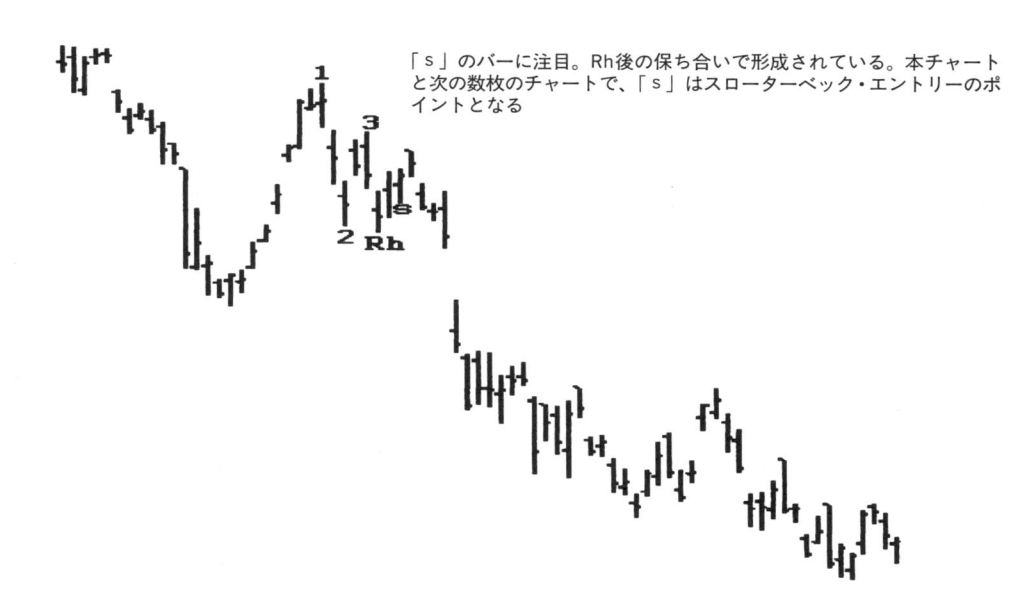

「s」のバーに注目。Rh後の保ち合いで形成されている。本チャートと次の数枚のチャートで、「s」はスローターベック・エントリーのポイントとなる

下にsと記したバーは、終値が始値をやや上回っている。このバーの安値を下回った時点で、売りを出したいところだ。このsはスティーブ（Steve）または、スローターベック（Slauterbeck）を意味しており、博士が仕掛けのポイントにしている点を示している。

下降トレンドでフックを形成する修正高があったら、終値が始値より高いフック直後のバーの安値を割り込んだところで売りを出したい。

上昇トレンドでフックを形成する修正安があったら、終値が始値より安いフック直後のバーの高値を上回ったところで買いを入れたい。

このスローターベック・エントリー（SE）のタイミングはただひとつしかない。それは常に、始値と終値を結んだ方向がトレンドと逆方向になる最初のバーである。修正局面の最初のバーかもしれないし、2番目か3番目のバーでそうなる可能性もある。だが、これを過ぎると効力はなくなり、TTEで売買を開始するしかない。

例を2つ挙げて、その後、いくつかチャートを見ることにしよう。

上昇トレンドでフックを形成する修正安があったら、終値が始値より安いフック直後のバーの高値を上回ったところで買いを入れたい。

下降トレンドでフックを形成する修正高があったら、終値が始値より高いフック直後のバーの安値を下回ったところで売りを出したい。

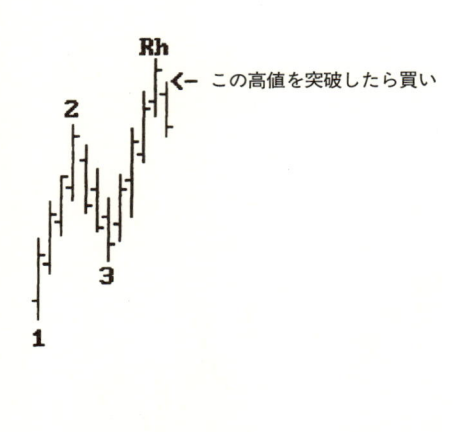

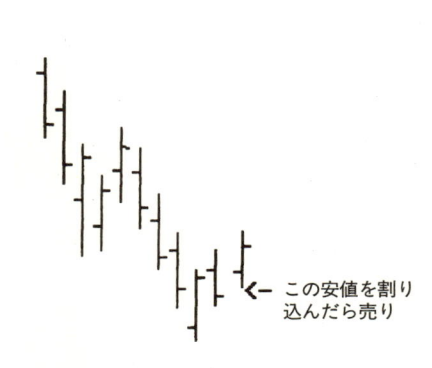

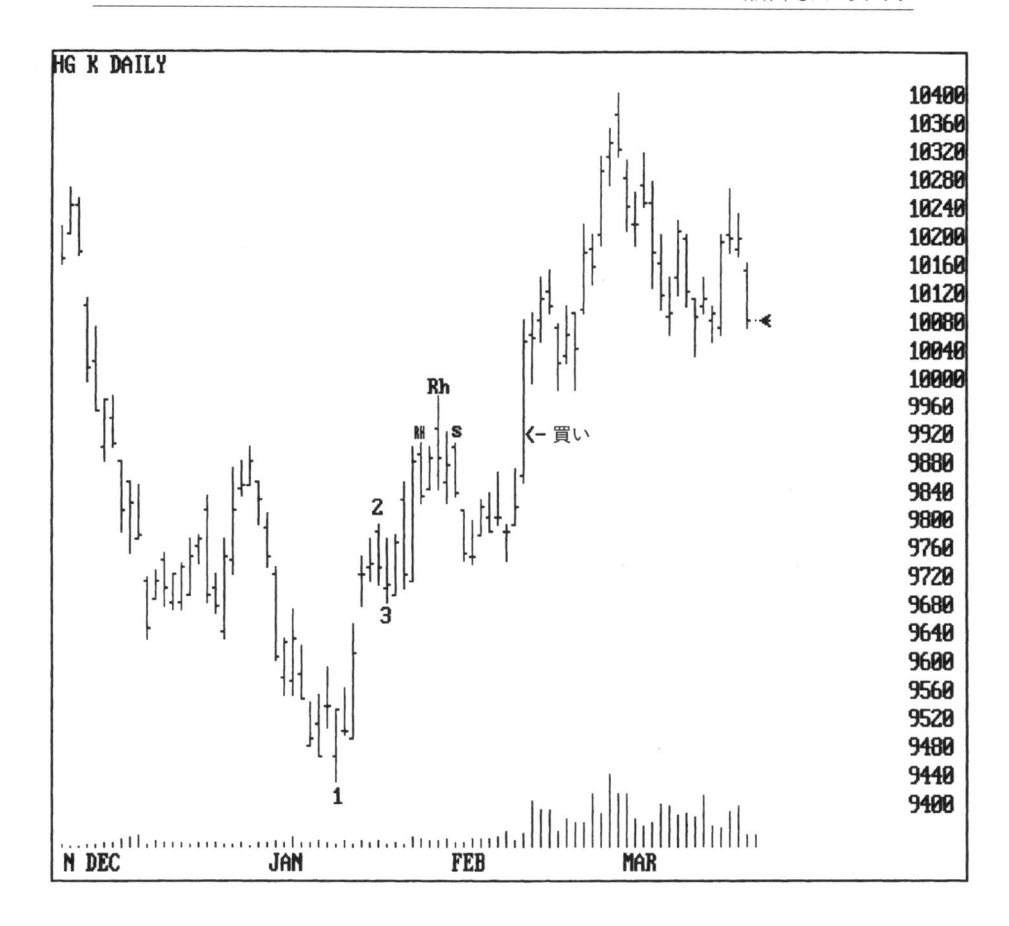

SEはフィルターとして利用できる。つまり、SEが出るまではフックで売買をしなければいいのである。もちろん、選ぶのは読者自身だが。

　この例では、チャート上に示したSEの前にRhが形成されている。分かっただろうか？　このチャートは、またあとで見ることにしよう。ただし、この場合はSEのポイントをとらえることができなかったので、フックを突破しても売買を開始していない。

　SEは数多くの検定によってその有効性が証明されているため、フ

ックにとって実際のフィルターとして利用することができる。読者はフック、トレーダーズ・トリック、スローターベック・エントリーのいずれを選んでもいいのだ。

　当然ながら、SEが形成されるのをじっと待っていたにもかかわらず、トレーディングの好機を逃すこともあるだろうし、あまりいい結果が出ない場合もあるだろう。しかし、SEのあとで仕掛ければ、全体としては成功する確率がより高くなるのは事実である。

　時には、チャート上の別のサインや、場合によっては別の銘柄のチャートを手掛かりにする必要があることもあるだろう。

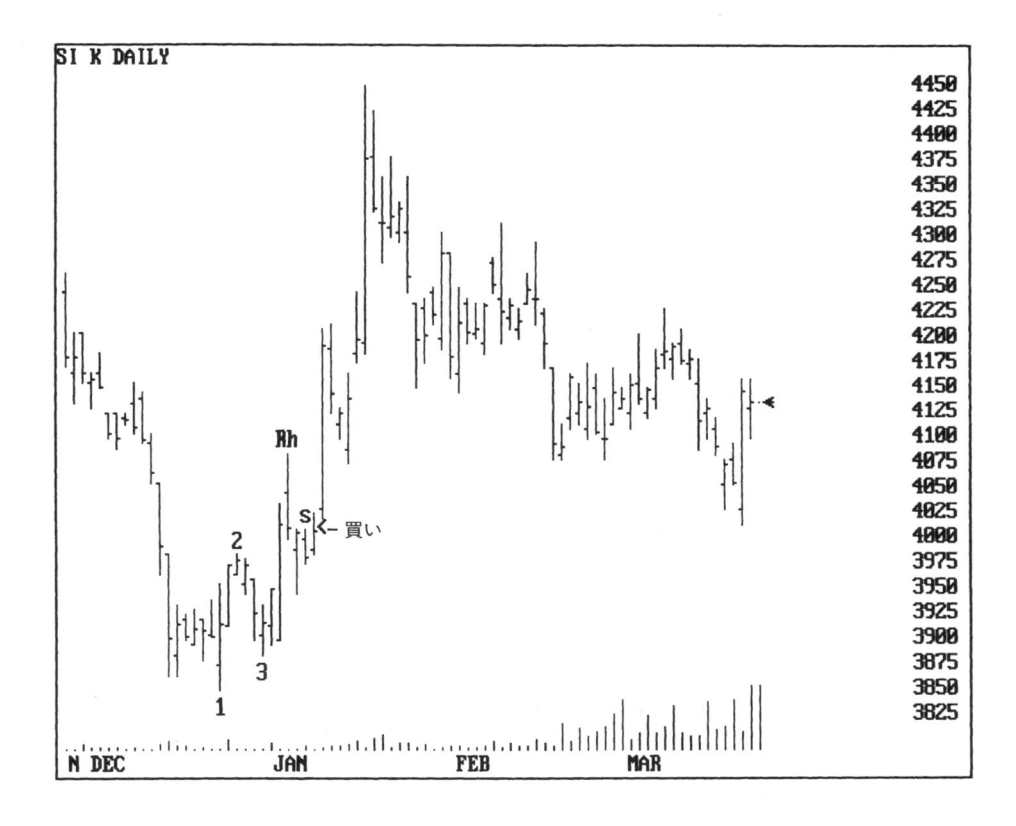

これらのチャート上では、すべての売買については紹介しないつもりだ。私はただ、1－2－3が明確に出ているあとに、SEを伴ったフックが続くケースだけを取り上げることにする。
　忘れないでほしいのは、フックを形成するバーはSEのポイントと考えることができないということだ。時として、当該バーが基準に合う唯一のバーである場合もある。この場合、フック自体をブレイクアウトした時点でトレーディングのチャンスとみることになる。
　SEを示すチャートがいずれも日足ばかりだが、これが何か問題になるだろうか？　答えはノーだ。これらのチャート上で示したものは、

いかなる時間枠でも見ることができるものだ。このあと、日中のチャートが出てくるし、ほかの章では週足、月足のチャートも出てくる。

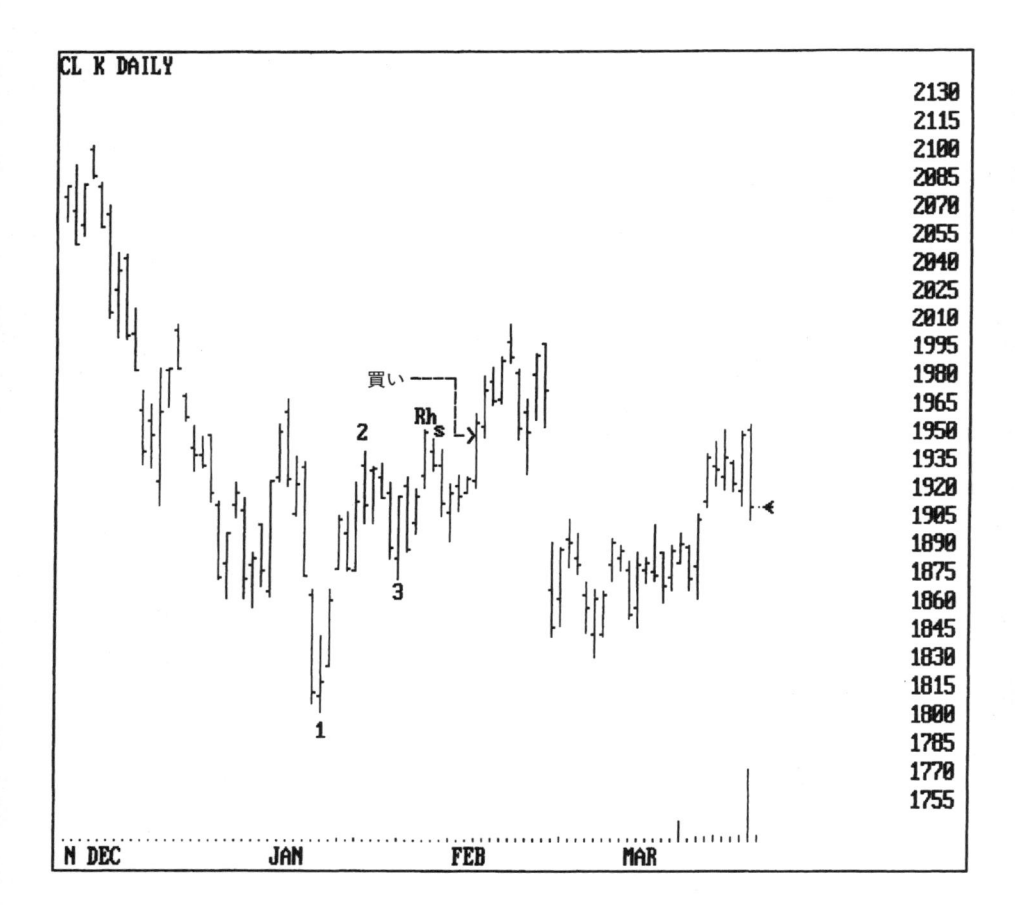

このSEポイントはロスフックに対して有効であり、数日後の下落で空けた大きなギャップよりも前に手仕舞いしていれば、ここで売買を開始した場合に利益が出たはずだ。

すべてに勝利を収めることは不可能だ。正しい売買方法を取っていたとしても、結果が出ないこともあり得るのだ。しかし、私のマネジ

メント・スキームに従っていれば、結果を残すことはできる。2から3にかけての場面で値幅を稼いでおくことだ。また、コストをカバーしておくのだ。できれば、保ち合い局面になったときや手仕舞いをしたときでさえ、別の利益を確保しておくことが望ましい。

　資金と売買の管理は、トレードの最終結果と大きな関係がある。

　私は、S&Pの1分足チャートでトレーディングすることが多い。このとき、リスクは非常に低く抑えてある。一部の人々にとっては、これこそがS&Pで売買する唯一の方法でもある。1分足チャートでポジション・トレードをしているかぎり、時間枠で問題を抱えることはないだろう。問題となるのは、1分足でスキャルピングしようとする場合である。フロアトレーダーたちの速さについていくことなど、土台無理である。彼らのほうがどう考えても素早く売買できるのだ。

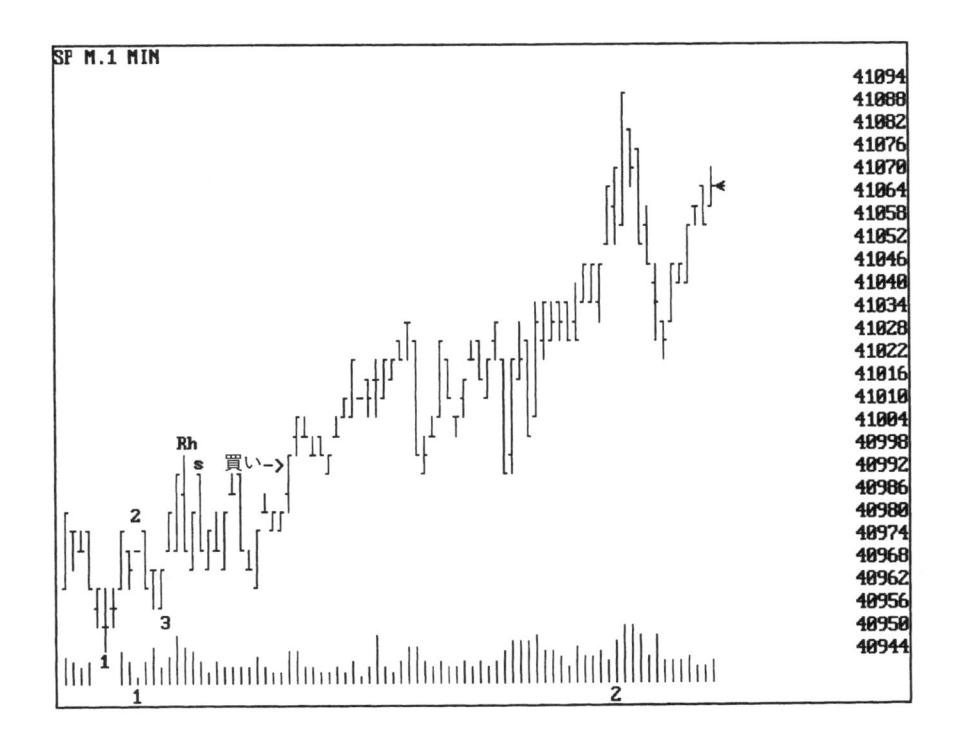

新聞情報によってロスフックでの
トレーディングをする方法は？

インベスターズ・ビジネス・デイリー紙なら無料のグラフも付いており、このトレーディングに使うことができる。また、必要な情報を含んだ欄をスクラップしておくのもいい。やり方は以下のとおりである。

見ておきたいと思う銘柄すべてについて日間、週間、月間の高安を記録しておく。

注意が必要なのは、相場が次々と高値を切り上げていった場合である。このとき、高値を切り下げる場面があったら、そこがロスフックとなる。そうなったら、最安値の1ティック上に買い注文を入れよう。コストをカバーするために必要なポイント数によって利食いの目標値を定め、あとはフックのブレイクアウトで売買すればよい。

トレーダーズ・トリックを利用する場合、高値を切り下げたからといって、その高値とフックの間にコストをカバーできるだけの値幅がないかぎり、すぐに注文を入れてはいけない。これ以外の場合は、余裕でコストのカバーができる余地を持って、フックの前の高値（最大3バー）より上に注文を入れることだ。あるいは、コスト・カバーができるフックのあとに切り下げた高値を待つという手もある。

スローターベックを利用する場合、高値を切り下げたからといって、すぐに注文を入れてはいけない。始値と終値をしっかり見ておく必要がある。フックを付けたあと、最初に終値が始値を下回ったバーの上で注文を入れるのだ。このバーで売買する場合、コストをカバーできるだけの余地があることが確かめられれば望ましい。

注意が必要なのは、相場が次々と安値を切り下げていった場合である。このとき、安値を切り上げる局面があったら、そこがロスフック

となる。そうなったら、最安値の1ティック下に売り注文を出そう。コストをカバーするために必要なポイント数によって利食いの目標値を定め、あとはフックのブレイクアウトで売買すればよい。

トレーダーズ・トリックを利用する場合、安値を切り上げたからといって、その安値とフックの間にコストをカバーできるだけの値幅がないかぎり、すぐに注文を入れてはいけない。これ以外の場合は、余裕でコストのカバーができる余地を持って、フックの前の安値（最大3バー）より上に注文を入れることだ。あるいは、コスト・カバーができるフックのあとに切り上げた安値を待つという手もある。

スローターベックを利用する場合、安値を切り上げたからといって、すぐに注文を入れてはいけない。始値と終値をしっかり見ておく必要がある。フックを付けたあと、最初に終値が始値を上回ったバーの下で注文を入れるのだ。このバーで売買する場合、コストをカバーできるだけの余地があることが確かめられれば望ましい。

私はテクニカルが苦手なため、手書きでチャートを付けるのがいつも面倒でならない。パソコンを使えるようになるまでは、このテーブルがとても重宝したのである。

テーブルを使えば、たとえ目の不自由な人でもロスフックでトレードすることができるだろう。

第18章

バニラフックの細かいポイント
Vanilla Hook Fine Points

　ロスフックによるトレードについては、当初思っていたよりもまだ多くの注意事項がある。そして１－２－３に先導された場合が、唯一最良のフォーメーションになると理解することだろう。

　ロスフックのトレーディングの期間は、１営業日内の数分間の場合もあれば、日足チャート上の数カ月にまで及ぶこともある。長期の場合は、週足や月足単位での売買となることもあり得るのだ。

　さて、次のチャートについていくつかコメントしておこう。これから説明することは、読者のトレーディングを微調整するのに役立つだろう。これは、あらゆる時間枠のトレーディングに通用することである。

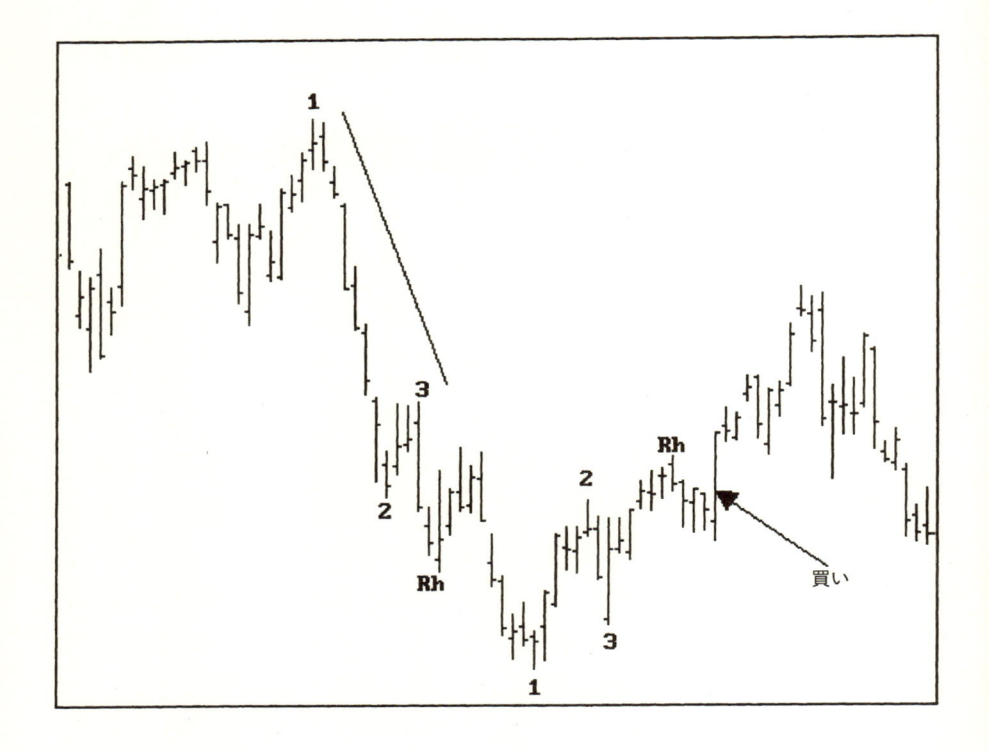

きれいなフォーメーションを描いたチャートでトレーディングできるように、辛抱強く待つことが肝心だ。しっかりと形が現れ、フックの前に１－２－３が明確に出るのを待つのだ。

　トレードするなら、ボラティリティ・ストップ・スタディによるストップか、それより望ましいのはナチュラル・サポートとナチュラル・レジスタンスによるストップを設定できる時間枠でのみトレーディングすることだ。

　一部の人々にとって、これは１分足チャートでトレードすることを意味する。だが、読者のなかでより富裕な層に属する人や、大口トレーダーや当業者として活躍している向きなら、月足チャートを使い、ナチュラル・サポートとナチュラル・レジスタンスによるストップを設定する方法でも売買できるだろう。

非常に長いインターバルで形成された1－2－3の後でロスフックが出てきたら、そのフックは避けたほうがいい。
　前ページのチャートの場合、2のポイントが1から離れすぎている。このため、3までが1、2のポイントに比べて非常に短くなってしまっている。最良の1－2－3は、よりバランスのとれたものでなくてはならず、3は1から2までの下げ幅の3分の1弱～3分の2戻した位置にあることが必要だ。つまり、上記のチャートで言えば、フック前にできた天井の1－2－3は、良い形状になっていないことになる。ただし、底の1－2－3のほうは十分良い形を示している。
　1－2－3のフォーメーションは良い形で形成されているうえに、タイトであることが必要だ。これを見極めるには、2が直近の保ち合いよりも内側にあるか、それとも、保ち合いレンジの外側で形成されているかを見ればいい。そうなれば、マーケットは保ち合いから放れ、素晴らしい収益機会をもたらす。
　矢印のTTEは、望ましい仕掛けのポイントになっている。

下のチャートは前のとよく似ている。それは、同じマーケットのほかの限月の値動きである。

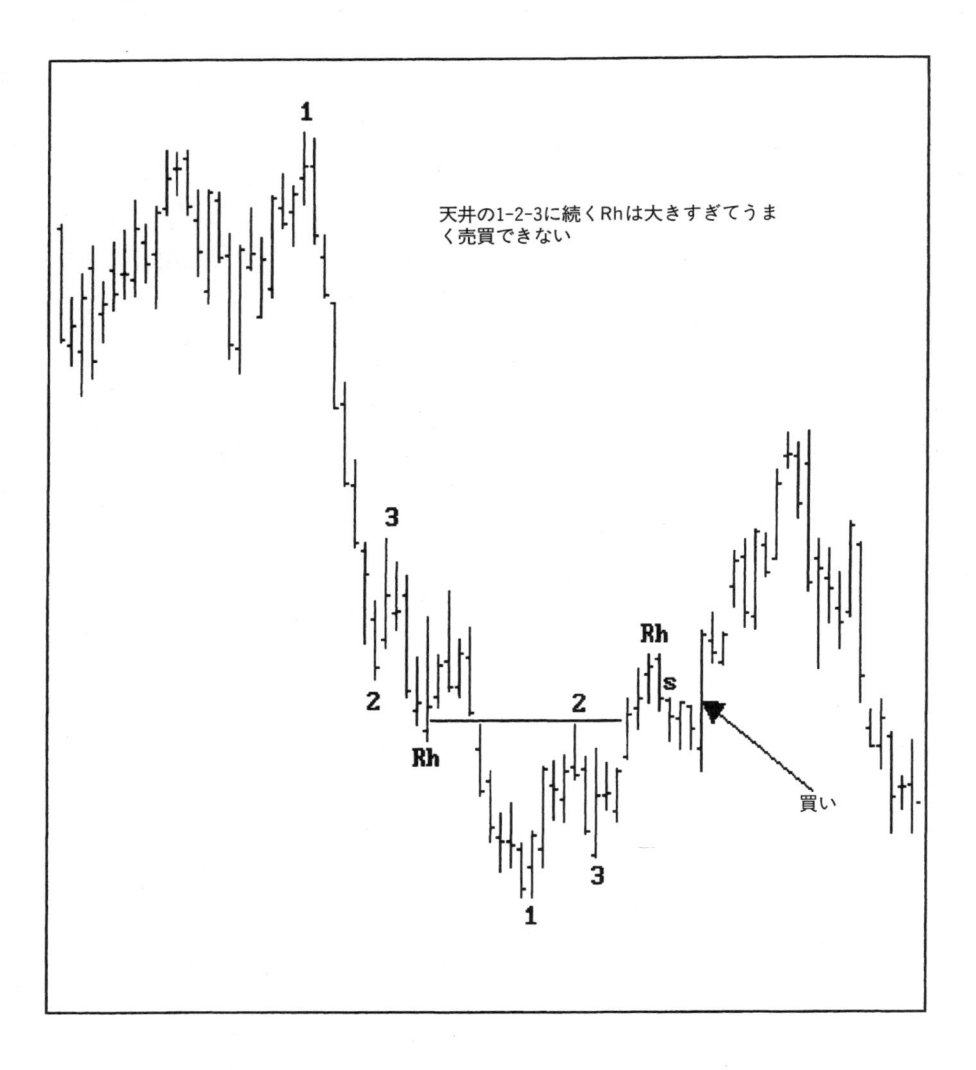

天井の1-2-3に続くRhは大きすぎてうまく売買できない

買い

読者のためにほかのチャートを用意した。

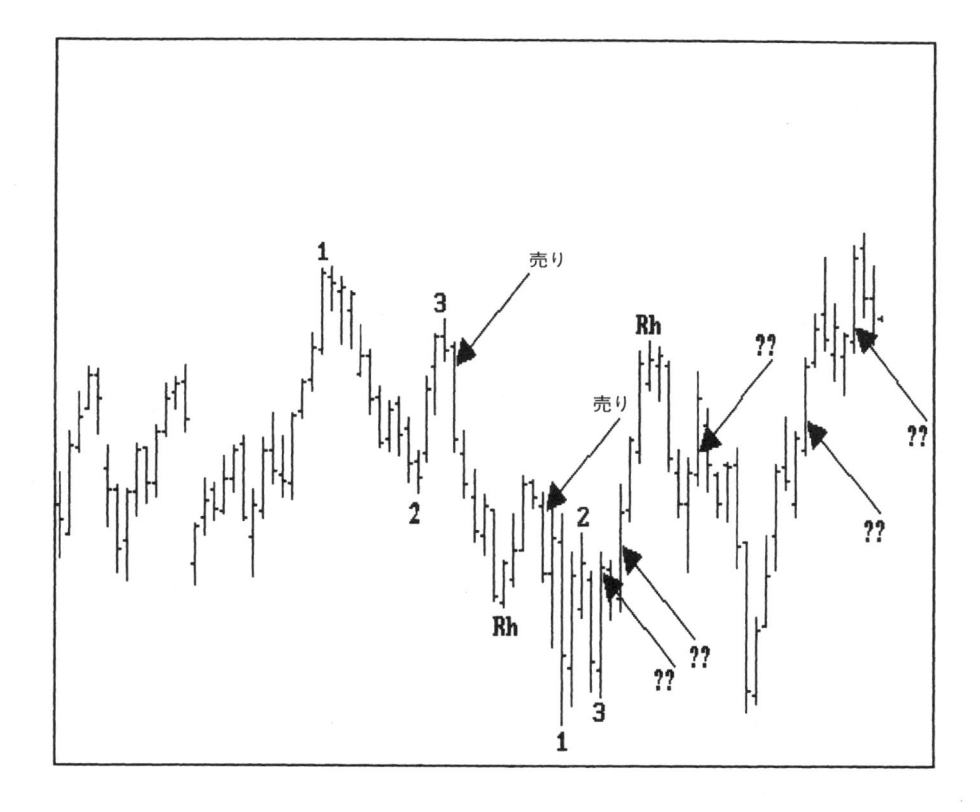

このチャートの後半部分のクエスチョンのところで、何をするだろうか？　ほかにも1―2―3があるか？　ほかにもRhがあるか？　どちらでトレードをし、しないか？　その理由は？

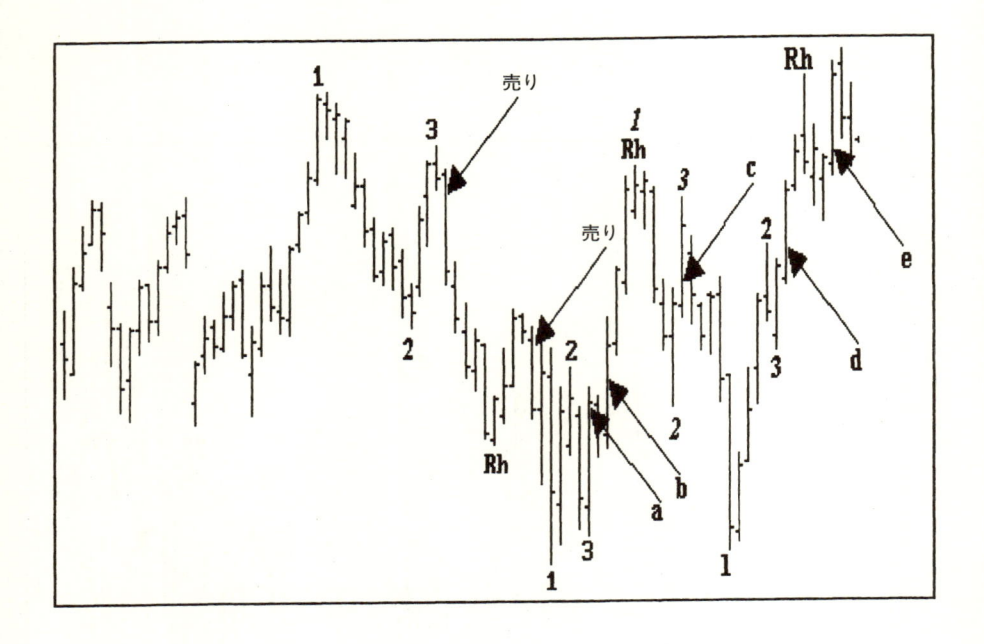

上のチャートでは最初の天井の１－２－３の２は素晴らしいが、直近の保ち合いよりも下ではない。TTEと保ち合いの底の間での利益になるトレードの余地があるならば、TTEで仕掛ける決定をしなければならない。このケースでは素晴らしいトレードになった。

　最初の底の１－２－３の形はあまり良くない。TTEで仕掛ければ、レジスタンスに支えられたトレードになった。しかし、aではトレードしないだろうし、bでも同じような問題を含んでいる。それは、大きな保ち合いの場面の中央にロスフックがあるからである。よって、bでもトレードはしない。

　気づいてほしいが、２番目のロスフックは天井の１－２－３の１になっている。天井の１－２－３が完了したとき、両方の１－２－３が形成されたことになる。この意味することは、マーケットは保ち合いということである。フックは保ち合いでは起こらず、トレンドのある

マーケットでしか起こらない。よって、cではトレードはしない。

　dが次にTTEになっている。底の1－2－3の形は良いが、マーケットはまだ保ち合いである。もしdが保ち合いの高値を試すためのものと思っているのなら、TTEで仕掛けるのも妥当と言えよう。よって、dではトレードするべきである。

　eは明らかに仕掛けるべきトレードである。Rhは保ち合いから放れようとしている。気づいてほしいが、eが起こったことによって、多くのバーによって保ち合いが形成されている。

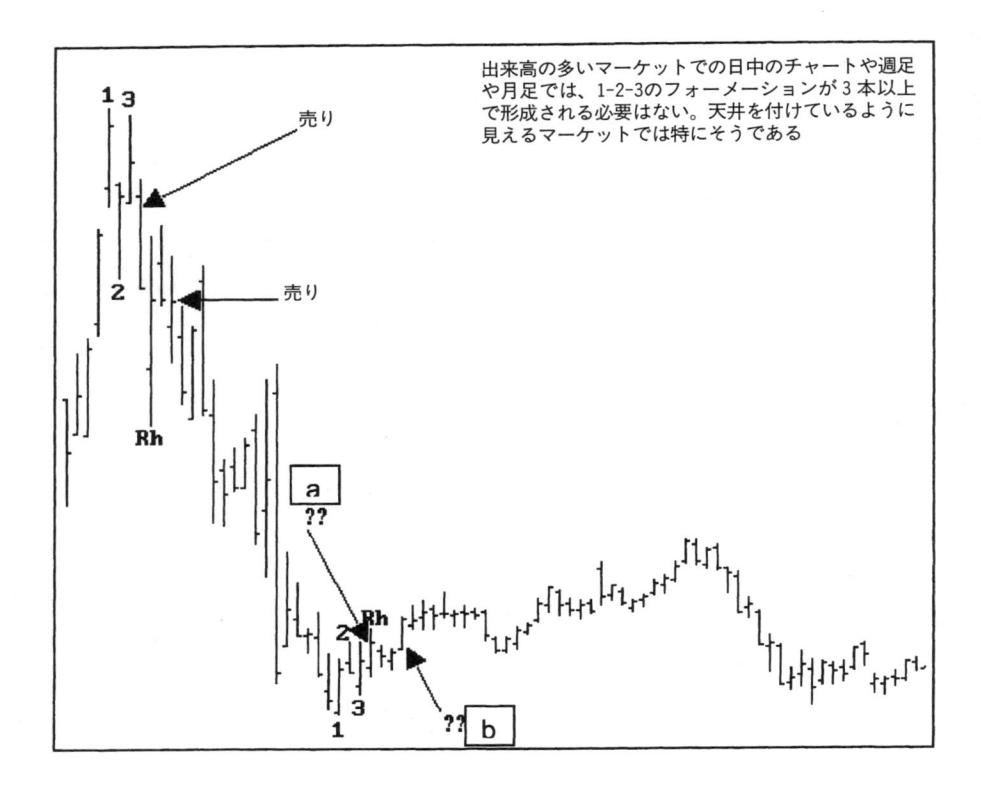

出来高の多いマーケットでの日中のチャートや週足
や月足では、1-2-3のフォーメーションが3本以上
で形成される必要はない。天井を付けているように
見えるマーケットでは特にそうである

　あなたは矢印とクエスチョンの付いたaとbのどちらで買うべきだ
ろうか？
　もしイエスなら、その理由は？　もしノーなら、なぜ？
　普通、大暴落や大相場の終わりや長いトレンドの終わりには、大き
な保ち合い相場になる。2つの明確な理由からaでは買ってはいけな
い。①3で形成されるバーはTTEではない、②長く続いた暴落の終
わりに1－2－3が3本のバーで形成されている。このような暴落の
あとでは、保ち合い相場になるのが普通である。
　bの前のTTEは素晴らしいし、これでトレードしたいと思うかも
しれない。しかし、これは安値を付けた直後であり、マーケットが大

きく動くことは期待できない。この場合の正しい予測とは、これから保ち合いか、トレーディングレンジで相場が動くだろうということである。

第19章
プレーンバニラ・マネー、トレード、リスク・マネジメント
Plain Vanilla Money, Trade, and Risk Management

　ここまで、オシレーターやテクニカル指標を使わずにロスフックでトレーディングする方法を紹介してきたが、資金やリスク、そして、トレーディングそれ自体の管理はどうしたらいいのだろうか？
　これらは通常「マネー・マネジメント」として一括されるが、私の考えでは、それぞれが別々のものであり、その扱いも別々であるべきだ。

プレーンバニラ・トレード・マネジメント

　適切な形でトレーディングが成立しないうちは、リスクや資金のマネジメントで心配する必要はない。
　トレード・マネジメントには以下の内容が含まれる。
1．仕掛けの注文の設定
2．その注文の種類
3．ストップ注文の設定（プロテクティブとオブジェクティブの両方）
4．最終的な手仕舞い注文

　これらのマネジメントに欠かせないのは、注文を取って執行してく

れる人々との関係である。

　私は、トレード・マネジメントに関して非常に厳格なルールを持っている。

　すべての注文は、出す前にオーダーチケットに書き出しておく。

　また、すべての注文をテープに録音しておく。注文を入れた日付と時間を口頭で記録しておくのだ。

　注文が記録されたものであることを、きちんと言葉にしておくのだ。

　注文は次のように入れる。「口座番号144番。5月11日午前9時15分。小麦先物7月限を369 3/4セントの逆指値で100枚買い。これが実行されたら、小麦先物7月限を370 3/4セントのMIT（マーケット・イフ・タッチ）オーダーで30枚売り」

　このMITオーダーはコストをカバーし、小幅の利益を出すための最初の利食い目標である。

　注文を受ける担当者にはその場で注文内容を繰り返してもらい、これも録音しておく。その後、この注文を入れた過程をすべて聞き直し、自分自身の発言と担当者の発言が自分の考えたとおりだったかどうかダブルチェックする。

　私はブローカーが録音をしておいてくれる場合も、この一連の作業を欠かさない。

　このおかげで、これまで何年間もの間にどれだけの損失を免れることができたか分からない。大きな損害が出るエラー、紛議、裁判沙汰や時間の無駄にしかならない言い争いなどをせずにすんだのだから。

　私は、可能なときには常に指値を使うようにしている。私が利用するのは、「～より有利な」と指定する指値注文、指値条件付逆指値注文（ストップ・リミット）、フィル・オア・キル・オーダー（注文枚数のすべてが出来ない場合はキャンセルされる注文）などである。小麦先物を100枚売買しようとする場合、注文が当初思っていたのと異なる価格で執行されてしまう危険を冒すわけにはいかない。希望の価

格で注文が入るか、でなければ注文が通らないほうがいい。注文が通らず、相場が指値の水準を過ぎてしまったらキャンセルするわけだ。指定した価格まで相場が戻って指値が実行されるなどというのは困る。その取引は間違った方向に進んでいるということになるのである。

注文が通らずに、結果として見れば多くの利益が出たはずのトレードも数多くあった。こういうことは一向に気にしない。私は自分の規律や自分のルールを貫くだけである。自分が指した価格か、それ以外ならトレードしないかのどちらかだ。

なかには、「でも、私の使っているブローカーはCBOT（シカゴ・ボード・オブ・トレード）で希望どおりの価格の注文を実行してくれない」とぼやく向きもある。そういう人に対する私のアドバイスはこうである。「ブローカーを替えること」。CBOTのフロアトレーダーなら、買いの場合は仕掛けのポイントより下、売りの場合はそれより上に相場がありさえすれば、指値注文を取ってくれるはずだ。

フロアブローカーの場合、全員がこれをやってくれるわけではない。だれがやってくれるのかを見極めるのは、読者自身である。

自分の注文が通ったことを通知されたら、そのときの忙しさに応じて、次のうちのどれかひとつを実行する。①プロテクティブ・ストップを設定する、②プロテクティブ・ストップを設定する水準の目星をつけておき、相場が逆行したらすぐさまそれを設定する。

プレーンバニラ・リスク・マネジメント

リスク・マネジメントには以下の内容が含まれる。
1．オブジェクティブ・ストップによるコストのカバー
2．タイミングと期待
3．ポジションの分配
4．リスクと損失の最小化

たいていの場合、相場はコスト（取引手数料と委託手数料）をカバーすることができるだけ動いてくれる。

　コスト・カバーの目標値に向かって急速に動いた場合、プロテクティブ・ストップ（ポジションの３分の２）を損益分岐点にまで移動する。この場合、通常は３分の１のポジションでコストのカバーができる。この時点で、コストをカバーしているため、損益分岐点にあるということは、まさに損失も利益も出ないということを意味しており、注文が通らなかった場合を除いてこれよりパフォーマンスが悪化することはあり得ない。コスト・カバー後なら、損益分岐点のストップに向けて相場が大きく動いたら、３分の１はポジションをそのままにし、３分の１を手仕舞うことで、その分の利益を確定できるようにするだろう。

　相場が方向性に乏しい展開となり、すぐにはコストをカバーできる目標値に動かなかった場合、目標値の注文を３分の２まで増加させる。その後も目標値を付けないようなら、すべてのポジションを手仕舞い、撤退するか、少なくとも１枚当たりのコストを最小限に抑えようとするだろう。

　私は次の言葉をはっきりと述べておきたい。「ロスフックでトレーディングする場合、１枚当たり50ドルを超えたリスクは取らないし、今後も取ろうとはしない」

　小幅な損失を何回も出したとしてもやっていけるが、大きな損失は命取りになる。

　適切な予想とはどんなものだろうか？　私の場合、まずコストをカバーし、小幅な利益を出しておくことが多い。３回に２回はこのような展開となる。10回のうち７回か８回は、コストをカバーしたところでもうおしまいになってしまう。そのまま利を伸ばして大きく利食うことができるのは、10回のうち２回か３回なのだ。

負けている場合もできるだけ損失を最小限にし、50ドル未満に抑えるよう努力している。マーケットを見ていられない場合でも、50ドルのほかにコストだけの損失ですむようにするのだ。マーケットを見ていることができれば、50ドルとコストを損失することなどほとんどあり得ない。展開が負けに傾いたら、ただちに手仕舞うことにしているからだ。
　3回に2回勝つことができ、損失を小幅にとどめておくことができるなら、けっして相場で負けることはないだろう。

プレーンバニラ・マネー・マネジメント

　マネー・マネジメントには、以下の内容が含まれる。
1．利益の確保
2．ストップの移動
3．手仕舞いのタイミング

　思ったとおりの水準で売買を開始し、コストのカバーもできたうえ、損益分岐点のストップでまだ手仕舞いせずにいる場合、私は次に挙げる2つの方法のうちいずれかにストップを移動する。①50％戻しの位置、②ナチュラル・サポートやナチュラル・レジスタンス。これらはミックスすることもできる。
　ナチュラル・サポートとナチュラル・レジスタンスのストップが50％戻しよりも大きかった場合、50％のほうを移動することにしている。ナチュラル・ストップはそのままにするほうがいい。
　50％にストップを移動することによって、まだ実現していない利益のうち半分以上を確保することができる。
　日中の値動きをずっと見ているわけにいかない場合、上記2つのいずれかを利用せざるを得なくなる。

デイトレードをしている場合は、フックが出現したうえ、リバーサル・バーや同事線またはこれに近いバー、出来高、寄り付きよりは高いがトレーディングレンジ下方での引けなどに極端な動きが見られるまで、この2つのいずれかの方法によってストップを移動することになる。これらの兆候が出たらそのトレンドは終わりかけているとみることができる。

　この後、手仕舞いになるまでストップをタイトにする。目標は、利益を出しつつ手仕舞いをすることになる。

　日足以上の期間を持ったチャートで売買する場合、日中のデータを見る必要はなく、実際、特別な影響が出そうな材料が出た場合以外には見ていない。この場合、利益確保のストップが活躍することになる。

　あるトレーディングで利益が出たら、フックが新たにできるたびにポジションを建てようとするだろう。この作業をフックが接近して出ず、出来高が同一トレンド内で減少しないかぎり続けることになる。この場合の「接近する」とは、3バー以内ということである。

　また、相場に出尽くし感が出たら注意しよう。2つフックが出たあと、トレンドの方向に長いバーが形成されるか、同方向にギャップを空け始めたら、そのトレンドは少なくとも目先は終了する可能性が高い。その後は、保ち合いまたはトレンドの転換が来るだろう。

　修正局面を予想するもうひとつの方法としては、上昇トレンド内で5バー以上にわたって安値を切り上げるか、下降トレンドで5バー以上にわたって高値を切り下げた場合を目安にするというのがある。

　また、下降トレンドで高値寄り安値引け、あるいは上昇トレンドで安値寄り高値引けのバーが5本以上連続した場合も要注意である。

第20章
トレードしてはいけないフック
Don't Take That Hook

　ロスフックによるトレードをしないほうがいい状況というのがあるのだろうか？
　答えは「イエス」だ。フックは常に絶対ではなく、慎重に使うほうが望ましいのは確かだ。概略を下のように整理し、そのあとに詳しく解説していこう。
　次のような場合のフックでトレードするには注意が必要である。
　１．マーケットが急にボラタイルになったとき
　２．フックが込み入っているとき
　３．閑散商いのとき
　４．フックがまばらすぎるとき
　５．修正後３本以内のバーでフックを突破しないとき

　ここから、以上のコンセプトについて詳述していく。

マーケットが急にボラタイルになったとき

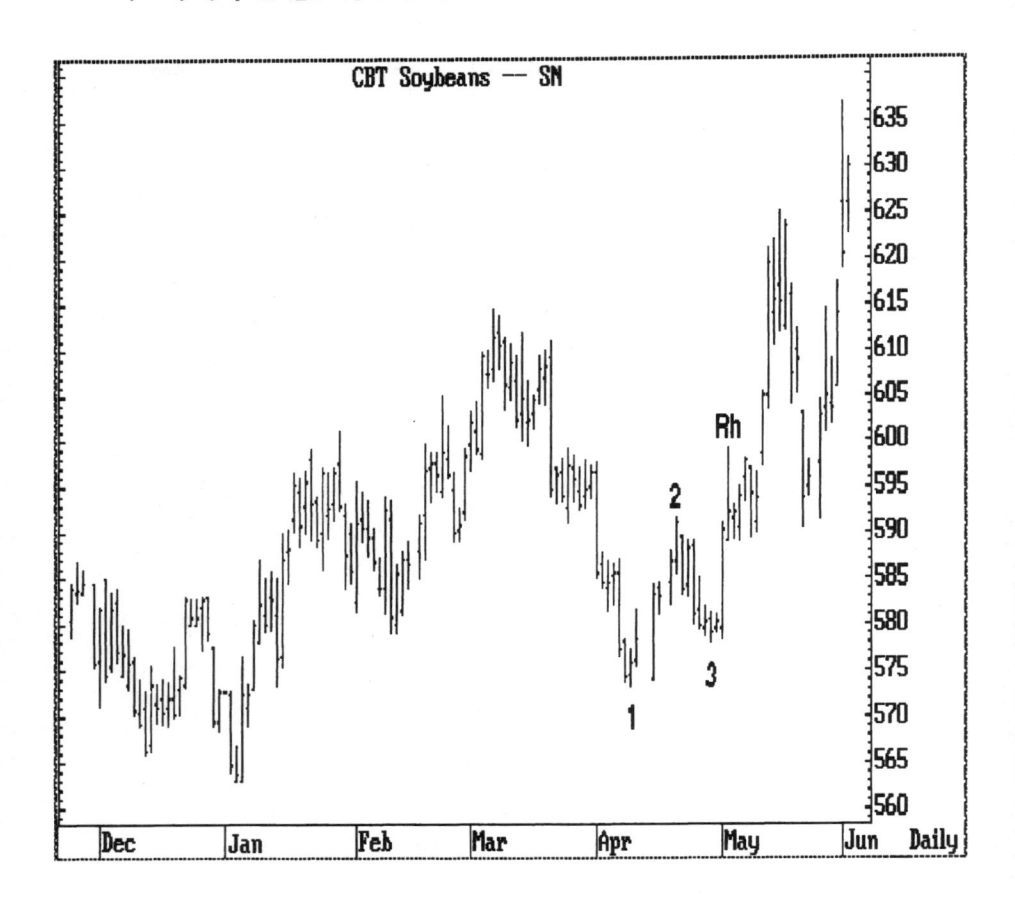

　ここで私がロスフックによるトレードを行う場合、突破してから数日以内のフックで売買するには、非常に慎重になるだろう。ご覧のように、市場は落ち着き、より秩序だった動きを見せている。

　この大豆市場のチャートに見られるような急激な乱高下局面での問題点は、相場があまりにも急速に動きすぎるということである。上昇トレンドにあるわけでもないのに、急激に相場が吹き上げている。当然、修正安を余儀なくされるところだ。修正局面は、上図のようにそ

の後に保ち合いとなった場合、マーケット・メーカーにとってフックより上にストップを設定する絶好のチャンスを提供することになる。この場合、少なくとも1営業日はフックを上回る引けがあることが望ましい。その後、再度フックを上回ったら、買いを入れることにしたい。

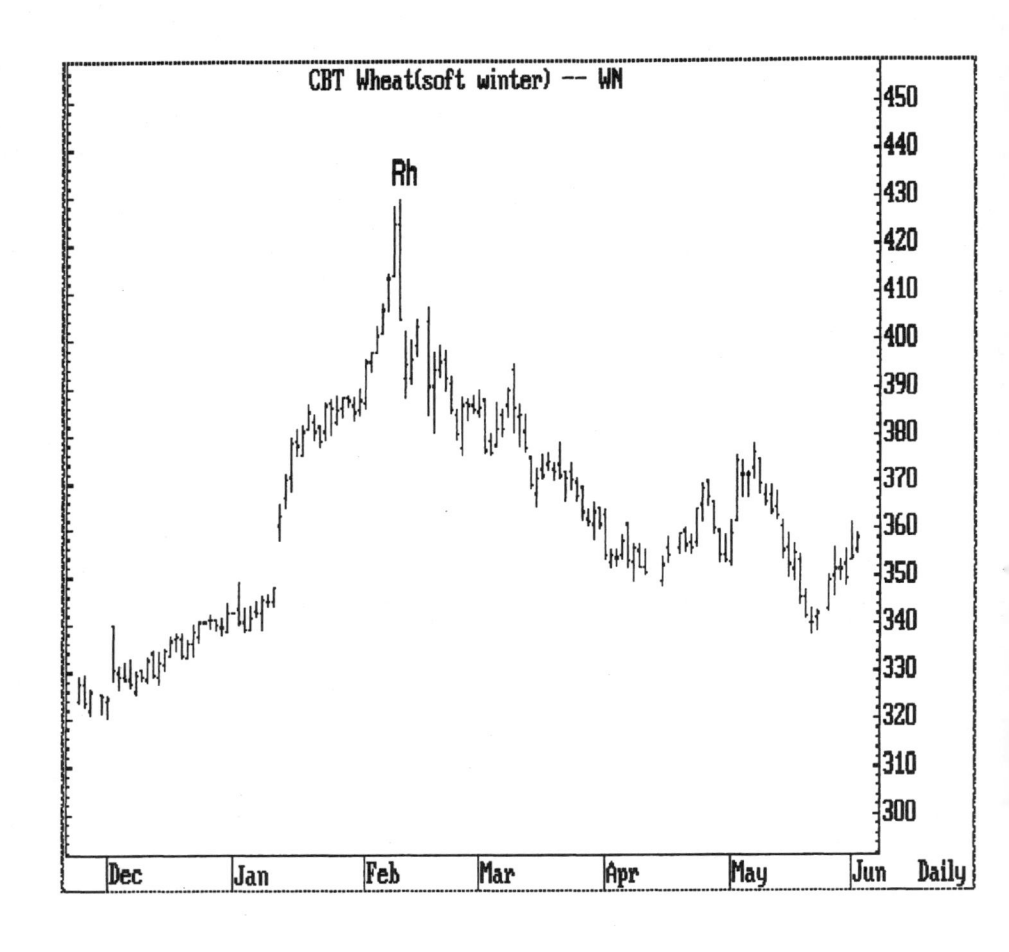

２月は、小麦市場が急激に乱高下する時期にあたる。チャート上のフックを相場が試す展開になったとしても、ここで仕掛けようなどとは考えない。このようなチャートの動きは、天候、政変、戦争などやそのほかのニュースで出現するものだからだ。

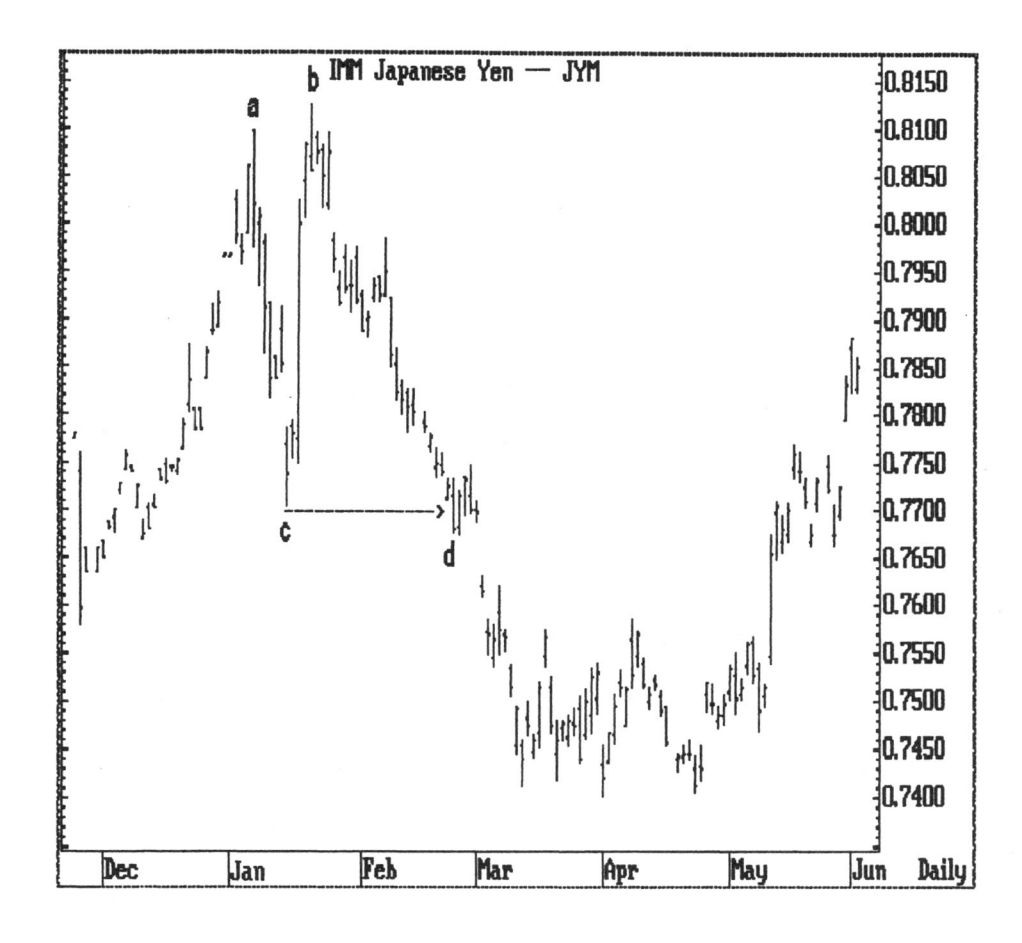

チャート上、aとbは、仮に上げの試しがあったとしてもあまりに値動きが急速なため、フックでの売買が仕掛けられる局面ではない。dの地点でcを割り込む局面では、相場がより秩序だった動きとなっている。

　ここで、いくつか銘記しておくべきことがある。長いバーやギャップによって示される値動きの激しさは、下降トレンドのときには上昇トレンド時ほど大きな意味を持たない。相場というものは、上昇するときよりも下落のときのほうがずっと速いものだ。ただ、通貨市場だ

けはこれが当てはまらない。なぜなら、ある通貨は常に別の通貨と相対的に売買されているものだからだ。ひとつの通貨が下落するということは、それに対応する別の通貨が上げているということなのである。

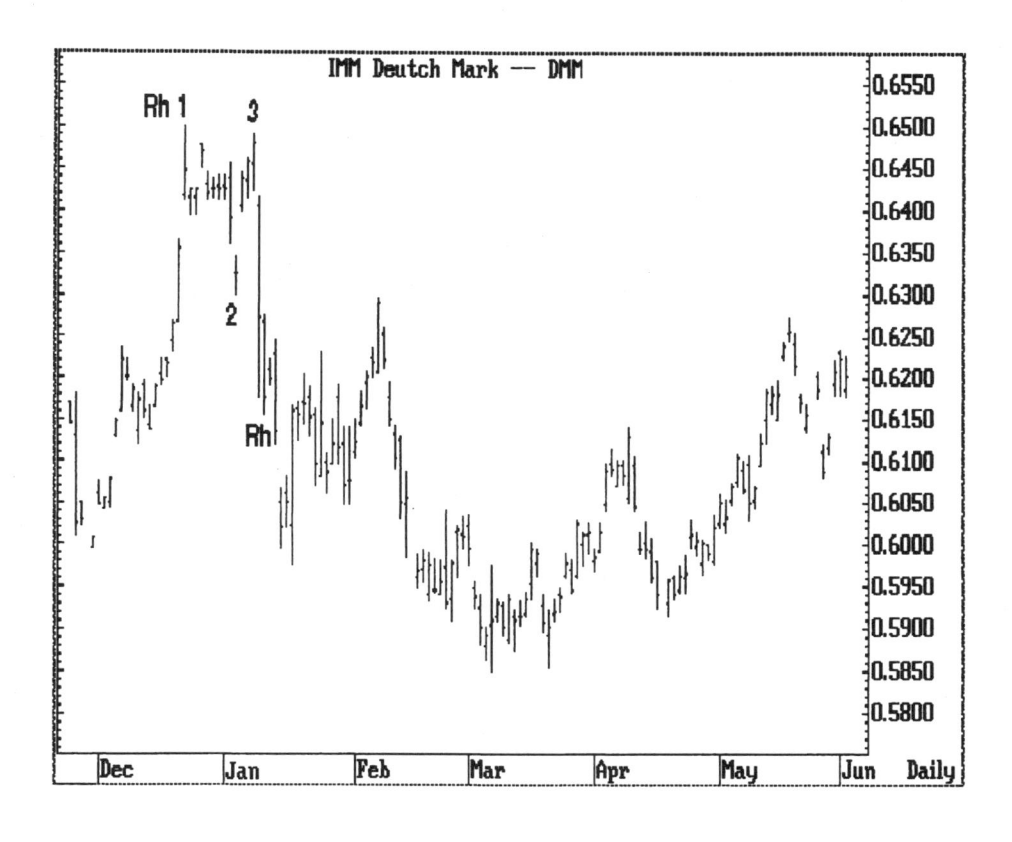

このチャートに示されたフックは、いずれも取ることができないフックである。市場は乱高下しすぎている。下方のフックでならまずまずの利益を出せたかもしれないが、より整然とした相場のほうが好ましいため、ここは見送ることにしたい。フックが２から遠い水準にあった場合、トレンドはすでに終わっており、売買できる状態ではないだろう。経験から言うと、このような場合のトレードはあまりうまくいかないようだ。

フックが込み入っているとき

相場がトレンドを形成していてロスフックが出現している場合、各フックに1～3日程度の修正局面があって、その後またトレンドの方向へ値を伸ばしていく。

トレンドの方向性は、3～5本のバーによって示される。だが、長いバーやギャップが見られるときにはトレンドの方向にわずか1～2本のバーしか見られない可能性がある。

ただし、長いバーやギャップがないにもかかわらず、1～2本のバーしか見られず、その後1～2本の後に修正局面が来る場合は、ロスフックが非常に込み入った状態になるだろう。これは、トレンドが少なくとも目先、終息する可能性があることを示している。

閑散商いのとき

しばらく、あるいは長期間にわたってトレンドに沿って推移したあと、買いまたは売りが一巡することがある。新高値や新安値をつけることができなくなってくるのだ。こうした状況は、出来高の減少とともに見られることが多い。新高値も新安値も閑散商いのなかで付けることになるのだ。市場参加者が多数ではなくなり、高値更新や安値更新を継続できなくなる。つまり、市場には売り手または買い手が不足するようになる。

出来高を利用する方法を見つけるのは難しい。今日の出来高は翌日にしか分からないからだ。利用法について十分に説明することはできないのだ。ただ、私のトレードにとってそれは必要でなく、偶然そうなるといった性質のものにすぎない。しかし、薄商いでの大きな動きがあった場合（長いバーやギャップの後が多い）は、とりあえずそのトレンドは終わったと感じる。フックが出現するのではないかと思わ

れるし、実際そのとおりになることが多い。ただし、出来高の急激な減少は、売りと買いのいずれのピークでも起きる可能性がある。

　薄商いのなかでフックが形成された場合、そのフックで売買するのは避けたほうがいい。フックを突破したからといって売買せず、また、TTEやスローターベックによる仕掛けもしないことだ。

　これは、時間枠に関係なく適用できる。日足チャートでは出来高の水準に注目する必要がある。確定出来高は翌日発表される。推定出来高は、フックによる売買では利用できない。使うなら、フックが形成された当日の、実際の出来高数値を使うことだ。数値の修正がある場合は、確定値の発表まで１～２日かかるだろう。

　日中の売買には、ティックによる出来高を利用しよう。ティック・ボリュームは完璧でないにしろ、現代のトレーダーがよく使うツールである。これは売買数をカウントするもので、ロットのサイズは示されていない。１ティックは、１ロットのこともあれば50ロットの場合もあり得る。

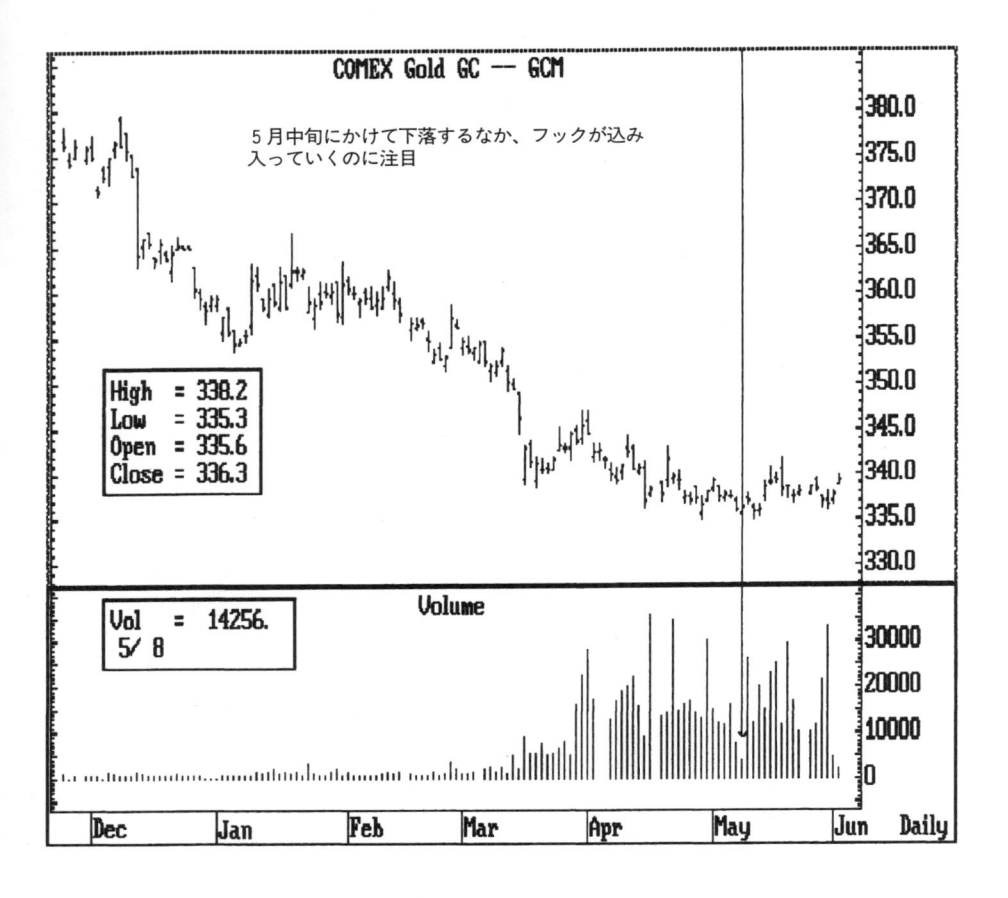

上の金先物チャートを見ていただきたい。安値を付けてから修正局面を迎えている。フックのポイントで、出来高が急減している。フックは薄商いの日にできているのだ。その翌日の出来高が回復しているのは、ショートカバーが一挙に入ったからである。フックでリバーサル・バーが出ていることに注意されたい。売り手がいなくなっているのだ。下降トレンドの終わり近くでは、引けが始値より高い日に出来高が集中している。これも、市場に売りがいなくなってきていることを暗示している。

```
High  = 103.05
Low   = 101.95
Open  = 102.20
Close = 102.80
```

COMEX Copper -- HGN

```
Vol = 937.
4/ 2
```

Volume

　銅相場でも同様の展開が見られた。出来高は、４月２日にフックが形成される直前に減少した。高値を付けたときの出来高も比較的少なかった。相場が反転した翌日になってようやく、出来高は急増に転じ、市場に買い手がいなくなっていることが示された。出来高の増加は、これまでの買いポジションを手仕舞った向きと、強気が後退して下げに転じると見た向きによる売りが増えたことによるものだった。ここでの売り手に対して買いを入れたのはどのような参加者だろうか？

このほとんどは、「一発当ててやろう」と考えている一般投資家で、強気相場がまだ終わってはいないと踏んでいる向きである。

フックがまばらすぎるとき

フックがまばらすぎる場合には、以下の2つの場合がある。
1．フックの前にある1－2－3で、1から2までの値幅が非常に大きい場合
2．フックのポイントが2から離れている場合

このいずれかが見られた場合には通常、フックを突破したあとの値動き余地がほとんどない。

これが見られるのは上昇局面よりは下降局面のほうが多いが、相場の方向性にかかわらずどのようなマーケットのどの時間枠でも起こり得る。

下に示したドイツ・マルク先物のチャートは、2が1から離れすぎている例である。これだと、フックを割った場合でも下げ余地がほとんど残されていない。

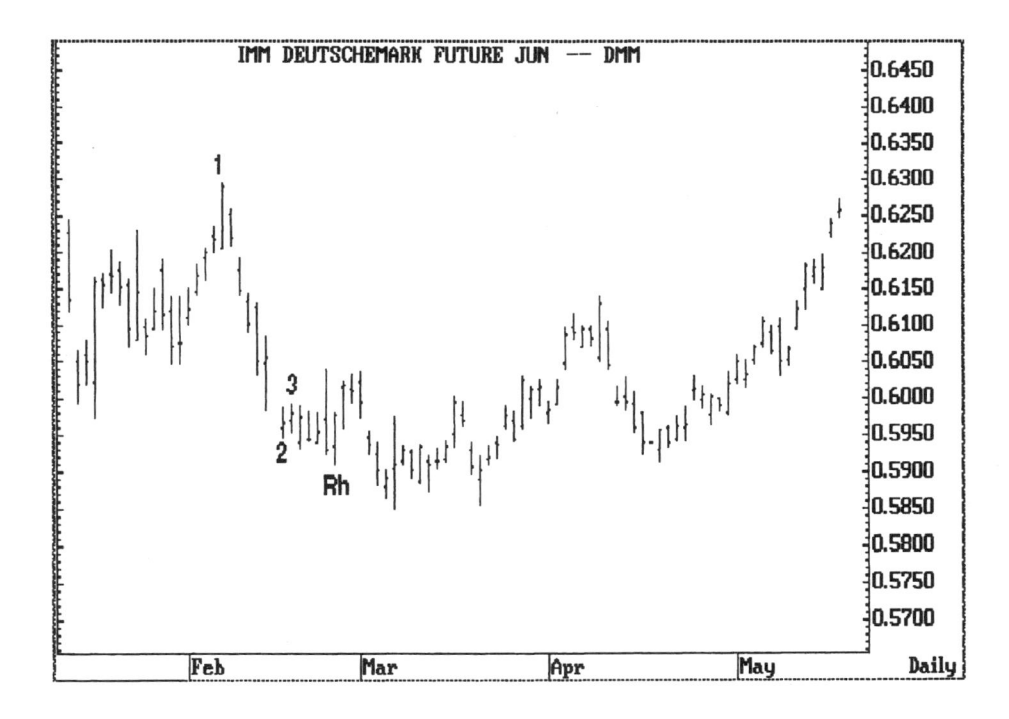

下の砂糖先物の5分足チャートは、フックのポイントが2から離れすぎているうえ、2が1から離れすぎている例を示している。

私ならこのフックのブレイクアウト、スローターベック、TTEのいずれであってもトレードしないだろう。相場が相対的に大きく動きすぎているからだ。

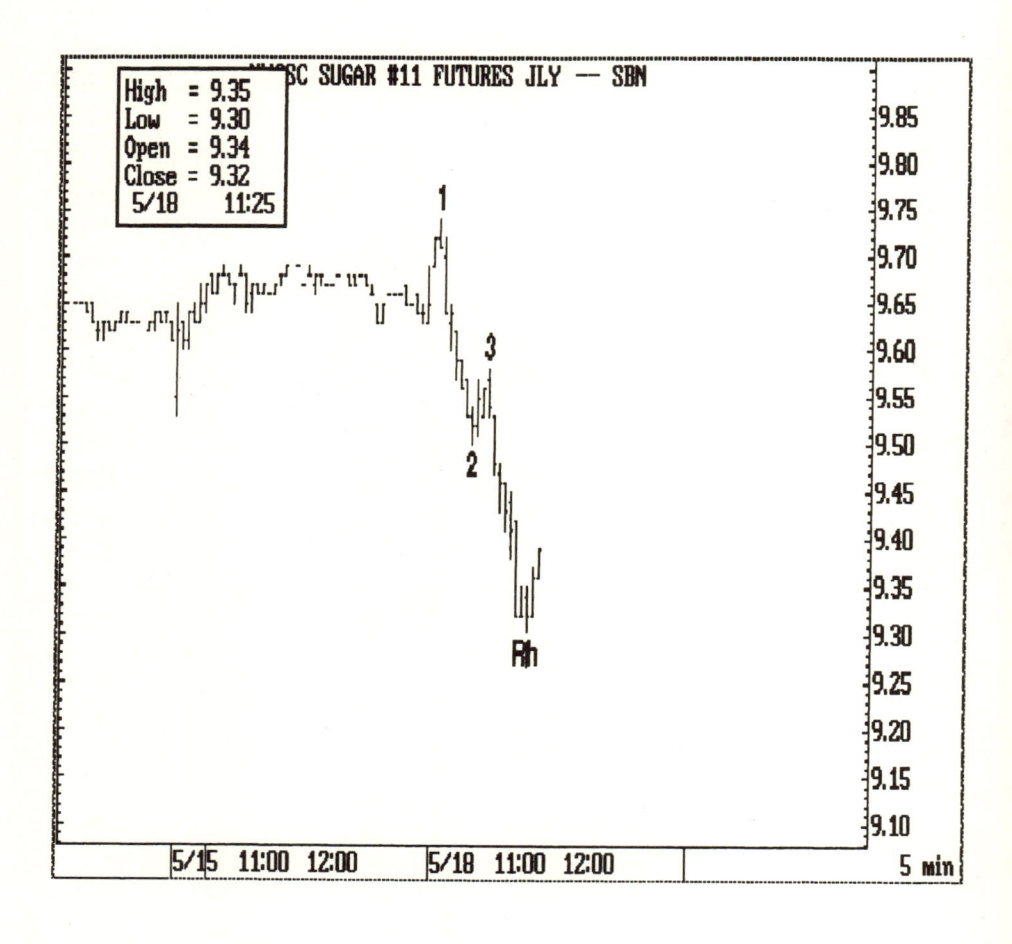

次は、同営業日のその後の展開である。さっきのフックを見送ったことが賢明だったことが分かるだろう。値動きの大半は、1－2－3とフックを形成するために費やされている。

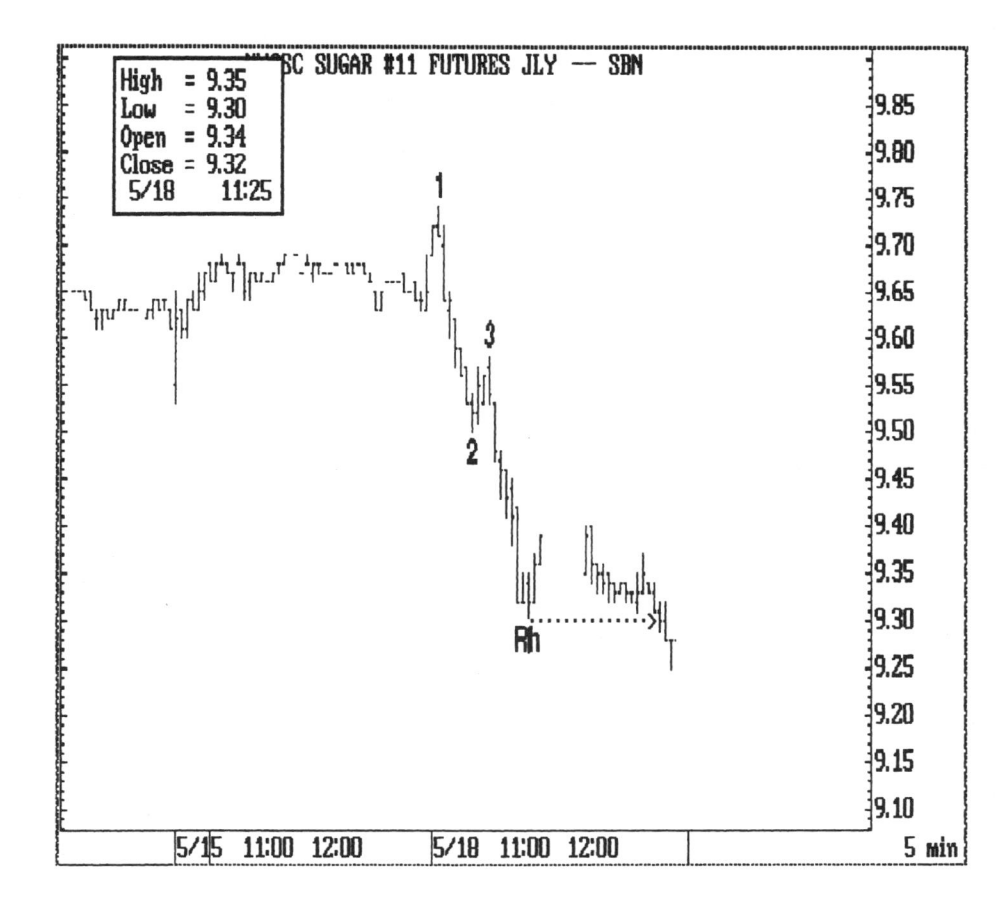

期間が長すぎるとき

　フックに関して、この問題を検討することは非常に重要である。トレーダーの大半は、ここで間違いを犯すからだ。

　最後のフックが形成される場合には、ある種の保ち合いの形をとることはほとんど確かなことだ。この唯一の例外は、相場が急激にV字形の天井や底を形成するときだ。本格的なV字形の天井や底になることは珍しく、また、そういったところで売買するリスクを冒すのは意味のあることでもない。あらかじめ形成されるのを予想する方法がまったくないのだ。

　始まりがV字形の天井だった場合、通常、終わりはWの天井である。始まりがV字形の底だった場合、通常、終わりはWの底である。これらは実際には保ち合いであり、保ち合いの前にはロスフックが形成される可能性がある。

　以下のことに注意すべきである。

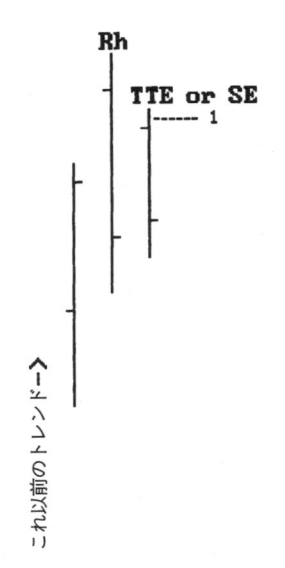

```
Rh
│
│    TTE or SE
├┤   ┌───── 1
│    │
├┤   │
│    │
│    ├┤
│
├┤
│
```

出来高が減少していないうちはRhのブレイクアウトやトレーダーズ・トリック、スローターベックのエントリーで売買してよい

←これ以前の価格

第20章 ●トレードしてはいけないフック

出来高が減少していないうちはRhのブレイクアウトやトレーダーズ・トリック、スローターベックのエントリーで売買してよい

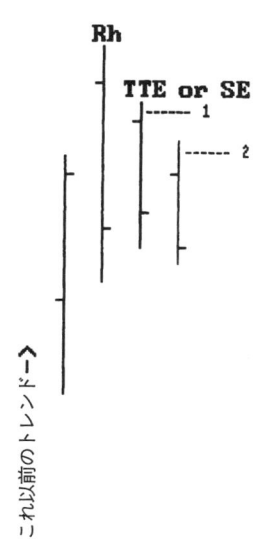

```
        Rh
         ┤
         │  TTE or SE
         ├    ┤------ 1
         │    │   ┤------ 2
         │    │   │
         │    │
    ┤    │    │
    │    │
    │
これ以前のトレンド→
```

出来高が減少していないうちはRhのブレイクアウトやトレーダーズ・トリック、スローターベックのエントリーで売買してよい

```
        Rh
         ┤
         │  TTE or SE
         ├    ┤------ 1
         │    │   ┤------ 2
         │    │   │   ┤------3
         │    │   │   │
    ┤    │    │   │
    │    │
    │
これ以前のトレンド→
```

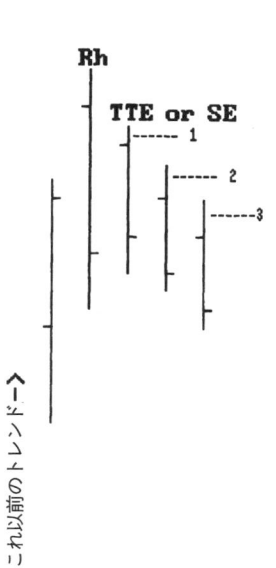

どのタイプのエントリーであれ、ここではすべきでない。３バー以上の修正が起こっている

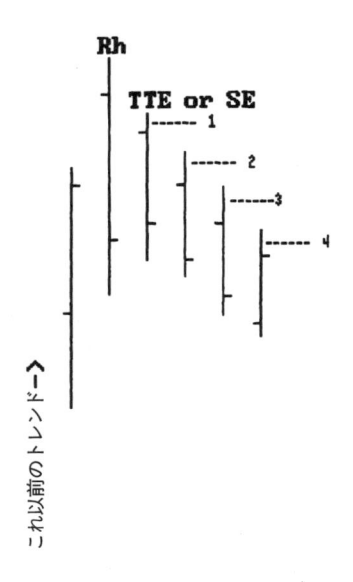

```
        Rh
         |
         |---
         |   TTE or SE
         |   |------ 1
         |   |   |------ 2
         |       |   |------ 3
         |               |------ 4
         |
         |
         |
←これ以前のトレンド
```

　ここでは、把握しておくべき極めて重要なコンセプトがある。あるトレンド上で３本以上のバーからなる保ち合い局面が見られた場合、このトレンドを「ディファインド・トレンド」と呼んでいる。ここで、当初のトレンドは崩れ、小さなトレンドが形を現すことになり、その後はトレンド・リバーサルや保ち合いへと発展する可能性がある（ディファインド・トレンドについてのより詳しい解説は、『トレーディング・バイ・ザ・ミニッツ』を参照されたい）。

　ロスフックは依然としてそこにあるが、バニラフックによるトレードのためには、フック自体が１回か２回上抜かれる必要がある。私の場合、２回目の突破で仕掛けることにしている。さらに、保ち合いがあった場合、終値でフックを上回った後で保ち合いの戻り、さらにもう一度フックを突破することが望まれる。

　このような展開にならないようなら、取引を見送ることにしているのだ。

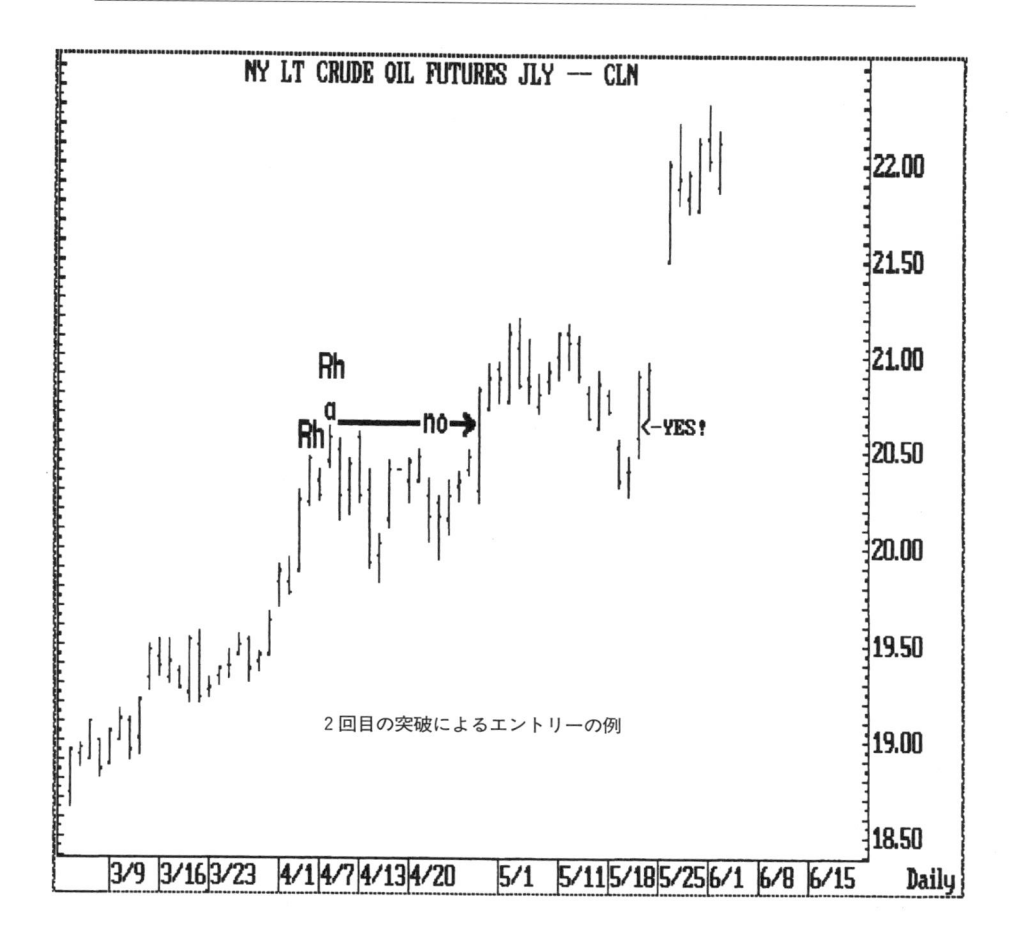

第20章●トレードしてはいけないフック

2回目の突破によるエントリーの例

　ａのRhは１回しか上抜かれていない。ここがトレードのいいチャンスだと分かっても、私なら最初のブレイクアウトでは売買しない。
　保ち合いの最初の部分で形成されたフックで売買するときには、かなり用心する必要がある。
　なぜか？　その理由は、これらのフックより上の水準では、フロアトレーダーがストップを執行させようとするからである。彼らはこうしたストップ・オーダーがここにあるのを見抜けるのだ。読者も、こ

うしたストップの存在を見抜けるよう努力する必要がある。ストップが執行されてしまえば、フックのブレイクアウトで売買を開始しても構わない。一般的に言って、ストップが執行されると、フックより上にブレイクアウトし、その後、トレンドが形成されていく。

第21章

その他のフィルター
Another Kind of Filter

　トレーダーは、投資資金の限界であれ、投資しようとする意欲の不足であれ、理由はさまざまであるが、トレードの資金が足りないと感じる場合がある。

　もちろん、どのような市場であれ、ボラティリティが十分に大きければ、リスクは口座の規模に見合った売買よりも大きくなる可能性がある。

　その場合、時間枠が短い分、ボラティリティが低くてすむデイトレードでの売買について、よく検討するべきだろう。

　リアルタイムのデータやソフトウエア、コンピューターを駆使するトレードは、高くつくように思えるかもしれない。だが、日足チャートによるトレード（適切な数以上のストップが必要になる場合もある）で大きく負けた場合の損失よりは安くつく可能性もある。

　当然ながら、これは、デイトレードにかかりきりになるだけの十分な時間がある人にとっては、ということだ。私の生徒のなかには、フルタイムで働きつつデイトレードをときどき見ていられるように、時間をやりくりできた例もある。

　そんなやりくりは不可能でしかも口座の金額が小さいなか、ギャンブル的でないトレードをするとしたら、ひたすら忍耐強くあることである。自分に合った流動性や資金規模の範囲内で、チャンスが来るの

を、ただただ待ち続けるのだ。

　この場合、数週間、いや数カ月間も待ち続けることになるかもしれない。初心者のトレーダーで、このような規律や忍耐のなかでトレードしようとする者は、ほとんどいない。普通、トレーダーという人々は、マーケットでトレードすることを熱望しているものだ。彼らがトレードのチャンスを忍耐強く待つことができるような人たちだったら、市場では失敗するトレーダーより成功するトレーダーのほうがたくさんいるはずである。

　資金の少ないトレードに適したチャートとしては、1分、3分、5分、あるいは10分足がある。得られる利益は、時間枠の短さに応じて少ないが、慎重にトレードしていけば、さらに大きな時間枠へと移行するだけの資金を積み上げることも可能だろう。

　より短い時間枠でのチャートでは、日足チャートに見られるような大きなリスクを冒さずに、ナチュラル・サポートとナチュラル・レジスタンスのストップを設定することが可能である。

　このため、より速い周期で新たなトレーディングのチャンスを手にすることができるのだ。

　ここで述べているコンセプトは、時間枠をフィルターとして利用する方法である。自分の性格や証拠金の規模に応じて、十分なトレーディングのチャンスが得られるような時間枠を利用するのである。

　適切なフィルターを経たロスフックを使用すれば、より早期に売買を行うことができる。ロスフックでトレードするということは、トレンドに沿った売買をすることになる。

　私はこれまで自分のトレードに関し、首尾一貫してシンプルなアプローチを心がけてきた。世の中には、トレードを必要以上に難しくしてしまっている人々が多いようだ。まるで、シンプルな方法など、無意味だと言わんばかりである。

　おそらくこうした人々は、簡単に利益を得ることに罪悪感を抱いて

いるのだろう。売買の方法というのは、洗練され知的で科学的な、あるいは数学的な方法でなければならないと感じているようである。こうした態度や気構えは、われわれが生きている技術社会のたまものと言っていいだろう。しかし、こんなものは無用である。なぜなら、実際に難しい手法を使ってトレードしている人々の多くが負けているではないか。

　トレードが個人個人の選択であるなら、こうあるべきだと決め付けるのはやめたほうがいい。このことが早く分かれば、それだけいい状態に自分を置くことができるはずだ。いらぬ雑音を聞かせようとする人からは、急いでできるだけ遠ざかることである。

　ロスフックはそれだけでひとつの売買手法を構成しており、マネー・マネジメントやトレード・マネジメント次第で約65％の確度を持つ。

　読者の選択肢に、１－２－３フォーメーションと各種のフィルターを加えることで、勝率はかなり高まるはずである。

　トレーディングで最も重要なことは、得た金額が負けた金額をどれだけ上回れるかということに尽きる。ロスフックのようなしっかりとした売買手法を手に入れれば、あとは売買、資金、リスク、そして読者自身のマネジメント次第で勝敗が決まってくる。

　適切なマネジメントを行うには、自分自身を律することを覚える必要がある。巨大な資本を持っているというのでもなければ、市場を変えてしまうこともできないし、トレードするときに発生する問題を解決することもできはしない。

　自分で変えることができるのは、自分自身だけであり、市場に対する自分の反応だけだということを理解する必要がある。自分を律することができるか否かで、資金管理、売買管理、リスク管理、自己管理の大半が決定されてしまうだろう。

　トレーディングとは何なのかということを理解しつつ、売買する必要がある。そのためには、勉強することである。

フロアの動向を知り、安全な売り水準や安全な買い水準がどのように決定しているのかを知る必要がある。フロアで、その日の高値や安値の予想がどのように形作られていくのかを知る必要がある。
　また、どの時点でフロアトレーダーが手仕舞い、売買を見送るのか、そしてその理由は何なのかについても知っておくべきだし、チャートを見たときにそのときどきの状況が読み取れなくてはならない。なぜか？　彼らが売買をあきらめるときこそ、読者にとって仕掛けるべきタイミングだからである。
　読者は、トレーディングがリスクの高いビジネスだということが分かるようになるだろう。考え方としては正しいときですら、相場では負けることがあり得るのだ。
　市場には数多くのハゲタカたちがいるが、彼らは大勝することもある代わりに突然敗退することもある。どのようなレベルのトレーディングにもリスクは付き物だ。ブローカーに始まって、トレード・デスク、フロアに至るまで、どこで利益をだまし取られるかも分からない。こうした事実を知らずにトレードするなら、たちまち資金が底をついてしまうだろう。
　一見、それほど悪くは思えないが、大手の当業者やファンド、大手トレーダーやマーケット・メーカーの動向ひとつで、あなたが手にできたかもしれない利益が奪い取られるかもしれない。マーケットとは、このような人々の利益によって動いているのであり、彼らの心にはあなたの利益のことなどないのである。
　彼らの動向で相場がストップ高を付けたあと、反落に転じ、ストップ安まで下げる、などということが１営業日のうちに起こり得るのである。信じられないなら、1992年２月10〜11日の穀物相場を見てみるといい。これは、私が自分のキャリアでいくつも目にしたうちの、ほんの一例にすぎない。
　どれでもいいが、日中のチャートの動きを見てみれば、それがフロ

アの人々によって動かされているということを実感できるだろう。値動きがタイトになってきたら、マーケット・メーカーたちが最初は一方向へ、そして次はその逆へと相場を動かすのである。彼らは「自分たちがトレードできる余地」を作り出すためにこのようなことをするのだ。

　このことは別に、読者がマーケットで利益を得られない、という意味ではない。そうではなく、読者がゲリラ的な戦術を使う必要がある、ということなのである。売買は迅速にしなければならない。利益が出ているうちに利食うことを覚えなければならない。トレードにおいて戦略を駆使することを学ぶのである。

第22章

賢者への言葉
A Word to the Wise

　これから述べることは、読者がトレーディングについて現実的な目を持つことができるようにと願い、私から贈る言葉である。

　トレーダーのなかには、資金が不十分な向きがあまりにも多い。私が実施したセミナーでも、失業中で5000ドル以下しか資金を用意せず、奇跡を信じているような人々がいた。もし読者もこうなら、あなたはトレードをしているとは言えない。これではまるでギャンブルだ。どんな方法を計画しているせよ、これで成功するなど、何か奇跡でもないと無理だ。勝てる見込みは極めて低い。

　よく日足チャートでナチュラル・サポートとナチュラル・レジスタンスによるストップの設定ができないという声を聞く。彼らはリアルタイムのデータを購入するだけの余裕がないか、その術がないかのいずれかである。これは、トレーダーの資金が不十分か、フルタイムでの仕事をほかにしなければならないかのいずれかである。また、一部の海外トレーダーはリアルタイムのデータを入手できないだろう。

　いずれのケースであれ、選択肢は3つある。

　1．銀行から金を借りて口座を開く
　2．許容できるリスク度のフックが出るまで辛抱強く待つ
　3．十分な資金が得られるまで、トレードの開始を延期する

仕掛けるときだけでもリアルタイムデータを使用できるようスケジュールを調整できるなら、データ供給サービスとコンピューターのハード・ソフトを購入しても、コスト分の効果は得られるだろう。ナチュラル・サポートとナチュラル・レジスタンスによる低リスクの売買をしていけば、資金をかなり早く蓄えることができるだろう。多くの例を見ると、リアルタイムデータのための追加コストに見合っているだけでなく、それ以上の成果を上げているケースもいくつかある。
　データを読み込み、チャート化するソフトは必ずしも購入しなくても構わない。月ぎめでのリースという手もある。もし気に入らなければ使用をやめ、返却してリース料を払い戻してもらえばいいのだ。
　マーケットで儲けるには、適切なポジションを取る必要がある。日足、週足、月足でトレードするだけの資金がなければ、残された選択肢はただひとつ、ボラティリティがより低い日中でのデイトレードである。
　デイトレードを選ぶなら、更新が遅れたデータを見てトレードするのだけは避けるべきだ。それは自殺行為に等しい。
　デイトレードでは最新データや洗練されたソフトウエアを持ち、多くの場合、フロアとも通じているトレーダーたちを相手にしているということを忘れないでほしい。売買に要する時間は彼らのほうが短く、注文執行の水準も彼らのほうがより有利である。リアルタイムデータを入手するなら、最高水準のものを手にすべきだ。
　ただ、これは大金を支払えということとも限らない。最も優れたデータ供給サービスが最も廉価である、ということもあり得るのだ。
　また、最も売れているトレード・ソフトが最も高いわけでもない。最高水準のソフトのいくつかが、最悪のものより安く買えることもあるのだ。
　あらゆるものを検討してみて、トレーディングがカネのかかる仕事だと思えば、いっそトレードなどしなくてもいいと考えるだろう。

読者が十分な準備や装備もなくトレードを開始しようとしているなら、トレードはとても高くつく趣味だ、ということを理解すべきだ。驚いたことに、実際にトレーディングがとても高くつく趣味になってしまった人々は、たくさん存在するのである。余裕があってカネを失ってもいいなら、どうぞ存分に。私としても、読者が相場で負けるお手伝いができて大変光栄である。どちらも損はしないだろう。読者は楽しみを得ることができ、私は富を得ることができる。

第23章

フックの予想
Anticipating Hooks

　ロスフックの予想はいつならできるのだろうか？

　ロスフックができるのは、トレンドの最中と終了時の利食いのためなので、形成を予想できる場合があるはずである。

　ここから紹介する一連のチャートでは、フックが形成される可能性があることを、どのタイミングで、どのようにして推定するのか、説明しようと思う。ここでは、１－２－３の高値・安値とロスフックをすべて記していくので、読者は、私がどのようにチャートを見ているのかが理解できるようになっている。１のあとに、２の方向を矢印で示してある。

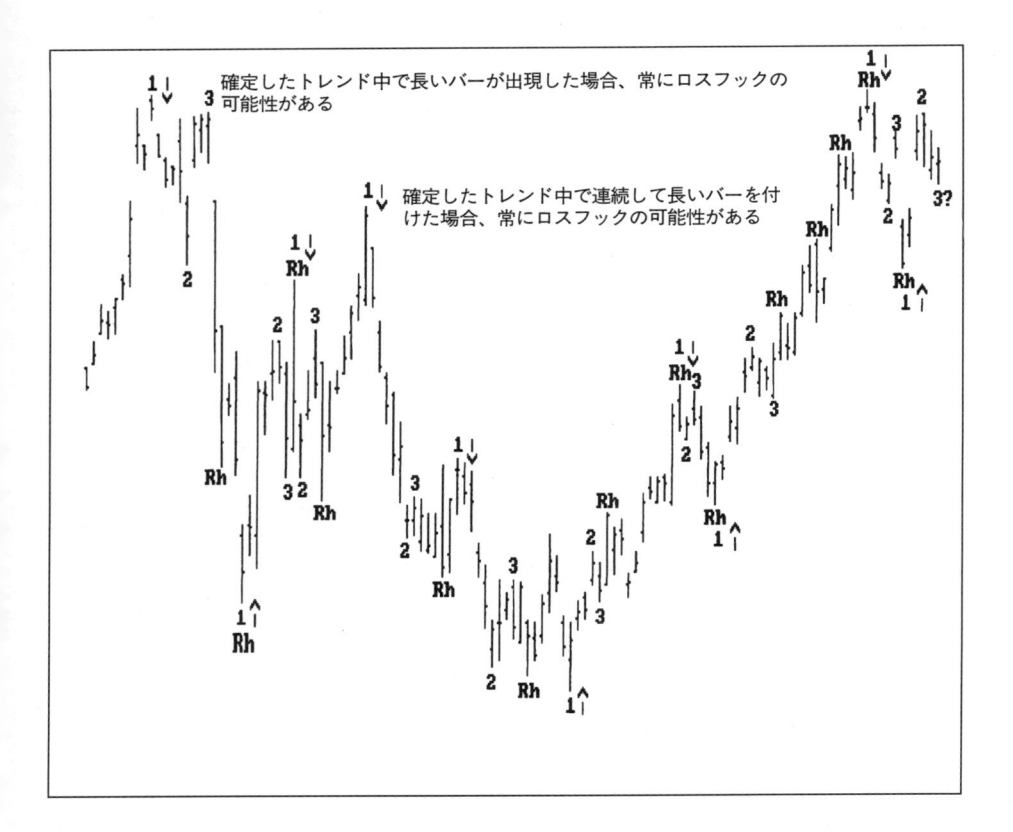

確定したトレンド中で長いバーが出現した場合、常にロスフックの可能性がある

確定したトレンド中で連続して長いバーを付けた場合、常にロスフックの可能性がある

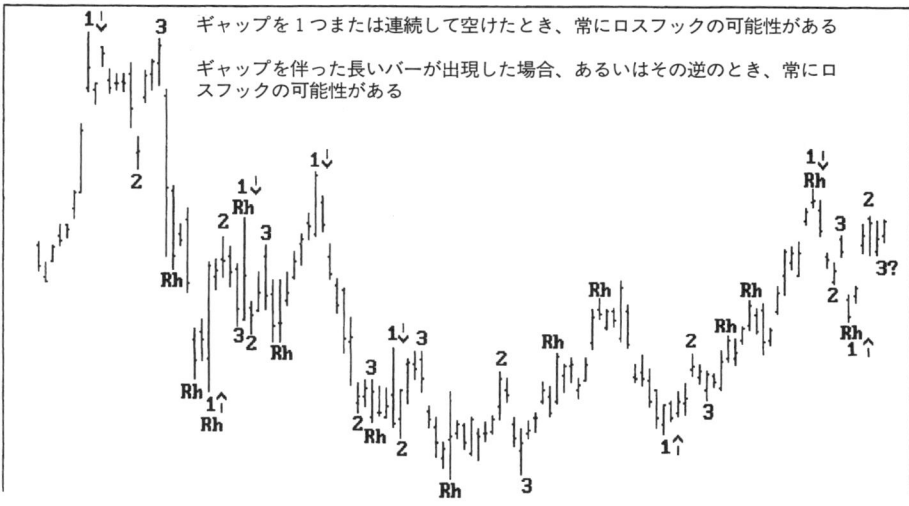

第23章 ● フックの予想

ギャップを1つまたは連続して空けたとき、常にロスフックの可能性がある

ギャップを伴った長いバーが出現した場合、あるいはその逆のとき、常にロスフックの可能性がある

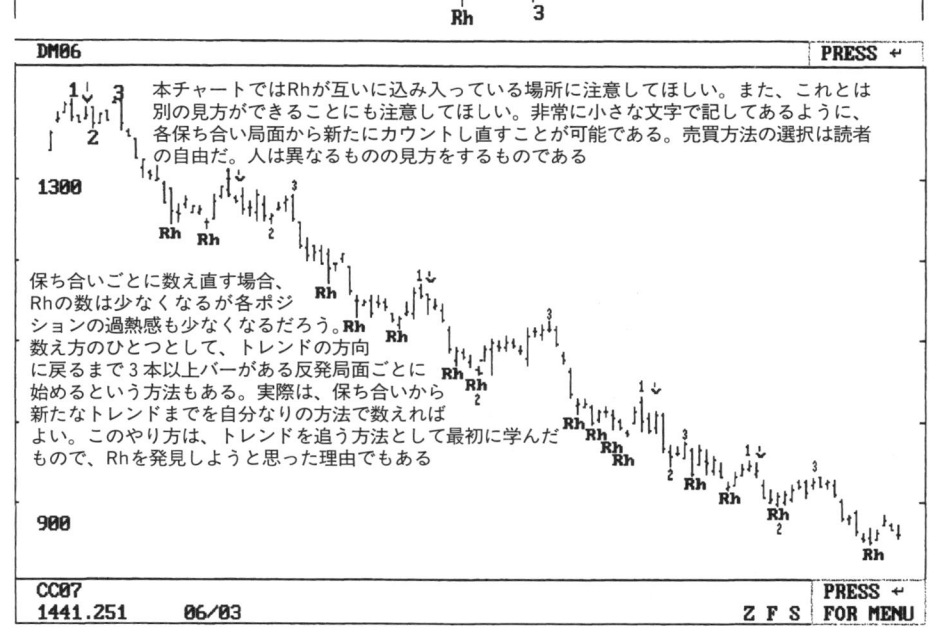

本チャートではRhが互いに込み入っている場所に注意してほしい。また、これとは別の見方ができることにも注意してほしい。非常に小さな文字で記してあるように、各保ち合い局面から新たにカウントし直すことが可能である。売買方法の選択は読者の自由だ。人は異なるものの見方をするものである

保ち合いごとに数え直す場合、Rhの数は少なくなるが各ポジションの過熱感も少なくなるだろう。数え方のひとつとして、トレンドの方向に戻るまで3本以上バーがある反発局面ごとに始めるという方法もある。実際は、保ち合いから新たなトレンドまでを自分なりの方法で数えればよい。このやり方は、トレンドを追う方法として最初に学んだもので、Rhを発見しようと思った理由でもある

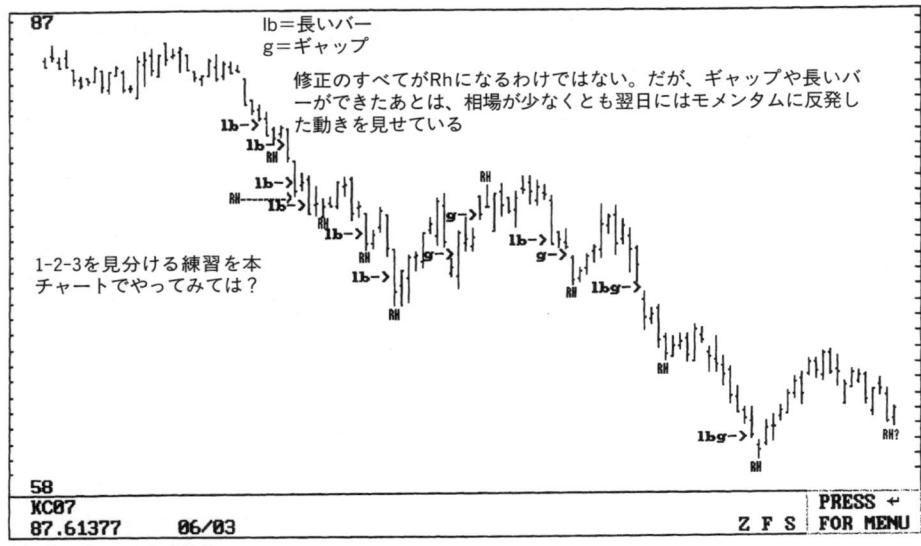

チャート上部（KC07）注釈:

lb＝長いバー
g＝ギャップ

修正のすべてがRhになるわけではない。だが、ギャップや長いバーができたあとは、相場が少なくとも翌日にはモメンタムに反発した動きを見せている

1-2-3を見分ける練習を本チャートでやってみては？

チャート下部（SB07）注釈:

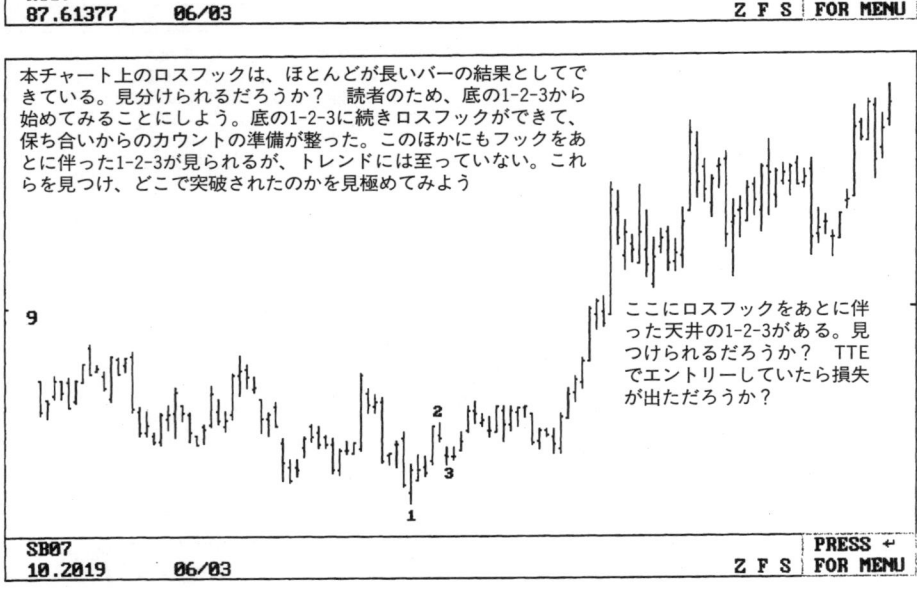

本チャート上のロスフックは、ほとんどが長いバーの結果としてできている。見分けられるだろうか？ 読者のため、底の1-2-3から始めてみることにしよう。底の1-2-3に続きロスフックができて、保ち合いからのカウントの準備が整った。このほかにもフックをあとに伴った1-2-3が見られるが、トレンドには至っていない。これらを見つけ、どこで突破されたのかを見極めてみよう

ここにロスフックをあとに伴った天井の1-2-3がある。見つけられるだろうか？ TTEでエントリーしていたら損失が出ただろうか？

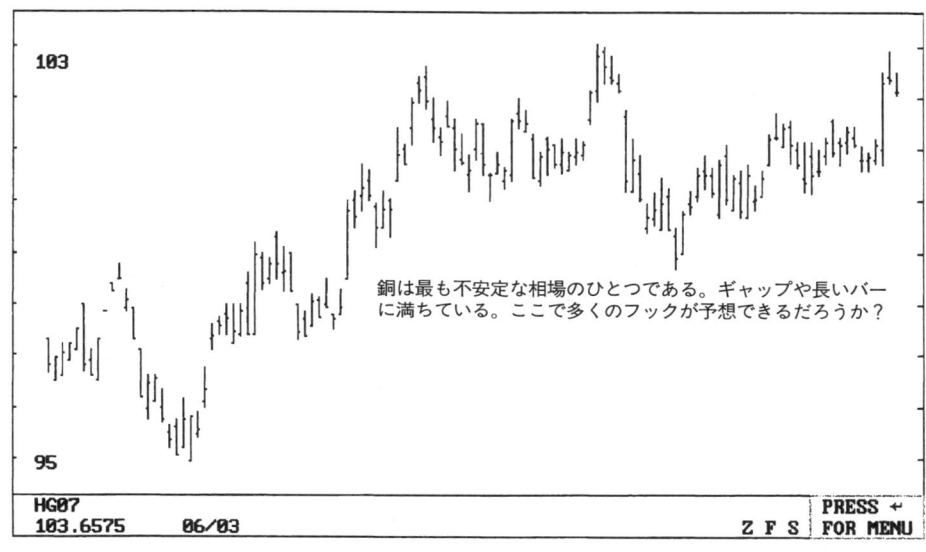

第23章●フックの予想

銅は最も不安定な相場のひとつである。ギャップや長いバーに満ちている。ここで多くのフックが予想できるだろうか？

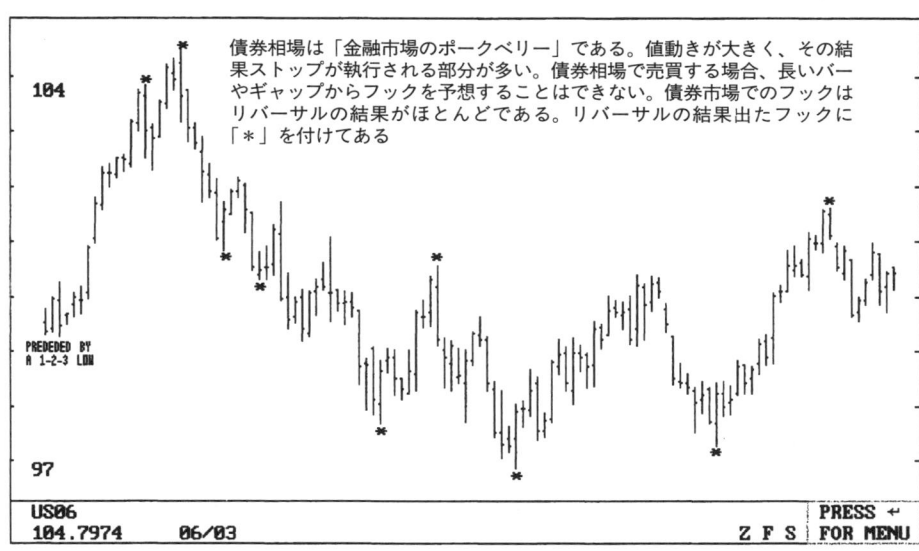

債券相場は「金融市場のポークベリー」である。値動きが大きく、その結果ストップが執行される部分が多い。債券相場で売買する場合、長いバーやギャップからフックを予想することはできない。債券市場でのフックはリバーサルの結果がほとんどである。リバーサルの結果出たフックに「＊」を付けてある

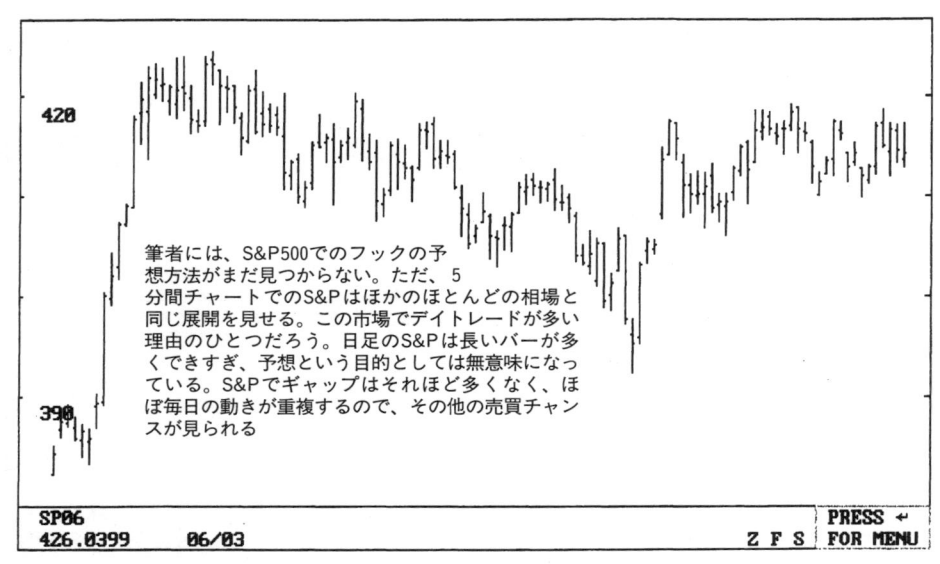

筆者には、S&P500でのフックの予想方法がまだ見つからない。ただ、5分間チャートでのS&Pはほかのほとんどの相場と同じ展開を見せる。この市場でデイトレードが多い理由のひとつだろう。日足のS&Pは長いバーが多くできすぎ、予想という目的としては無意味になっている。S&Pでギャップはそれほど多くなく、ほぼ毎日の動きが重複するので、その他の売買チャンスが見られる

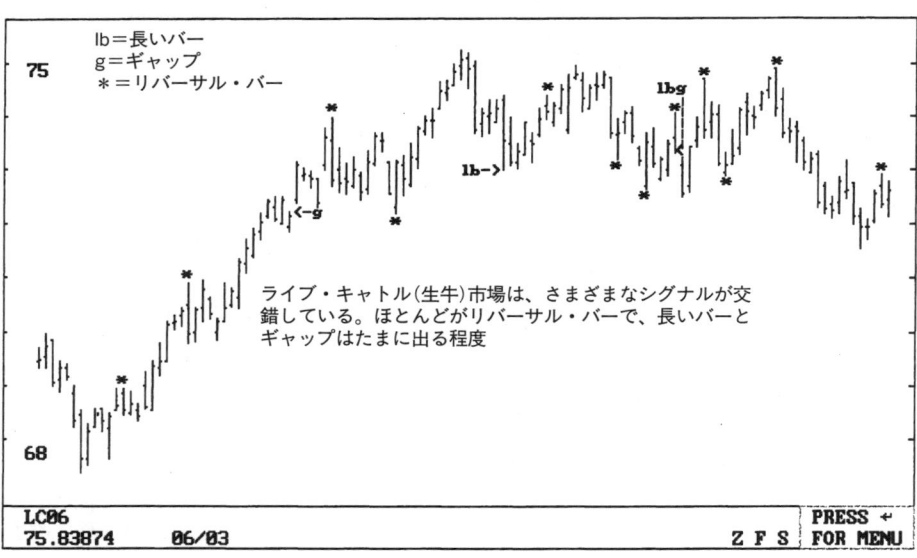

lb＝長いバー
g＝ギャップ
＊＝リバーサル・バー

ライブ・キャトル（生牛）市場は、さまざまなシグナルが交錯している。ほとんどがリバーサル・バーで、長いバーとギャップはたまに出る程度

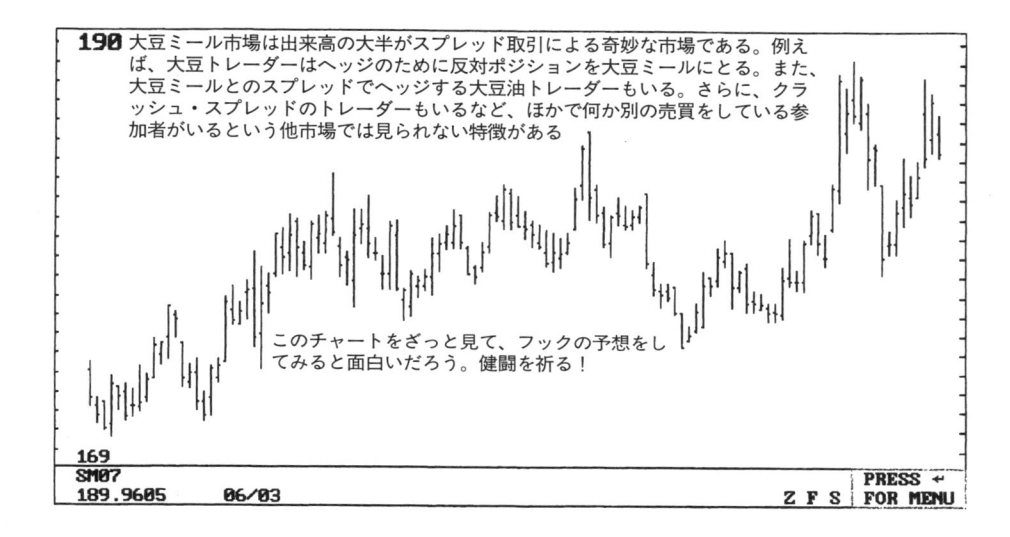

> **190** 大豆ミール市場は出来高の大半がスプレッド取引による奇妙な市場である。例えば、大豆トレーダーはヘッジのために反対ポジションを大豆ミールにとる。また、大豆ミールとのスプレッドでヘッジする大豆油トレーダーもいる。さらに、クラッシュ・スプレッドのトレーダーもいるなど、ほかで何か別の売買をしている参加者がいるという他市場では見られない特徴がある
>
> このチャートをざっと見て、フックの予想をしてみると面白いだろう。健闘を祈る！

　ロスフックの形成時期を予想することで、トレード計画の基盤を築くことができる。予想しようとするだけでも、マーケットの展望を得ることができるだろう。具体的な目標ができるわけだ。

　チャートを検証し、フックができる可能性を検索していくことで、チャート上のバーによって描かれる相場の動きにより迫っていくことができるのである。こうした練習自体がマーケットの動きを観察する者としての洞察力を養うことになる。

　私の方法論はすべて、ロスフックを予想することを土台として発展したものだ。例えば、すでに述べたように、S&P500の日足チャートがほぼ前日と重複した動きをするという事実によって、85％の確率で勝てるトレーディング方法を得ることができる。ここで白状してしまうが、証拠金の金額が非常に高いため、私はS&Pを日足チャートで売買していないし、今後もするつもりはない、また、ポジションをオーバーナイトしたこともない。ただ、この重複現象を知っているおかげで、S&Pを5分足チャートで売買するときには助けられているの

だ。こう考えれば、この事実を利用する方法が分かるだろう。

第24章

まとめ
Wrap-up

　私のセミナーでは、実践的な戦略の講義をしている。マーケットでの取り分を持ち帰れる方法を教えている。

　利益を上げられるトレードの方法を伝授しているのだ。読者は、インサイダーが何をし、またしようとしているのかを知る必要がある。これは、シンプルなバーチャートから読み取ることができる。私はこの方法を紹介しているわけだ。

　ブローカーの業務に関しては、大半の読者が現在知っているよりもさらに詳しく知る必要がある。私は、読者が適切にトレードするために必要なインサイド情報を提供している。

　マーケットには数多くの真実があるが、それを発見する方法を知っている者は少ない。だが、一度知ってしまえば、とても簡単なことだ。独学では、利益を上げるトレード法を見つけるのに何年も苦労して、結局分からなかったということになりかねない。ほとんどの者は、儲けられるトレード手法に到達する前に破産してしまう。

　自分の生徒たちと接した経験から私が驚かされるのは、トレードしようとする人々のほとんどがきちんとした知識を持ち合わせていないということである。すでに何年間もトレードしている者たちでさえ、自分がいかにマーケットについて無知で、売買の方法について知らないかということが分かっていない。これでは、相場で負ける者が多く

ても不思議ないではないか？　不満を抱え、完敗して市場から去る者が多いのも無理ないではないか？　彼らはカネを失い、誠実さを失い、そして、プライドも失ってしまうのだ。

　読者が知りたいと思ったことのいくつかは、本書の範疇を超えているかもしれないが、それらは私のティーチングレター、トレーダーズ・ノートブック、または、『トレーディング・バイ・ザ・ブック』『トレーディング・バイ・ザ・ミニッツ』『トレーディング・イズ・ア・ビジネス』、そして私のセミナーで扱っている。

　セミナーは、より進んだ教育を受けたいと願っている人々のため定期的に（不定期の場合もある）開催している。読者が、相場で生活の糧を得るフルタイムのトレーダーになりたいと考えているなら、私のセミナーを受ければ、大きな収穫が得られるだろう。

　うちのセミナーに来たプロのトレーダーから、無駄足だったと言われたことはまだ一度もない。逆に、ほとんどのトレーダーが２回以上セミナーを受け、ティーチングレターの購読をしているのだ。彼らは新たな知識を身につけ、晴れ晴れとした表情で去って行く。

　もし個人教授を受ける気がおありなら、一対一でのお世話を喜んでしようと思う。

　個人教授を必要としている読者には、喜んで個別に教授している。

　読者が「株式指数のデイトレード」に関するセミナーを受けたいなら、事前に予約を入れる必要がある。このセミナーで伝授される内容は、ほかのどこでも教わることができない。

　「株式指数のデイトレード」セミナーや個人教授の費用は１万ドルで、期間は１～３日である。この３日間で読者のトレーディングについて個別に教授することになる。読者の売買をすべて見極め、疑問にもすべて答える。マーケットの実態、性質、扱い方を学ぶことになるのだ。

　セミナーでは、ひとつのシチュエーションを例示したあと、その対

処法について教授する。

　セミナーに参加するくらいなら、筆者の著書を読む時間をより多く取ったり、より多くの著作を購入するほうがいいと思う気持ちは十分によく分かる。だが、こういうことも言えるだろう。「読者が本当に必要なことを伝授される機会を得れば、こうした著書を読みあさるよりはるかに多くのことを理解できる」。本だけをいくら読んでいても、しょせん、読書から得られる範囲の限界は超えられない。その著書にどれだけ大変な深さと大きな意味があるにせよ、情報を直接吸収できる場を訪れたほうが時間やエネルギー、費用を大幅に節約できる。セミナーでの講義によって、読者が思っているよりずっと早く目的を達成することができるはずだ。

　こう説明すればいいかもしれない。あなたはどこかから帰ろうとしているのだが、それにはジャングルを通り抜けなければならない。あなたは道を見失い、ジャングルの隅で途方に暮れている。しかし、家に帰り着くために知りたい情報、必要な情報が隠された「ポイント」は、ジャングルのなかにこそあるのだ。そこには、ジャングルの秘密を明らかにする地図や情報があり、帰り着くための最良のルートが記されている。帰るためには、そのポイントに到達できさえすればいい。ここで２つの選択肢がある。ひとつは、道を切り開くためのなたやバックパック、そしてコンパスなどの装備をしっかりしてジャングルに乗り込むこと、もうひとつは、より多くのコストをかけてヘリコプターをチャーターし、そのポイントまで空から直行することである。

　読者がなたを選ぶなら、ポイントまでの道を自ら切り開いて進まなければならない。途中、いくつかのトラブルが発生する可能性もあるし、装備を売ってくれる業者は、次に挙げるようなジャングルに潜む危険について何も教えてくれないだろう。

　●道を見失ってポイントまで到達できず、金融市場での死を迎えるまでそこで迷い続けたり、フラストレーションのなか、帰宅自体

を完全に放棄するかもしれない。
- 泥沼にはまって生き埋めになってしまう可能性もある。ジャングルでは、そこらじゅうに湿地やぬかるみが待ち受けている。そうした場所にはまった者が生きて帰ったという話は、聞いたことがない。
- ジャングルで生活する特定の野生動物に見つかり、食い殺されることもあるだろう。
- ジャングルに数多くある巣に生息する蛇の1匹に絞め殺される可能性もある。

これ以外にも、ここで詳しく説明できないほどジャングルには危険がいっぱいなのだ。

だが、そのポイントまでヘリで空から直行するなら、探しているものをすぐに見つけることができる。ポイントが見つかったからといって、それが必ずしもトレードでの成功を意味するものではないが、それでも読者は、安全に家へと帰り着くため、読者のため特に用意された必要情報、ツール、地図などを手にして、その「ポイント」をあとにすることができるだろう。

読者はよりよい選択、つまりなたよりもヘリのほうを選びたいが、そのための経済的な余力があるか確信できないのではないだろうか。選択するのは読者の皆さんである。あなたはどちらを選ぶだろうか？

これを念頭に置いたうえで、セミナーの内容のハイライトをアンケート形式でご覧に入れたい。

1. もしも相場が次にどの価格を付ける可能性が高いのかを予想できれば、トレードでより成功するのに有効でしょうか？
「当セミナーでは、相場が次にどの価格を付けるか予想するための方法をお教えしています」

2．相場が動く背景となった要因が分かれば、トレードでより成功するのに有効でしょうか？
　「セミナーでは、相場が動いた要因が学べます」

3．相場が動く場合、その値動き幅が予想できれば、トレードで成功するのにより有効でしょうか？
　「有効なら、セミナーで値動き幅の予想方法を学びましょう」

　だが、ここに挙げた3つのことを学んでも、それだけで成功できるわけではない。理由は？　ここに挙げた知識があっても、トレードの管理法を学んでいなければ負けるからである。つまり、セミナーでは、勝ったときの金額が負けた場合のそれを上回るようなトレードの管理法を学ぶ。そして、負けた場合でも、その金額が勝った場合のそれを大きく下回るような管理法を教授するのである。
　もし読者が、ここで説明したような情報をすでに持っているとしたら、筆者の教えは不要である。ただ、信じられないことかもしれないが、こうした情報をきちんと手にしたうえでも、さらに負け続けている人々が存在するのだ。一体、どうしてだろうか？　こうした人々は、文字どおり「頭を診てもらったほうがいい」ような人々なのだ。「頭を診てもらう」には精神科に行き、彼らにはトレードでの成功に必要な判断基準がなぜないかをはっきりさせる必要がある。しかし、医者にかかるのにも金がかかる。そこで、筆者がトレードだけでなく、自分自身をも管理する方法をお教えしようというわけだ。これを一度覚えてしまえば、ほかには何もいらなくなる。
　トレード・キャリアの終盤を迎え、私は、利益が出るトレード手法をだれかに伝えようと決心したのだ。本書の執筆理由もここにある。
　読者の皆さんが本書を楽しみ、そして、本書によって利益を得るよう望んでいる。本書には、一回読み通しただけではくみ尽くせない内

容が詰まっている。繰り返し読み込んで研究していただければ幸いだ。

　私は現在ではトレーディングからほぼ引退しているため、私に聞きたいことがあれば、(512) 249―6930のロス・トレーディングまで電話をいただくか、ross@rosstrading.comにメールをいただきたい。または、www.tradingeducators.comを訪れてみてほしい。

　「アスペン」をご利用になるなら、望外の喜びである。もしそうならば、その素晴らしさを知らせてほしい。

　リアルタイムデータと終値ベースでの分析ソフト、「トレードパートナー」はロス・トレーディングを通じてのみ入手可能なもので、数多くの優れた特徴を持っている。価格は595ドル。希望者は電話を。(512) 249―6930か、注文は1―800―476―7796へ。

　電話または直接当方の自宅での個人的なコンサルタントをご希望の場合、顧問料は通常の営業時間内で1時間当たり400ドルとなっている。出張顧問の場合、営業時間内で1時間当たり400ドルにプラス実費（最低8時間から）で申し受けている。

　誠実なブローカーへの照会をご希望の向きには、喜んで業者名をお知らせする。また私が長年世話になり、よく知るようになった業者がいくつかある。その業者名も喜んでお知らせしよう。読者の皆さんにも、適正価格でいいサービスを提供してくれるだろう。非常に安い手数料でいいサービスをしてもらえる場合がある。また、最高のブローカーをお望みなら、それも紹介できるだろう。その照会をお望みなら、電話をしてほしい。

　これまでの拙著やニュースレターの読者、セミナー参加者への個人的な照会についても、電話とeメールでご連絡いただきたい。

　これ以外にもお力になれそうなことがあれば、お電話いただけるとありがたい。そのときには、あらかじめ質問をまとめてからにしていただくようお願いする。協力できるなら、喜んでご相談に乗りたいと思う。私が多忙すぎるだろうとか、自分など相手にしてくれないだろ

うとか、そんなふうに決めつける必要はない。それは、当方が決めさせていただくことであり、私は常にお待ちしている。営業時間は、月曜日から木曜日の米中部時間午前7時から午後5時。eメールでも受け付けている。

ファクスによるメッセージは、(512) 249―6931まで。

書面による回答が必要な質問に関しては、読者の住所を記入し、切手を張った返信用封筒を同封していただきたい。通常なら切手2枚分ですむはずだ。

あて先は、
Joe Ross
Ross Trading Inc.
1509 Jacson Drive, Cedar Park, TX 78613
電話　　　(512) 249―6930
営業時間　月曜日～木曜日の米中部時間午前7時～午後5時
ファクス　(512) 249―6931

最高のトレードを！

付録A

Appendix A

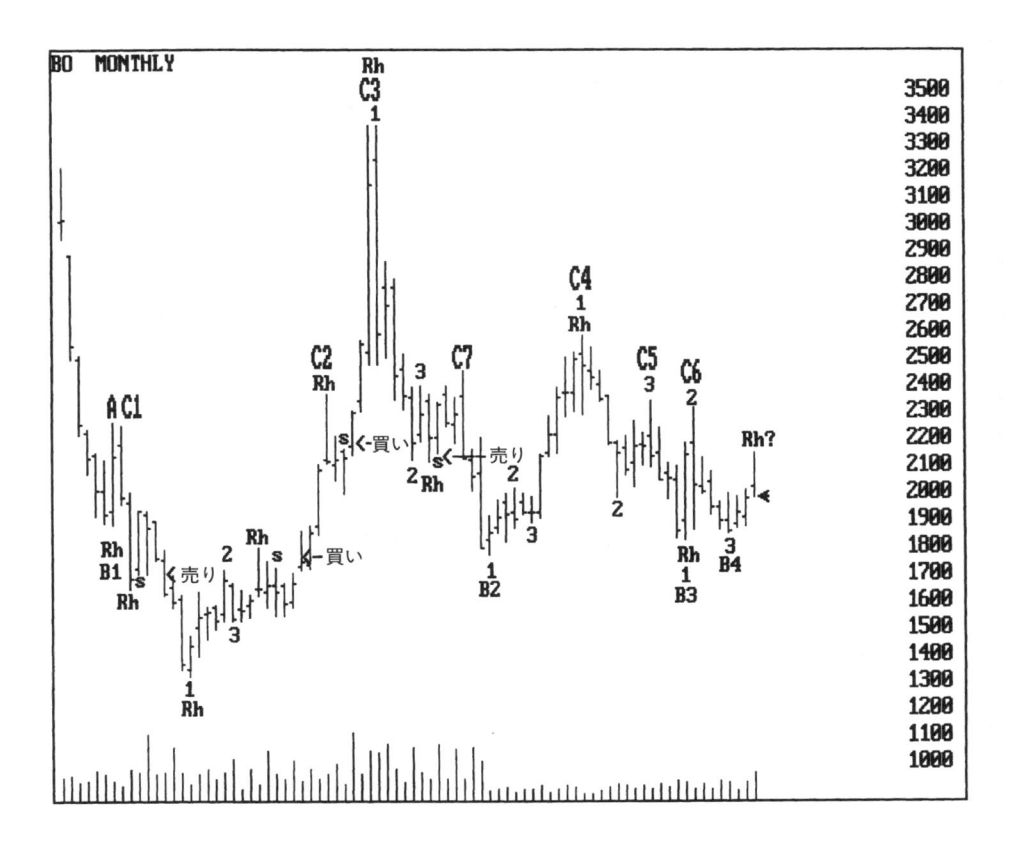

実際にトレードしているように印を付けてみた。読者にとってはすべてが納得いくものではないかもしれないが、筆者がトレードする場合は常にこうして見ているということだ。絶対的に正しとか、絶対的に誤っているとかいうことはないのである。バーが１本欠けて結果が違ってくることもあり得る。重要なことは、相場をどう見るか、そして見たものをどうトレードするか、である。

　例えば、ここでは最初に大豆油先物価格の1800の支持水準に向けて急落場面が見られる。

　チャートを見ると、全体にわたって同水準が支持線として作用していることが分かる。チャートの期間は約10年間である。

　急激な下降トレンドがリバーサル・バーで終了していることに注意してほしい。Ａと記してあるところだ。リバーサル・バーは、その前のバーとともにダブル・ボトムを形成しかけている。リバーサル・バーはRhを形成している。印は付けていないが、その直前のバーは12ポイントのTTEとなっている。

　1800で２カ月間にわたるダブル・ボトムを形成しかけた部分は重要である。この後、この付近の水準で重要な安値が見られる。Ｂ１～Ｂ４で記した部分だ。絶好の買いポイントである。

　いい買いポイントであるうえに、Ｂ１～Ｂ４はナチュラル・サポートでもある。興味深いことに、Ｂ４以外はすべてリバーサル・バーで底を打っている。Ｂ４は、ひとつ遅れてリバーサル・バーが現れている。このことから、リバーサル・バーが極めて重要であることが分かるだろう。リバーサル・バーが突破される場合は、ナチュラル・サポートを割り込むことになるため、やはり重要である。

　それでは、高値の抵抗線を見てみよう。Ｃ１を除き、リバーサル・バーになっている。

　次は、底の１－２－３のだ。すべてリバーサル・バーで始まっている。

本書を通じて述べてきたコンセプトの重要さが分かってきただろうか？　底の１－２－３は、値固めのポイントとして極めて重要なのだ。Rhは修正後に、極めて重要とされるナチュラル・サポートとナチュラル・レジスタンスで形成されている。

　この水準を突破、ブレイクアウトすることは通常、相場の重要な動きを意味する。明白なことだが、月足チャートでのブレイクアウトのほうが５分足でのそれよりもはるかに重要である。結果の持つ大きさが何倍も違ってくるからだ。こうした動きは、じっと待っているだけの価値がある。

　さて、次は保ち合い局面を見てみよう。

　どの保ち合いも、長いバーが出てから１本か２本以内に形成されている。あたかも、相場が大きな動きをしたあとは休みが必要だとでも言わんばかりだ。

　いずれの保ち合いも、本書での保ち合いの定義に合致している。Ｂ１で底打ちしているのはオルタネーションによるもの。Ｃ７のすぐ左は、メジャリング・バーのレンジ内に４本の終値が入っているタイプ。Ｃ５の左側には、同事線のワイルドカードを伴ったオルタネーション。そして、Ｂ２の上はペアによる保ち合いとなっている。

　この例で筆者は、読者が筆者とまったく同じようなトレーディングをする必要はないということを示そうとしている。基本的な相場の成り立ちを理解していさえすれば、そして、チャートの読み方が分かれば、独自のテクニックを考案することは可能なのだ。目の前のチャートが何を意味しているのかを知るのにオシレーターなど必要ない。マーケットにはリズムがあるのだ。

　マーケットは基本的にすべて、同じものである。大きな支持線と抵抗線付近では保ち合いとなる。その後、こうした水準が試されていく。この水準付近に置かれたストップは、フロアトレーダーによって実行

される。そうなると、相場がブレイクアウトし、トレンドを形成するようになる。トレンドで売買するか、レンジ内で売買するか、その両方かは読者次第である。

すでにある程度有効になっているか、または保ち合いに続いて形成されたRhでトレードする場合の重要なポイントを記しておこう。

1．保ち合い局面になったら、トレンドが確立されるためには2回目のフックの突破が必要となる。保ち合いが形成されたら、フックの背後にはストップが積み増されるであろうことを理解しておかねばならない。ナチュラル・サポートとナチュラル・レジスタンスのポイントである。どんな時間枠であれ、最初の突破でストップが執行される確率は高い。これで、高値または安値が更新される可能性がある。この後、相場はフックまたはフックに続く保ち合いへと戻るのが普通である。このため、2回目の突破は、トレンド継続で仕掛ける絶好のポイントとなる。すでにストップは執行されており、次の抵抗線または支持線までは、順調に相場が進むはずだからである。これこそ、多くの相場のプロが新高値で買い、新安値で売れという理由なのだ。もう執行されるべきストップはなく、途中で立ちはだかる抵抗線や支持線はないのだから。

2．フックが期限切れになるのはいつだろうか？　これは、筆者がずっと抱えてきた疑問でもある。筆者の見るかぎり期限切れはなく、ただ消え去るのみである。チャート上で見ることができなくなったら、消え去った、ということになるのだ。保ち合いに入ったらTTEもSEもない。フック自体は、2回目の突破で仕掛けのポイントになる。

付録B

チャートの法則（一部は過去のセミナー・マニュアルでも未発表の内容）

Appendix B　The law of charts

天井と底の１－２－３

　天井の１－２－３は、上昇トレンドのなかで形成されるのが普通である。通常、１の最高値を付けたあとに２の安値まで下げる。ここから修正高が始まるのだ。つまり、この後に上昇したあと、あるポイントで下落に転じる。このポイントが折り返し点の３となる。１から２まで、２から３までのバーは複数となる可能性がある。２と３の形成前には、修正が確実に形成されている必要がある。

　１の高値はそれまでの上昇相場が終了し、下落に転じた時点で形成される。

　１は、それまでの上昇局面で最後のバーが新高値を付けた時点で確定されることとなる。

天井の１－２－３の２は、完全な修正が確認された時点で形成される。完全な修正とは、「２のポイント」になる可能性があると思われる水準から相場が上昇したとき、１本、あるいは「最大３本までのバー」で、それ以前の水準を上回る高値と安値を付けた場合を言う。これらの水準を切り上げた高値や安値の形成では、どのような順番の組み合わせもあり得る。３本のバーで形成される場合、これに続いて保ち合いが現れる。保ち合いについては、このあとでさらに詳解することとしよう。１と２のポイントが同一のバーで形成されることもあり得る。

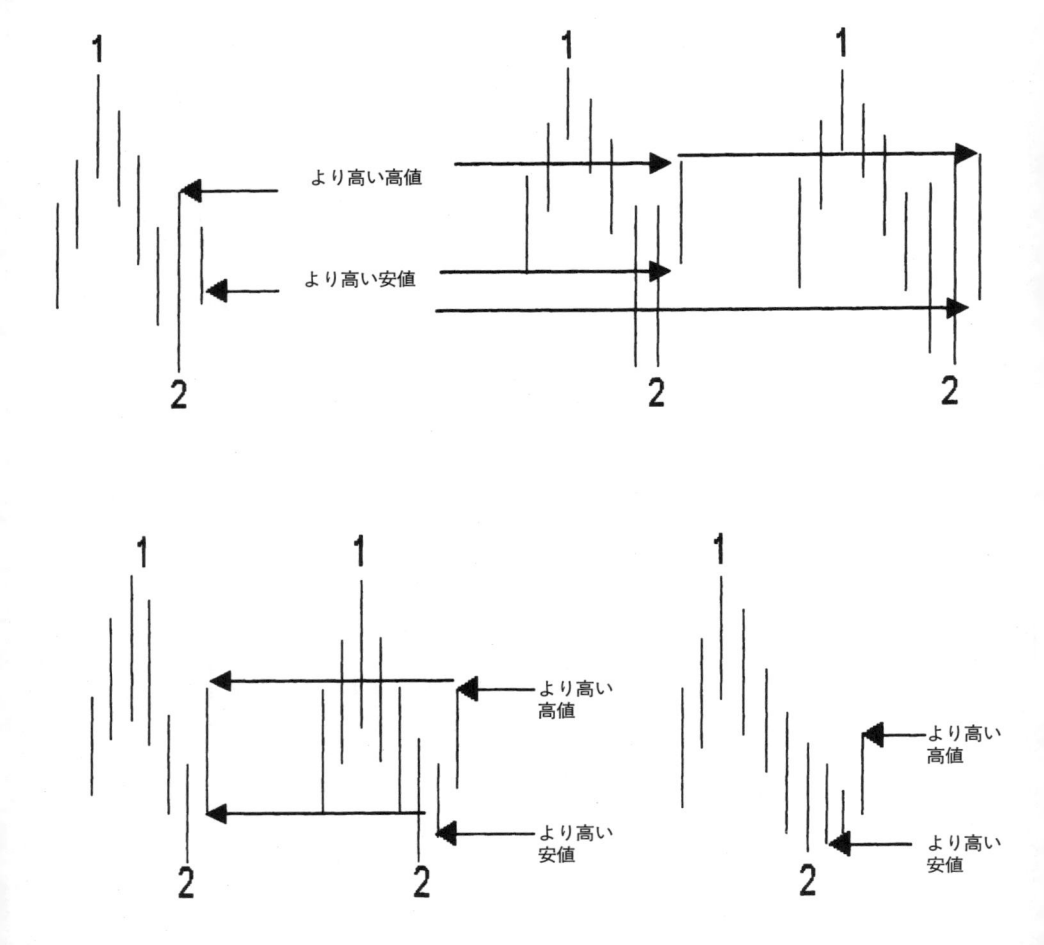

付録B●チャートの法則

　天井の1－2－3の3は、完全な修正が行われた場合に形成される。完全な修正とはこの場合、3になる可能性があると思われる水準から相場が下落したとき、1本、あるいは「最大3本までのバー」で、それ以前の水準を下回る高値と安値を付けた場合を言う。2と3のポイントが同一のバーで形成されることもあり得る。

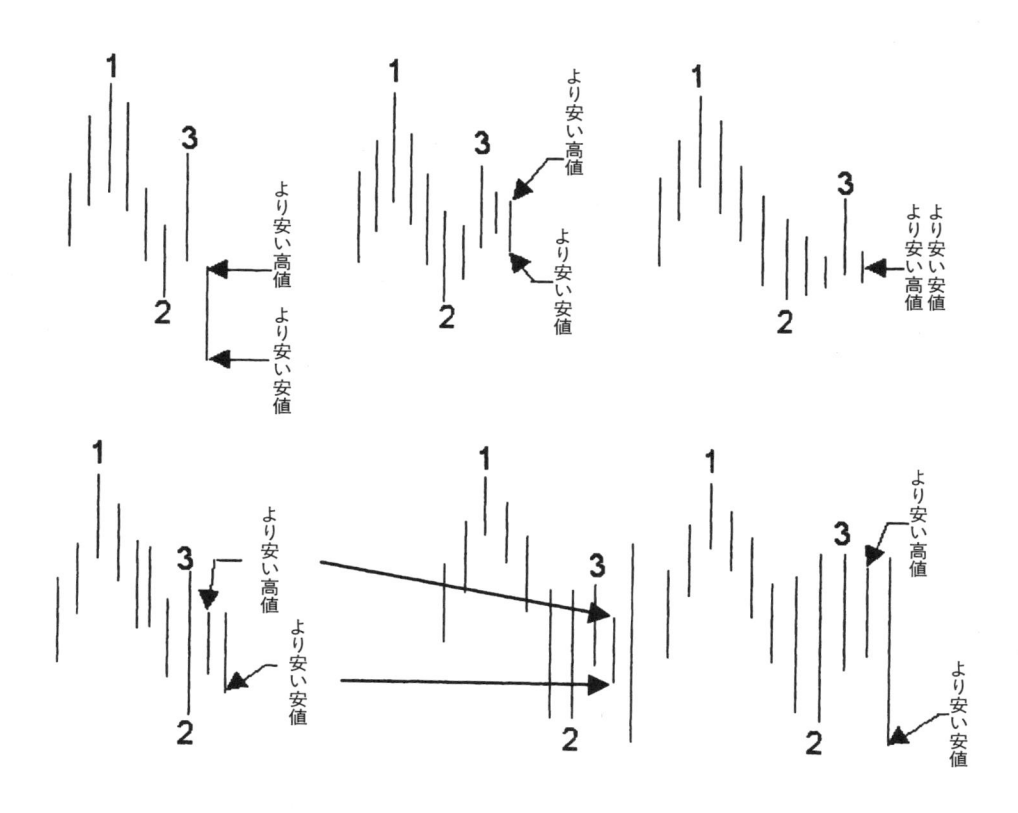

それでは、底の1－2－3について見てみよう。

　底の1－2－3は、下降トレンドのなかで形成されるのが普通である。通常、1の最安値を付けたあとに2の高値まで上げる。ここから修正安が始まるのだ。つまり、この後に下落したあと、あるポイントで上昇に転じる。このポイントが折り返し点の3となる。1から2まで、2から3までのバーは複数となる可能性がある。2と3の形成前には、修正が確実に形成されている必要がある。

　1の安値はそれまでの下落相場が終了し、上昇に転じた時点で形成される。

　1は、それまでの下落局面で最後のバーが新安値を付けた時点で確定されることになる。

底の1－2－3の2は、完全な修正が確認された時点で形成される。完全な修正とは、「2のポイント」になる可能性があると思われる水準から相場が下落したとき、1本、あるいは「最大3本までのバー」で、それ以前の水準を下回る高値と安値を付けた場合を言う。これらの水準を切り下げた高値や安値の形成では、どのような順番の組み合わせでも起こり得る。3本のバーで形成される場合、これに続いて保ち合いが現れる。1と2のポイントが同一のバーで形成されることもあり得る。

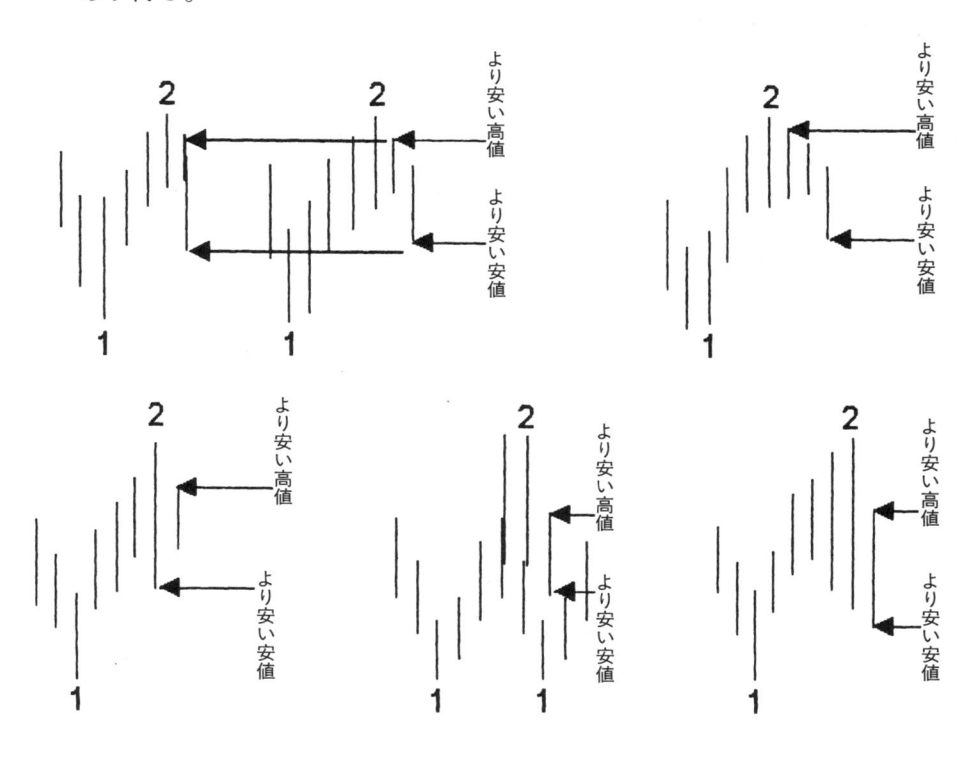

底の１－２－３の３は、完全な修正が行われた場合に形成される。完全は修正とはこの場合、３になる可能性があると思われる水準から相場が上昇したとき、１本、あるいは「最大３本までのバー」で、それ以前の水準を上回る高値と安値を付けた場合を言う。２と３のポイントが同一のバーで形成されることもあり得る。

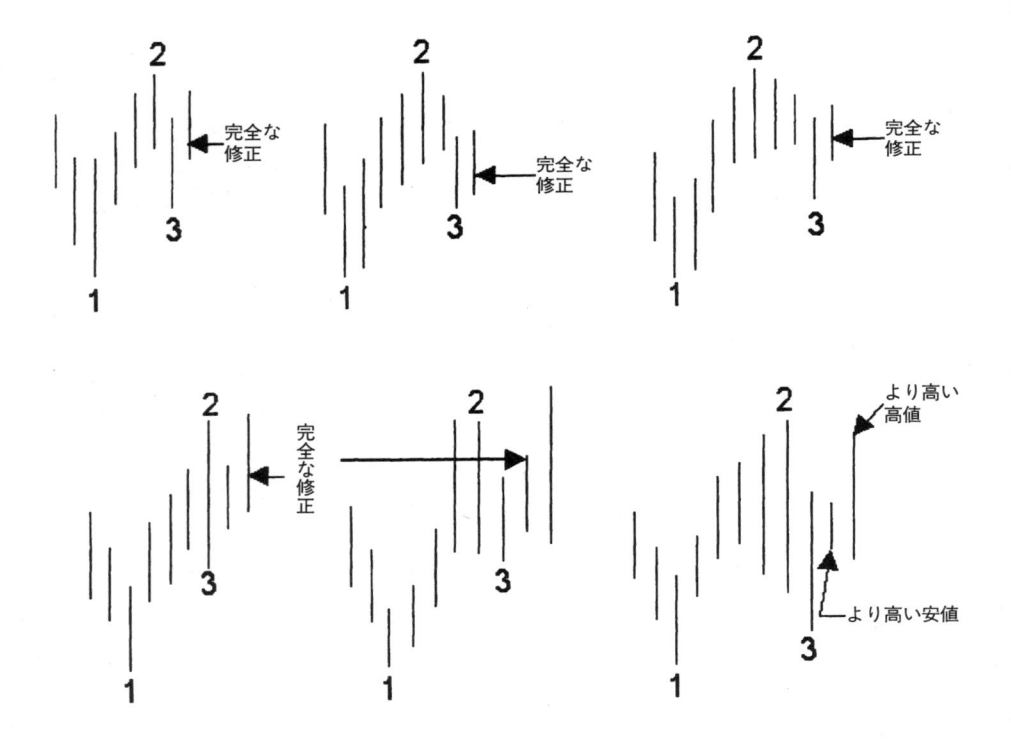

その後のバーが、1と同水準か、またはこれを超える水準となった場合、それまでの1－2－3の高値、または安値はすべて無効になる。

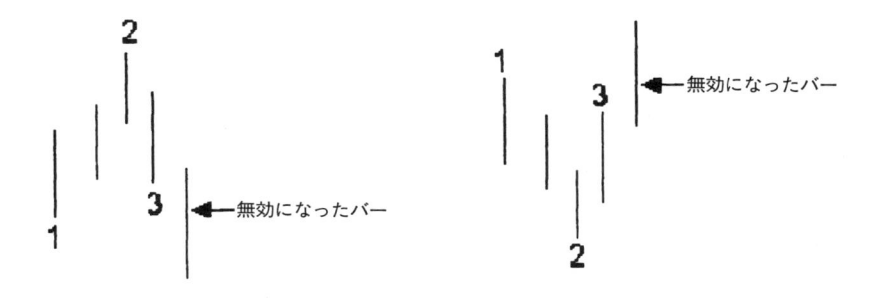

←無効になったバー

←無効になったバー

レッジ

　レッジは、4本のバーから構成される。それ以前の高値および安値に面合わせするバーが、それぞれ2本ずつ必要となる。高値に面合わせする場合、最低1本のバーが間に入っていることが必要で、安値の場合もこれと同様、最低1本のバーが間に入っていなければならない。

　面合わせの水準が完全に同一である必要はないが、3ティックより乖離しているのは望ましくない。高値または安値の面合わせが2つより多く形成された場合、売買シグナルとしては、最も直近の部分「A」を取っても、最高値や最安値を「B」を取っても構わない（下図を参照）。

　レッジは10本を超えるバーによって構成されることはない。また、レッジが形成されるのは、必ずトレンド内である。レッジまで、上昇トレンドまたは下降トレンドが続いている必要があるのだ。レッジは、相場の踊り場を表しているため、レッジの水準をブレイクアウトしたあとは、トレンドが続くものとみていい。

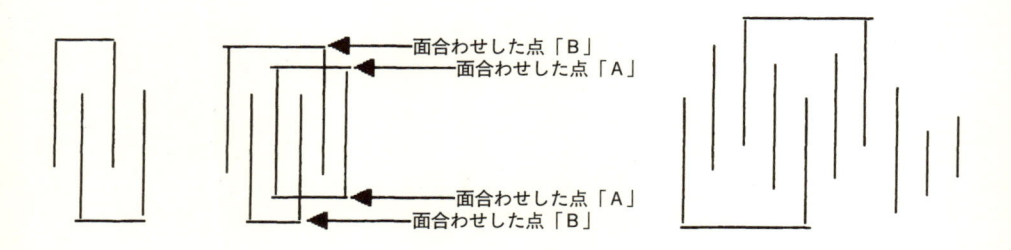

トレーディングレンジ

　トレーディングレンジ（下図参照）はレッジと類似しているが、たいていの場合、10本を超えるバーから構成されている。10本目から20本目の間のバーには、ほとんど重要性はない。通常は、20本目と30本目の間、つまり、21本目から29本目までのバーにおいて、それまでに形成されたトレーディングレンジの高値または安値のブレイクアウトが見られる。

ロスフック

ロスフックが形成されるのは、以下の３つの場合である。
1．天井または底の１－２－３のブレイクアウト後の最初の修正局面
2．レッジのブレイクアウト後の最初の修正局面
3．トレーディングレンジのブレイクアウト後の最初の修正場面

上昇トレンドを形成している局面では、底の１－２－３のブレイクアウト後、最初の高値更新に失敗したところでロスフックが形成される（ダブル・ハイ／ダブル・トップでもロスフックは形成される）。

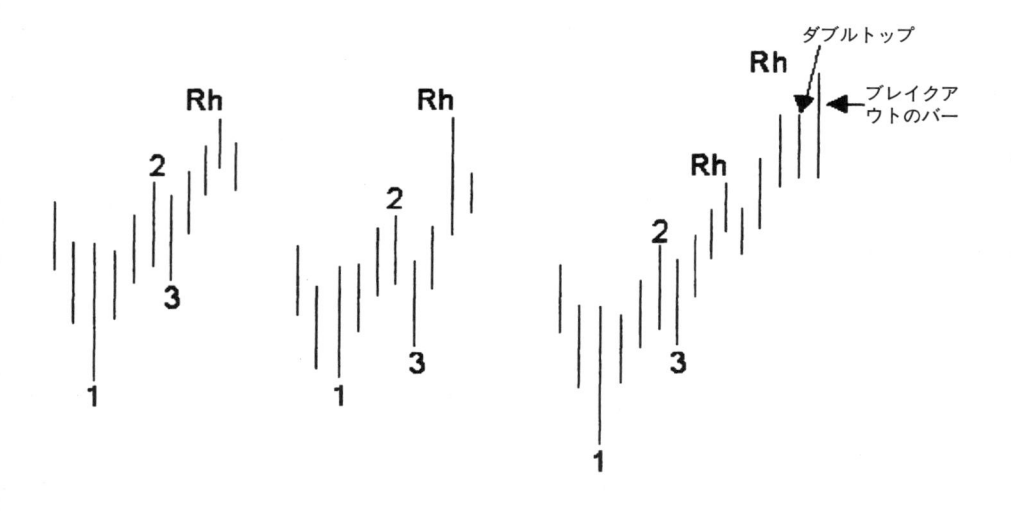

付録B●チャートの法則

　下降トレンドを形成している局面では、天井の1－2－3のブレイクアウト後、最初の安値更新に失敗したところでロスフックが形成される（ダブル・ロー／ダブル・ボトムでもロスフックは形成される）。

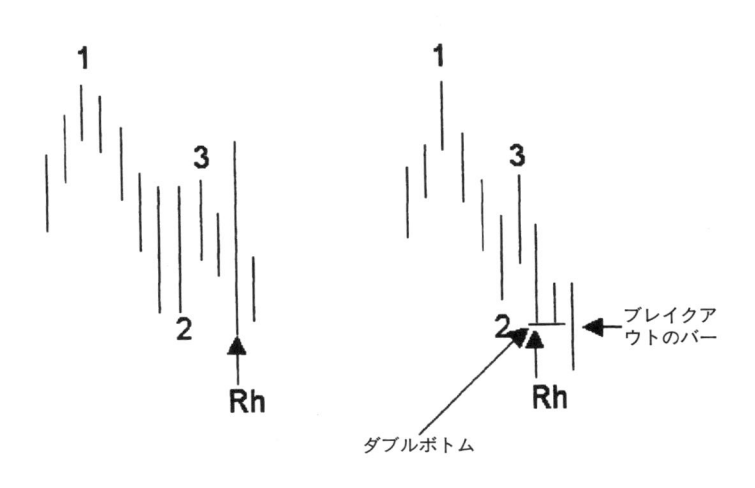

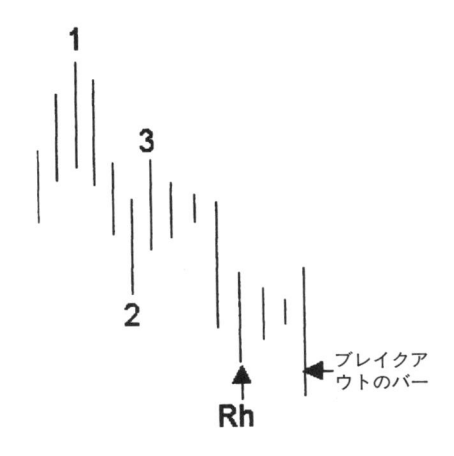

ブレイクアウトのバー

ダブルボトム

ブレイクアウトのバー

レッジまたはトレーディングレンジの上方にブレイクアウトした場合、最初の高値形成に失敗したバーのところでロスフックが形成される。レッジやトレーディングレンジの下方にブレイクアウトした場合、最初の安値形成に失敗したバーのところでロスフックが形成される（ダブル・ハイまたはダブル・ローでもロスフックは形成される）。

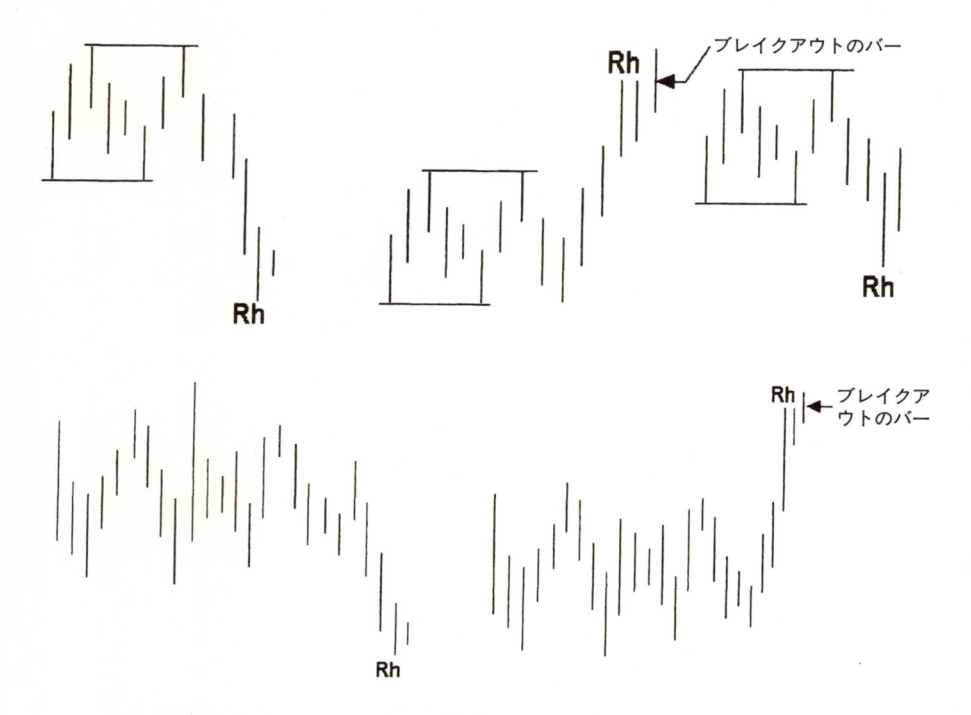

　ここでは、チャートの法則が成立するパターンの数々を定義してある。十分に研究していただきたい。
　これらのフォーメーションがユニークなのは、これはこれで特定することが可能な点である。正確に定義する能力があれば、これらのフォーメーションをヘッド・アンド・ショルダー、コイル、フラッグ、ペナント、メガフォンなどといった頻出する相場のパターンからはっきりと区別することができるはずである。

保ち合いでのトレーディング

　方向性を失った相場は、その後、はっきりと異なった定義が可能な3つの展開に別れる可能性がある。
　　1．レッジ――10本以内のバーで構成されているもの
　　2．保ち合い――11～20本のバーを含んでいるもの
　　3．トレーディングレンジ――21本以上のバーからなり、21～29本目でブレイクアウトが見られるもの

　29本を超えるバーからなるトレーディングレンジは、29本目から軟化する傾向があり、29本を超えたところでのブレイクアウトがあった場合、次のようなことが言える。
●当該レンジが天井から底に向かって狭まっている（コイリング）とすれば、その相場は比較的強い相場である
●当該レンジが天井から底に向かって広がっている（メガフォン）とすれば、その相場は比較的弱い相場である。

　これまでのところでは、レッジからのブレイクアウトに関して多くを費やしてきた。そこでは定義から言って、レッジがトレンドのある相場で形成されなければならないため、面合わせをした2つの高値と安値を突破した場合には、そのブレイクアウトはそれ以前のトレンドに沿って売買するのがベストであると述べてきた。
　次からは主に、保ち合いとトレーディングレンジについて説明していこう。
　「チャートの法則」に従えば、トレーディングレンジまたはレッジをブレイクアウトした直後の修正局面は、ロスフックと定義されることになる。

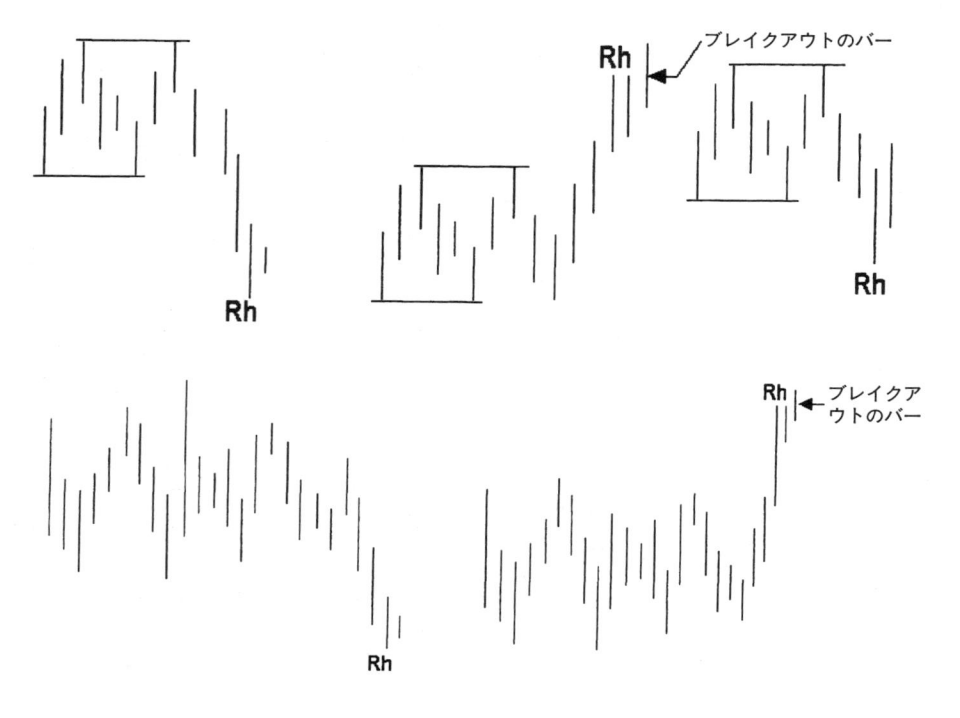

保ち合いの直後についても同様のことが言える。つまり、保ち合いをブレイクアウトした直後の反転（修正）場面もロスフックを構成することになるのだ。

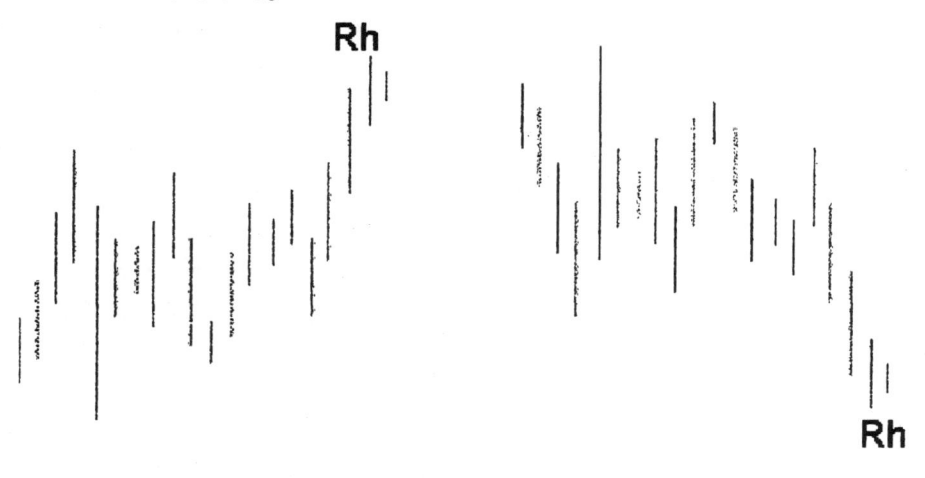

方向性を失った相場に直面したとき、たいていのトレーダーが抱える問題は、いつ方向性のない状態が終わり、トレンドが再開するのかを判断することである。ロスフックを形成するような一方向へのブレイクアウトや修正以外には、どうすれば方向性のない状態の終わりやトレンドの開始を知ることができるだろうか？

　これまでに、天井または底の１－２－３の２をブレイクアウトすれば、そこからはトレンドとみなすことができること、そして、これに続いてロスフックが形成されれば、それ以前に定義されたトレンドが確立されることを述べた。

　１－２－３のフォーメーションでは、トレーダーズ・トリックによる仕掛けを利用することで、満足のいく売買を行える可能性がある。

　ただし、方向性のない局面で１－２－３のフォーメーションが形成されれば、そこからトレンドが明確になる一方、こうした保ち合い局面での１－２－３のフォーメーションは、トレーダーズ・トリックによる売買で満足のいく結果を得られないものである。その理由は、保ち合い局面やトレーディングレンジは通常、方向性としては逆向きの「１－２－３」によって構成されるものだからだ。

　保ち合い局面が逆Ｗ、あるいはＷのような形を取っていた場合、このフォーメーションは、天井の１－２－３に続く底の１－２－３、または、底の１－２－３に続く天井の１－２－３となる場合が比較的多い。いずれにしても、２のブレイクアウトはそれほど派手なものとはならず、トレーディングの好機にはならない。

　ここで必要なのは、タイ・ブレイカーである。タイ・ブレイカーがあれば、トレーディングが成功する確率が高まるだけでなく、どちらの方向にブレイクアウトができるかを知るための強力なインディケーターにもなるのである。

　横ばいで推移している場合、その横ばいの範囲内でまず１－２－３フォーメーションが、そして次にロスフックが形成される必要がある。

仕掛けを試すには、ロスフックのブレイクアウトより前にトレーダーズ・トリックを使用するのが最善の選択である。

もちろん、どんな売買でも常にうまくいくわけではない。ダマシのブレイクアウトもあるだろう。ただし、統計的に見るかぎり、横ばい場面でロスフックを突破した場合、低リスクで仕掛けて、結果的に成功する確率が高いということは言える。横ばいのなかでロスフックを突破した場合、その売買は有望なものとなるため、ロスフック突破の前にトレーダーズ・トリックに基づいて仕掛ければ、より良い仕掛けとなるはずである。

1－2－3フォーメーションを明確にするポイント

1－2－3フォーメーションを利用するトレーディングについて、多くの質問が寄せられる。

例えばこんなものだ。「いつ買って、いつ売ればいいのですか？」

できるかぎりトレーダーズ・トリックによる仕掛けを行いたいところだが、これを使用しない場合には以下のイラストが役に立ってくれるはずだ。

天井または底の1－2－3のブレイクアウト

まず、1－2－3とはどのようなものかを示してみよう。

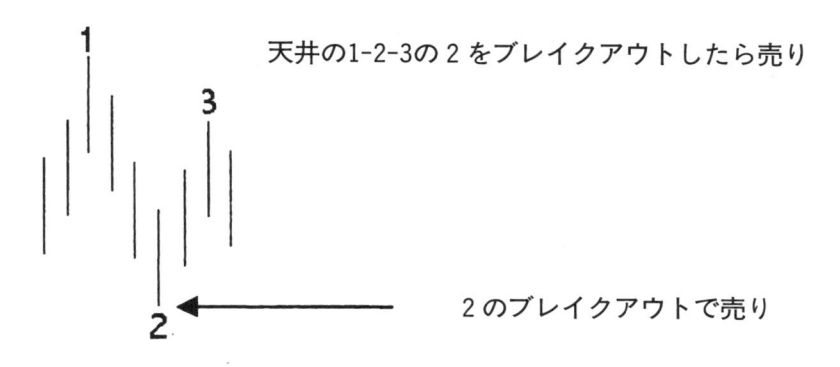

天井の1-2-3の2をブレイクアウトしたら売り

2のブレイクアウトで売り

2のブレイクアウトで買い

底の1-2-3の2をブレイクアウトしたら買い

注——3のポイントは、上昇トレンドの場合は1を割り込まず、下降トレンドの場合は1を上抜かない。

こうした主要ポイントのブレイクアウトが迫っている可能性があるため、ここでは心理面とコンピューター・システム面のいずれか、あるいはその両方で、警戒しておくことにしよう。仕掛けのポイントを超えてギャップを付けた場合、仕掛けは見送る。仕掛けるのは、相場が仕掛けのポイントを通過した場合のみである。

天井や底の１－２－３は、相場の転換点だけに形成されるもので、実質的には相場の長期的・中期的な高値や安値となる。相場が底打ち場面に差し掛かったり、50％以上の反発を見せた場合、底の１－２－３を探してみよう。また、天井を付けようとしていたり、50％以上の反落を見せた場合、天井の１－２－３を探してみよう。
　ぴったりの水準で仕掛けることができるのは、ブレイクアウトが起きるのと同時かそれ以前である。

ロスフックを明確にするポイント

　ロスフックに関しても、1―2―3フォーメーションと同様の質問を受ける。つまり、「いつ買って、いつ売ればいいのですか？」という質問だ。回答も、1―2―3フォーメーションの場合と本質的には同様である。トレーダーズ・トリックによる仕掛けのほうが望ましいのだが、常にこれができるとは限らない。トレーダーズ・トリックによる仕掛けが無理な場合、ロスフックをブレイクアウトした時点で仕掛けることになる。

ロスフックをブレイクアウトした時点で買いを入れる。

ただし、警告として、「ロスフックを突破した時点で、それが単なるストップ注文の執行にすぎず、実際にはブレイクアウトしていないことが明らかになる場合もある」ということを念頭に置いておいてほしい。

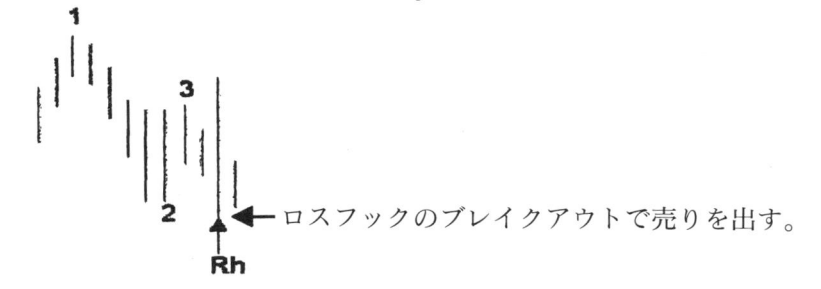

ロスフックのブレイクアウトで売りを出す。

以下に示した図とそれに関するコメントを読んでいただければ、疑問が解けるかもしれない。

　これは非常に重要である！　ここで示された最後のロスフックではダブルトップが形成され、その後、反落に転じている。プロのトレーダーの場合、ダブルトップの形成が確かめられたと見るや、すぐ売りを出す向きが多い。
　ここで注意してほしいのだが、下側のロスフックから3を形成する修正安、さらにダブルトップのロスフックを形成する修正安まで、真のトレンドラインを引くことができる。
　つまり、上方へのブレイクアウトの局面では、底の1－2－3とロスフックが形成されることになる。また、下方へのブレイクアウトでは、天井の1－2－3とロスフックが形成されることになる。ダブルトップ（ロスフック）をブレイクアウトするようだと、そこを突破し

たあとに修正安となった場合は、そこからさらに上方にロスフックを形成する可能性が出てくる。

　ダブルトップのロスフックは、低いリスクで売りポジションを仕掛けることのできる可能性があることを示している。しかし、この例では、ロスフックの突破で仕掛けるわけにはいかない。上級者のトレーダーであれば、相場がダブルトップを離れるまで待ちたいところだろう。高値より上には当面のストップ注文が控えている場合があり、こうしたほうがリスクを軽減できるのである。
　ここで、「当面の」という言葉を使ったことに気をつけてほしい。インサイダーがストップを実行させることを意図して、相場を押し上げようとしているような場合、ダブルトップは注意が必要な場所にもなり得るのだ。

トレーダーズ・トリックを利用した仕掛けの場合、ダブルトップのロスフックを突破する以前に買いを入れることで、仕掛けが可能になる。より保守的なやり方としては、少なくとも相場が上昇時に高値を試すのを見届けたうえで、トレーダーズ・トリックによって仕掛けるという方法がある。この場合、修正局面での３番目のバーで仕掛ける。トレーダーズ・トリック・エントリーのポイントでは、すべてまたは一部のポジションを入れることが可能である。

しかし、ここでは相場が下げ続け、下方のロスフックを割り込んでしまった。ここでは、ロスフックの下方にも同様に売りのストップ注

文を設定しておくべきだったろう。下方のフックを割り込んだ時点で、すべてまたは一部のポジションを売ることができる。

Rh

　相場は下げ続けている。だが、ロスフックを割り込むまでには、4本連続した下げを経ているはずなので、下方に向かうバーを前にあせって売りを出すべきではない。すでに述べたトレンドの見つけ方を参考にするならば、相場がいつ修正しても不思議ではないことが分かるだろう。

チャート右側の矢印部分にある日中での修正局面に注目してほしい。相場は重要な場面を迎えている。このような日中での修正が見られれば、すぐさま売りを出しても構わない。それ以前の高値を上回って寄り付いたあと、以前の安値水準まで下げていることから、少なくともこの日も売りの好機となっていることが分かる。デイトレーディングをするなら、その日中の修正局面でロスフックが形成される前に売るべきだ。実際に日中にトレーディングをしようとして、それが可能となった場合、以前の安値を割り込む前にトレーダーズ・トリック・エントリーによって売買するのがいいだろう。

付録B●チャートの法則

　ここでは、リバーサル・バーに続いて日中に修正が見られる。相場が自らサインを出しているのだ！　前のバーでの安値を割り込んだギャップに注目し、この日のその後の展開に注意していただきたい。プロのトレーダーなら、このようなギャップを空けた場合、買いを入れるところだ。寄り付き直後の場合もあれば、寄り付きで相場が上昇するのを確認してからの場合もあるだろう。強力なトレンドを形成している局面で、このようなギャップを空けた場合は、利益を確定しておくほうがいい。自分の感情を抑えることができるなら、利益を確定し、反対のポジションを取るのだ。たいていの場合、こうして良かったと

425

思うことだろう。実際、相場が保ち合いを始めたとみるや、多くのプロがギャップを空けた寄り付きで、それまでのトレンドに沿ってではなく、トレンドとは逆のポジションを２倍にしてトレードするのである。

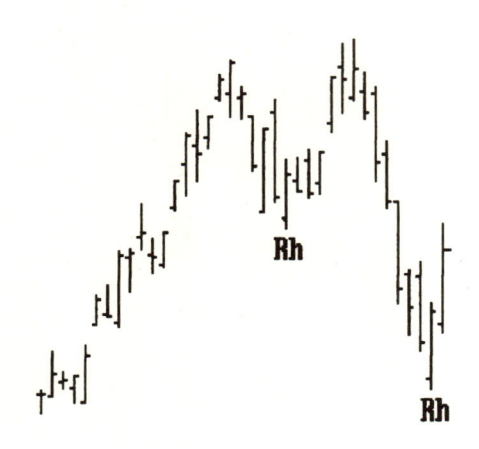

この相場は、修正に向かうと予想することができる。読者にはこれが分かるだろうか？

修正に向かうなかで前日のトレーディングレンジの上方で寄り付き、そのあとに前日の高値を突破したら、まだ修正が続くものとみていい。

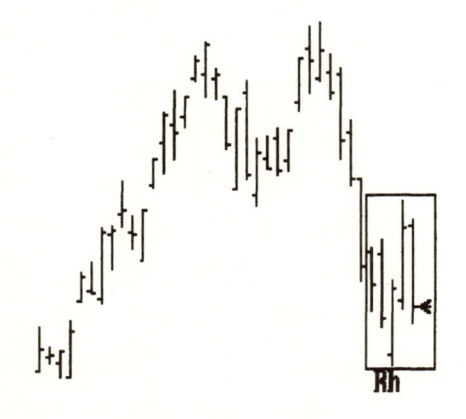

ここでの最後のバーによって、5本のバーによる水準固めが形成されている。その場所をボックスで囲んでみた。この場面は、オルタネーションを伴った保ち合い局面と見られるが、これについてはすでに説明した。

　ここには示されていないが、終値ベースでの3×3オフセット移動平均は、この5本の保ち合いの中心部分を貫いている。
　3×3オフセット移動平均がリバース・ロスフックのフィルターであることを思い出した読者もいるかもしれない。ここではまた、これが同じ理由でフィルターとなっている。つまり、オルタネーションとなっているために、保ち合いであることが明確になっているのだ。

　ここでは、「寄り付きでのギャップがRhの安値を割り込んでいる」ことから、このトレーディングはフィルターを通過することができず、Rhのブレイクアウトによって売りを出す注文はすべてあきらめなければならない。ギャップを空けた寄り付きが前日のレンジを割り込んでいるため、イン

サイダーからの注文が倍増している。

相場はリバーサル・デーのなか、上昇している。忘れないでほしいのは、保ち合い、あるいは修正局面と判断した場合、インサイダーは前日のトレーディングレンジを割り込んでギャップを空けた寄り付きで注文を入れようとはしない、ということだ。この注文の倍増によって、インサイダーがギャップを埋めようとしていることが分かるため、フィルターとして機能しているのである。デイトレーダーは、これに乗じて、このタイプの値動きを予想することができるインサイダーとともに売買することができるだろう。

Rhのあとでギャップを空け、さらに修正に向かっていることから、新たなRhを割り込んだ水準に売り注文を出すことができる。
　翌営業日は上方にギャップを空けて寄り付いた。今度は、前日の高値を上回っている。また、売り注文の倍増を伴っている。この日は修正日であり、セグメント・ラインをつなぐことができる。

Rhより下に置いた売りのストップ注文が実行された。注文はRhより1ティック下に置かれていたのだ。仕掛ける判断として、フックを割り込むまで待つところである。
　われわれが置いた売りのストップ注文より下の水準で大きなギャップを空けて寄り付いたため、これを埋めるのが大変な状態となった。スリッページはほとんどない。このため、可能であれば、寄り付き価格を回復するまで仕掛けないことにしたい。こうした必要があった場合、ブローカーにもそのように要請することは可能である。上のチャートでは、Rhのちょうど1ティック下で寄り付いている。

次のバーは通常と異なる引けとなった。利益確保のため、できるかぎりのことをする必要がある。次のバーでさらに修正が進む可能性がある。

さらに下げ続けるとみられるようなら、ストップ注文の位置を、終値と高値が接近しているバーの高値より1ティック上方に移動する。

同一営業日内に修正があり、イントラデイ・フックを形成する。デイトレーダーなら、数ティック分の利益を出すことができるかもしれ

ない。
　デイトレーダーは、前日の安値を割り込んだ時点で売りを出し、利益を出すことも可能だったろう。デイレーダーであれば常に、前日の安値を割り込んだ場面は売りのチャンスと考えるものなのである。

Rh

　この図の最後のバーによる修正によって、もうひとつのRhが形成された。

修正高のなか、修正のバーの安値をブレイクアウトした時点で売りを出そうとしている。

　以下のコメントは、上記のチャートと次のチャートについて述べたものである。

　すべてのポジションについて売買してしまいたいかもしれないが、ここでは２種類のチャンスがある。選択が可能なら、３つの仕掛けのポイントのうち、最も高いポイントに注文の３分の２を置き、フックには３分の１だけ置くのがベストだろう。相場が下げ始めたら、すぐに３分の２のほうが執行できるかどうか見てみる。この時点で執行が無理なら、全ポジションをフックに置くべきだ。読者のなかには、似たような局面を思い出す向きもあるのではないだろうか。つまり、終値ベースでの３×３オフセット移動平均が、５本の保ち合いの中心部分を買っていることから、これをトレードのフィルターとした局面である。この例では、３×３オフセット移動平均はまだ、下降トレンドを示している。

安値でのトレーディングは、寄り付きでギャップを空けたため成立しなかった。このため、Rhと同じく、次の安値のブレイクアウトで売りを出すことにしよう。
　われわれのポジションは、いずれの仕掛けのポイントでも実行されている。

　以下のコメントは、上のチャートと次のチャートについて述べたものである。
　利益を確保し、十分な累積利益を得ることもできたので、リスクを

取ることをいとわなければ、これらの利益を使ってストップ注文を相場からより離れた水準に維持することも可能となった。

　これ以上のリスクを取りたくなければ、相場の下落につれて50％ストップをトレイルし、リバーサル・バーが出るか、何らかの危険シグナルが出た時点でポジションをよりタイトにするのが最良の方法だろう。

　リバーサル・バーが出ているため、ストップ注文をタイトにする。これまでの勝ちを失いたくはないからだ。

ここでまた日中での修正があり、デイトレーダーには売るチャンスが到来した。

安値を割り込んだところで、売り注文を出し、執行することができる。

大きく下値を追う展開となった。

下降トレンドにはまったく変化がない。さらにリスクをとろうと思えば、売りのストップ注文の執行を先送りすることもできる。

ここでは、十分だと思える利益を確定したなら、売りのストップ注文をさらに遠くに離してトレイリングするのが望ましい。

いずれにしても、Rhと次の修正バーの下に売りのストップ注文を置き、トレーダーズ・トリックを目指すことになる。

この時点では、3つの売りが可能なポイントが存在する。3本のバーからなる修正局面が形成された場合、(もしあれば)先送りしたストップ注文を3本目の修正バーより1ティック上方に移動する。こうする理由は、修正バーが3本より多く続くようだと、トレンドが当面は終息し、相場が上昇に向かうか、または、少なくとも保ち合い局面に入ると考えなければならない可能性が出てくるからである。

寄り付きでギャップを空ければ、最も高い仕掛けのポイントを逃してしまう。このため、ギャップ下方のバーの安値をブレイクアウトした時点で、ポジションの３分の２を執行しようとすることになるだろう。

　ここで再び、寄り付きのギャップで仕掛けのポイントを逃してしまった。次のバーで再度、仕掛けを試みることになる。

このバーでは、引け近くで注文が執行された。

この時点で、全ポジションの注文が設定されているはずである。

全ポジションが設定ずみであれば、Rhの下に売りのストップ注文を置く必要はない。

　最後の4本のバーについては、適切なトレイリングによって4営業日間、手仕舞われずにすんでいたはずであることに注意してほしい。増し玉によってポジションを積み上げることができたのである。

　しかし、ここで銘記してほしいのは、新たな売買を追加することは、新たなリスクを背負うことでもあるということだ。さらに、ここでのリスクとは、その性質上、当初背負っていたものよりも危険度が高い可能性がある。なぜだろうか？　それは、ポジションを追加するたびに、そのときどきのトレンドの終息点に接近していることになるからである。

　ここまでの一連のチャートによって説明してきた売買管理法は、新たな管理法を提示するためのものである。自身のポジションをどう管理するかは、そのトレーダーが決めることである。ここで紹介するのは2つの基本的なアプローチで、一部のトレーダーにとっては両方とも利用可能な場合もあるだろう。

　1番目は、最初の仕掛けで全ポジションを置き、その後、コストのカバーや小口の利益確定のためそのうちの一部を手仕舞いしたうえで、

あとは行けるところまで残ったポジションを維持していくやり方である。

これと反対の方法としては、様子を見るために最初に一部のポジションだけを建てるやり方である。当初のポジションで利益が出たら、徐々にポジションを追加していけばいい。

これらの方法をどの程度受け入れることができるのかは、その多くがリスクの扱いについての個人的な好みの問題である。

さらに2つのチャートを見ていこう。相場は下のチャート以降しばらくの間、下降トレンドを継続していった。

ここでリバーサル・デーが出現している。これまでの流れから、読者は何らかの修正の動きを予想することができるに違いない。

```
       |
      |||
      ||||
       |||
        ||||
         |||
          ||
           |||
            ||
             |||
              ||
               |||
                ||
                 |
                 Rh
```

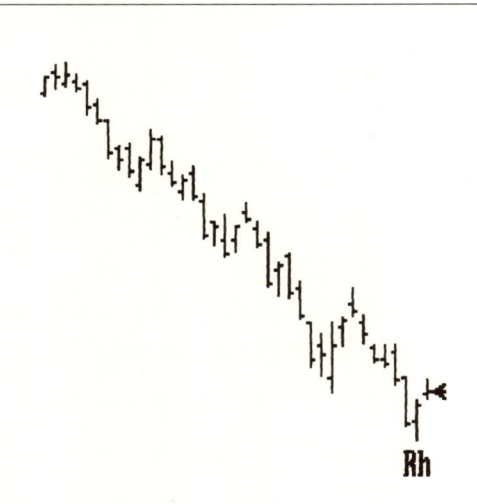

　確かに、相場は修正局面を迎えた。まずは、修正局面での安値をブレイクアウトした時点で売りを出すことから始めよう。ここでは、Rhの下に売りのストップ注文も設定することとしよう。

　どの水準であれ、設定するポジションの数は読者自身が決定するということを忘れてはいけない。これは、各人の好みとスタイルの問題なのだ。「読者自身は」どこに仕掛けの注文を入れるのがベストだと思われるだろうか？

■著者紹介
ジョー・ロス（Joe Ross）
トレーディングの達人で、著作や教育活動でも知られるジョー・ロス氏は、14歳で初めてトレーディングを経験し、22歳の1957年以来、プロのトレーダーとして生活している。トレーディング対象は主として先物市場で、最近は株式指数先物のデイトレードや株式市場での売買が多い。実際、株式市場で活発に売買を行い成功を収めているトレーダーの多くが彼の著作を愛読し利益を上げている。ロス氏の言葉によれば、「マーケットはただマーケットとして存在し、チャートはそれだけではチャートであるにすぎない。この２つを与件とし、注文の入れ方を学ぶことでトレーダーは相場に勝つことができるようになる」という。2000年１月、ロス氏はフルタイムのトレーダー業から引退し、夢だった「トレーダー大学」を主催している。カリフォルニア大学ロサンゼルス校（UCLA）で経営工学の学士号を修得。また、ジョージ・ワシントン大学でコンピューター工学を学んだ。

■監修者紹介
長尾慎太郎（ながお・しんたろう）
東京大学工学部原子力工学科卒。米系銀行でのオルタナティブ投資業務、および金スワップ取引、CTA（商品投資顧問）での資金運用を経て、現在は株式ファンドマネジャーとしてオルタナティブ運用を行う。マーケットに関連した時系列データをもとにしたシステム・トレードを専門とする。訳書に『魔術師リンダ・ラリーの短期売買入門』『タートルズの秘密』『新マーケットの魔術師』『マーケットの魔術師【株式編】』（いずれもパンローリング刊、共訳）など、多数。

■訳者紹介
杉本裕之（すぎもと・ひろゆき）
早稲田大学文学部卒業。防衛庁翻訳・通訳官、米軍横田基地連絡官などを経て、その後は商品先物情報社に勤務。1995－97年ニューヨークでの取材活動・翻訳業務に携わる。訳書に『アームズ投資法』（パンローリング刊）。

【翻訳協力】株式会社　トランネット　http://www.trannet.co.jp/

2002年8月19日　初版第1刷発行

ウィザードブックシリーズ㊴

ロスフックトレーディング
最強の「押し／戻り」売買法

著　者	ジョー・ロス
監修者	長尾慎太郎
訳　者	杉本裕之
発行者	後藤康徳
発行所	パンローリング株式会社
	〒160-0023　東京都新宿区西新宿7-21-3-1001
	TEL　03-5386-7391　FAX　03-5386-7393
	http://www.panrolling.com/
	E-mail　info@panrolling.com
編　集	エフ・ジー・アイ（Factory of Gnomic Three Monkeys Investment）合資会社
装　丁	新田"Linda"和子
印刷・製本	大日本印刷株式会社

ISBN4-7759-7000-3

落丁・乱丁本はお取り替えします。
また、本書の全部、または一部を複写・複製・転訳載、および磁気・光記録媒体に
入力することなどは、著作権法上の例外を除き禁じられています。

©Hiroyuki SUGIMOTO　2002　Printed in Japan

ウィザードブックシリーズ①
魔術師リンダ・ラリーの短期売買入門

ウィザードが語る必勝テクニック基礎から応用まで
著者●リンダ・ブラッドフォード・ラシュキ&ローレンス・A・コナーズ
訳者●世良敬明,長尾慎太郎,鶴岡直哉
A4判上製本・250ページ／定価本体28,000円+税

アメリカで短期売買のバイブルと絶賛された、プロ必携の本。
原書名: Street Smarts

ISBN4-939103-03-X C2033

ウィザードブックシリーズ②
ラリー・ウィリアムズの短期売買法

投資で生き残るための普遍の真理
著者●ラリー・ウィリアムズ／訳者●清水昭男,柳谷雅之,長尾慎太郎
A4判上製本・264ページ／定価本体9,800円+税

世界で最も成功し、知名度と人気が高いトレーダー
"ラリー・ウィリアムズ" 10年ぶりの画期的新書。
原書名: LONG-TERM SECRETS to SHORT-TERM TRADING

ISBN4-939103-06-4 C2033

ウィザードブックシリーズ③
タートルズの秘密

最後に勝つ長期トレンド・フォロー型売買
著者●ラッセル・サンズ／監訳者●長尾慎太郎
A4判上製本・384ページ／定価本体19,800円+税

ついに明かされたタートルズの秘密。
中・長期売買の超バイブルが登場。
原書名: TURTLE SECRETS How To Trade The "Turtle" Concepts

ISBN4-939103-18-8 C2033

ウィザードブックシリーズ④
バフェットからの手紙

世界一の投資家が見たこれから伸びる会社、滅びる会社
著者●ローレンス・A・カニンガム／監訳者●増沢浩一
四六判上製本・392ページ／定価本体1,600円+税

究極・最強のバフェット本！バフェット自身も推薦。
この1冊でバフェットのすべてがわかる。
原書名: THE ESSAYS OF WARREN BUFFETT: LESSONS FOR CORPORATE AMERICA

ISBN4-939103-21-8 C2033

発行●パンローリング株式会社

ウィザードブックシリーズ⑤
カプランのオプション売買戦略
優位性を味方につけ市場に勝つ方法
著者●デビッド・L・カプラン／訳者●増田丞美
Ａ４判上製本・244ページ／定価本体7,800円＋税

優位性を使って儲けろ！　これは理論書ではなく、儲けるための理論書である

原書名：The New Options Advantage

ISBN4-939103-23-4 C2033

ウィザードブックシリーズ⑥
ヒットエンドラン株式売買法
超入門　初心者にもわかるネット・トレーディングの投資術
著者●ジェフ・クーパー／訳者●清水昭男
Ａ４判上製本・264ページ／定価本体17,800円＋税

**アメリカの最新株式短期売買のバイブル！
カンや思惑に頼らないトレードテクニックが満載**

原書名：Hit and Run Trading／Hit and Run Trading 2

ISBN4-939103-24-2 C2033

ウィザードブックシリーズ⑦
ピット・ブル
チャンピオン・トレーダーに上り詰めたギャンブラーが語る実録「カジノ・ウォール街」
著者●マーティン・"バジー"・シュワルツ／訳者●成田博之
四六判上製本・520ページ／定価本体1,800円＋税

**ウォール街の真実を暴露した
最高のノンフィクション・エンターテインメント**

原書名：Pit Bull

ISBN4-939103-25-0 C0033

ウィザードブックシリーズ⑧
トレーディングシステム徹底比較　第２版
著者●ラーズ・ケストナー／訳者●柳谷雅之
Ａ４判上製本・440ページ／定価本体19,800円＋税

**15年間のデータを用いて39戦略の機能の有無を、
白日の下にさらした画期的検証集！**

原書名：A Comparison of Popular Trading Systems : Second Edition

ISBN4-939103-27-7 C2033

発行●パンローリング株式会社

ウィザードブックシリーズ⑨
投資苑
心理・戦略・資金管理

著者●アレキサンダー・エルダー／訳者●福井強
A5判上製本・474ページ／定価本体5,800円+税

**精神分析医がプロのトレーダーになって書いた
心理学的アプローチ相場本の決定版！**

原書名：Trading for a Living

ISBN4-939103-28-5 C0033

ウィザードブックシリーズ⑩
賢明なる投資家
割安株の見つけ方とバリュー投資を成功させる方法

著者●ベンジャミン・グレアム／訳者●土光篤洋・増沢和美・新美美葉
四六判上製本・512ページ／定価本体3,800円+税

**ウォーレン・バフェットを世界一の投資家にした
恩師の不朽の名著！**

原書名：The Intelligent Investor

ISBN4-939103-29-3 C0033

ウィザードブックシリーズ⑪
売買システム入門
相場金融工学の考え方→作り方→評価法

著者●トゥーシャー・シャンデ／訳者●鶴岡直哉
A5判上製本・352ページ／定価本体7,800円+税

**日本初！　これが
「"勝つ"トレーディングシステム」の全解説だ！**

原書名：Beyond Technical Analysis

ISBN4-939103-31-5 C0033

ウィザードブックシリーズ⑫
オニールの成長株発掘法
良い時も悪い時も儲かる銘柄選択をするために

著者●ウィリアム・J・オニール／訳者●竹内和己・松本幸子・増沢和美
四六判上製本・431ページ／定価本体2,800円+税

**株式市場を完璧に理解できる
米国100万部の大ベストセラーが日本に初上陸！**

原書名：How to Make Money in Stock

ISBN4-939103-33-1 C2033

発行●パンローリング株式会社

ウィザードブックシリーズ⑬
新マーケットの魔術師
米トップトレーダーが語る成功の秘密
著者●ジャック・D・シュワッガー／訳者●清水昭男
四六判上製本・528ページ／定価本体2,800円＋税

これは投資家のバイブルだ！
本書を読まずして、投資を語れるのか!?

原書名：New Market Wizards

ISBN4-939103-34-X C0033

ウィザードブックシリーズ⑭
マーケットの魔術師［株式編］
米トップ株式トレーダーが語る儲ける秘訣
著者●ジャック・D・シュワッガー／監訳●増沢浩一
四六判上製本・640ページ／定価本体2,800円＋税

シュワッガー渾身の今をときめく株式トレーダーの
珠玉のインタビュー集！

原書名：Stock Market Wizards

ISBN4-939103-35-8 C2033

ウィザードブックシリーズ⑮
魔術師たちのトレーディングモデル
テクニカル分析の新境地
編者●リック・ベンシニョール／訳者●長尾慎太郎　他
A5判上製本・368ページ／定価本体5,800円＋税

トレードの魔術師12人が、成功するための
テクニックと戦略を公開！

原書名：New Thinking in Technical Analysis

ISBN4-939103-36-6 C0033

ウィザードブックシリーズ⑯
カウンターゲーム
幸福感の絶頂で売り、恐怖感の真っただ中で買う「逆張り投資法」
著者●アンソニー・M・ガレア／ウィリアム・パタロンIII世／ジム・ロジャーズ（序文）
訳者●中村正人／中村敏郎　A5判上製本・376ページ／定価本体2,800円＋税

ジム・ロジャーズも絶賛の「逆張り投資」の決定版！
個人でできるグレアム、バフェット流バリュー投資術

原書名：Contrarian Investing

ISBN4-939103-37-4 C2033

発行●パンローリング株式会社

ウィザードブックシリーズ⑰
トレードとセックスと死
相場とギャンブルで勝つ法
著者●ジュエル・E・アンダーソン／デビッド・カプラン（序文）
監訳●増田丞美　四六判上製本・414ページ／定価本体2,800円+税

優秀なギャンブラーには
優秀なトレーダーになる素質にあふれている！
原書名：Trading , Sex & Dying

ISBN4-939103-38-2 C2033

ウィザードブックシリーズ⑱
グリーンブラット投資法
M&A、企業分割、倒産、リストラは宝の山
著者●ジョエル・グリーンブラット／訳者●奥脇省三
四六判上製本・272ページ／定価本体2,800円+税

安全確実で、市場平均を打ち負かす
「特殊状況」投資法（イベントドリブン）の決定版！
原書名：You can be a Stock Market Genius

ISBN4-939103-41-2 C2033

ウィザードブックシリーズ⑲
マーケットの魔術師
米トップトレーダーが語る成功の秘訣
著者●ジャック・D・シュワッガー／監訳●横山直樹
四六判上製本・464ページ／定価本体2,800円+税

世界中から絶賛された名著が新装版で復刻！
すべてはこの本を読むことから始まる！
原書名：Market Wizards

ISBN4-939103-40-4 C2033

ウィザードブックシリーズ⑳
オズの実践トレード日誌
全米ナンバー1デイトレーダーの記録公開
著者●トニー・オズ／訳者●林芳夫
A5判上製本・448ページ／定価本体5,800円+税

ダイレクト・アクセス・トレーディングの
「神様」が魅せる、神がかり的な手法！
原書名：The Stock Trader

ISBN4-939103-42-0 C0033

発行●パンローリング株式会社

ウィザードブックシリーズ㉑
投資参謀マンガー
世界一の投資家バフェットを陰で支えた男

著者●ジャネット・ロウ／訳者●増沢和美
四六判上製本・592ページ／定価本体2,800円+税

**非凡なる戦術家にして、企業経営の魔術師！
バフェットを世界一の投資家にした男とは？**

原書名：Damn Right!

ISBN4-939103-43-9 C2033

ウィザードブックシリーズ㉒
賢人たちの投資モデル
ウォール街の伝説から学べ

著者●ニッキー・ロス／訳者●木村規子
四六判上製本・400ページ／定価本体3,800円+税

**世界で最も偉大な5人の伝説的ヒーローが伝授する資産形成戦略！
本書を読めば、自分の投資スタンスに見合った戦略の組み合わせ方が分かる！**

原書名：Lessons from the Legends of Wall Street

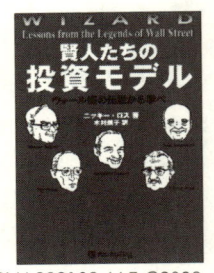

ISBN4-939103-44-7 C2033

ウィザードブックシリーズ㉓
ツバイク ウォール街を行く
──株式相場必勝の方程式

著者●マーティン・ツバイク／訳者●中村正人
四六判上製本・464ページ／定価本体3,800円+税

**全米ナンバー1の株式市場予測者が明らかにした
最高の銘柄選択をし、最小リスクで最大利益を得る方法！**

原書名：Martin Zweig's Winning on Wall Street

ISBN4-939103-45-5 C0033

ウィザードブックシリーズ㉔
賢明なる投資家【財務諸表編】
企業財務が分かれば、バリュー株を発見できる

著者●ベンジャミン・グレアム／スペンサー・B・メレディス
訳者●関本博英　四六判上製本・208ページ／定価本体3,800円+税

**投資界における最も偉大な思想家グレアムによる
『賢明なる投資家』『証券分析』と並ぶ不朽の名作！**

原書名：The Interpretation of Financial Statements

ISBN4-939103-46-3 C2033

発行●パンローリング株式会社

ウィザードブックシリーズ㉕
アームズ投資法
賢明なる投資は出来高を知ることから始まる
著者●リチャード・W・アームズ／監修●中原駿
A5判上製本・248ページ／定価本体6,800円+税

**株は出来高で動く！　アームズ・インデックスの発明者、
天才アームズがその「ノウハウ」を公開！**

原書名：Trading Without Fear : Eliminating Emotional Decisions With Arms Trading Strategies

ISBN4-939103-49-8 C0033

ウィザードブックシリーズ㉖
ウォール街で勝つ法則
株式投資で最高の収益を上げるために
著者●ジェームズ・P・オショーネシー／監修●喜久田悠美
A5判上製本・418ページ／定価本体5,800円+税

**グレアムの名著以来との誉れ高い
最高の成績を残すための画期的な「投資ガイドブック」**

原書名：What Works on Wall Street: A Guide to the Best-Performing Investment Strategies of All Time

ISBN4-939103-50-1 C0033

ウィザードブックシリーズ㉗
ロケット工学投資法
サイエンスがマーケットを打ち破る
著者●ジョン・F・エーラース／監修●柳谷雅之
A5判上製本・296ページ／定価本体6,800円+税

**勝つシステム・トレーダーのバイブル！
トレーディングの世界に革命をもたらす画期的な書がついに登場！**

原書名：Rocket Science for Traders: Digital Signal Processing Applications

ISBN4-939103-51-x C0033

ウィザードブックシリーズ㉘
インベストメントスーパースター
ヘッジファンドの素顔とその驚異の投資法
著者●ルイ・ベルス／監修●長尾慎太郎
四六判上製本・528ページ／定価本体2,800円+税

**13人の新世代マネーマネジャーたちが上げた
優れたリターンとその投資手法の秘密が今、明らかに！**

原書名：The New Investment Superstars: 13 Great Investors and Their Strategies for Superior Returns

ISBN4-939103-52-8 C2033

ウィザードブックシリーズ㉙
ボリンジャーバンド入門
相対原理が解き明かすマーケットの仕組み
著者●ジョン・ボリンジャー／監修●長尾慎太郎
A5判上製本・368ページ／定価本体5,800円＋税

**開発者本人が、あなたのトレードを飛躍させる
その「秘密」を初めて公開した！**

原書名：Bollinger on Bollinger Bands

ISBN4-939103-53-6 C0033

ウィザードブックシリーズ㉚
魔術師たちの心理学
トレードで生計を立てる秘訣と心構え
著者●バン・K・タープ／監修●柳谷雅之
A5判上製本・448ページ／定価本体2,800円＋税

**なぜ人はトレードで失敗をするのか。その原因とは？
トレード専門心理学者が「成功への秘密」を公開しすぎと批判を浴びた快著！**

原書名：Trade Your Way to Financial Freedom

ISBN4-939103-54-4 C0033

ウィザードブックシリーズ㉛
マーケットニュートラル投資の世界
ヘッジファンドの投資戦略
著者●ジョセフ・G・ニコラス／訳者●三菱信託銀行受託財産運用部門
A5判上製本・312ページ／定価本体5,800円＋税

**驚異のリターンを上げ続けるヘッジファンドの投資戦略
「マーケットニュートラル」とは何か？　その全貌が今、明らかになる！**

原書名：Market-Neutral Investing : Long/Short Hedge Fund Strategies

ISBN4-939103-55-2 C0033

ウィザードブックシリーズ㉜
ゾーン
相場心理学入門
著者●マーク・ダグラス／訳者●世良敬明
四六判上製本・352ページ／定価本体2,800円＋税

**淡々とトレードし、確実に収益を上げられるようになる
「ゾーン」の境地とは？　ステップアップの秘訣を教えます！**

原書名：Trading in the Zone

ISBN4-939103-57-9 C2033

発行●パンローリング株式会社

ウィザードブックシリーズ㉝
トビアスが教える投資ガイドブック

賢いお金の使い方・貯め方・殖やし方
著者●アンドリュー・トビアス／訳者●伊能早苗・藪中久美子
四六判上製本・447ページ／定価2,800円＋税

初心者がお金を貯める第一歩はこの本から！
全米で大ロングセラーの「たった一つの投資ガイド」

原書名：The Only Investment Guide You'll Ever Need

ISBN4-939103-58-7 C0033

ウィザードブックシリーズ㉞
リスクバジェッティング

実務家が語る年金新時代のリスク管理
編者●レスリー・ラール／訳者●三菱信託銀行受託財産運用部門
A5判上製本576ページ／定価本体9,800円＋税

本邦初、最先端のリスク管理法を全公開！
年金資金運用者必須の実践書

原書名：Risk Budgeting : A New Approach to Investing

ISBN4-939103-60-9 C0033

ウィザードブックシリーズ㉟
NO BULL（ノーブル）

天才ヘッジファンド・マネジャー　マイケル・スタインハルトの自叙伝
著者●マイケル・スタインハルト／訳者●奥脇省三
四六判上製本・423ページ／定価本体2,800円＋税

「マーケットの魔術師」のひとりが明かした
その人生、その戦略、その希望とは！

原書名：NO BULL : My life in and out of the markets

ISBN4-939103-59-5 C2033

ウィザードブックシリーズ㊱
ワイルダーのテクニカル分析入門

オシレーターの算出法とその売買シグナル実践法
著者●J・ウエルズ・ワイルダー・ジュニア／監修●長尾慎太郎
A4判上製本・168ページ／定価本体9,800円＋税

RSI、ADXの開発者による「伝説の書」
システムトレードの古典がついに完全邦訳される！

原書名：New Concepts In Technical Trading Systems

ISBN4-939103-63-3 C0033

私の投資が突然うまくなった。
そのヒミツは、ここにある。

http://www.tradersshop.com/

投資関連のモノがなんでも揃う「トレーダーズショップ」は、がんばる投資家のお役立ちサイト

投資家から熱い支持をいただいている投資専門の通販サイト「トレーダーズショップ」は、投資家のためのコンビニエンスストアです。書籍やビデオ、道具、セミナーなど、成功するためのモノは、すべてここで揃います。送料は注文1回につき何点でも全国一律280円(1回の注文が5,000円以上なら無料です)。また、業界有名人による「私のオススメの一冊」コーナーや読者の書評、楽しいメールマガジン、ヘッジファンドの卵による「シカゴ絵日記」など、役に立つ情報も満載です。がんばる投資家は、いますぐアクセスしよう。

投資家のためのトレーダーズショップは
24時間オープンしている投資専門店。